Die BGB-Gesellschaft in der Liquidation

Europäische Hochschulschriften
Publications Universitaires Européennes
European University Studies

Reihe II
Rechtswissenschaft

Série II Series II
Droit
Law

Bd./Vol. 3628

PETER LANG
Frankfurt am Main · Berlin · Bern · Bruxelles · New York · Oxford · Wien

Andrea Brandani

Die BGB-Gesellschaft in der Liquidation

PETER LANG
Europäischer Verlag der Wissenschaften

Bibliografische Information Der Deutschen Bibliothek
Die Deutsche Bibliothek verzeichnet diese Publikation in der Deutschen Nationalbibliografie; detaillierte bibliografische Daten sind im Internet über <http://dnb.ddb.de> abrufbar.

Zugl.: Hagen, FernUniv., Diss., 2002

D 708
ISSN 0531-7312
ISBN 3-631-50831-X

www.peterlang.de

Vorwort

Die vorliegende Arbeit wurde im Sommersemester 2002 von der FernUniversität Gesamthochschule Hagen als Dissertation angenommen.

Besonderer Dank gilt Prof. Dr. Barbara Dauner-Lieb, die diese Arbeit in jeder Hinsicht förderte und unterstützte.

Dank gebührt auch meiner Familie. Dies gilt insbesondere für meine Patentante Frau Christel Vollmer, die mir stets mit Rat und Tat zur Seite stand.

Berlin, im November 2002 *Andrea Brandani*

Inhaltsverzeichnis

Einleitung und Gang der Untersuchung 1

Abschnitt I – Begriff und historische Entwicklung der Liquidation

§ 1 Begrifflichkeiten 8
A. Liquidation 8
B. Abwicklung 8
C. Auseinandersetzung 9

§ 2 Geschichtliche Entwicklung 9
A. Einzelstaatliches und gemeines Recht 9
B. Regelung des ADHGB 10
C. Regelung des BGB 11

Abschnitt II – Struktur und Stellung der BGB-Gesellschaft in der Liquidation

§ 1 Fortbestand und Identität der BGB-Gesellschaft 12

§ 2 BGB-Gesellschaft als Schuldner 12
A. Meinungsstand zur Schuld- und Haftungsverfassung der Gesellschaft 13
I. Begriffe Schuld und Haftung 13
II. Individualistische Lehre 14
1. Struktur der werbenden BGB-Gesellschaft 14
a) Träger des Gesellschaftsvermögens 14
b) Gesellschaftsvertretung 15
c) Gesellschaftsschulden im Außenverhältnis 15
d) Gesellschaftsschulden im Innenverhältnis 16
e) Gesellschafterdrittschulden 16
2. Struktur der BGB-Gesellschaft in Liquidation 16
II. Verbundenheitslehre 17
1. Struktur der werbenden BGB-Gesellschaft 17
a) Träger des Gesellschaftsvermögens 17
b) Gesellschaftsvertretung 18
c) Gesellschaftsschulden im Außenverhältnis 18
d) Gesellschaftsschulden im Innenverhältnis 19
2. Struktur der BGB-Gesellschaft in Liquidation 19
III. Gesetzliche Gesellschaftsschulden nach strikt individualistischer Lehre und Verbundenheitslehre 20
1. Gesetzliche Schulden der werbenden BGB-Gesellschaft 20
2. Gesetzliche Schulden der BGB-Gesellschaft in Liquidation 21

IV. Gruppenlehre 21
1. Struktur der werbenden BGB-Gesellschaft 21
a) Träger des Gesellschaftsvermögens 21
b) Vertretung der Gesellschaft 22
c) Gesellschaftsschulden im Außenverhältnis 22
d) Gesellschaftsschulden im Innenverhältnis 23
2. Struktur der BGB-Gesellschaft in Liquidation 23
V. Rechtsprechung 23
1. Entwicklung in der Rechtsprechung 23
2. Struktur der BGB-Gesellschaft in Liquidation nach heutiger Rechtsprechung 26
B. Stellungnahme 26
I. Vorzugswürdigkeit der Gruppenlehre 26
II. Rechtsfähigkeit der BGB-Gesellschaft 27
1. Begriffliches 27
2. Gesetzliche Regelung 29
a) Gesetzeswortlaut der §§ 705 ff. BGB 29
b) Entwicklungsgeschichte der §§ 705 ff. BGB 29
aa) Römischrechtliche Elemente 29
bb) Deutschrechtliche Elemente 30
cc) Gesetzgebungsverfahren 31
aaa) Erster Entwurf (1887) 31
bbb) Zweiter Entwurf (1895) und heutige Regelung 32
c) Gesetzliche Neuregelungen 33
aa) §§ 191 Abs. 2 Nr. 1, 202 Abs. 1 Nr. 1 UmwG 33
bb) § 11 Abs. 2 Nr. 1 InsO 35
cc) §§ 14 Abs. 2, 1059 a Abs. 2 BGB, § 7 MarkenG 35
d) Zwischenergebnis 36
3. Systematische und dogmatische Überlegungen 36
a) BGB-Gesellschaft als Gesamthandsgesellschaft 36
aa) Allgemeines Prinzip der Gesamthand? 36
bb) BGB-Gesellschaft als Grundform der Gesamthandsgesellschaften 37
cc) Identitätswahrende Umwandlung von Gesamthandsgesellschaften 37
dd) Gemeinschaftliche Verfügungsbefugnis der Gesellschafter (§ 719 Abs. 1 BGB) 39
ee) Zwischenergebnis 39
b) Problematik des Gesellschafterwechsels 39
aa) Forthaftung des Gesellschaftsvermögens bei Neueintritt eines Gesellschafters 39
aaa) Forthaftung des Vermögens bei Rechtsfähigkeit nur der Gesellschafter 49

bbb) Forthaftung des Vermögens
bei Rechtsfähigkeit der BGB-Gesellschaft 42
ccc) Zwischenergebnis 43
bb) Vertragliche Zuständigkeit 43
cc) Zwischenergebnis 44
4. Ergebnis 44
5. Einschränkung der Grundsätze? 44
a) Erscheinungsvielfalt 44
b) Rechtsfähigkeit nur der unternehmenstragenden
BGB-Gesellschaft? 45
aa) Meinungsübersicht 45
bb) Allgemeine Bedenken gegen eine Beschränkung 45
cc) Liquidationsrechtliche Bedenken 46
III. Ergebnis zur Schuld- und Haftungsstruktur der BGB-Gesellschaft
in Liquidation 47
1. Vermögensträgerschaft und Verpflichtung
der BGB-Gesellschaft i.L. 47
2. Keine Beschränkung auf die Zwecke der Liquidation 47
IV. Allgemeine Bedeutung der Schuldnerstellung der BGB-Gesellschaft
für die Liquidation 48

§ 3 BGB-Gesellschafter als Schuldner 48
A. Doppelverpflichtungstheorie 49
I. Grundlagen und Haftung
für vertragliche Gesellschaftsverbindlichkeiten 62
II. Gesetzliche Verbindlichkeiten 52
B. Akzessorietätstheorie 53
I. Grundlagen und Haftung
für vertragliche Gesellschaftsverbindlichkeiten 53
II. Gesetzliche Verbindlichkeiten 55
C. Rechtsprechung 56
I. Haftung für vertragliche Gesellschaftsverbindlichkeiten 56
II. Gesetzliche Verbindlichkeiten 58
D. Stellungnahme 60
I. Doppelverpflichtungstheorie und Gläubigerschutz in der Liquidation 60
II. Akzessorietätstheorie und Gläubigerschutz in der Liquidation 61
III. Vorzugswürdigkeit der Akzessorietätstheorie 61
IV. Begründung der Akzessorietätstheorie 62
1. Wesen der Gesamthand 62
2. Analogie zu § 128 HGB 62
E. Einschränkung der Grundsätze? 65
F. Ergebnis und Bedeutung für den Schutz der Gläubiger in der Liquidation 67

§ 4 Zweck der BGB-Gesellschaft in Liquidation und Zweck der Liquidation 86
A. Liquidationszweck 86
I. Meinungsstand 68
1. Vermögensverteilung als Liquidationszweck (herrschende Meinung) 68
2. Vollabwicklung der Gesellschaft als Liquidationszweck (*K. Schmidt*) 68
II. Stellungnahme 69
1. Liquidationsziel und Liquidationszweck 69
2. Definition des Liquidationszwecks am Gesetz 69
3. Dogmatische Überlegungen 70
4. Exkurs: Zweck des Insolvenzverfahrens 71
5. Ergebnis 72
B. Verhältnis von Gesellschaftszweck und Liquidationszweck 72
I. Meinungsstand 72
II. Stellungnahme 73
1. Grundsätzliche Bedenken an der Lehre der Zweckänderung 73
2. Gründungszweck der Vorgesellschaften 73
3. Fortsetzung der aufgelösten Gesellschaft 74
C. Ergebnis und Bedeutung des Liquidationszwecks für den Verfahrensumfang 76

§ 5 Rechtspositionen der BGB-Gesellschaft in Liquidation 76
A. Besitzfähigkeit 76
I. Besitz der werbenden BGB-Gesellschaft 77
II. Besitz der BGB-Gesellschaft in der Liquidation 79
B. Namensfähigkeit 79
I. Name der werbenden BGB-Gesellschaft 79
II. Name der BGB-Gesellschaft in der Liquidation 81
C. Scheck- und Wechselfähigkeit 81
I. Scheck und Wechsel der werbenden BGB-Gesellschaft 81
II. Scheck und Wechsel der BGB-Gesellschaft in der Liquidation 83
D. Beteiligungsfähigkeit insbesondere an OHG und KG 83
I. Beteiligung der werbenden BGB-Gesellschaft 83
II. Beteiligungen der BGB-Gesellschaft in der Liquidation 86
E. Parteifähigkeit 86
I. Werbende BGB-Gesellschaft im Prozess 86
1. Meinungsstand 86
a) Schrifttum 86
b) Rechtsprechung 88
II. Stellungnahme 90
II. BGB-Gesellschaft in Liquidation im Prozess 92

F. Grundbuchfähigkeit 92
I. Grundbucheintragung der werbenden BGB-Gesellschaft 92
II. Grundbucheintragung der BGB-Gesellschaft in der Liquidation 92
G. Markenrechtsfähigkeit 95
I. Markeninhaberschaft der werbenden BGB-Gesellschaft 95
II. Markeninhaberschaft der BGB-Gesellschaft in der Liquidation 97
H. Erbfähigkeit 97
I. Erbfähigkeit der werbenden BGB-Gesellschaft 97
II. Erbfähigkeit der BGB-Gesellschaft in der Liquidation 98

Abschnitt III – Prinzip des Gläubigerschutzes in der Liquidation

A. Meinungsstand 99
I. Kein Gläubigerschutz im Liquidationsverfahren (herrschende Meinung) 99
II. Ansicht von *K. Schmidt* (Neue Lehre) 101
III. Ansicht von *Hillers* (Traditionelle Lehre) 102
B. Stellungnahme 103
I. Auswirkungen der Liquidation 103
II. Einwand der fortbestehenden Vollstreckungsmöglichkeit 105
III. Einwand der persönlichen Gesellschafterhaftung 105
1. Funktion der persönlichen Haftung 106
a) Verhaltenskontrolle 106
b) Leistungserzwingung 107
c) Kreditsicherung 108
aa) Keine adäquate Sicherung der Privatvermögen durch (Insolvenz-)Anfechtung 108
bb) Sicherheitsfaktor Gesellschafterzahl 109
cc) Sicherheitsfaktor Geschäftsumfang 110
d) Zwischenergebnis 110
2. Zeitliche Beschränkung der persönlichen Haftung 110
IV. Zusammenfassung und die Folge zwingenden Außenrechts 111

Abschnitt IV – Gesellschafter und Liquidatoren

§ 1 Rechte und Pflichten der Gesellschafter in der Liquidation 113
I. Allgemeine Pflichten in der Liquidation 113
1. Gesellschaftertreuepflicht 113
a) Grundsatz 113
b) Gesellschaftertreuepflicht in der Liquidation 114
2. Gleichbehandlungsgrundsatz 114
a) Grundssatz 114

b) Gleichbehandlung in der Liquidation 115
II. Recht und Pflicht zur Auflösung und Liquidation 115
1. Auflösung der BGB-Gesellschaft durch die Gesellschafter 115
a) Recht schon des einzelnen Gesellschafters zur Auflösung 115
b) Pflicht der Gesellschafter zur Auflösung im Verhältnis zu Dritten? 117
2. Liquidation der BGB-Gesellschaft durch die Gesellschafter 117
a) Recht jeden Gesellschafters auf Durchführung der Liquidation 117
b) Pflicht der Gesellschafter zur Liquidation im Verhältnis zu Dritten? 118
c) Recht jeden Gesellschafters auf Einhaltung der gesetzlichen Vorschriften 119
d) Pflicht der Gesellschafter auf Einhaltung der gesetzlichen Vorschriften im Verhältnis zu Dritten? 119
III. Gesellschaftsvertragliche Ansprüche in der Liquidation 120
1. Grundsatz der Liquidationsbefangenheit 121
2. Entwicklung des Grundsatzes 121
3. Dogmatik des Grundsatzes der Liquidationsbefangenheit 123
a) Rechnungseinstellung, Verrechnung und Saldenfeststellung 123
aa) In Rechnung Stellen 123
bb) Verrechnung 125
cc) Saldofeststellung 125
b) Kreis der liquidationsbefangenen Ansprüche 126
aa) Ansprüche der Gesellschafter gegen die BGB-Gesellschaft 126
aaa) Allgemeine Ansprüche 126
bbb) Liquidationsrechtliche Ansprüche 127
(1) Einlage *quoad dominium* 128
(2) Einlage *quoad sortem* 128
(3) Geleistete Dienste 130
(4) Liquidationsgewinn 131
bb) Ansprüche der BGB-Gesellschaft gegen die Gesellschafter 132
aaa) Allgemeine Ansprüche 132
bbb) Liquidationsrechtlicher Verlustausgleichsanspruch 132
(1) Allgemeines 168
(2) Verlustausgleich und Drittgläubiger 133
(3) Einlagenverlustausgleich 133
(4) Ausfallshaftung der Mitgesellschafter 135
c) Liquidationsanteile der Gesellschafter 135
4. Begründung des Grundsatzes der Liquidationsbefangenheit 136
a) Vermeidung unnötiger Hin- und Herzahlungen 136
b) Einheitlichkeit der Liquidation 137

c) Schutz der Gesellschaftsgläubiger 138
5. Ausnahmen vom Grundsatz der Liquidationsbefangenheit 139
a) Einforderung von Ansprüchen der BGB-Gesellschaft zwecks Gläubigerbefriedigung 139
b) Einforderung von Ansprüchen der Gesellschafter positiver Liquidationsanteile 140

§ 2 Amt und Aufgaben der Liquidatoren 140
I. Amt der Liquidatoren 140
1. Liquidatoren als Organe der aufgelösten BGB-Gesellschaft 140
2. Kreis der Liquidatoren 140
a) Geborene Liquidatoren 140
b) Gekorene Liquidatoren 141
II. Übergangsregelungen 141
III. Rechte und Pflichten der Liquidatoren 142
1. Allgemeine Rechte und Pflichten 142
a) Pflicht zur persönlichen Aufgabenerfüllung 142
b) Anspruch auf Vergütung 142
c) Gesellschaftertreuepflicht 143
d) Gleichbehandlungspflicht 143
2. Besondere Liquidationsrechte und -pflichten 143
a) Pflicht zur Liquidation 143
b) Pflicht zum Insolvenzantrag 144
c) Pflicht zur bestmöglichen Vermögensverwertung 144
d) Pflicht zur Gleichbehandlung der Gläubiger 145
3. Umfang der Geschäftsführungs- und Vertretungsbefugnis in der Liquidation 145

Abschnitt V – Verlauf der Liquidation

§ 1 Auflösung und Vollbeendigung der BGB-Gesellschaft 147
A. Unterschied zwischen Auflösung und Vollbeendigung 147
B. Auflösungsgründe 147
I. Gesetzliche Auflösungsgründe 147
1. Kündigung durch einen Gesellschafter 148
2. Kündigung durch einen Privatgläubiger 149
3. Tod eines Gesellschafters 150
4. Insolvenz eines Gesellschafters 150
5. Erreichen und Unmöglichwerden des Gesellschaftszwecks 151
II. Sonstige Auflösungsgründe 152
1. Gesellschafterbeschluss 152
2. Zeitablauf 153.
3. Auflösende Bedingung 153

4. Ablehnung der Insolvenzverfahrenseröffnung mangels Masse? 153
5. Ausscheiden des vorletzten Gesellschafters? 155
a) Meinungsstand 155
aa) Auflösung und gleichzeitige Vollbeendigung der BGB-Gesellschaft (herrschende Meinung) 155
bb) Forbestand als Einmann-BGB-Gesellschaft bei Rechten Dritter (neuere Ansicht) 156
b) Stellungnahme 157
aa) Kritik an den bestehenden Auffassungen 157
bb) Eigene Auffassung: Liquidation der BGB-Gesellschaft 159
aaa) Recht der EWIV 160
bbb) Referentenentwurf zum PartGG 161
ccc) Gesellschafterlose juristische Person 162
ddd) Auflösung kraft Gesetz? 163
c) Ergebnis 163
III. Streit über die Auflösung 163
C. Vollbeendigung der BGB-Gesellschaft 163
I. Verfahrensziel der Vollbeendigung 163
II. Eintritt der Vollbeendigung 164
D. Fortsetzung der aufgelösten Gesellschaft 166
E. Nachtragsliquidation 167

§ 2 Einzelne Liquidationsschritte 168
A. Allgemeine Verwaltungsmaßnahmen 168
I. Vermögensbilanz 168
1. Erstellung einer Vermögensbilanz 168
2. Erstellung einer Erfolgsbilanz 169
3. Fortführung der Bilanzen 169
a) Einfache Liquidationsrechnung 169
b) Liquidationsrechnung der bilanzierenden Gesellschaft 170
II. Erstellung eines Liquidationskonzepts 170
1. Optimales Liquidationskonzept 170
2. Umfang des umzusetzenden Vermögens 170
III. Gläubigerbenachrichtigung 171
1. Bekanntmachung und Gläubigeraufruf 171
2. Persönliche Benachrichtigung 172
IV. Bezeichnung der Gesellschaft im Rechtsverkehr 172
B. Aussonderung fremden Vermögens 173
C. Umsetzung des Vermögens in Geld 174
D. Abwicklung im Außenverhältnis 174
I. Beendigung der schwebenden Geschäfte 222
II. Befriedigung der Gesellschaftsgläubiger 175
III. Einziehung von Forderungen 176

E. Schlussbilanz 176
F. Abwicklung im Innenverhältnis 176
I. Feststellung der Liquidationsanteile 176
II. Ausgleich der Liquidationsanteile 176

Zusammenfassung der Ergebnisse 178
Literaturverzeichnis 191

Einleitung und Gang der Untersuchung

I. Allenfalls der juristische Laie stellt sich das Ende einer Gesellschaft als deren plötzliches „Verschwinden“ vor. Es ist klar, dass das in der werbenden Phase gebildete Gesellschaftsvermögen nicht plötzlich herrenlos werden und die Gesellschaft nicht einfach ihre Gläubiger abschütteln oder laufende Prozesse beenden kann. Erforderlich ist vielmehr ein planmäßiges, auf allmähliche Beendigung der Gesellschaft gerichtetes Abwicklungsverfahren, die *Liquidation.*

So wie die Gesellschafter sich einst zusammenschlossen und ein gemeinsames Vermögen bildeten, um damit einen bestimmten, wirtschaftlichen oder ideellen Zweck zu verfolgen, müssen sie nun zusammentreten, um die Geschäfte der Gesellschaft einzustellen, und sich in Ansehung des gebildeten Vermögens auseinandersetzen. Die Liquidation der Gesellschaft stellt sich so als das genaue Spiegelbild ihrer Gründung dar.

In der Wissenschaft führt der Rechtsbereich der Liquidation seit langem ein „Mauerblümchendasein“. Dies gilt in besonderer Weise für die Gesamthandsgesellschaften. Zwar hat auch die Liquidation juristischer Personen in der Lehre kaum Beachtung gefunden.[1] Besonders gering ist jedoch das Interesse an der Liquidation der gesellschaftsrechtlichen Gesamthand.[2] Dies freilich ist sehr verwunderlich. Denn die Vielzahl der insbesondere zur Liquidation der BGB-Gesellschaft ergangenen Entscheidungen zeigt,[3] dass es an einer praktischen Bedeutung nicht fehlt.

Die vorliegende Arbeit verfolgt daher das Ziel, den besonders vernachlässigten Bereich der Liquidation von Gesamthandsgesellschaften stärker ins wissenschaftliche Blickfeld zu rücken. Im Mittelpunkt soll dabei die Liquidation der BGB-Gesellschaft sein. Dies deshalb, weil die BGB-Gesellschaft die Grundform der Gesamthandsgesellschaften darstellt und weil die Abwicklung von BGB-Gesellschaft und OHG und KG (§§ 730 ff. BGB, §§ 145 ff., 161 Abs. 2 HGB), die gleichermaßen auf das ADHGB zurückzuführen sind, sich strukturell sehr ähneln, die Liquidationsvor-

---

1 Vgl. *K. Schmidt*, ZIP 1981, 1 ff.

2 Zur Liquidation der Gesamthandsgesellschaft vgl. *Wimpfheimer*, Die Gesellschaften des Handelsrechts und des bürgerlichen Rechts im Stadium der Liquidation, 1908; *Ensthaler,* Die Liquidation von Personengesellschaften, 1985; *Hillers*, Personengesellschaft und Liquidation, 1988; grundlegend *K. Schmidt*, ZHR 153 (1989), 270 ff.; zu Einzelfragen *ders*., AcP 184 (1984), 529 ff.; *ders*., ZHR 152 (1988), 105 ff.; *ders*., BB 1989, 229 ff.; zusammenfassend *ders*., GesR, § 11 V., S. 315 ff., § 52 IV., S. 1261 ff.; *Hintzen*, Auflösung und Liquidation von Personengesellschaften, 1965; vgl. auch *Butzer*, Jura 1994, 628 ff.

3 BGH ZIP 2001, 69; BGH ZIP 2000, Nr. 93, A. 41; BGH ZIP 1999, 1526 ff.; BGH ZIP 1999, 1211 ff.; BGH ZIP 1998, 956 ff.; BGH ZIP 1998, 509 f.; BGH ZIP 1997, 2120 ff.; BGH ZIP 1995, 1817 f.; BGH ZIP 1995, 1412 ff.; BGH ZIP 1995, 1085 ff.; BGH ZIP 1994, 1846 f.; BGH ZIP 1993, 1307 ff.; BGH ZIP1993, 919 ff.; BGH ZIP 1992, 245 ff.; BGH NJW 1992, 2757 ff.; BGH NJW-RR 1991, 1049, 1049; BGHZ 103, 72 ff.; BAG ZIP 1987, 1588 ff.; BGH NJW 1981, 749 f.; BGH ZIP 1980, 374 ff.; BGH WM 1978, 89 ff.; BGH WM 1971, 931 f.; OLG Hamm WM 1985, 644 ff.; OLG Hamburg BB 1984, 14 ff.; RGZ 123, 23 ff. Für OHG und KG siehe auch BGH WM 1986, 68 ff.; BGH NJW 1984, 435; BGH WM 1979, 937 ff.; BGH NJW 1978, 2154; BGH BB 1978, 13 f.; BGH WM 1970, 280 ff.; BGH WM 1968, 697 ff.; BGH WM 1966, 706 f.; RGZ 158, 302 ff.; RGZ 40, 29 ff.; RGZ 29, 15 f.

schriften des BGB-Gesellschaftsrechts (z.B. § 735 BGB) über § 105 Abs. 3 HGB auf die OHG und KG sogar teilweise anzuwenden sind. Im Zentrum soll die BGB-Gesellschaft zudem deshalb stehen, weil bei ihr, anders als bei OHG und KG,[4] die Frage der Rechtsfähigkeit nach wie vor umstritten ist, bei ihr mithin weitaus aktuellerer Anlass besteht, die gesetzlichen Liquidationsvorschriften auf ihre Vereinbarkeit mit dem heute vorherrschenden Modell einer rechtsfähigen Gesamthandsgesellschaft zu überprüfen.[5]

Gerade weil über die Rechtsfähigkeit der BGB-Gesellschaft so unermüdlich gestritten wird,[6] wundert es letztlich, dass die Lehre dem Bereich der Liquidation der BGB-Gesellschaft so wenig Beachtung schenkt. Denn die Frage, ob und inwieweit die BGB-Gesellschaft eigene Rechtsfähigkeit besitzt, ist auch für die Liquidation der Gesellschaft von Bedeutung. So hängt von ihr zunächst einmal ganz allgemein die Struktur, das heißt das grundlegende dogmatische Konzept der BGB-Gesellschaft in Liquidation ab. Denn diese ist, wie es seit der damals bahnbrechenden Arbeit von *Heinrich Wimpfheimer*[7] von 1908 unbestrittene Auffassung ist, eine *reale* und mit der werbenden *identische* BGB-Gesellschaft. Handelt es sich bei der werbenden BGB-Gesellschaft um eine rechtsfähige Gesellschaft, ist also auch die BGB-Gesellschaft in Liquidation selbständiges und von den einzelnen Gesellschaftern zu unterscheidendes Rechtssubjekt. Bedeutsam ist dies namentlich bei rechtsgeschäftlichen Verbindlichkeiten der Liquidationsgesellschaf. Man denke nur an den einfachen und häufigen Fall, dass die Liquidatoren für die Gesellschaft die erforderlichen Sachmittel beschaffen, um die restlichen Aufträge eines von der BGB-Gesellschaft betriebenen Geschäfts durchzuführen (vgl. § 730 Abs. 2 S. 1 BGB). Ist die BGB-Gesellschaft rechtsfähiges Subjekt, ist es auch hier die BGB-Gesellschaft i.L. selbst, die rechtsgeschäftlich verpflichtet wird. Dies hat zur Folge, dass zunächst nur die Gesellschaft mit ihrem Vermögen, dem Liquidationsvermögen, haftet. Eine automatische Haftung der Privatvermögen der Gesellschafter, wie sie bei ausschließlicher Rechtsfähigkeit der Gesellschafter begründet wird, kommt hier nicht in Betracht.

Die Frage, wer bei der BGB-Gesellschaft Zurechnungspunkt von Rechtsbeziehungen ist, entscheidet aber vor allem über den *Gegenstand* und die *Funktion* der Liquidati on. So findet, vertritt man den Standpunkt, dass der BGB-Gesellschaft keine eigene Rechtsfähigkeit zukommt, eine Liquidation der BGB-Gesellschaft im Prinzip gar nicht statt. Gegenstand des Liquidationsverfahrens ist nicht, weil nicht existent, „die

---

4 Vgl. zum früheren, im Wesentlichen identischen Streit um die Rechtsnatur von OHG und KG *Wertenbruch,* S. 58 ff.

5 So haftet konsequent auch den §§ 145 ff. HGB der Makel der Vorstellung einer nicht rechtsfähigen Gesamthand an, vgl. *K. Schmidt*, ZHR 153 (1989), 270 ff.; *ders.*, GesR, § 11 V. , S. 315 ff., § 52 IV., S. 1261 ff.

6 Vgl. aus jüngerer Zeit nur *Alberts*, S. 95 ff.; *Beck*, S. 37 ff.; *Dauner-Lieb*, Sondervermögen, S. 520 ff.; *dies.*, DStR 2001, 356 ff.; *dies.*, DStR 1999, 1992 ff.; *dies.*, BGB-Gesellschaft, S. 95 ff.; *Habersack*, BB 2001, 477 ff.; *G. Hueck,* FS Zöllner, S. 275 ff.;*K. Schmidt*, NJW 2001, 993 ff.; *Timme/Hülk*, JuS 2001, 536 ff.; *Ulmer*, ZIP 2001, 585 ff.; *ders.*, ZIP 2001, 1714 ff.; *Wertenbruch*, S. 211 ff.; *ders.*, DB 2001, 419 ff.; *H.P. Westermann*, NZG 2001, 289 ff.; BGH BB 2001, 374 ff.; BGH NJW-RR 2001, 114 ff.; BGH ZIP 2001, 1713 f.

7 *Wimpfheimer*, Die Gesellschaften des Handelsrechts und des bürgerlichen Rechts im Stadium der Liquidation, 1908.

BGB-Gesellschaft", sondern Gegenstand der Liquidation ist nur das den Gesellschaftern gemeinsam gehörende *Gesellschaftsvermögen*. Die Liquidation versteht sich so als die bloße *Abwicklung, Verwaltung oder Verteilung einer Vermögensmasse*. Es geht allein darum, den Gesellschaftern das ihnen gehörende Gesellschaftsvermögen, wieder zur freien Verfügung zu stellen, es also bei Aufgabe des gemeinschaftlich verfolgten Gesellschaftszwecks aus seiner allein zu diesem Zweck begründeten gesamthänderischen Bindung zu lösen und in die alleinige Verfügungsgewalt der Gesellschafter zurückzuführen. Erkennt man hingegen der BGB-Gesellschaft eigene Rechtsfähigkeit zu, ist Gegenstand des Liquidationsverfahrens *die BGB-Gesellschaft*. Nicht das Objekt Gesellschaftsvermögen, sondern das Subjekt BGB-Gesellschaft bildet den Gegenstand des Verfahrens. Liquidation versteht sich so nicht bloß als Verwertung einer jetzt zwecklos gebundenen Vermögensmasse, sondern als *verfahrensmäßige Beendigung eines selbständigen Rechtsträgers*. Es geht darum, ein Rechtssubjekt mit eigenen Rechten und Pflichten endgültig zu beenden. Dies kann nicht ohne Auswirkungen auf den Umfang und den Verlauf des Verfahrens bleiben. Von besonderer Relevanz ist insoweit die Frage des *Gläubigerschutzes*. Geht man davon aus, dass allein die BGB-Gesellschafter rechtsfähig sind, also allein sie Schuldner von neuen und übergeleiteten Gesellschaftsverbindlichkeiten werden und das Verfahren allein ihrer internen vermögensmäßigen Auseinandersetzung dient, ist eine besondere Rücksichtnahme auf die Gesellschaftsgläubiger nicht erforderlich. Es werden ja nur die Gesellschafter rechtsgeschäftlich oder gesetzlich verpflichtet, und diese stehen, da das Liquidationsverfahren nicht auf *ihre* Abwicklung, sondern nur auf die Abwicklung *eines Teils ihres Vermögens* zielt, den Gesellschaftsgläubigern auch nach Abschluss der Liquidation, dem Erlöschen der BGB-Gesellschaft, zur Verfügung. Gründe, die Dispositionsfreiheit der Gesellschafter im Interesse der Gläubiger einzuschränken, sie insbesondere an gläubigerschützenden Liquidationsvorschriften (§§ 733 Abs. 1, 734, 735 BGB) festzuhalten, bestehen unmittelbar nicht. Erkennt man hingegen die Rechtsfähigkeit der BGB-Gesellschaft an, versteht man diese also selbst als Schuldner der Gesellschaftsverbindlichkeiten und die Liquidation als die verfahrensmäßige Beseitigung der Gesellschaft als Rechtssubjekt, ist eine besondere Rücksichtnahme auf die Gesellschaftsgläubiger unerlässlich. Die Liquidation führt hier zur endgültigen und ersatzlosen Beseitigung *eines Schuldners*. Sie dient nicht mehr allein der vermögensbezogenen Auseinandersetzung unter den Gesellschaftern, sondern berührt, besser beseitigt, Rechte Dritter. Es muss folglich sicher gestellt werden, dass in der Liquidation zuerst die Gesellschaftsgläubiger befriedigt werden. Erst wenn alle Ansprüche der Gesellschaftsgläubiger erfüllt oder sicher gestellt sind, darf das verbleibende Gesellschaftsvermögen an die Gesellschafter ausgekehrt werden. Unter dem Aspekt der Rechtsfähigkeit der BGB-Gesellschaft scheint die Ansicht der herrschenden Meinung, dass ein Schutzbedürfnis der Gesellschaftsgläubiger in der Liquidation der Gesellschaft nicht besteht,[8] dass also insbe-

---

8 Vgl. etwa *Hüffer*, GesR, § 13 2., S. 111 f.; Soergel-*Hadding*, § 730 BGB, Rn. 10, § 735 BGB, Rn. 4; *Müller/Hoffmann*, § 11, Rn. 53; *Klunzinger*, GesR, 2. Kapitel § 4 VIII. 2., S. 40.

sondere auch eine zwingende Geltung einzelner liquidationsrechtlicher Bestimmungen nicht in Betracht kommt,[9] folglich kaum haltbar.

Im Hinblick auf den Schutz der Gesellschaftsgläubiger stellt sich zwar die Frage, ob die Gläubiger nicht schon durch eine *persönliche Gesellschafterhaftung* ausreichend gesichert sind. So lässt sich daran denken, dass ein objektiver Schutz der Gesellschaftsgläubiger insbesondere durch die zwingende Geltung der Vorschriften über die Verwendung des Gesellschaftsvermögens in der Liquidation dadurch entbehrlich wird, dass die Gesellschafter den Gläubigern auch mit ihrem Privatvermögen haften. Dies setzt jedoch zunächst voraus, dass die Gesellschafter den Gläubigern der BGB-Gesellschaft überhaupt persönlich verantwortlich sind. Unter der Prämisse der Rechtsfähigkeit der BGB-Gesellschaft wird eine persönliche Gesellschafterhaftung nicht ohne weiteres begründet. Handeln hier die Gesellschafter, handeln sie zunächst nur als Organe der BGB-Gesellschaft. Verpflichtet wird zunächst *nur* die BGB-Gesellschaft, die für ihre Schulden mit ihrem Vermögen, dem Gesellschaftsvermögen, haftet. Für die persönliche Inanspruchnahme der Gesellschafter bedarf es einer eigenen Rechtsgrundlage. Diskutiert werden an dieser Stelle seit langem zwei Theorien, und zwar die der *rechtsgeschäftlichen Doppelverpflichtung*[10] und diejenige einer *akzessorischen Gesellschafterhaftung* kraft Gesetz (analog § 128 HGB),[11] wobei beide eine persönliche Haftung in ganz unterschiedlichem Umfang begründen. Ob die Gesellschaftsgläubiger in der Liquidation schon durch eine persönliche Haftung geschützt sind, hängt also in einem ersten Schritt davon ab, ob und aus welcher Rechtsgrundlage sich eine solche Gesellschafterhaftung ergibt. Aber selbst soweit eine persönliche Haftung besteht, scheint es doch zweifelhaft, ob sich damit *jeder* weitergehende Gläubigerschutz erübrigt. So überrascht es festzustellen, dass die Lehre zwar immer wieder auf „den Schutz durch die persönliche Gesellschafterhaftung" verweist, genauere Ausführungen zu diesem Schutz, also Funktion, Umfang und Wirkung einer persönlichen Haftung, aber komplett fehlen. Allein *K. Schmidt*[12] ist bislang der Frage der Schutzkraft der persönlichen Gesellschafterhaftung näher nachgegangen. Anlässlich der Haftungsbeschränkung, insbesondere im Zusammenhang mit der GmbH habe sich die Lehre immer nur gefragt, ob Kapital Haftung ersetzen könne. Darüber habe sie die umgekehrte Frage, ob Haftung einen objektiven Schutz des Gesellschaftskapitals ersetzen könne, völlig vernachlässigt. Sehe man die Gesellschaftsgläubiger allein durch eine persönliche Haftung geschützt, vergesse man den Umstand, dass auch die Privatvermögen der Gesellschafter selbst nicht gesichert seien. Provozierend konstatiert *K. Schmidt*: „Ist das Geld morgen in Wiesbaden verspielt, so werten wir das als das persönliche Pech des Gesellschafters, damit

---

9 Soergel-*Hadding*, § 730 BGB, Rn. 8, § 731 BGB, Rn. 2; BGH ZIP 1999, 1173, 1174 f.

10 *Beck*, S. 79 ff.; Soergel-*Hadding*, § 714 BGB, Rn. 9 ff., 29 ff.; *ders*., FS Rittner, S. 133, 137 ff.; *Heckelmann*, FS Quack, S. 243, 247; *Nagel*, NZG 2001, 202 ff.; *Wellkamp*, NJW 1993, 2715 ff.

11 Grundlegend *Flume*, FS Westermann, S. 118, 128 ff.; *ders*. Personengesellschaft, § 16 IV. 3., S. 325 ff.; *Dauner-Lieb*, DStR 2001, 356, 358 ff.; *Reiff*, NZG 2000, 281, 282 ff.; *Mülbert*, AcP 199 (1999), 38, 67 ff.; *K. Schmidt*, GesR, § 60 III., S. 1784 ff.; *ders*., NJW 2001, 993, 998 f.

12 *K. Schmidt*, ZHR 153 (1989), 270, 284; *ders*. JZ 1985, 301, 302 f.; *ders*., GesR, § 18 IV. 2. c), S. 541 f.; *ders*., Wege zum Insolvenzrecht, S. 63 f., 81f., 93 f., 185 f.

allerdings auch seiner Gläubiger."[13] Diese grundsätzlich uneingeschränkte Verfügungsbefugnis der Gesellschafter, auf die *K. Schmidt* aufmerksam macht, das heißt das Recht des einzelnen Gesellschafters, prinzipiell jederzeit und unbegrenzt über wesentliche Teile des eigenen Vermögens zu verfügen, ohne diesem den Gegenwert wieder zuführen zu müssen, sollte jedenfalls Grund genug sein zu überprüfen, ob die Gesellschaftsgläubiger in der Liquidation durch eine persönliche Gesellschafterhaftung allein hinreichend geschützt werden können.

Schon diese ersten Überlegungen zeigen, dass das mangelnde wissenschaftliche Interesse an der Liquidation der BGB-Gesellschaft unverständlich ist. Es wirft eine Reihe spannender Fragen auf, wobei gerade unter dem Aspekt des Gläubigerschutzes auch der in seiner Dogmatik und Begründung weitgehend ungeklärte Grundsatz der Liquidationsbefangenheit von Interesse ist. Nach diesem sinken gesellschaftsvertraglich begründete Ansprüche zwischen der Gesellschaft und den Gesellschaftern mit dem Moment der Auflösung der Gesellschaft zu bloß unselbständigen Rechnungsposten herab und können während des Verfahrens nicht mehr selbständig durchgesetzt werden.[14] Wenn aber die Gesellschafter ihre Forderungen gegen die Gesamthand in der Liquidation nicht mehr isoliert geltend machen können, führt dies unmittelbar dazu, dass das Gesellschaftsvermögen nicht geschmälert und so für die Befriedigung der Gesellschaftsgläubiger erhalten bleibt. Der Grundsatz der Liquidationsbefangenheit scheint so direkt dem Schutz der Gesellschaftsgläubiger zu dienen und damit zugleich das Prinzip des Gläubigerschutzes in der Liquidation zu bestätigen. Der Gedanke des Gläubigerschutzes, vor allem auch als Begründungsansatz für den Rechtssatz scheint um so richtiger, als wie der Grundsatz umgekehrt für Forderungen der BGB-Gesellschaft insoweit nicht gilt, wie diese das Geld oder die Leistung zur Befriedigung ihrer Gläubiger benötigt, und zwar selbst dann nicht, wenn schon vor Abschluss der Liquidation feststeht, dass der in Anspruch genommene Gesellschafter am Ende selbst forderungsberechtigt sein wird, er also den jetzt geforderten Betrag nach Verrechnung aller gegenseitigen Ansprüche von der Gesellschaft wieder zurückverlangen kann.

II. Am Anfang der nachfolgenden Ausführungen steht die Bestimmung der zentralen Begriffe Liquidation, Abwicklung und Auseinandersetzung sowie eine kurze Darstellung der geschichtlichen Entwicklung des Liquidationsrechts (*Abschnitt I*).

---

[13] *K. Schmidt*, GesR, § 18 IV. 2. S. 542.

[14] BGH ZIP 1999, 1526, 1527; BGH ZIP 1998, 509, 510; BGH ZIP 1997, 2120, 2121; BGH ZIP 1995, 1085, 1085 f.; BGH ZIP 1994, 1846, 1846; BGH ZIP 1993, 919, 920; BGH ZIP 1993, 1307, 1309; BGH NJW 1992, 2757, 2758; BGH ZIP 1992, 245, 246; BGH NJW-RR 1991, 1049, 1049; BGHZ 103, 72, 77; BGH WM 1978, 89, 90; BGH WM 1971, 931, 931; OLG Hamm WM 1985, 644 ff.; OLG Hamburg BB 1984, 14, 15; für OHG/ KG siehe BGHZ 37, 299, 304; BGH NJW 1984, 435, 435; BGH ZIP 1981, 864, 865; BGH WM 1979, 937, 939; BGH NJW 1978, 2154, 2154; BGH WM 1970, 280, 281; BGH WM 1968, 697, 699; RGZ 29, 15 f. *Ensthaler*, S. 15 ff.; *Grunewald*, GesR, 1. A., Rn. 184; Soergel-*Hadding*, § 730 BGB, Rn. 3; *Hillers*, S. 137 ff.; *Hüffer*, GesR, § 13 1., S. 110; *Messer*, FS Stimpel, S. 205, 210 ff.; *K. Schmidt*, GesR, § 52 IV. 1. c), S. 1520; *ders.*, ZHR 153 (1989), 270, 293 f.; MüKo-Ulmer, § 730 BGB, Rn. 40; für OHG/KG *Butzer*, Jura 1994, 628, 632; *Kellermann* AcP 190 (1990), 657, 659; *Koller/Roth/Morck*, § 145 HGB, Rn. 3.

Anschließend wird die Struktur und Stellung der BGB-Gesellschaft in Liquidation untersucht (*Abschnitt II*). Im Vordergrund steht dabei die Frage nach der Rechtsfähigkeit der BGB-Gesellschaft (*§ 2*). Sie bestimmt zum einen die dogmatische Konzeption der mit der werbenden BGB-Gesellschaft identischen (*§ 1*) BGB-Liquidationsgesellschaft, insbesondere die Frage, wer Schuldner der alten, also übergeleiteten, sowie neuen Verbindlichkeiten der BGB-Gesellschaft i.L. wird. Zum anderen bestimmt sie den Gegenstand und den Zweck des Liquidationsverfahrens. Dabei ist sie insbesondere für den Aspekt des Gläubigerschutzes von Relevanz. Insoweit wird in *§ 3* direkt untersucht, ob und auf welcher Grundlage – Theorie der rechtsgeschäftlichen Doppelverpflichtung und Theorie der akzessorischen Gesellschafterhaftung kraft Gesetz (analog § 128 HGB) - sich bei Rechtsfähigkeit der BGB-Gesellschaft zum Schutz der Gläubiger eine persönliche Gesellschafterhaftung herleiten lässt. Der Zweck der Liquidation und auch der Zweck der BGB-Gesellschaft i.L., insbesondere das Verhältnis von bisherigem Gesellschaftszweck und Liquidationszweck, werden dann in *§ 4* untersucht, wobei die Frage im Vordergrund steht, inwieweit der Zweck des Liquidationsverfahrens der veränderten Struktur der BGB-Gesellschaft anzupassen ist. Um den Umfang der Liquidation bei Rechtsfähigkeit der BGB-Gesellschaft bestimmen zu können, wird schließlich unter Anknüpfung an den neu zu bestimmenden Liquidationszweck in *§ 5* der Umfang der der BGB-Gesellschaft i.L. zustehenden Rechtspositionen, das heißt allgemein die Reichweite der Rechtssubjektivität der BGB-Gesellschaft festgelegt. Gleichzeitig wird damit die Struktur der BGB-Gesellschaft i.L. konkretisiert und so abschließend bestimmt.

In *Abschnitt III* geht es unter Anknüpfung an die Rechtsfähigkeit und Schuldnerstellung der BGB-Gesellschaft um das Schutzbedürfnis der Gesellschaftsgläubiger in der Liquidation. Dabei wird zunächst die herrschende Meinung, die ein Schutzinteresse der Gesellschaftsgläubiger generell verneint, einschließlich ihrer Konsequenzen dargestellt und kritisch überprüft. Dabei wird vor allem untersucht, ob schon eine persönliche Gesellschafterhaftung ein ausreichendes Schutzinstrument darstellen kann. Insoweit wird im Anschluss an die Arbeiten von *K. Schmidt* versucht, die „Schutzkraft" der persönlichen Haftung greifbar zu machen, das heißt ihre verschiedenen Funktionen und Aspekte aufzuzeigen, und diese für den Fall der Gesellschaftsliquidation zu bewerten.

In *Abschnitt IV* werden dann die Rechte und Pflichten der Gesellschafter und Liquidatoren behandelt. Dabei gilt es hinsichtlich der Gesellschafter zum einen allgemeine Rechte und Pflichten (Gesellschaftertreuepflicht, Gleichbehandlungspflicht) zu bestimmen und für den Fall der Liquidation der BGB-Gesellschaft zu konkretisieren, zum anderen konkrete Liquidationsrechte und –pflichten aufzuzeigen bzw. aus dem Prinzip des Gläubigerschutzes im Einklang mit den §§ 733-735 BGB zu entwickeln. Zu untersuchen ist insoweit auch der Grundsatz der Liquidationsbefangenheit, der die gesellschaftsvertraglichen Ansprüche der Gesellschafter in der Liquidation stark modifiziert. Es wird dabei versucht, dem Grundsatz dogmatisch klare Konturen zu geben und ihn vor allem stichhaltig zu begründen; insoweit spielt der aus der Rechtsfähigkeit der BGB-Gesellschaft hergeleitete Aspekt des Gläubigerschutzes wiederum eine wichtige Rolle. Auch hinsichtlich der Liquidatoren gilt es, zum einen allgemeine Rechte und Pflichten, zum anderen verfahrensspezifische Rechte und Pflichten aufzuzeigen und aus den §§ 733-735 BGB i.V.m. dem Gläubigerschutzprinzip abzuleiten. Bestimmt wird in Bezug auf die Liquidatoren zudem der Umfang der Geschäftsführungs- und Vertretungsbefugnisse.

Der konkrete Verfahrensgang wird abschließend in *Abschnitt V* dargelegt. Erörtert werden zunächst der Beginn und das Ende der Liquidation, das heißt die Auflösung und Vollbeendigung der BGB-Gesellschaft, sowie die Nachtragsliquidation und die Möglichkeit, eine einmal begonnene Liquidation wieder abzubrechen (*§ 1*). Dabei stellt sich hinsichtlich der Rechtsfähigkeit der BGB-Gesellschaft vor allem die Frage, ob diese, wie es bislang herrschende Meinung ist, auch dann automatisch aufgelöst wird, wenn sie nur noch einen einzigen Gesellschafter hat, oder ob in diesem Fall nicht ein Fortbestand als „Einmann-BGB-Gesellschaft" in Betracht kommt. Die Ansicht, die BGB-Gesellschaft falle mit Wegfall des vorletzten Gesellschafters ohne weiteres in sich zusammen, scheint bei Annahme eigener Rechtsfähigkeit jedenfalls stark überprüfungsbedürftig; dies gilt umso mehr, als wie auch in diesem Fall durch den Wegfall der Gesellschaft als Schuldsubjekt die Rechte von Gesellschaftsgläubigern berührt werden. *§ 2* zeigt dann die einzelnen Verfahrensschritte auf, wobei diese aus dem geänderten Liquidationszweck und –umfang bei Rechtsfähigkeit der BGB-Gesellschaft entwickelt bzw. diesem angepasst werden. Im Hinblick auf einen Schutz der Gesellschaftsgläubiger wird zudem eine Heranziehung von entsprechenden Vorschriften zur Liquidation juristischer Personen (Bekanntmachung und Gläubigeraufruf, persönliche Benachrichtigung, Kennzeichnungspflicht) erwogen.

Abschnitt I – Begriff und historische Entwicklung der Liquidation

§ 1 Begrifflichkeiten

Im Zusammenhang mit dem auf Vollbeendigung der BGB-Gesellschaft gerichteten Verfahren finden sich in Lehre und Rechtsprechung die drei Begriffe Liquidation, Abwicklung und Auseinandersetzung.

A. Liquidation

Wer von Liquidation spricht, kann häufig zwei Dinge meinen, nämlich die der Gesellschaft und die eines von der Gesellschaft geführten Geschäfts oder Unternehmens. Da der Gesetzgeber allein die Gesellschaft und nicht das Unternehmen als Rechtsgegenstand geregelt hat, ist, wenn im Gesetz von Liquidation die Rede ist (§§ 47 ff., 76 BGB, §§ 145 ff. HGB, § 10 Abs. 1 PartGG, §§ 60 ff. GmbHG, §§ 83 ff. GenG), immer nur die Liquidation der *Gesellschaft* gemeint.[1] Auch nur in diesem Sinne ist der Begriff Liquidation zu verstehen, wenn er im Zusammenhang mit den §§ 730 ff. BGB für die BGB-Gesellschaft verwendet wird. Liquidation bedeutet dann das auf Vollbeendigung der Gesellschaft gerichtete, gesetzlich geregelte, das heißt für die BGB-Gesellschaft in den §§ 730 ff. BGB normierte Verfahren.[2] Soweit der allgemeine Sprachgebrauch sowie der Ursprung des Wortes Liquidation, lateinisch *liquidus* = flüssig, fällig, klar, zu zahlen,[3] unmittelbar nur auf das Verflüssigen von Sachmitteln, das heißt die Umsetzung des Gesellschaftsvermögens in Geld (vgl. § 733 Abs. 3 BGB) hindeutet, ist dies für die rechtliche Bedeutung des Begriffs Liquidation zu eng. Die Umsetzung des Vermögens in Geld ist nur eine unter mehreren, die Vollbeendigung der Gesellschaft herbeiführenden Maßnahmen. So sind gerade auch in der BGB-Gesellschaft noch die Gesellschaftsgläubiger zu befriedigen (§ 733 Abs. 1 S. 1 BGB), die laufenden Geschäfte zu Ende zu bringen (§ 730 Abs. 2 BGB) und den Gesellschaftern die Einlagen (§ 733 Abs. 2 BGB) und anteiligen Liquidationsgewinne (§ 734 BGB) auszuzahlen. Erst wenn alle Rechtsbeziehungen der Gesellschaft vollständig gelöst sind, ist auch die BGB-Gesellschaft „liquidiert".

B. Abwicklung

Mit dem Begriff Abwicklung können drei Dinge zum Ausdruck gebracht werden. Zum einen kann der Vollzug eines Rechtsgeschäftes, das heißt die planmäßige Durchführung nur eines einzelnen Geschäfts oder Vertrages gemeint sein.[4] Zum anderen kann der Begriff Abwicklung ebenso wie der Begriff Liquidation die Zerschlagung eines Unternehmens, also eines von der Gesellschaft betriebenen Geschäftsbe-

---

[1] RGZ 123, 151, 155; *Hüffer*, GesR, § 19 2., S. 181 f.; *Baumbach/Hopt*, § 131 HGB, Rn. 2; *K. Schmidt*, ZHR 153 (1989), 270, 275 ff.; vgl. auch *Butzer*, Jura 1994, 628, 629 ff.

[2] *Hüffer*, GesR, § 19 2., S. 181 f.; Soergel-*Hadding*, Vor § 730 BGB, Rn. 1; Staudinger-*Keßler*, § 730 BGB, Rn. 1; *Wimpfheimer*, S. 81 ff.; vgl. auch für die OHG/KG *Butzer*, Jura, 1994, 628, 631; *K. Schmidt*, ZHR 153 (1989), 270, 275 ff.; *ders.*, GesR, § 11 V. 3., S. 316 f., § 59 V. 2., S. 1763 f.; *Ensthaler*, S. 86; Heymann-*Sonnenschein*, § 145 HGB, Rn. 2;

[3] *Kluge*, Etymologisches Wörterbuch, 23. Auflage, 1999, S. 521.

[4] *Bertelsmann's* Grosses modernes Lexikon, 1985, Band 1, S. 51.

triebes kennzeichnen.[5] Schließlich, und nur in diesem Sinne wollte der Gesetzgeber den eingedeutschten Begriff verstanden wissen, als er ihn erstmals 1937 in den §§ 264 ff., 290 AktG an Stelle des Begriffs Liquidation verwendete, bedeutet Abwicklung die *Beendigung der Gesellschaft* als Rechtsträger. In diesem Sinne besitzt der Begriff Abwicklung exakt die gleiche Bedeutung wie der Begriff Liquidation und kennzeichnet so für die BGB-Gesellschaft die Summe der auf Vollbeendigung der Gesellschaft zielenden, in den §§ 730 ff. normierten Maßnahmen.[6]

C. Auseinandersetzung

Der in den §§ 730 ff. BGB, § 145 Abs. 1 HGB verwendete Begriff Auseinandersetzung besitzt liquidationsrechtlich zwei verschiedene Bedeutungen. In einem engeren Sinne entspricht er genau dem der Liquidation und der Abwicklung, umschreibt also für die BGB-Gesellschaft das auf Vollbeendigung der Gesellschaft gerichtete, gesetzlich geregelte Verfahren.[7] Er wird aber auch in einem weiteren Sinne gebraucht, in dem er *jedes* auf Vollbeendigung der BGB-Gesellschaft zielende Verfahren kennzeichnet.[8] Der Begriff Auseinandersetzung stellt so einen Oberbegriff zu dem der Liquidation und Abwicklung dar, der verwendet wird, um zum einen die Beendigung der BGB-Innengesellschaft und zum anderen das Verfahren zu beschreiben, bei dem die BGB-Gesellschaft unter Abweichung der prinzipiell dispositiven Gesetzesvorschriften (vgl. § 731 S. 1 BGB) liquidiert wird.

§ 2 Geschichtliche Entwicklung

Die Liquidationsvorschriften der BGB-Gesellschaft gehen wie die Liquidationsregelungen der OHG und KG (§§ 145 ff. , 161 Abs. 2 HGB), mit denen sie weitgehend übereinstimmen, im Wesentlichen auf die Regelungen des ADHGB von 1861 zurück. Es lassen sich aber schon früher den heutigen §§ 730 ff. BGB (§§ 145 ff., 161 Abs. 2 HGB) ganz ähnliche Bestimmungen feststellen.

A. Einzelstaatliches und gemeines Recht

Die Zeit vor Inkrafttreten der großen Gesetzeswerke BGB und HGB war durch eine Vielzahl einzelstaatlicher Gesetze geprägt. Besonders bedeutsame Kodifikationen waren das *Allgemeine Preußische Landrecht* von 1794 sowie der in weiten Teilen Deutschlands in Kraft gebliebene *Code civil* von 1807. Beide Gesetze wiesen bereits

---

[5] *Brönner/Bareis,* Teil B Abschnitt VII. Ziff. 1.5.2, Rn. 2420. So auch schon das *Grimm'sche* Wörterbuch von 1854: „Abwicklung - in der Geschäftssprache die gänzliche Beendigung eines Handels".

[6] Vgl. Soergel-*Hadding*, Vor § 723 BGB, Rn. 1, Vor § 730 BGB, Rn. 1; MüKo-*Ulmer*, § 730 BGB, Rn. 1; *Eisenhardt*, GesR, § 4 VIII., Rn. 101; *Ensthaler*, S. 4; *K. Schmidt*, Gutachten Schuldrechtsreform, S. 542.

[7] *Eisenhardt*, GesR, § 4 VIII., Rn. 99; *Klunzinger,* GesR, § 4 VIII. 2., S. 40; RGRK-*v. Gamm*, § 730 BGB, Rn. 13; Staudinger-*Keßler*, § 730 BGB, Rn. 1, anders § 730 BGB, Rn. 5, 11; *G. Hueck*, GesR, § 11 IV., S. 83.

[8] Staudinger-*Keßler,* § 730 BGB, Rn. 5, 11, anders § 730 BGB, Rn. 1; MüKo-*Ulmer,* § 730 BGB, Rn. 49; vgl. *Ensthaler* S. 84 f.; *G. Hueck*, GesR, § 11 IV., S. 83; *K. Schmidt,* Gutachten Schuldrechtsreform, S. 542.

ein den heutigen Regelungen der §§ 730 Abs. 2, 733 Abs. 1, 734 BGB (§§ 149, 155, 161 Abs. 2 HGB) entsprechendes Grundprinzip der Geschäftsabwicklung und Schuldentilgung vor Vermögensverteilung auf.[9] Dies ist insoweit sehr bemerkenswert, als wie beide Gesetzeswerke das die BGB-Gesellschaft bzw. OHG und KG prägende Gesamthandsprinzip nicht kannten und die Gesellschaft als einen nur schuldrechtlichen und auf das Innenverhältnis beschränkten Personenzusammenschluss ansahen, dem eine schuld- und haftungsrechtliche Bedeutung im Verhältnis zu Dritten nicht zukam.[10]
Auch das übernommene, subsidiär anwendbare römische Recht, das gemeine Recht, enthielt bereits Regelungen, die für das heutige Liquidationsrecht der BGB-Gesellschaft und auch der OHG und KG zwar nicht gesetzlich, doch aber gewohnheitsrechtlich kennzeichnend sind. Es bestimmte für die *societas*, einen im Übrigen wieder nur schuldrechtlichen Zusammenschluss unter den Gesellschaftern, dass die *socii* nach Beendigung der Gesellschaft mit der *actio pro socio* auf Abrechnung, das heißt auf den Saldo, der jeweils im Verhältnis zweier gewesener Gesellschafter nach Verrechnung der gegenseitigen Ansprüche einem gegen den anderen verblieben war, klagen konnten.[11] Soweit die Gesellschafter ein gemeinschaftliches Vermögen gebildet hatten, das ihnen nach den Regeln der *communio* als Bruchteilsgemeinschaft zustand, konnten sie dessen Teilung nach den Grundsätzen der *actio communi dividundo*, das hieß wiederum nur unter Verrechnung aller wechselseitigen Verbindlichkeiten verlangen.[12] Dies der *societas* als auch der *communio* anhaftende Prinzip der Verrechnung der gegenseitigen Ansprüche ist dem heutigen Rechtsinstitut der Liquidationsbefangenheit schon recht ähnlich. So werden auch dort die einzelnen Ansprüche der Gesellschafter zwar nicht im Gegenseitigkeitsverhältnis, wohl aber im Verhältnis zur Gesellschaft miteinander verrechnet und können nicht mehr einzeln geltend gemacht und eingeklagt werden.

B. Regelung des ADHGB

Schon der Entwurf zum ADHGB ähnelte stark den heutigen Liquidationsbestimmungen der §§ 730 ff. BGB (§§ 145 ff. HGB).[13] Er enthielt in Art. 55 eine im wesentlichen den §§ 730 Abs. 2, 733 BGB (§§ 149, 155 Abs. 1 HGB) entsprechende Regelung zur Beendigung der laufenden Geschäfte und Schuldentilgung vor Vermögensverteilung. Die Vorschriften der Art. 133 ff. ADHGB von 1861 entsprachen dann

---

9 ALR I, 17 §§ 304 ff. Dazu *Dernburg*, Preußisches Privatrecht, § 223, S. 693 ff. Der *Code civil* enthält keine eigene Regelung für die Gesellschaft, sondern verweist in art. 1872 auf die entsprechenden Vorschriften über die Teilung des Nachlasses zwischen den Miterben (art. 815-892).

10 ALR I, 17 §§ 232 ff. Dazu *Dernburg*, Preußisches Privatrecht, § 214, S. 655 ff. Siehe auch art. 1832 *Code civil*.

11 *Kaser*, Rechtsgeschichte, § 267 I., S. 409 ff.; *ders.*, Römisches PrivatR, § 43 I. 5. a), S. 206; *Mayer-Maly*, Römisches Recht, § 29, S. 148; *Honsell*, Römisches Recht, § 52 II. 5., S. 137.

12 *Kaser*, Rechtsgeschichte, § 267 II., S. 413 ff.; *ders.*, Römisches PrivatR, § 43 II. 1. a) S. 207; *Honsell*, Römisches Recht, § 52 II. 5., S. 138; zur *actio communi dividundo* vgl. ROHG 14, 236, 237 f.

13 Zur Gesetzgebungsgeschichte des ADHGB siehe den Überblick bei *Baumbach/Hopt*, Einleitung vor § 1 HGB, Rn. 9; vgl. auch *Wertenbruch*, S. 45 ff.

weitgehend den heutigen §§ 730 ff. BGB (§§ 145 ff. HGB); Art. 137 Abs. 1 ADHGB glich im Wesentlichen den §§ 730 Abs. 2, 733 BGB (§§ 149 S. 1, 155 Abs. 1 HGB) über die Beendigung der laufenden Geschäfte, die Befriedigung der Gesellschaftsgläubiger und die Umsetzung des Vermögens in Geld und Art. 141 ADHGB regelte entsprechend § 734 BGB (§ 155 Abs. 1, 2 HGB) die Schlussverteilung des Gesellschaftsvermögens.

C. Regelung des BGB

Die Regelungen des ADHGB sind nicht nur für die OHG und KG in das HGB, sondern im Kern vom Gesetzgeber auch für die BGB-Gesellschaft in das BGB übernommen wurden. Bereits der erste Entwurf zum BGB enthielt mit den §§ 655, 656[14] Art. 137 ADHGB entlehnte Regelungen über die Beendigung der laufenden Geschäfte (§ 655), die Befriedigung der Gesellschaftsgläubiger (§ 656 Abs. 2 S. 1) und die Umsetzung des Gesellschaftsvermögens in Geld (§ 656 Abs. 3). Beachtlich ist dies insoweit, als wie die BGB-Gesellschaft nach dem Entwurf der ersten Kommission im Gegensatz zur OHG des ADHGB und OHG und KG des HGB nicht Gesamthandsgemeinschaft war, sondern einen bloß schuldrechtlichen und auf das Innenverhältnis beschränkten Zusammenschluss bildete, also weder ein eigenes Gesellschaftsvermögen noch eigene Beziehungen zu Dritten besitzen sollte. Insoweit überrascht es jedoch nicht, dass die spätere Einführung der Gesamthand durch die zweite Kommission die Liquidationsregelungen zur BGB-Gesellschaft unberührt ließ. Die §§ 667 Abs. 1, 2, 678, 670 des zweiten Entwurfs entsprachen sachlich exakt den §§ 655, 656 des ersten Entwurfs. Es wurden lediglich einige sprachliche Umformulierungen vorgenommen. Überhaupt war das Liquidationsrecht während des gesamten Gesetzgebungsverfahrens sachlich unstreitig. Kontrovers diskutiert wurde allein die Frage, in welchem Verhältnis die Gesellschafter verlustausgleichspflichtig sein sollten (§ 735 BGB), insbesondere, ob auch der nicht kapitalmäßig beteiligte Gesellschafter den Kapitalverlust der übrigen Gesellschafter mittragen sollte.[15]

Unumstritten blieb das Liquidationsrecht auch später. Selbst die Pläne zur großen Schuldrechtsreform in den 80iger Jahren enthielten keine inhaltlichen Änderungen zum Liquidationsrecht; so sprach sich selbst *K. Schmidt* lediglich für Neuformulierungen, nicht aber für eine sachliche Modifikation der §§ 730 ff. BGB aus.[16]

---

[14] § 655 BGB (Entwurf I) = § 667 Abs. 1, 2 BGB (Entwurf II) = § 730 BGB, Protokolle II, S. 2458 = *Mugdan,* Band II, S. 997; § 656 Abs. 1 BGB (Entwurf I) = § 668 BGB (Entwurf II) = § 732 BGB; § 656 Abs. 2 - 4 BGB (Entwurf I) = § 669 BGB (Entwurf II) = § 733 BGB, Protokolle II, S. 2460 ff. = *Mugdan*, Band II, S. 997 ff.; § 656 Abs. 2, 3 BGB (Entwurf I) = § 670 BGB (Entwurf II) = 734, 735 BGB, Protokolle II, S. 2460 ff. = *Mugdan*, Band II, S. 997 f.

[15] Protokolle II, S. 2462 ff. = *Mugdan*, Band II, S. 998 f.

[16] *K. Schmidt*, Gutachten Schuldrechtsreform, S. 542 ff.

Abschnitt II – Struktur und Stellung der BGB-Gesellschaft in der Liquidation

§ 1 Fortbestand und Identität der BGB-Gesellschaft

Durch den Eintritt ins Liquidationsstadium büßt die BGB-Gesellschaft nichts von ihrer Existenz ein. Sie besteht vielmehr bis zum Abschluss der Liquidation *real* und als mit der werbenden *identische* BGB-Gesellschaft fort. Werbende und aufgelöste BGB-Gesellschaft unterscheiden sich nur durch den infolge der Auflösung hinzugetretenen Liquidationszweck.[1] Zwar war das 19. Jahrhundert noch von der Vorstellung geprägt, die Gesellschaft sei mit ihrer Auflösung vernichtet;[2] namentlich *Otto v. Gierke*[3] verfocht leidenschaftlich die These, dass nur noch ein körperliches Nachleben der Gesellschaft stattfinde und die Liquidation der Gesellschaft nichts anderes als eine bloße Nachlassregulierung sei. Diese Auffassung gilt jedoch seit den grundlegenden Arbeiten von *Heinrich Wimpfheimer*[4] als überholt. Wenn § 730 Abs. 2 S. 1 BGB bestimmt, dass die BGB-Gesellschaft für den Zweck der Auseinandersetzung „als fortbestehend gilt", bringt dies den Status der Gesellschaft also nicht treffend zum Ausdruck: Die BGB-Gesellschaft gilt nicht nur als fortbestehend, sie besteht *tatsächlich* fort.

§ 2 BGB-Gesellschaft als Schuldner

Die Frage, wer bei der BGB-Gesellschaft Schuldner insbesondere rechtsgeschäftlicher Verbindlichkeiten ist, wird seit langem kontrovers diskutiert.[5] Dabei erfasst die Diskussion regelmäßig nur die werbende BGB-Gesellschaft. Die Frage, wer Schuld-

---

1 Grundlegend *Wimpfheimer*, S. 114 ff.; MüKo-*Ulmer*, Vor § 723 BGB, Rn. 5; RGRK-*v. Gamm*, § 723 BGB, Rn. 1; *Hillers*, S. 20 ff.

2 Vgl. Entwurf eines HGB für die Preußischen Staaten , S. 70: „Mit dem Moment der Auflösung der Gesellschaft hört dieselbe strenggenommen auf zu bestehen.".

3 *v. Gierke*, Privatrecht I, S. 572, 574.

4 *Wimpfheimer*, S. 82 ff.

5 Aus dem jüngeren Schrifttum vgl. *Ahrens*, FS Nirk, S. 1 ff.; *Alberts*, S. 95 ff.; *Beck*, S. 37 ff.; *Berndt/Boin*, NJW 1998, 2854 ff.; *Breuninger*; *Cordes* JZ 1998, 545 ff.; *Dauner-Lieb*, Sondervermögen, S. 520 ff.; *dies.*, DStR 1999, 1992 ff.; *dies.*, BGB-Gesellschaft, S. 95 ff.; *dies.*, DStR 1998, 2014 ff.; *Grunewald*, GesR, 1. A., Rn. 101 ff.; *Habersack*, JuS 1999, 61 ff.; *ders.*, JZ 1999, 46 ff.; *ders.*, JuS 1993, 1 ff.; *Heil*, MittRhNotK 1999, 337 ff.; *Hommelhoff*, ZIP 1998, 8 ff.; *G. Hueck*, FS Zöllner, S. 275 ff.; *Huber*, FS Lutter, 2000, S. 107 ff.; *Hüffer*, GesR, § 7, S. 43 ff.; *Klunzinger*, GesR, § 4, S. 13 ff.; *Mülbert*, AcP 199 (1999), 38 ff.; *Peifer*, NZG 2001, 193 ff.; *Peres*, DStR 2000, 639 ff.; *Raiser* AcP 194 (1994), 495 ff.; *ders.*, AcP 199 (1999), 104 ff.; *ders.*, FS Zöllner, S. 469 ff.; *Reiff*, S. 161 ff.; *ders.*, NZG 2000, 281 ff.; *ders.*, ZIP 1999, 517 ff., 1329 ff.; *ders.*, VersR 1999, 1427 ff.; *Roth*, ZHR 155 (1991), 24, 31 ff.; *K. Schmidt*, GesR, § 60 III., S. 1784 ff.; *ders.*, ZIP 1998, 2 ff.; *Seibert*, JZ 1996, 785; *Timm*, ZGR 1996, 247 ff.; *ders.*, NJW 1995, 3209 ff.; MüKo-*Ulmer*, § 705 BGB, Rn. 130 ff.; *ders.*, ZGR 2000, 339 ff.; *ders.*, ZIP 1999, 509 ff., 554 ff.; *ders.*, AcP 198 (1998), 113 ff.; *Wackerbarth*, ZGR 1999, 365 ff.; *Weber*, NZG 2000, 30 ff.; *Wertenbruch*, S. 211 ff.; *ders.*, DB 2001, 419 ff.; *Wiedemann*, WM 1994, SB Nr. 4; *ders.*, FS Kellermann, S. 529 ff.; *Zöllner*, FS Kraft, S. 701 ff.; *ders.*, FS Gernhuber, S. 563 ff. Aus dem älteren Schrifttum *Aderhold*, insbes. S. 146 ff.; *Blomeyer*, JR 1971, 403 ff.; *Buchner*, AcP 169 (1969), 463 ff.; *Flume*, ZHR 132 (1972), 177 ff.; *ders.*, FS Westermann, S. 119 ff.; *ders.*, Personengesellschaft, insbes. § 5, S. 68 ff.; RGRK-*v. Gamm*, Vor § 705 BGB, Rn. 4; *v. Gierke*, Privatrecht I, S. 663 ff.; Soergel-*Hadding*, Vor § 705

und Haftungssubjekt ist, ist aber auch für die BGB-Gesellschaft in Liquidation relevant. Denn stellt die BGB-Gesellschaft in Liquidation eine reale und mit der werbenden identische BGB-Gesellschaft dar, besitzt sie die gleiche Schuld- und Haftungsverfassung wie diese. Für die Frage, wer Schuldner der neuen, etwa bei Umsetzung des Gesellschaftsvermögens (§ 733 Abs. 3 BGB) entstandenen Gesellschaftsverbindlichkeiten, sowie der auf die Liquidationsgesellschaft übergegangenen Altverbindlichkeiten ist, ist also entscheidend, wer in der werbenden BGB-Gesellschaft Schuld- und Haftungssubjekt ist.

A. Meinungsstand zur Schuld- und Haftungsverfassung der Gesellschaft

Diskutiert werden für die Schuld- und Haftungsverfassung der BGB-Gesellschaft prinzipiell zwei Konzepte, und zwar das einer ausschließlichen Verpflichtung der Gesellschafter und das maßgeblich von *Flume*[6] entwickelte Modell, bei dem die BGB-Gesellschaft selbst verpflichtet wird. Vertreten wird aber noch eine Zwischenlösung. Sie geht davon aus, dass Schuldner zwar nicht die BGB-Gesellschaft, sondern ihre Gesellschafter sind, diese aber nicht „persönlich", sondern „in gesamthänderischer Verbundenheit". Um auch diese Ansicht adäquat darzustellen und mit ihr den zeitlichen sowie sachlichen Verlauf der Diskussion zu verdeutlichen, gehen die nachfolgenden Ausführungen mit der strikt individualistischen Lehre, der Verbundenheitslehre und der *Flume*'schen Gruppenlehre von einer Dreiteilung aus. Dabei orientiert sich die Darstellung der verschiedenen Lehren im Wesentlichen an den Kriterien der Vermögensträgerschaft, des Handelns bzw. der Vertretung und den Schuldverhältnissen innerhalb und außerhalb der Gesellschaft.

I. Begriffe Schuld und Haftung

Das Verständnis der einzelnen Schuld- und Haftungsmodelle setzt zunächst Klarheit über die Begriffe Schuld und Haftung voraus. So sind Schuld und Haftung begrifflich nicht gleichzusetzen.[7] Die Schuld umschreibt das *Leistensollen*, das heißt die Pflicht

---

BGB, Rn. 4; *v. Gierke*, Privatrecht I, S. 663 ff.; Soergel-*Hadding*, Vor § 705 BGB, Rn. 21, § 714 BGB, passim; *Hoffmann*, NJW 1969, 724 ff.; *Huber*, Vermögensanteil, insbes. S. 61 ff., 89 ff.; *G. Hueck*, GesR, § 5, S. 39 ff; Staudinger-*Keßler*, Vor § 705 BGB, Rn. 62 ff, § 714 BGB, passim; *Lindacher*, JuS 1981, 431 ff.; *Schulze-Osterloh*, insbes. S. 163 ff.; *Schwichtenberg*, BB 1985, 429 ff; *Sudhoff*, S. 27 ff.; *Teichmann*, AcP 179 (1979), 475 ff.; *Ulmer*, FS Fischer, S. 785 ff.; aus der Rechtsprechung vgl. BGH BB 2001, 374, 374 ff.; BGH NJW-RR 2001, 114, 116; BGHZ 142, 315, 318 ff.; BGH NJW 1998, 376, 376; BGHZ 138, 82, 84; BGHZ 136, 254, 257; BGHZ 118, 83, 99; BGHZ 117, 168, 175 ff.; BGHZ 116, 86, 88; BGH ZIP 1990, 505, 507; BGHZ 80, 222, 227; BGHZ 79, 374, 378; BGHZ 78, 311, 313 ff.; BGHZ 74, 240, 242; BGHZ 72, 267, 271; BGHZ 61, 338, 342 ff.; BGHZ 61, 59, 67; BGHZ 59, 179, 184; BGHZ 45, 311, 312 f.; BGHZ 34, 293, 296; BGHZ 23, 307, 313; BGHZ 17, 340, 342; RGZ 142, 13, 21; RGZ 136, 236, 241; RGZ 85, 157, 158 f.; RGZ 56, 206, 209; OLG München NZG 2001, 26 f.; BayObLG NZG 2001, 123 f.; BAG NZA 1989, 961, 962; BAGE 55, 117, 132 f.; BVerwG NJW 1994, 602, 603; BFH NJW 1990, 3294, 3294 f.; BFH NJW 1990, 2086, 2087; BFH NJW 1987, 1719, 1719; BFH NJW 1987, 1720, 1720; BFH NJW 1986, 2969, 2970.

6 *Flume*, ZHR 132 (1972), 177 ff.; *ders.*, Personengesellschaft, insbes. § 5, S. 68 ff.

7 Dazu allgemein *Larenz*, SchuldR AT, § 2 I., II., S. 6 ff., IV., S. 21 ff.; mit gesellschaftsrechtlichem Bezug *Dauner-Lieb*, Sondervermögen, S. 30 ff.

des Schuldners, eine bestimmte Leistung zu erbringen, und das Recht des Gläubigers, diese Leistung zu verlangen. Unter Haftung hingegen versteht man die *Leistungserzwingung*, das heißt das zwangsvollstreckungsrechtliche Unterworfensein des Schuldnervermögens unter den Zugriff des Gläubigers. Haftung kennzeichnet so den Umstand, dass der Gläubiger seine Forderungen notfalls auch gegen den Willen des Schuldners zwangsweise durchsetzen kann. Dabei bedarf es zur Haftung eines besonderen Begründungsaktes nicht. Vielmehr folgt die Haftung der Schuld „wie ein Schatten" automatisch nach. Wer schuldet, haftet auch, und zwar nach dem Grundsatz der *unbeschränkten Vermögenshaftung* uneingeschränkt mit seinem gesamten Vermögen. Zur Beschränkung der Haftung auf einzelne Gegenstände oder Vermögensteile kommt es nur, wenn der Schuldner dies mit dem Gläubiger vereinbart hat oder es sich aus dem Gesetz ergibt. Für die Liquidation gilt für die Begriffe von Schuld und Haftung nichts anderes.

II. Individualistische Lehre

1. Struktur der werbenden BGB-Gesellschaft

a) Träger des Gesellschaftsvermögens

Die vor allem früher stark vertretene strikt individualistische Lehre[8] begreift allein die Gesellschafter als Zuordnungssubjekte von Rechten und Pflichten und damit als Träger des Gesellschaftsvermögens.[9] Sie geht davon, dass nur natürlichen und juristischen Personen die Rechtsfähigkeit, das heißt die Fähigkeit zur Rechts- und Pflichtträgerschaft, zukommt. Mit der Gesamthand sieht man eine neben der juristischen Person zweite Möglichkeit, einer Personenmehrheit Rechte gemeinschaftlich zuzuordnen, nicht geschaffen. Zur Begründung wird auf den Wortlaut und die Systematik der §§ 705 ff. BGB verwiesen. Das Gesetz gehe insbesondere in den §§ 714, 718, 719 Abs. 1 BGB davon aus, dass Zuordnungspunkt der Gesellschaftsbeziehungen allein die Gesellschafter seien, und biete für die Rechts- und Pflichtträgerschaft der Gesellschaft als solcher keinen Anhaltspunkt.[10]

Charakteristisch für die individualistische Lehre ist, dass nicht nur die Rechtsfähigkeit der Gesamthand verneint, sondern dem Prinzip der Gesamthand auch sonst auf der Ebene der Vermögensträgerschaft eine Bedeutung nicht beigemessen wird. Die Gesamthand erschöpft sich nach dieser Lehre in der Beschränkung der Verfügungsbefugnis des Einzelnen zum Vorteil der Gemeinschaft (§ 719 Abs. 1 BGB) und ist für die Frage der Vermögensträgerschaft ohne Relevanz.

---

8 Grundlegend *Buchner*, AcP 169 (1969), 483 ff.; *Huber*, Vermögensanteil, S. 61 ff., 89 ff.; vgl. aber jetzt *dens.*, FS Lutter, S. 107 ff.; *Schulze-Osterloh*, S. 163 ff.; *Cordes*, JZ 1998, 545, 548; *Fikentscher*, SchuldR, § 88, Rn. 964; RGRK-*v. Gamm*, Vor § 705 BGB, Rn. 4, § 714 BGB, Rn. 9; *G. Hueck*, GesR, § 3 II., S. 22, § 8 II., S. 60 ff., § 9 IV., S. 65 ff.; *ders.*, FS Zöllner, S. 275 ff.; *Klunzinger*, GesR, § 4 I. S. 13, II. 2. b), S. 27; *Kraft/Kreutz*, GesR, C I. 1. d), S. 102 ff.; *Michalski*, NZG 2000, 355 ff.; *Peifer*, NZG 2001, 193 ff.; *ders.*, NZG, 2001 296 ff.; Jauernig-*Stürner*, §§ 714, 715 BGB, Rn. 1; *Weber-Grellet*, AcP 182 (1982), 316 ff.; *Zöllner*, FS Gernhuber, S. 563, 566 ff.; *ders.*, FS Kraft, S. 701 ff.; *ders.*, FS Claussen, S. 423 ff.

9 *Schulze-Osterloh*, S. 163 ff.; *Weber-Grellet*, AcP 182 (1982), 316, 328, 334; *Buchner*, AcP 169 (1969), 483, 485; wohl auch *Zöllner*, FS Kraft, S. 701, 706.

10 *Peifer*, NZG 2001, 193, 195; *ders.*, NZG 2001, 296 ff.; *Buchner*, AcP 169 (1969), 483, 487 ff.; *G. Hueck*, GesR, § 8 II. 3. a), S. 61. v

b) Gesellschaftsvertretung

Sind es nur die Gesellschafter, die Träger von Rechten und Pflichten sind, ist für eine Vertretung der BGB-Gesellschaft selbst kein Raum. Handeln alle Gesellschafter gemeinschaftlich, liegt ausschließlich ein Selbsthandeln jeden einzelnen Gesellschafters vor;[11] da jeder Gesellschafter persönlich und nicht als Glied einer besonderen Verbindung auftritt, kommt auch eine rechtsgeschäftliche Vertretung nicht in Betracht. Treten demgegenüber nur einzelne Gesellschafter auf, die allein oder gemeinschaftlich geschäftsführungsbefugt sind (§§ 709, 714), so handeln sie für sich selbst im eigenen Namen und für ihre Mitgesellschafter als echte, rechtsgeschäftliche Vertreter (§§ 164 ff. BGB).[12]

c) Gesellschaftsschulden im Außenverhältnis

Schließt die BGB-Gesellschaft mit Dritten Geschäfte ab, werden durch eigenes Handeln oder durch Vertretung eines Mitgesellschafters Schulden jeden einzelnen Gesellschafters begründet. Bei den Gesellschaftsschulden handelt es sich nach individualistischer Lehre folglich um nichts anderes als im Zweifel gesamtschuldnerische (§§ 427, 431 BGB) persönliche Schulden aller Gesellschafter.[13] Für diese haften die Gesellschafter den Gesellschaftsgläubigern nach dem Grundsatz der unbeschränkten Vermögenshaftung mit dem Gesellschaftsvermögen als auch mit dem Privatvermögen. Es entsteht so in der Person jeden Gesellschafters *eine* Schuld mit *zwei* unterschiedlichen Haftungsmassen, nämlich zum einen dem privaten Vermögen, über das die Gesellschafter frei verfügen können, zum anderen dem Gesellschaftsvermögen, das den Gesellschaftern gemäß § 719 Abs. 1 BGB nur gemeinschaftlich zur Disposition steht.[14] Besondere, neben diesen persönlichen Gesellschafterschulden bestehende Gesellschaftsschulden, für die allein oder zumindest primär das Gesellschaftsvermögen haftet, werden nach individualistischer Auffassung nicht begründet. Anderes soll lediglich in dem Fall gelten, dass eine Leistung, etwa ein bestimmter Gegenstand, allein aus dem Gesellschaftsvermögen erbracht werden kann.[15]

Grundsätzlich kommt der Gesamthand so nach individualistischer Lehre auch auf der Schuldebene keine Bedeutung zu. Ebenso wie die Frage der Vermögensträgerschaft lässt sie die Frage, wer und in welcher Weise verpflichtet wird, unberührt. Erst auf der Haftungsebene entfaltet sie Wirkung. So bedürfen die BGB-Gesellschafter, wenn sie ihre Schulden, wie es regelmäßig der gesellschaftsvertraglichen Abmachung ent-

---

11 Vgl. *G. Hueck*, GesR, § 8 II. 3. a), S. 61; *Klunzinger*, GesR, § 4 V. 2, S. 33.

12 *Buchner*, AcP 169 (1969), 483, 500; Jauernig-*Stürner*, § 705 BGB, Rn. 1, §§ 714, 715 BGB, Rn. 1; RGRK-*v. Gamm*, Vor § 705 BGB, Rn. 4.

13 *Peifer*, NZG 2001, 296, 298; *Cordes*, JZ 1998, 545, 548; *Klunzinger*, GesR, § 4 V. 1., S. 35; *Zöllner*, FS Kraft, S. 701, 710 ff.; *ders.*, FS Gernhuber, 563, 572 f.; *G. Hueck*, § 8 II. 2. a), S. 61; *Huber*, Vermögensanteil, S. 86 ff.; *Weber-Grellet*, AcP 169 (1969), 316, 333.

14 *Peifer*, NZG 2001, 296, 298; *Buchner*, AcP 169 (1969), 483, 498 f.; *Ernst*, S. 88 f.; *Huber*, Vermögensanteil, S. 86 ff.; *Fikentscher*, SchuldR, § 88, Rn. 987; *Zöllner*, FS Kraft, S. 701, 710 ff.; *ders.*, FS Gernhuber, S. 563, 572 ff.

15 *Buchner*, AcP 169 (1969), 483, 493 f.; *G. Hueck*, GesR, § 9 IV. 1., S. 66; *Peifer*, NZG 2001, 296, 298.

spricht, aus dem Gesellschaftsvermögen begleichen wollen, der Mitwirkung jeden einzelnen Mitgesellschafters (§ 719 Abs. 1 BGB).

d) Gesellschaftsschulden im Innenverhältnis

Der Grundsatz, dass bei Gesellschaftsschulden jeder einzelne Gesellschafter persönlich verpflichtet wird, gilt konsequent auch für das Innenverhältnis der BGB-Gesellschaft. Auch hier werden gegenüber einzelnen Gesellschaftern keine eigenen Schulden der BGB-Gesellschaft oder besondere, ausschließlich das Gesellschaftsvermögen treffende Gesellschafterschulden, sondern nur einfache Schulden aller Gesellschafter begründet. Typische Gesellschaftsschulden im Innenverhältnis, so genannte Sozialverbindlichkeiten, sind Regressansprüche wegen persönlicher Inanspruchnahme (§ 110 HGB analog), Aufwendungsersatzansprüche (§§ 670, 713 BGB) und Forderungen auf Auszahlung laufender Gewinne (vgl. § 721 Abs. 2 BGB). Für diese haften allerdings aufgrund § 707 BGB, wonach eine Pflicht der Gesellschafter in der werbenden BGB-Gesellschaft zur Erbringung weiterer, nicht vertraglich vereinbarter Leistungen nicht besteht, die Gesellschafter grundsätzlich nur mit dem Gesellschaftsvermögen. Eine Ausnahme gilt nur in dem Fall, dass ein Gesellschafter von einem Gläubiger persönlich in Anspruch genommen wird und Regress fordert, da das Risiko des persönlichen Zugriffs alle Gesellschafter in gleicher Weise trifft und seine Realisierung beim einen oder anderen Gesellschafter vom Zufall abhängt.

e) Gesellschafterdrittschulden

Streng von den Sozialverbindlichkeiten zu unterscheiden sind die so genannten Gesellschafterdrittschulden. Sie finden ihre Rechtsgrundlage nicht im Gesellschaftsvertrag, sondern in einem Drittgeschäft, das heißt einem Rechtsgeschäft, das die BGB-Gesellschaft genauso gut mit jeder anderen Person schließen kann und zu dessen Abschluss oder Leistungsinhalt der betroffene Gesellschafter nicht schon gesellschaftsvertraglich verpflichtet ist.[16] Bei solchen Drittschulden, regelmäßig Austauschverträge wie Kauf, Miete, Dienst- und Werkvertrag, steht der Gesellschafter der BGB-Gesellschaft gleich einem Dritten gegenüber. Dies bedeutet nach strikt individualistischer Lehre wiederum, dass Schulden jeden einzelnen Mitgesellschafters begründet werden und diese dem Gesellschafterdrittgläubiger dem Grundsatz der unbeschränkten Vermögenshaftung entsprechend mit dem Gesellschafts- als auch ihrem Privatvermögen haften, allerdings ohne dass die § 707 BGB entsprechende Einschränkung, vor Auflösung nicht aus dem Privatvermögen zu leisten, eingreift.

2. Struktur der BGB-Gesellschaft in Liquidation

Nach individualistischer Lehre sind dann konsequent auch in der BGB-Gesellschaft in Liquidation Träger des Gesellschaftsvermögens stets die Gesellschafter „persönlich“. Treten die Gesellschafter als geborene Liquidatoren (§ 730 Abs. 2 S. 2 BGB) gemeinschaftlich auf, so liegt immer nur ein Selbsthandeln jeden einzelnen Gesellschafters vor; schließen hingegen Dritte oder einzelne Gesellschafter als gekorene Liquidatoren (§§ 729, 730 Abs. 2 BGB) Geschäfte, liegt teils ein Handeln im eigenen

[16] Vgl. zu Drittgeschäften MüKo-*Ulmer*, § 705 BGB, Rn. 153 a, 167 f.

Namen, teils eine echte rechtsgeschäftliche Vertretung vor.[17] Was die neu begründeten sowie übergeleiteten Schulden der Liquidationsgesellschaft betrifft, so handelt es sich wiederum um nichts anderes als im Zweifel gesamtschuldnerische (§§ 427, 431 BGB), persönliche Schulden aller Gesellschafter. Für diese haften die Gesellschafter wie in der werbenden BGB-Gesellschaft mit dem Privatvermögen und auch dem Gesellschaftsvermögen, welches den Gesellschaftern auch in der Liquidation gemäß § 719 Abs. 1 BGB nur gemeinschaftlich zur Disposition steht. Besondere, nur oder primär das verbleibende Liquidationsvermögen treffende Gesellschaftsschulden werden nicht begründet. Allein wenn eine Leistung nur aus dem Gesellschaftsvermögen erbracht werden kann, etwa wenn die BGB-Gesellschaft ein bestimmtes Grundstück zum Zwecke der Gläubigerbefriedigung oder Einlagenrückerstattung veräußert (§ 733 Abs. 3 BGB), kommt es ausnahmsweise zu einer„unechten" Gesellschaftsschuld, für die allein das Vermögen der Liquidationsgesellschaft haftet. Auch im Innenverhältnis der Liquidationsgesellschaft werden nach strikt individualistischer Lehre dann konsequent nur gemeinschaftliche Schulden aller Gesellschafter begründet, wobei allerdings § 707 BGB durch § 735 BGB, wonach die Gesellschafter in der Auseinandersetzung zum Ausgleich von Fehlbeträgen verpflichtet sind, verdrängt wird,[18] so dass die Gesellschafter im Gegensatz zur werbenden BGB-Gesellschaft für die internen Gesellschaftsschulden, und zwar auch soweit sie schon vor Auflösung begründet waren, in der Liquidation uneingeschränkt auch mit ihrem Privatvermögen einstehen müssen. Dabei gehören zu den originären Sozialverbindlichkeiten der Liquidation vor allem der Anspruch auf Einlagenerstattung (§ 733 Abs. 2 BGB) und auf Auszahlung des Liquidationsgewinns (§ 734 BGB). Schließt die BGB-Gesellschaft in Liquidation mit ihren Gesellschaftern, etwa im Rahmen der Vermögensveräußerung (§ 733 Abs. 3 BGB), wie mit jedem anderen Geschäfte, kommt es schließlich nach strikt individualistischer Lehre wie in der werbenden BGB-Gesellschaft wiederum zu ausschließlich gemeinschaftlichen Schulden aller Gesellschafter.

III. Verbundenheitslehre

1. Struktur der werbenden BGB-Gesellschaft

a) Träger des Gesellschaftsvermögens

Die Vertreter der sich später entwickelten Verbundenheitslehre[19] zeichnen sich dadurch aus, dass sie dem Prinzip der Gesamthand eine über die Sicherung des Gesellschaftsvermögens durch gemeinschaftliche Verfügungsbefugnis aller Gesellschafter hinausgehende Bedeutung beimessen. Wie die Vertreter der strikt individualistischen Lehre begreifen sie zwar ausschließlich die Gesellschafter als Rechtsträger und damit als Träger des Gesellschaftsvermögens, im Gegensatz zur individualistischen Auffas-

---

[17] Zu den Liquidatoren siehe genauer Abschnitt IV B I.

[18] *Buchner*, AcP 169 (1969), 483, 506; *G. Hueck*, GesR, § 7 II. 2., S. 55.

[19] *Alberts*, S. 135 ff.; *Berndt/Boin*, NJW 1998, 2854 ff.; *Beuthien*, DB 1975, 725, 727; *Blomeyer*, JR 1971, 397 ff.; *Heil*, MittRhNotK 1998, 348, 356 ff.; *ders.*, MittRhNotK 1999, 337, 342; *ders.*, NZG 2001, 300 ff.; *Hoffmann*, NJW 1969, 724, 725 f.; *Hopt/Hehl*, GesR, Rn. 217; Staudinger-*Keßler*, § 714 BGB, 1 ff., 14 f.; *Larenz*, SchuldR BT, § 60, S. 371 ff.; *Medicus*, SchuldR BT, § 110, Rn. 481, 482 a; *Sudhoff*, S. 27 ff.; Palandt-*Sprau*, § 705 BGB, Rn. 3; *Wolf*, S. 17 ff.

sung aber "in gesamthänderischer Verbundenheit".[20] Man lehnt zwar die Rechtsfähigkeit der Gesamthand selbst ab, anders als nach individualistischer Lehre soll die Gesamthand jedoch nicht erst für die Frage der Verwaltungs- und Verfügungsbefugnis, sondern, wenn auch nicht in Gestalt eines eigenen Zurechnungspunktes, schon für die Frage der Vermögensträgerschaft von Relevanz sein. Träger des Gesellschaftsvermögens sind nach genannter Lehre nicht die Gesellschafter persönlich, sondern immer nur „in gesamthänderischer Verbundenheit“.

b) Gesellschaftsvertretung

Da auch die Verbundenheitslehre die Rechtsfähigkeit der BGB-Gesellschaft ablehnt, kommt wie bei individualistischer Auffassung eine organschaftliche Vertretung der BGB-Gesellschaft selbst nicht in Betracht. Anders als nach der individualistischen Lehre findet jedoch nach der Verbundenheitslehre beim gemeinschaftlichen Auftreten aller Gesellschafter ein Selbsthandeln jeden einzelnen Gesellschafters und beim Tätigsein einzelner geschäftsführungsbefugter Gesellschafter teils ein Selbsthandeln, teils eine Vertretung der Mitgesellschafter nicht statt. Vielmehr soll in Korrespondenz zur Rechtsträgerschaft in Verbundenheit im einen wie im anderen Fall eine rechtsgeschäftliche Vertretung der Gesellschafter in gesamthänderischer Verbundenheit erfolgen - in Form einer Gesamtvertretung durch alle Gesellschafter beim gemeinschaftlichen Handeln und in Form der Einzel- oder Gesamtvertretung beim Auftreten einzelner geschäftsführungsbefugter Gesellschafter.[21]

c) Gesellschaftsschulden im Außenverhältnis

Richtig deutlich wird der Unterschied zwischen der individualistischen Lehre und der Verbundenheitslehre bei der Frage der Gesellschaftsschulden, denn die Verbundenheitslehre geht von besonderen, die einzelnen Gesellschafter nicht persönlich, sondern entsprechend ihrer verbundenen Rechtsträgerschaft in ihrer gesamthänderischen Verbundenheit treffenden Gesellschafts- oder Gesamthands-schulden aus. Für diese sollen die Gesellschafter entsprechend der nur insoweit gemeinschaftlichen Rechtsträgerschaft allein mit dem Gesamthandsvermögen haften;[22] die gesamthänderischen Gesellschafterschulden mit ausschließlicher Haftung des Gesellschaftsvermögens sind so gleichsam das Spiegelbild der Rechtsträgerschaft der Gesellschafter in Verbundenheit. Neben den Gesellschaftsschulden werden nach Ansicht der Vertreter der Verbundenheitslehre aber auch noch persönliche Schulden jeden einzelnen Gesell-

---

[20] *Heil*, NZG 2001, 300, 304; *ders.*, MittRhNotK 1999, 337, 338; *Larenz*, SchuldR BT, § 60 I. d), S. 378 f., IV. a), S. 389 ff.; *Beuthien*, DB 1975, 725, 727; *Hoffmann*, NJW 1969, 724, 725 f.; *Medicus*, SchuldR, BT, § 110, Rn. 481, 482 a; *Sudhoff*, S. 31 f.; Staudinger-*Keßler*, § 714 BGB, Rn. 1 ff, 14 f.; vgl. *G. Hueck*, GesR, § 3 II. S. 20 ff.; dazu kritisch *Aderhold*, S. 146 ff.

[21] *Heil*, NZG 2001, 300, 302; *ders.*, MittRhNotK 1999, 337, 338 f.; *Larenz*, SchuldR BT, § 60 III. b), S. 387 ff.; *Beuthien*, DB 1975, 725, 727; *Berndt/Boin*, NJW 1998, 2854, 2857 f.

[22] *Heil*, NZG 2001, 300, 304; *Larenz*, SchuldR BT, § 60 IV. c), S. 392 ff.; *Blomeyer*, JR 1971, 397 ff.; *Beuthien*, DB 1975, 725, 728; *Fischer*, S. 67; ähnlich Staudinger-*Keßler*, § 718 BGB, Rn. 8 ff. Im einzelnen äußerst unklar und strittig, vgl. die ausführliche Analyse von *Aderhold*, S. 74 ff.

schafters begründet, für die mit dem jeweiligen Privatvermögen gehaftet wird.[23] Es kommt so im Ergebnis bei jedem Gesellschafter zu *zwei* Schulden mit *zwei* Haftungsmassen, nämlich der Gesellschafts- oder Gesamthandsschuld mit dem Gesamthandsvermögen und der persönlichen Gesellschafterschuld mit dem Privatvermögen.

d) Gesellschaftsschulden im Innenverhältnis

Das Grundkonzept der Vermögensträgerschaft und Gesellschaftsverpflichtung der Gesellschafter in gesamthänderischer Verbundenheit setzt sich auch im Innenverhältnis der BGB-Gesellschaft fort. Schuldner der Sozialverbindlichkeiten sind nach der Verbundenheitslehre immer die einzelnen Gesellschafter in Verbundenheit.[24] Auch innerhalb der BGB-Gesellschaft existieren damit besondere Schulden der Gesellschafter, für welche diese allein mit dem gesamthänderischen Gesellschaftsvermögen haften. Soweit die Gesellschafter auch im Innenverhältnis zusätzlich persönlich verpflichtet werden, führt die Regelung des § 707 BGB wieder dazu, dass die persönliche Haftung nicht geltend gemacht werden kann.

2. Struktur der BGB-Gesellschaft in Liquidation

Auch in der BGB-Gesellschaft in Liquidation sind demnach Träger des Gesellschaftsvermögens die Gesellschafter in gesamthänderischer Verbundenheit. Werden Gesellschafter oder Dritte als geborene oder gekorene Liquidatoren für die BGB-Gesellschaft in Liquidation aktiv, so findet stets eine rechtsgeschäftliche Vertretung der Gesellschafter in gesamthänderischer Verbundenheit statt, und zwar in Form einer Gesamtvertretung beim gemeinschaftlichen Handeln aller Gesellschafter als geborene Liquidatoren und in Form einer Einzel- oder Gesamtvertretung beim Auftreten einzelner Gesellschafter oder Dritter als gekorene Liquidatoren. Kommt es dabei zu Liquidationsverbindlichkeiten, entstehen besondere Gesellschaftsschulden, die ausschließlich das noch vorhandene Liquidationsvermögen treffen. Wie bei den übergeleiteten Gesellschaftsschulden existieren damit jeweils zwei Schulden mit zwei verschiedenen Haftobjekten, die Gesellschaftsschulden, für die das Liquidationsvermögen haftet, und die Gesellschafterschulden, für die jeder Gesellschafter mit seinem Privatvermögen haftet. Der Dualismus von Gesellschaftsschulden und Gesellschafterschulden setzt sich dann auch bei den Gesellschaftsverbindlichkeiten im Innenverhältnis der BGB-Liquidationsgesellschaft fort. Die Pflicht der Liquidationsgesellschaft zur Einlagenrückerstattung (§ 733 Abs. 2 BGB) und Auszahlung des Liquidationserlöses (§ 734 BGB) trifft die Gesellschafter in ihrer Verbundenheit, wobei allerdings eine Beschränkung der parallel entstehenden Privatschulden, auch soweit sie vor Auflösung begründet waren, wegen § 735 BGB wiederum entfällt.

---

23 *Heil*, NZG 2001, 300, 303 f.; *Berndt/Boin*, NJW 1998, 2854, 2857 f.; *Beuthien*, DB 1975, 725, 728; *Fischer*, S. 67; Staudinger-*Keßler*, § 718 BGB, Rn. 7 ff.; *Medicus*, SchuldR BT, § 110, Rn. 490. Streitig ist lediglich die dogmatische Begründung, vgl. *Aderhold*, S. 74 ff.

24 Zur Haftung vor Auflösung vgl. MüKo-*Ulmer*, § 705 BGB, Rn. 162 mit weiteren Nachweisen.

IV. Gesetzliche Gesellschaftsschulden nach strikt individualistischer Lehre und Verbundenheitslehre

1. Gesetzliche Schulden der werbenden BGB-Gesellschaft

Da für gesetzliche Verbindlichkeiten, namentlich Delikts-, Bereicherungs- und Steuerschulden, ein dem gemeinsamen Vertragsschluss bzw. der vollbindenden Vertretung vergleichbarer allgemeiner Tatbestand, der zu einer Verpflichtung aller Gesellschafter mit dem Gesellschafts- als auch dem Privatvermögen führt, fehlt, wird nach strikt individualistischer Lehre und Verbundenheitslehre für gesetzliche Verpflichtungen entsprechend allgemeinen zivilrechtlichen Regeln nur der oder diejenigen Gesellschafter verpflichtet, bei denen die jeweiligen gesetzlichen Tatbestandsvoraussetzungen erfüllt sind. Ob davon das Gesellschaftsvermögen oder allein oder daneben ihre Privatvermögen betroffen sind, hängt davon ab, in welchem Bereich die tatbestandlichen Voraussetzungen etwa des § 812 BGB vorliegen.[25]

Auch was deliktische Handlungen in der Geschäftsführung betrifft, haften demzufolge ausschließlich die unerlaubt handelnden Gesellschafter, und zwar im Zweifel als Gesamtschuldner (§ 840 BGB). Eine Mitverpflichtung und Mithaftung der anderen Gesellschafter kommt nicht in Betracht.[26] Eine auf das Gesellschaftsvermögen beschränkte Mitverpflichtung ist nur durch Analogie zu § 31 BGB zu begründen, also der Vorschrift, die dem Verein die schädigenden Handlungen eines seiner Organe zurechnet, die jedoch nach der traditionellen Ansicht daran scheitert, dass die Situation des körperschaftlich strukturierten Vereins mit der der gerade nicht als Rechtseinheit begriffenen BGB-Gesellschaft nicht vergleichbar ist. Was die Mitverpflichtung der Gesellschafter mit dem Gesellschaftsvermögen und auch dem Privatvermögen angeht, ist einzig denkbare Anspruchsgrundlage § 831 BGB. Deren Tatbestandsvoraussetzung der Weisungsgebundenheit liegt indes im Verhältnis der Gesellschafter untereinander und erst recht im Verhältnis zwischen einfachen und geschäftsführenden Gesellschaftern nicht vor.

Dies Ergebnis empfinden viele Vertreter der traditionellen Lehren als wenig befriedigend. Sie wenden daher trotz fehlender Rechtsfähigkeit der Gesamthandsgesellschaft § 31 BGB entsprechend an und gelangen so zu einer jedenfalls auf das Gesellschaftsvermögen beschränkten Mithaftung der anderen Gesellschafter.[27] Die entsprechende Anwendung des § 31 BGB bedinge nicht eine dem Verein gleiche körperschaftliche Struktur der BGB-Gesellschaft. Entscheidend sei vielmehr, dass der geschäftsführende Gesellschafter in dieser Eigenschaft die Interessen der Gesellschafter wahrnehme, deren Verfolgung das von diesen gemeinsam getragene Gesellschaftsvermögen diene. Bei einem Fehlverhalten sei dem dadurch geschädigten Dritten der Zugriff auf dies

---

25 *G. Hueck*, GesR, § 9 IV. 3., S. 67 ff.; Palandt-*Sprau*, § 718 BGB, Rn. 9; vgl. RGRK-*v. Gamm*, § 714 BGB, Rn. 9; *Medicus*, SchuldR BT, § 110, Rn. 491; *Zöllner*, FS Gernhuber, S. 563, 572 ff.

26 *Zöllner*, FS Gernhuber, S. 563, 574 f.; *G. Hueck*, GesR, § 9 IV. 3., S. 68; *Medicus*, SchuldR BT, § 110, Rn. 491; *Alberts*, S. 138 ff.; vgl. BGHZ 45, 311, 312 f.

27 *G. Hueck*, GesR, § 9 IV. 3., S. 68; *Larenz*, SchuldR BT, § 60 IV. c), S. 400; *Zöllner*, FS Gernhuber, S. 563, 574 f. (bei dauerhafter Organisation der Gesellschaft); *Beuthien*, DB 1975, 725, 729. Ob die Gesellschafter darüber hinaus auch mit ihrem Privatvermögen haften sollen, ist streitig; positiv, allerdings ohne Nennung einer Anspruchsgrundlage etwa *Zöllner*, FS Gernhuber, S. 563, 574 f.; negativ *G. Hueck*, GesR, § 9 IV. 3., S. 68.

Sondervermögen allein über die Person des Handelnden versagt, da dessen persönliche Haftung hierfür nicht ausreiche. Diese Situation gleiche im Wesentlichen derjenigen beim Handeln eines Organmitgliedes einer juristischen Person, für die erst § 31 BGB durch Begründung der Organhaftung im Interesse des betroffenen Dritten Abhilfe schaffe und diesem den Zugriff auf das Vermögen der juristischen Person eröffne.[28]

2. Gesetzliche Schulden der BGB-Gesellschaft in Liquidation

Nach der strikt individualistischen Lehre und Verbundenheitslehre haften damit auch in der Liquidation für gesetzliche Verbindlichkeiten immer nur diejenigen Gesellschafter und Liquidatoren, bei denen die Voraussetzungen des jeweiligen gesetzlichen Tatbestandes erfüllt sind. Selbst eine auf das Gesellschaftsvermögen beschränkte Mithaftung aller Gesellschafter analog § 31 BGB für unerlaubte Handlungen der Liquidatoren kommt nicht in Betracht; die von einigen Vertretern befürwortete Analogie zu § 31 BGB steht im spitzen Widerspruch zum dogmatischen Ausgangspunkt der traditionellen Lehren und ist daher abzulehnen.

V. Gruppenlehre

1. Struktur der werbenden BGB-Gesellschaft

a) Träger des Gesellschaftsvermögens

Die von *Flume*[29] Anfang der 70iger Jahre entwickelte und im Schrifttum heute vorherrschende Gruppenlehre[30] schließlich durchbricht den Dualismus von natürlicher und juristischer Person und schreibt der Gesamthand die Rechtsfähigkeit zu. Sie begreift in Fortentwicklung der Verbundenheitslehre nicht mehr die verbundenen Gesellschafter, sondern „die Verbundenheit“, nach *Flume* „die Gruppe“ der Gesellschafter selbst als Träger von Rechten und Pflichten. Man könne nicht den Gesellschaftern gemeinschaftlich Rechte und Pflichten zuordnen, zugleich aber an der ausschließlichen Rechts- und Pflichtträgerschaft jeden einzelnen Gesellschafters festhalten. Was dem Einzelnen an Rechtszuständigkeit genommen werde (§ 719 BGB), müsse denknotwendig einem anderen Rechtsträger, nämlich dem Verbund zugeschrieben werden. Die Gesamthandsgemeinschaft sei daher selbst als Träger der gesellschaftlichen

---

28 *G. Hueck*, GesR, § 9 IV. 3., S. 68.

29 *Flume*, ZHR 132 (1972), 177 ff.; *ders.*, FS Westermann, S. 119 ff.; *ders.*, Personengesellschaft, insbes. § 5, S. 68 ff. unter Berufung auf *v. Gierke*, Privatrecht I, S. 663 ff.

30 *Aderhold*, S. 146 ff.; *Ahrens*, FS Nirk, S. 1 ff.; *Beck*, S. 37 ff.; *Dauner-Lieb*, Sondervermögen, S. 520 ff.; *dies.*, BGB-Gesellschaft, S. 95, 99; *dies.*, DStR 2001, 356, 357; *Eisenhardt*, GesR, § 6, Rn. 74 ff.; *Goette*, DStR 2001, 315, 315; *Grunewald*, GesR, 1.A., Rn. 101; *Habersack*, JuS 1993, 1 f.; *ders.*, BB 2001, 477, 478 ff.; Soergel-*Hadding*, Vor § 705 BGB, Rn. 21; *Hüffer*, GesR, § 7, S. 43 ff.; *Lindacher*, JuS 1981, 431, 433; *Mülbert*, AcP 1999, 39, 43 ff.; *Raiser*, AcP 194 (1994), 495 ff.; *ders.*, FS Zöllner, S. 469 ff.; *Reiff*, ZIP 1999, 517, 518; *ders.*, NZG 2000, 281, 282; *Römermann*, DB 2001, 428, 429 f.; *Roth*, ZHR 155 (1991), 24, 31 ff.; *K. Schmidt*, NJW 2001, 993, 997 ff.; *Timm*, NJW 1995, 3209, 3210 ff.; *ders.*, ZGR 1996, 247, 251 ff.; *Timme/Hülk*, JuS 2001, 536, 538 f.; MüKo-*Ulmer*, § 705 BGB, Rn. 130 ff.; *ders.*, AcP 198 (1998), 113 ff.; *ders.*, schon FS Fischer, S. 785 ff.; *ders.*, ZIP 2001, 585, 586 ff.; *Wertenbruch*, S. 211 ff.; *ders.*, DB 2001, 419 ff.; Erman-*H.P. Westermann*, § Vor § 705 BGB, Rn. 14 f.; *ders.*, NZG 2001, 289, 290 f.; *Wiedemann*, JZ 2001, 661, 663.

Rechte und Pflichten anzusehen. Alle Handlungs- und Rechtszuständigkeiten endeten unmittelbar bei ihr. Die Stellung des Einzelnen erschöpfe sich insoweit darin, Mitglied der Gemeinschaft zu sein.[31] Aber auch wenn die Gesamthand so in gleicher Weise wie die juristische Person selbst Träger von Rechten und Pflichten sei, so sei sie doch selbst nicht juristische Person. Sie stelle zwar ebenfalls eine überindividuelle Wirkungseinheit dar, im Gegensatz zur juristischen Person handele es sich bei ihr aber nicht um eine außer den Gesellschaftern noch bestehende dritte Wesenheit, sondern die Gesamthand als Rechtssubjekt, das seien immer nur die zu einem bestimmten Zweck vereinigten Gesamthänder selbst.[32]

b) Vertretung der Gesellschaft
Ist die BGB-Gesamthandsgesellschaft selbst Träger des Gesellschaftsvermögens, ist für ein Selbsthandeln der Gesellschafter oder deren rechtsgeschäftliche Vertretung konsequent kein Raum.[33] Handeln die Gesellschafter, so handeln sie für die BGB-Gesellschaft - und zwar als dessen *organschaftliche* Vertreter; die Stellung als Organ ist nicht etwa für juristische Personen reserviert, sondern kommt generell jeder Person zu, die für eine selbst nicht handlungsfähige selbständige Rechtseinheit verfassungsgemäß tätig wird.[34]

c) Gesellschaftsschulden im Außenverhältnis
Da die BGB-Gesellschaft selbst rechtsfähig ist, ist sie auch selbst verpflichtungsfähig. Schließen die Gesellschafter im Namen der Gesellschaft mit Dritten Verträge, werden folglich nicht sie persönlich oder in Verbundenheit, sondern es wird die Gesellschaft als solche verpflichtet. Gleiches gilt bei gesetzlichen, namentlich deliktischen Verbindlichkeiten. Begehen Gesellschafter eine unerlaubte Handlung, wird ihr Verhalten analog § 31 BGB der BGB-Gesellschaft selbst zugerechnet.[35] Unerlaubt Handelnde sind dann nicht die jeweiligen Gesellschafter, sondern Schädiger ist dann allein die BGB-Gesellschaft. Spricht man bei der neuen Lehre von Gesellschaftsschulden, sind also immer eigene Schulden der Gesellschaft gemeint.[36] Für diese haftet die Gesellschaft den allgemeinen Regeln entsprechend mit ihrem Vermögen, das heißt dem Gesellschaftsvermögen. Um den Gläubigern den Zugriff auch auf das Privatvermögen zu gewähren, müssen die Gesellschafter zusätzlich persönlich verpflichtet werden. Dass die Gesellschafter persönlich haften, ist unter den Vertretern der neueren Lehre im Ergebnis unstreitig; unklar ist nur, ob sich dies aus einer rechtsge-

---

31 *Flume*, ZHR 132 (1972), 177, 184 ff., 190; *v. Gierke*, Privatrecht I, S. 663 ff.; *Wertenbruch*, S. 211 ff.; *ders.*, DB 2001, 419, 421 f.

32 *Flume*, ZHR 132 (1972), 177, 188 f.; MüKo-*Ulmer*, § 705 BGB, Rn. 130; *ders.*, ZIP 2001, 585, 588; *K. Schmidt*, NJW 2001, 993, 996.

33 *Flume*, Personengesellschaft, § 10 I., S. 129; MüKo-*Ulmer*, § 714 BGB, Rn. 8 f.; Erman-*H.P. Westermann*, § 714 BGB, Rn. 1, 3; *Roth*, ZHR 155 (1991), 24, 37; *Nicknig*, S. 43; *Beck*, S. 63 ff.

34 MüKo-*Ulmer*, § 705 BGB, Rn. 211; Soergel-*Hadding*, § 26 BGB, Rn. 3; enger BGHZ 16, 17, 25. Zum Organbegriff *K. Schmidt*, GesR, § 14, S. 413 ff.

35 *Ulmer*, ZIP 2001, 585, 590; *K. Schmidt*, NJW 2001, 993, 997 f.; *Beck*, S. 104 ff., 147 ff.

36 *Dauner-Lieb*, DStR 2001, 356, 357; *H.P. Westermann*, NZG 2001, 289, 294 f.; *K. Schmidt*, NJW 2001, 993, 997 f.; *Habersack*, BB 2001, 477, 479.

schäftlichen Verpflichtung oder kraft Gesetz (analog § 128 HGB) ergibt. Es ergibt sich so im Ergebnis ein von den traditionellen Lehren deutlich abweichendes Schuld- und Haftungskonzept: Jede Verpflichtung führt zu einer Gesellschaftsschuld, für die allein das Gesellschaftsvermögen haftet, und zusätzlich zu die Privatvermögen treffenden persönlichen Gesellschafterschulden. Zwar werden auch nach der Verbundenheitslehre zwei Schulden mit jeweils einem Haftungsobjekt begründet, diese treffen jedoch im Unterschied zur neuen Lehre ein und denselben, und nicht zwei verschiedene Rechtsträger.

d) Gesellschaftsschulden im Innenverhältnis

Der Grundsatz, dass die BGB-Gesellschaft selbst verpflichtet wird, bestimmt auch das Innenverhältnis der Gesellschaft. Kommt es zu Verpflichtungen der Gesamthand gegenüber den Gesellschaftern, ist es stets diese, die mit ihrem Vermögen haftet. Nicht die Gesellschafter, sondern die BGB-Gesellschaft selbst schuldet den einzelnen Gesellschaftern Erfüllung der Aufwendungsersatz-, Regress- und Gewinnansprüche.[37] Soweit die Gesellschafter persönlich verpflichtet werden, steht einer Haftung mit dem Privatvermögen wiederum der Schutzzweck des § 707 BGB entgegen.

2. Struktur der BGB-Gesellschaft in Liquidation

In Fortsetzung der *Flume'schen* Gruppenlehre ist auch in der Liquidation Träger von Rechten und Pflichten und damit des Gesellschaftsvermögens die BGB-Gesellschaft selbst. In gleicher Weise wie die werbende Gesellschaft ist die aufgelöste BGB-Gesellschaft rechtsfähiges Subjekt. Handelt die BGB-Gesellschaft i.L., so handelt sie durch die geborenen oder gekorenen Liquidatoren als organschaftliche Vertreter. Bei den übergeleiteten sowie neu begründeten Verbindlichkeiten handelt es sich um echte Gesellschaftsschulden, für die die Liquidationsgesellschaft dem allgemeinen Grundsatz der unbeschränkten Vermögenshaftung mit ihrem Vermögen, dem Liquidationsvermögen haftet. Auch im Innenverhältnis existieren folglich echte, die BGB-Gesellschaft als selbständiges Subjekt treffende Schulden. Soweit die Gesellschafter die Rückerstattung von Einlagen und die Auszahlung von Liquidationsgewinnen verlangen können (§§ 733 Abs. 2, 734 BGB), stehen ihnen die Ansprüche damit nicht untereinander, sondern nur gegen die BGB-Liquidationsgesellschaft selbst zu. Da § 735 BGB § 707 BGB in der Liquidation verdrängt, können die Gesellschafter ihre Mitgesellschafter insoweit, wenn auch persönliche Ansprüche begründet sind, auch mit ihrem Privatvermögen in Anspruch nehmen.

VI. Rechtsprechung

1. Entwicklung in der Rechtsprechung

Die Entwicklung von der ausschließlichen Rechtszuständigkeit der Gesellschafter hin zur Rechtsfähigkeit der Gesamthand lässt sich auch in der Rechtsprechung feststellen. So vertrat der BGH im Anschluss an das Reichsgericht[38] zunächst den strikt individu-

---

[37] MüKo-*Ulmer*, § 705 BGB, Rn. 162 ff., 224, 234; *Hüffer*, GesR, § 10 7., S. 86 f.

[38] RGZ 56, 206, 209; RGZ 85, 157, 158 f.; RGZ 136, 236, 241; vgl. zur OHG RGZ 155, 75, 87; RGZ 65, 21, 23; RGZ 49, 340, 343.

alistischen Standpunkt, lehnte also die Existenz der BGB-Gesellschaft als solcher ab. Die BGB-Gesellschaft, das waren allein ihre Gesellschafter.[39] Der BGH begriff die Gesellschaft weder als Träger des Gesellschaftsvermögens noch als Schuldner der Gesellschaftsverbindlichkeiten.[40] Zwar findet sich in seinen früheren Entscheidungen immer wieder die Formulierung von „den Gesellschaftsschulden",[41] gemeint waren aber immer nur persönliche Schulden aller Gesellschafter.[42]

Von dieser Rechtsprechung wich der BGH Ende der 70iger Jahre ab. In zwei aufeinander folgenden Entscheidungen war plötzlich keine Rede mehr davon, dass die Gesellschaft als solche nicht existiert und es sich bei den Gesellschaftsschulden um nichts anderes als gemeinschaftliche Schulden der Gesellschafter handelt. Vielmehr hieß es nun, dass „Vertragpartner" die BGB-Gesellschaft sei und die Gesellschafter für „diese Verbindlichkeiten der Gesellschaft" auch persönlich hafteten bzw. „das Gesellschaftsvermögen" den Vertragspartnern der Gesellschaft auch dann forthafte, wenn es nach dem Vertragsschluss zum Gesellschafterwechsel komme.[43] Dass die Gesellschaft rechtsfähig ist, es sich mithin um eigene Schulden der Gesellschaft handelte, und gerade dieser Umstand auch die Forthaftung des Gesellschaftsvermögens begründete, sagte der BGH zwar nicht. Dazu bestand aber auch kein Anlass, denn in beiden Entscheidungen ging es allein um die Inanspruchnahme der Gesellschafter persönlich. Gleichwohl legte die Formulierung, dass die Gesellschaft „Vertragspartner" war, es nahe, dass der BGH die BGB-Gesellschaft selbst als Träger der aus dem Vertrag resultierenden Rechte und Pflichten begriff.

Deutlicher wurde der BGH 1980. In einer Entscheidung, die erneut den nach individualistischer Auffassung problematischen Fall des Gesellschafterwechsels betraf, führte er aus, dass sich die Eigenart der gesamthänderischen Verpflichtung nicht etwa darin erschöpfe, dass Verbindlichkeiten begründet werden, für die zwei Vermögensmassen hafteten. Dies stehe im Widerspruch dazu, dass „als Folge des Gesamthandsprinzips die Gesellschafter gemeinsam *als Gesellschaft*, diese allerdings ohne Verselbständigung gegenüber ihren Mitgliedern, mit Wirkung für und gegen das Gesellschaftsvermögen im Rechtsverkehr handeln können und § 718 dementsprechend die durch die Geschäftsführung erworbenen Gegenstände, also auch die Rechte und Pflichten aus einem im Namen der Gesellschaft abgeschlossenen Vertrage dem Gesellschaftsvermögen zuweist".[44] Vertragspartner gegenüber Dritten sei die Gesellschaft und dies bleibe sie auch, wenn einer ihrer Gesellschafter seinen Anteil übertra-

---

39 BGHZ 17, 340, 342; BGHZ 23, 307, 313; BGHZ 34, 293, 296; BGHZ 59, 179, 184; BGHZ 61, 59, 67; vgl. OLG Hamm NJW 1976, 1752, 1752.

40 BGHZ 23, 307, 313: „Als Gesellschaft bürgerlichen Rechts besaß die....keine eigene Rechtspersönlichkeit. Sie hatte...kein Gesellschaftsvermögen im eigentlichen Sinne und ebenso wenig hatte sie Gesellschaftsschulden als solche. Ging der vertretungsberechtigte Geschäftsführer (§ 709 BGB) eine Verpflichtung namens der Gesellschaft ein, so richtete sich die daraus folgende Forderung...nicht gegen die Gesellschaft selbst."

41 BGHZ 23, 307, 313 f.; vgl. RGZ 49, 340, 343; RGZ 90, 173, 176.

42 Deutlich BGHZ 23, 307, 313.

43 BGHZ 72, 267, 271; BGHZ 74, 240, 241.

44 BGHZ 79, 374, 378 f.

ge; der Bestand der Gesellschaft und ihrer Rechte und Pflichten werde von einem Mitgliederwechsel nicht berührt.[45]
Im Urteil vom 04.11.1991 formulierte der BGH schließlich anlässlich der Beteiligung der BGB-Gesellschaft an einer Genossenschaft unmissverständlich: „Als Gesamthandsaußengesellschaft kann die (Außen-)Gesellschaft bürgerlichen Rechts nach heutiger Auffassung als Teilnehmer am Rechtsverkehr grundsätzlich, das heißt soweit nicht spezielle rechtliche Gesichtspunkte entgegenstehen, jede Rechtsposition einnehmen."[46] In den nachfolgenden Entscheidungen setzte der BGH diese Rechtsprechung fort.[47]
Unsicherheit über das höchstrichterliche Verständnis der BGB-Gesellschaft entstand plötzlich in den Jahren 1998-2000. In drei aufeinander folgenden Entscheidungen sah der BGH in auffälliger Weise von einer Stellungnahme zur Rechtsnatur der Gesellschaft ab. Die erste Entscheidung betraf die Auswirkungen des Gesellschafterwechsels auf einen Vertrag der Gesellschaft mit einem Dritten.[48] Obgleich es nahe lag, die Unabhängigkeit des Vertrages von einem Gesellschafterwechsel mit der Rechtsfähigkeit der Gesellschaft, das heißt ihrer eigenen Stellung als Vertragspartner zu begründen, ließ der BGH es offen, ob der BGB-Gesellschaft Rechtsfähigkeit zuzubilligen sei. Der Eintritt des neuen Gesellschafters in den Vertrag könne zumindest mit analoger Anwendung des § 571 BGB begründet werden, so dass eine Stellungnahme zur Rechtsfähigkeit der BGB-Gesellschaft nicht erforderlich sei.[49]
Für weitaus mehr Aufsehen sorgte freilich die im Jahr darauf ergangene Entscheidung zur persönlichen Gesellschafterhaftung für rechtsgeschäftliche Gesellschaftsverbindlichkeiten.[50] Der zuständige gesellschaftsrechtliche Senat entschied zugunsten einer persönlichen Haftung kraft Gesetz und führte zur Begründung *sowohl* die individualistische Lehre *als auch* die neue Lehre in Kombination mit der Akzessorietätstheorie an. Dass die Gesellschafter für im Namen der Gesellschaft begründete Verbindlichkeiten mit ihrem Privatvermögen hafteten und sie diese Haftung nur im Einvernehmen mit den Gläubigern ausschließen könnten, folge bei ausschließlicher Rechtsfähigkeit der Gesellschafter ohne weiteres aus dem Grundsatz der unbeschränkten Vermögenshaftung und zum selben Ergebnis gelange man, gehe man von der Rechtsfähigkeit der Gesellschaft aus, mit Hilfe der Akzessorietätstheorie. Angesichts dieser „zweispurigen", dogmatisch offenen Argumentation schien, zumal sich auch das Schrifttum wieder zunehmend für eine ausschließliche Rechtsfähigkeit der Gesellschafter aussprach, eine Aufgabe der von der Rechtsfähigkeit der BGB-Gesellschaft ausgehenden Rechtsprechung nicht ausgeschlossen.
Drittens schließlich entschied Anfang 2000 der I. Zivilsenat, dass die BGB-Gesellschaft nicht markenrechtsfähig ist.[51] Er begründete dies allein mit dem Hinweis auf die Rechtslage nach dem alten Warenzeichenzeichengesetz und die fehlende Ab-

---

45 BGHZ 79, 374, 379; vgl. auch BGHZ 78, 311, 313.
46 BGHZ 116, 86, 88.
47 BGHZ 118, 83, 99 f.; BGHZ 136, 254, 257 f.; BGH NJW 1998, 376, 376.
48 BGHZ 138, 82 ff.
49 BGHZ 138, 82, 84.
50 BGHZ 142, 315, 317 ff.
51 BGH NJW-RR 2001, 114, 116.

sicht des Gesetzgebers, diese durch das MarkenG von 1994 zu ändern. Auf die Frage der Rechtsfähigkeit der BGB-Gesellschaft ging der Senat nicht ein. Dabei drängte sich eine Stellungnahme förmlich auf, denn nach § 7 Nr. 3 MarkenG steht die Markeninhaberschaft ausdrücklich „rechtsfähigen Personengesellschaften" zu. Die auffällige Zurückhaltung des I. Senats konnte nur als notwendige Rücksicht auf den offenbar schwankenden Gesellschaftsrechtssenat verstanden werden.
Inzwischen hat sich der BGH jedoch wieder und sogar deutlicher als je zuvor für die Rechtsfähigkeit der BGB-Gesellschaft ausgesprochen.[52] In der Entscheidung vom 29.01.2001 heißt es beim II. Zivilsenat hinsichtlich einer Wechselverpflichtung der Gesellschaft: "Nach neuerer Rechtsprechung des Bundesgerichtshofs kann die (Außen-)Gesellschaft bürgerlichen Rechts grundsätzlich, das heißt soweit nicht spezielle Gesichtspunkte entgegenstehen, jede Rechtsposition einnehmen. Soweit sie in diesem Rahmen eigene Rechte und Pflichten begründet, ist sie (ohne juristische Person zu sein) rechtsfähig (vgl. § 14 Abs. 2 BGB)."[53]

2. Struktur der BGB-Gesellschaft in Liquidation nach heutiger Rechtsprechung

Nach heutiger Rechtsprechung ergibt sich damit für die Struktur der BGB-Gesellschaft i.L. konzeptionell ein der Gruppenlehre gleiches Bild: Die BGB-Liquidationsgesellschaft ist selbst Träger des Gesellschaftsvermögens. Sie wird aus in ihrem Namen eingegangenen Rechtsgeschäften selbst berechtigt und verpflichtet. Neue Liquidationsverbindlichkeiten sowie übergeleitete Gesellschaftsschulden sind eigene Schulden der BGB-Liquidationsgesellschaft, für die sie den Regeln von Schuld und Haftung entsprechend mit dem eigenen Vermögen, dem Liquidationsvermögen, haftet.
Es entspricht zwar der Rechtsfähigkeit und eigenen Verpflichtungsfähigkeit der BGB-Gesellschaft, dass diese auch für gesetzliche Verbindlichkeiten, insbesondere analog § 31 BGB für deliktisches Verhalten der Liquidatoren haftet. Eine höchstrichterliche Entscheidung existiert insoweit jedoch nicht. Die Entscheidung aus dem Jahr 1966, dass die BGB-Gesellschaft für deliktisches Handeln ihrer Geschäftsführer nicht analog § 31 BGB verantwortlich sei, da sie zu wenig körperschaftlich organisiert sei, als dass man die für sie handelnden Gesellschafter Organe nennen könne,[54] ist heute jedenfalls überholt.

B. Stellungnahme

I. Vorzugswürdigkeit der Gruppenlehre

Keines der vertretenen Modelle ist einwandfrei. Das individualistische Konzept, nach dem die Gesellschafter nur persönlich, im Zweifel als Gesamtschuldner verpflichtet werden, widerspricht der Formulierung der „gemeinschaftlichen" Schulden in §§ 733 Abs. 1, 734, 735 S. 1, 738 Abs. 1, 739 BGB. Auch mit dem Gesamthandsprinzip ist es nicht vereinbar. Befindet sich der geschuldete Gegenstand im Gesamthandsvermö-

---

[52] BGH BB 2001, 374, 374 ff.

[53] BGH BB 2001, 374, 374.

[54] BGHZ 45, 311, 312 f. Für eine Gesellschaftshaftung für Steuerschulden schon BFH NJW 1990, 2086, 2087; BFH NJW 1987, 1719, 1719 f.; BFH NJW 1986, 2926, 2979; BVerwG NJW 1994, 602, 603.

gen, ist der Einzelne wegen nur gemeinschaftlicher Verfügungsbefugnis aller Gesellschafter (§ 719 Abs. 1 BGB) nicht imstande, die Leistung als Schuldner allein zu erbringen (vgl. §§ 421, 427 BGB).[55] Dass die Annahme einer nur persönlichen Verpflichtung nicht richtig sein kann, zeigt zudem § 719 Abs. 2 BGB. Wenn die Vorschrift den Gläubigern allein die Aufrechnung mit Gesellschaftsforderungen verbietet ist, müssen sich diese von anderen Gesellschafterforderungen unterscheiden.[56]

Die Verbundenheitslehre schafft es zwar, durch die Konstruktion besonderer Gesellschaftsschulden schuldrechtliche Verpflichtung und dingliche Verfügungsbefugnis (§ 719 Abs. 1 BGB) in Einklang zu bringen. Dabei gibt sie allerdings allgemeine zivilrechtliche Grundsätze preis. Denn wenn ein Rechtssubjekt verpflichtet wird, haftet es nach dem Grundsatz der unbeschränkten Vermögenshaftung mit seinem ganzen Vermögen. Dass es für seine Schulden von vorneherein nur mit einem Teil des Vermögens, nämlich dem Gesellschaftsvermögen haftet, ist nach allgemeiner Dogmatik nicht möglich.[57]

Diesen Einwand umgeht wiederum die neue Gruppenlehre. Dadurch dass Schuldner die BGB-Gesellschaft selbst ist, folgt die Haftung nur des Gesellschaftsvermögens ganz zwanglos aus allgemeinen Regeln. Auch ihr Konzept ist aber nicht zweifelsfrei. So bieten weder Wortlaut noch Systematik der §§ 705 ff. BGB einen Anknüpfungspunkt für die Rechtsfähigkeit der BGB-Gesellschaft. Vielmehr ist in § 714 BGB, der die Gesellschaftsvertretung regelt, explizit von der Vertretung der „anderen Gesellschafter" die Rede.[58] Soweit § 736 ZPO zur Zwangsvollstreckung in das Gesamthandsvermögen „ein gegen alle Gesellschafter ergangenes Urteil" voraussetzt, spricht dies ebenfalls für die Rechtsfähigkeit allein der BGB-Gesellschafter.[59]

Da keine der Lehren widerspruchsfrei ist, geht es im Ergebnis allein um die Frage, welche die überzeugendere ist. Der zeitliche und sachliche Verlauf der Diskussion spricht insoweit klar für die neue Lehre. Ihr gelingt es letztlich, entsprechend § 719 BGB unterscheidbare Gesellschaftsschulden zu konstruieren und zugleich den allgemeinen Regeln von Schuld und Haftung gerecht zu werden. Auch die im vorliegenden Zusammenhang relevanten Liquidationsregelungen (§§ 733 Abs. 1, 734, 735 BGB) sprechen klar für die neue Lehre. Da sie zudem das strukturell deutlichste und obendrein praktikabelste Konzept bietet, ist sie vorzugswürdig. Auch ihr kann jedoch nur gefolgt werden, wenn sie sich insgesamt systematisch und dogmatisch rechtfertigen lässt. Dies soll nachfolgend untersucht werden.

II. Rechtsfähigkeit der BGB-Gesellschaft

1. Begriffliches

Was das Begriffliche angeht, ist die neue Lehre wenig einheitlich und präzise. Besonders auffällig ist die häufige Umschreibung der BGB-Gesellschaft als „partiell", „relativ" oder „teil-" rechtsfähig. Mit diesem Ausdruck wird versucht, die Gesellschaft als Zuordnungspunkt eigener Rechte und Pflichten von der natürlichen Person,

---

[55] Vgl. *Aderhold*, S. 27 ff., 59; *Dauner-Lieb*, BGB-Gesellschaft, S. 95, 100 f.

[56] Vgl. MüKo-*Ulmer*, § 714 BGB, Rn. 23 a; RGRK-*v. Ga*mm, § 718 BGB, Rn. 8.

[57] Grundlegend *Aderhold*, S. 74 ff., 110 f.; *Dauner-Lieb*, Sondervermögen, S. 522 ff.

[58] Siehe *Peifer*, NZG 2001, 193 ff., 296 ff.; *Heil*, NZG 2001, 300, 301 ff.

[59] Vgl. *Heil*, NZG 2001, 300, 302; *Prütting*, ZIP 1997, 1725 ff.

vor allem aber von der juristischen Person abzugrenzen.[60] Dass die BGB-Gesellschaft keine juristische Person ist, folgt jedoch schon ohne weiteres aus ihrer Eigenschaft als Gesamthandsgesellschaft. Auch als Träger eigener Rechte und Pflichten ist die Gesamthand nach der neuen Lehre nichts anderes als die Gemeinschaft der verbundenen Gesellschafter. Sie ist keine von den Gesamthändern zu unterscheidende dritte Wesenheit, sondern die Gruppe der Gesamthänder selbst. Dadurch grenzt sie sich von der juristischen Person, die gegenüber ihren Mitgliedern verabsolutiert ist und einen Verband außerhalb der Gesellschafter bildet, eindeutig ab. Der Begriff der Teilrechtsfähigkeit ist insoweit nicht erforderlich und allenfalls zur Verwirrung geeignet.

Bleibt es damit für die BGB-Gesellschaft als rechtlich selbständiger Gesamthandsgemeinschaft, im übrigen jetzt in Übereinstimmung mit § 14 Abs. 2 BGB beim allgemeinen Begriff der Rechtsfähigkeit, verbindet sich damit auch nicht die offenbar befürchtete Aussage, dass der BGB-Gesellschaft *jede* Rechtsposition zukommt. Denn dies ist auch schon bei der juristischen Person nicht der Fall. Vielmehr stehen Rechte und Pflichten einer Personen- oder Sachgesamtheit im Vergleich zur natürlichen Person immer nur im begrenztem Umfang zu. Dies liegt zum einen daran, dass nicht sämtliche Rechte und Pflichten mit dem Wesen einer solchen Zweckschöpfung vereinbar sind, und zum anderen daran, dass Rechte den Personenmehrheiten von der Rechtsordnung lediglich „gewährt", und nicht, wie den natürlichen Personen, im Kern von der Verfassung „gewährleistet" sind; der Gesetzgeber kann frei entscheiden, ob und in welchem zeitlichen und sachlichen Umfang er eine Organisation mit Rechten und Pflichten ausstattet.[61]

Mit der Qualifikation einer Personengesamtheit und damit auch der BGB-Gesellschaft als rechtsfähig wird einzig und allein zum Ausdruck gebracht, dass sie grundsätzlich in der Lage ist, im Verhältnis zu Dritten selbständig Rechtspositionen einnehmen, sie also *generell* selbst Träger von Rechten und Pflichten sein kann. Ob die Gesellschaft im Einzelfall in der Lage ist, eine Rechtsposition einzunehmen, hängt von der Art und Natur der Rechtsbeziehung als auch vom Wesen und Struktur der Gesellschaft ab. Insoweit lässt sich der Begriff Rechtsfähigkeit auch weder zur „Teilrechtsfähigkeit" abstufen, noch zur „Vollrechtsfähigkeit" steigern.

2. Gesetzliche Regelung

Ausgangspunkt der Überlegungen zur Rechtsfähigkeit der BGB-Gesellschaft muss die gesetzliche Regelung sein. Es fragt sich, ob und inwieweit diese die Annahme eigener Rechts- und Pflichtträgerschaft der BGB-Gesellschaft stützt.

---

60 *Fabricius*, S. 161 ff.; *John*, S. 96; *Roth*, ZHR 155 (1991), 24, 35; MüKo-*Ulmer*, § 705 BGB, Rn. 130 f.; *Wiedemann*, WM 1994, SB Nr. 4, S. 7; *Beck*, S. 37; vgl. *Mülbert*, AcP 199 (1999), 38, 44 ff.; *Wertenbruch*, S. 211 ff.; *K. Schmidt*, NJW 2001, 993, 997; *Ulmer*, ZIP 2001, 585, 588 ff.

61 *Herzog*, Allgemeine Staatslehre, S. 367 ff.; v. Mangoldt/Klein/Starck-*Huber*, Art. 19 GG, Rn. 220 ff.

a) Gesetzeswortlaut der §§ 705 ff. BGB

Zwar ist in einigen Vorschriften von „der Gesellschaft“ und „dem Gesellschaftsvermögen“ die Rede (§§ 709, 716 Abs. 1, 718-720, 721 Abs. 2, 733, 736-738 BGB). Andere Normen, etwa § 714 und § 718 Abs. 1 BGB, sprechen jedoch nur von „den Gesellschaftern“. Insgesamt ist die gesetzliche Regelung wenig stimmig. So erwähnt § 718 Abs. 1 BGB zwar das Gesellschaftsvermögen, charakterisiert dies aber als das gemeinschaftliche Vermögen der Gesellschafter. In Abs. 2 geht dieselbe Vorschrift davon aus, dass durch die Geschäftsführung etwas für die Gesellschaft erworben wird. Gemäß § 714 BGB bezieht sich die Vertretung jedoch nicht auf die Gesellschaft (vgl. § 709 BGB), sondern auf die Gesellschafter, so dass ein rechtsgeschäftlicher Erwerb eigentlich ihnen zugerechnet werden müsste. Im Ergebnis gibt der Gesetzeswortlaut für die Frage, ob von der Rechtsfähigkeit der BGB-Gesellschaft ausgegangen werden kann, nichts her. Er spricht weder für noch gegen die neue Lehre. Festzuhalten ist allerdings, dass die Annahme, die Gesellschaft sei rechtsfähig, mit den gesetzlichen Vorschriften nicht völlig unvereinbar ist (vgl. §§ 709 Abs. 1, 718 -720, 733 BGB).

b) Entwicklungsgeschichte der §§ 705 ff. BGB

Denkbar ist jedoch, dass die Entstehungsgeschichte des BGB-Gesellschaftsrechts einen Anhaltspunkt für die Rechtsfähigkeit der Gesellschaft liefert. Geprägt sind die §§ 705 ff. BGB zum einen durch die römischrechtliche *societas*, zum anderen durch die deutschrechtliche Figur der Gesamthand.

aa) Römischrechtliche Elemente

Die *societas* des klassischen römischen Rechts geht historisch auf die Rechtsinstitute des *consortium* und der kapitalistischen Erwerbsgesellschaft zurück.[1] Das altrömische *consortium* trat zunächst nur als Erbengemeinschaft auf, im Laufe der Zeit wurde es jedoch zulässig, ein Gemeinschaftsverhältnis dieser Art auch künstlich durch Vertrag zu errichten. Es zeichnete sich dadurch aus, dass ein gemeinschaftliches Vermögen bestand, jedes einzelne Mitglied aber in der Lage war, mit Wirkung für und gegen alle über die gemeinschaftlichen Gegenstände zu verfügen.[2] In der jüngeren Republik entwickelte sich daneben die Erwerbsgesellschaft als formfreier Zusammenschluss von Kapitalisten zum Zwecke gemeinschaftlicher Unternehmungen.[3] Auch bei ihr galt, dass die Sachen der Gesellschafter ein gemeinschaftliches Vermögen wurden, wenn und soweit sich die Gegenstände durch auch stillschweigend vollzogene *traditio* im Mitbesitz der Gesellschafter befanden. Die sich daraus schließlich entwickelte *societas* war ein Konsensualkontrakt und wurde durch schlichte Willensübereinstimmung der Gesellschafter begründet. Sie bestand so lange, als der Dauerkonsens vorhanden war. Ihrem Wesen nach war die *societas* ein rein schuldrechtliches Verhältnis unter den Gesellschaftern und besaß

---

1 *Mayer-Maly*, Römisches Recht, § 29 III., S. 148; *Kaser*, Römisches PrivatR, § 43 I., S. 204 ff.

2 *Honsell*, Römisches Recht § 52 I. 1., S. 136.

3 *Kaser*, Römisches PrivatR, § 43 I. 1. b), S. 205.

als solches reine Innenwirkung, das heißt, sie ließ nur Ansprüche der *socii* untereinander entstehen, bildete Dritten gegenüber aber keine Einheit. Auch die Eigentumsverhältnisse der Gesellschafter wurden von der Existenz der *societas* nicht notwendig getroffen.[4] Da die Gesellschafter jedoch zur Leistung von Beiträgen verpflichtet waren, entstand zumeist ein gemeinschaftliches Vermögen, das allen Teilhabern anteilsmäßig gehörte. Dies richtete sich dann nach den Regeln der *communio*, der Gemeinschaft zu Bruchteilen. In der schuldrechtlichen *societas* entstand so zusätzlich eine sachenrechtliche Gemeinschaft.[5] Hinsichtlich des Handelns der Gesellschaft galt, dass jeder *socius* im eigenen Namen auftrat. Da sich mit der *societas* eine Außenwirkung nicht verband, war für eine Vertretung der Mitgesellschafter kein Raum. Auffällig an der *soietas* war, dass die *socii* während ihres Bestehens keine Möglichkeit hatten, Ansprüche aus dem Gesellschaftsverhältnis, zum Beispiel Forderungen auf Gewinnzuteilung oder auf Leistung von Schadensersatz, durchzusetzen.[6] Sie waren angehalten, die *societas* durch *renuntatio* (Kündigung) aufzulösen und zu liquidieren. Erst dann konnten sie mit Hilfe der *actio pro socio*, einer auf den Saldo zwischen zwei gewesenen Gesellschaftern gerichteten Abrechnungsklage, aus dem Rechtsverhältnis gegen die Mitgesellschafter vorgehen.[7] Gerade an dieser Regelung zeigt sich, wie sehr man die *societas* als einen nur auf das Innenverhältnis beschränkten Personenzusammenschluss verstand.

bb) Deutschrechtliche Elemente

Die frühesten Ansätze eines Gemeinschaftsinstituts zur gesamten Hand finden sich im 14. und 15. Jahrhundert.[8] Es trat zunächst in Form von Belehnungen, Ganerbschaften und Erbverbrüderungen und ab dem 17. Jahrhundert auch als eheliche Gütergemeinschaft auf. Diese Gemeinschaften lassen sich als Vorläufer der heutigen Erben- und Gütergemeinschaften bezeichnen. Charakteristisch an ihnen war, dass ein gemeinschaftliches Vermögen bestand, das der gemeinsamen Verwaltung aller Gesamthänder unterlag. Ebenfalls ab dem 17. Jahrhunderts traten frühe Formen der offenen Handelsgesellschaft auf.[9] Ihr Hauptmerkmal bestand in der solidarischen Haftung ihrer Mitglieder und der Möglichkeit zur Stellvertretung. Im späten 18. Jahrhundert entwickelte sich zudem die Idee eines gemeinsamen Namens und eines gemeinschaftlichen Vermögens. Trotzdem verstand man die Gesamthandsgesellschaft nicht etwa als juristische Person, sondern als bloße Personenmehrheit. Der Gedanke eines gemeinschaftlichen Gesamthandseigentums stieß insbesondere zu Beginn des 19. Jahrhunderts auf heftige Kritik. Er löste eine Diskussion aus, die

---

4 *Kaser*, Rechtsgeschichte, § 267, S. 409 ff.; *Honsell*, Römisches Recht, § 52 II. 2., S. 136 f.

5 *Kaser*, Römisches PrivatR, § 43 II., S. 207 f.; *Honsell*, Römisches Recht, § 52 II. 2., S. 136.

6 *Honsell*, Römisches Recht, § 52 II. 5., S. 137; *Kaser*, Römisches PrivatR, § 43, S. 206 ff.; *Mayer-Maly*, Römisches Recht, § 29 III., S. 149 f.

7 Nicht zu verwechseln mit der heutigen *actio pro socio*, der ausnahmsweisen Geltendmachung eines Gesellschaftsanspruchs durch einen Gesellschafter gegen einen Mitgesellschafter, vgl. *Kaser*, Römisches PrivatR, § 43 I. 4. b), S. 207.

8 Glosse zum Sachsenspiegel I, Art. 12. Ausführlich zur Geschichte der Gesamthand *Buchda*, S. 21 ff.

9 *Buchda*, S. 101 ff. mwN.

letztlich bis heute fortdauert. Zunächst versuchte man, das Prinzip der Gesamthand durch die Konzeption einer „mystischen Person“ zu ersetzen.[10] Dies scheiterte jedoch an dogmatischen Unsicherheiten und fehlenden Abgrenzungskriterien zur juristischen Person. Daraufhin entwickelten *Georg von Beseler*[11] und *Otto von Gierke*[12] in der zweiten Hälfte des 19. Jahrhunderts ihre Genossenschaftsdoktrin. Diese geht davon aus, dass die Gesamthand ein gewisses korporatives Element in sich trägt, ohne doch als Korporation ausgebildet zu sein. Die Gesamthand könne wie die juristische Person selbst Rechte und Pflichten tragen, sie sei jedoch selbst keine, auch nicht degenerierte juristische Person. Allerdings sei das Rechtsprinzip der Gesamthand überaus dehnbar und elastisch. Der Umfang seiner Rechtsfähigkeit sei daher je nach Struktur und dem Gegenstande der Gemeinschaft überaus ungleich bemessen.[13]

cc) Gesetzgebungsverfahren

aaa) Erster Entwurf (1887)

Die BGB-Gesellschaft des ersten Entwurfs entsprach im Wesentlichen der römisch-rechtlichen *societas*. Die Gesellschaft war als ein nur obligatorisches Schuldverhältnis zwischen den Gesellschaftern konzipiert, dem im Verhältnis zu Dritten keine Bedeutung zukam.[14] Ein den Gesellschaftern gemeinschaftlich zustehendes Gesellschaftsvermögen war nicht vorgesehen.[15] Soweit ein solches gebildet wurde, blieb es wie bei der *societas* bei den Bestimmungen zur Bruchteilsgemeinschaft. Jeder Gesellschafter konnte so uneingeschränkt über seinen Anteil am Vermögen verfügen; eine dem heutigen § 719 Abs. 1 BGB entsprechende Vorschrift, die die Verfügungsbefugnis allen Gesellschaftern gemeinschaftlich zuweist und damit das Gesellschaftsvermögen für die Zwecke der Gesellschaft sichert, gab es nicht. Bemerkenswert war allerdings die Regelung des § 659, wonach die Gesellschafter erwerbswirtschaftlicher BGB-Gesellschaften die Geltung der für die OHG des ADHGB einschlägigen Vorschriften[16] vereinbaren, das heißt das Gesellschaftsvermögen der Gesamthandsbindung unterwerfen und so für die Gesell-

---

10 Vor allem *Hasse*, insbes. S. 103 ff.

11 *v. Beseler*, S. 69 ff.

12 *v. Gierke*, Genossenschaftstheorie, S. 353 ff.; *ders.*, Privatrecht I, S. 663 ff.

13 *v. Gierke*, Privatrecht I, S. 669, 682 f.

14 Motive II, S. 591 f. = *Mugdan*, Band II, S. 330: „Der (Gesellschafts-)Vertrag bezweckt und erzeugt nur ein obligatorisches Rechtsverhältnis unter den Kontrahenten. Im Verkehr mit Dritten kommt dem Gesellschaftsverhältnis an sich keine Bedeutung zu. Der Verkehr vollzieht sich und die dadurch hervorgerufenen rechtlichen Beziehungen und Wirkungen bestimmen sich nach allgemeinen Grundsätzen, namentlich nach denjenigen über Stellvertretung und Vollmacht." Protokolle II, S. 2435 = *Mugdan*, Band II, S. 989: „Nach dem Entw. ist die Gesellschaft grundsätzlich ein rein obligatorisches Verhältnis. Die gemeinsamen Zwecke werden nur dadurch verfolgt, daß sich die Gesellschafter untereinander obligatorisch zu bestimmten Leistungen verpflichten.“

15 Motive II, S. 591 = *Mugdan*, Band II, S. 330 : „Es besteht kein geschlossenes Gesellschaftsvermögen.“

16 ADHGB von 1871, II. Buch, 1. Titel (§§ 85 ff.), die im Wesentlichen den heutigen §§ 105 ff. HGB entsprechen.

schafter konnte so uneingeschränkt über seinen Anteil am Vermögen verfügen; eine dem heutigen § 719 Abs. 1 BGB entsprechende Vorschrift, die die Verfügungsbefugnis allen Gesellschaftern gemeinschaftlich zuweist und damit das Gesellschaftsvermögen für die Zwecke der Gesellschaft sichert, gab es nicht. Bemerkenswert war allerdings die Regelung des § 659, wonach die Gesellschafter erwerbswirtschaftlicher BGB-Gesellschaften die Geltung der für die OHG des ADHGB einschlägigen Vorschriften[77] vereinbaren, das heißt das Gesellschaftsvermögen der Gesamthandsbindung unterwerfen und so für die Gesellschaftszwecke sichern konnten. Ohne eine entsprechende Vorschrift empfand man die Regelungen über die BGB- Gesellschaft ausdrücklich als unvollständig.[78]

bbb) Zweiter Entwurf (1895) und heutige Regelung

Die zweite Kommission bezog dann die deutsch-rechtlichen Entwicklungen in ihre Überlegungen ein und änderte die Vorschriften über der BGB-Gesellschaft grundlegend um. Sie verwarf die Idee von einem nur obligatorischen Schuldverhältnis unter den Gesellschaftern und gestaltete die BGB-Gesellschaft gleich der OHG als Gesamthandsgemeinschaft aus. Das Prinzip der Gemeinschaft, die Gemeinschaftlichkeit der Gesellschafter, sollte gestärkt und auch gegenüber Dritten wirksam werden.[79] So kam es insbesondere zur Vorschrift des § 719 Abs. 1 BGB, wonach die Gesellschafter nur gemeinsam über das Gesamthandsvermögen zu verfügen berechtigt sind. Sie sollte verhindern, dass einzelne Gesellschafter oder ihre Gläubiger das Gesellschaftsvermögen seiner Bestimmung entziehen und so die Zwecke der Gemeinschaft vereiteln können.[80]

Im Gegensatz zur OHG führte die zweite Kommission bei der BGB-Gesellschaft allerdings nur Regelungen ein, die das Vermögen der Gesamthand, das heißt die dingliche Komponente der Gesamthandsgemeinschaft betreffen. In den §§ 718-720 BGB ist von einer personenrechtlichen Bindung zwischen den Gesellschaftern, also einer rechtssubjektiven Komponente der Gesamthandsgesellschaft nicht die Rede. Eine § 124 HGB vergleichbare Vorschrift, die bestimmt, dass die Gesellschaft im eigenen Namen Rechte erwerben und Verbindlichkeiten eingehen, Eigentum und andere dingliche Rechte erwerben, vor Gericht klagen und verklagt werden kann, mit anderen Worten Rechtssubjekt ist, wurde nicht statuiert.

Die entscheidende Frage nun, ob der Gesetzgeber bei der BGB-Gesellschaft eine der OHG (§ 124 HGB) gleiche persönliche Bindung unter den Gesellschaftern erzeugt sah, er also bei Einführung der §§ 718-720 BGB davon ausging, dass die BGB-Gesellschafter ebenfalls so eng miteinander verbunden sind, dass sie eine selbständige rechtssubjektive Einheit bilden und als solche Inhaber des Vermögens (§§ 718 ff.

---

77 ADHGB von 1871, II. Buch, 1. Titel (§§ 85 ff.), die im Wesentlichen den heutigen §§ 105 ff. HGB entsprechen.

78 Motive II, S. 632 = *Mugdan,* Band II, S. 353.: „Ohne diese Ergänzung würden die Vorschriften über die Gesellschaft an einer empfindlichen Unvollständigkeit leiden und namentlich wegen der Bestimmungen über das Gesellschaftsvermögen zur Befriedigung des Bedürfnisses nicht ausreichen."

79 Protokolle II, S. 2439 ff. = *Mugdan,* Band II, S. 990 f.

80 *Denkschrift* BGB, S. 86 ff.

BGB) sind, lässt sich indes nicht klar beantworten. In den Berichten der zweiten Kommission heißt es nur, dass man sich uneinig war, wie die Rechtsgemeinschaft der gesamten Hand theoretisch zu konstruieren sei und was man als das charakteristische Merkmal derselben anzusehen habe. Schließlich glaubte man, dass eine Stellungnahme „zur wissenschaftlichen Streitfrage über das Wesen der gesammten Hand zu vermeiden sei."[81]

Im Ergebnis kann die These, dass die BGB-Gesellschaft zur Rechts- und Pflichtträgerschaft fähig ist, mit der Entstehungsgeschichte der §§ 705 ff. BGB direkt nicht begründet werden. Zwar sollte die BGB-Gesellschaft entgegen dem ersten Entwurf ausdrücklich kein bloß schuldrechtliches Verhältnis unter den Gesellschaftern, sondern ein Gemeinschaftsverhältnis mit Außenwirkung sein. Ob sie jedoch als Gesamthandsgesellschaft wie die OHG und KG selbst Zurechnungspunkt von Rechtsbeziehungen ist, hat der Gesetzgeber nicht gesagt. Allerdings erweist sich die Entstehungsgeschichte in gleicher Weise wie der Gesetzeswortlaut als mit der neuen Lehre durchaus kompatibel. § 659 des ersten Entwurfs, also die Möglichkeit der Vereinbarung über die Geltung der OHG-Regeln (vgl. § 124 HGB), zeigt deutlich, dass der Gesetzgeber einer rechtlichen Verselbständigung der BGB-Gesellschaft gegenüber nicht verschlossen war. Auch seine Intention, mit Einführung des Gesamthandsprinzips das Gemeinschaftsmoment der Gesellschaft zu stärken, entspricht im Prinzip exakt dem Konzept der neuen Lehre.

c) Gesetzliche Neuregelungen

Damit stellt sich die Frage, ob sich die Rechtsfähigkeit der BGB-Gesellschaft auf gesetzliche Regelungen außerhalb der §§ 705 ff. BGB stützen lässt. Gerade in jüngerer Zeit ist es gesellschaftsrechtlich zu einigen Neuerungen gekommen.

aa) §§ 191 Abs. 2 Nr. 1, 202 Abs. 1 Nr. 1 UmwG

Die wohl wichtigste Neuregelung stellt das Umwandlungsgesetz von 1994 dar. Dass dies schon im Vorfeld im Gesellschaftsrecht für Aufruhr gesorgt hat, liegt weniger daran, dass es explizit die BGB-Gesellschaft als „Rechtsträger" bezeichnet (§ 191 Abs. 2 Nr. 1 UmwG),[82] als vielmehr an der Tatsache, dass es die *identitätswahrende* Umwandlung einer juristischen Person in eine BGB-Gesellschaft und auch andere Gesamthandsgesellschaften ermöglicht (§§ 191 Abs. 2 Nr. 1, 202 Abs. 1 Nr. 1, 226 ff. UmwG). Nach bis dahin geltendem Recht konnte eine juristische Person unter Wahrung ihrer Identität, das heißt unter Erhalt des Rechtsträgers und damit Kontinuität aller Rechtsverhältnisse,[83] nur umgewandelt werden, wenn auch die Zielrechtsrechtsform juristische Person war (§§ 362 ff. AktG a. F.). Sollte eine juristische Person in eine Gesamthandsgesellschaft umgewandelt werden und umgekehrt, blieb nur

---

[81] Protokolle II, S. 2437 f. = *Mugdan*, Band II, S. 990. AA *Wertenbruch*, S. 34 ff., der aufgrund der später erstellten Denkschrift davon ausgeht, der Gesetzgeber habe für die BGB-Gesellschaft *positiv* ein der OHG und damit § 124 HGB entsprechendes Gesamthandsprinzip verabschiedet.

[82] Vgl. aber *Timm*, NJW 1995, 3209, 3210 ff., der schon hierin die gesetzliche Anerkennung der Rechtsfähigkeit der BGB-Gesellschaft sieht.

[83] *K. Schmidt*, GesR, § 12 IV. 2., S. 363 ff.; ausführlich *Mülbert*, AcP 199 (1999), 38, 52 ff., insbes. S. 60 ff.; *Hennrichs*, S. 31 ff.; vgl. Bgr. RE BT-Drs. 12/6699, S. 136.

die Möglichkeit der *übertragenden* Umwandlung, das heißt, dass es inzident zur Gründung der Neu- und Liquidation der Altgesellschaft kommt und alle Rechte und Pflichten einzeln übertragen werden müssen.[84] Eine identitätswahrende, „rechtskleidwechselnde" Umwandlung war in diesem Fall nicht möglich.
In der Lehre werden die §§ 190 ff., 226 ff. UmwG unterschiedlich interpretiert. Zum Teil wird den Vorschriften für die Frage nach der Rechtsnatur der BGB-Gesellschaft keine Bedeutung beigemessen.[85] Der Gesetzgeber habe nur das Umwandlungsrecht, nicht aber das Gesellschaftsrecht regeln wollen. Auch die von ihm gewählte Identitätskonstruktion erlaube nicht den Rückschluss auf die Rechtsfähigkeit der Gesamthand. Der Gesetzgeber könne frei darüber entscheiden, wie viel Identität für eine identitätswahrende Umwandlung notwendig sei. Im Interesse der Verkehrsfähigkeit der Unternehmen und einer steuerlichen Begünstigung von Umwandlungen habe er die Identitätsvoraussetzungen aufgelockert, um nicht zu sagen „verwässert", und trotz unterschiedlicher Vermögens- und Verbandsorganisation eine „wirtschaftliche Identität" für ausreichend erachtet.[86]
Andere Autoren schließen demgegenüber von den §§ 191 Abs. 2 Nr. 1, 202 Abs. 1 Nr. 1 UmwG unmittelbar auf die Rechtsfähigkeit der BGB-Gesellschaft. Ein identitätswahrender Formwechsel zwischen GmbH oder AG und BGB-Gesellschaft sei konstruktiv nur möglich, wenn die BGB-Gesellschaft ebenso wie die juristische Person rechtsfähig sei.[87] Das neue Umwandlungsrecht sei der berühmte „Federstrich" des Gesetzgebers. Dabei gehen *Timm*[88] und *Raiser*[89] sogar soweit, dass sie die BGB-Gesellschaft und auch die anderen Gesamthandsgesellschaften als juristische Personen begreifen und das Institut der Gesamthand als überholt betrachten.
Die von *Timm* und *Raiser* geforderte Einordnung der BGB-Gesellschaft als juristische Person erscheint zu weitgehend. Auch wenn man die Gesamthand als rechtsfähig begreift, so ist es doch im Gegensatz zur juristischen Person nicht eine außer den Gesellschaftern bestehende dritte Wesenheit, die Träger der Rechte und Pflichten ist, sondern es sind die Gesellschafter selbst, die Zuordnungspunkt von Rechtsbeziehungen sind. Zwischen Gesamthand und juristischer Person besteht so trotz Gleichartigkeit nach außen im Innenverhältnis ein zentraler Unterschied. Der Hinweis auf das neue UmwG als Argument für die Rechtsfähigkeit der BGB-Gesellschaft ist aber grundsätzlich richtig. Der identitätswahrende Formwechsel zwischen juristischer Person und Gesamthandsgesellschaft setzt zwingend voraus, dass die Gesamthandsgesellschaft (nach außen) ebenso rechtsfähig ist wie die juristische Person. Wäre die

---

84 § 1 Abs. 1, §§ 3, 5, 9, 16, 19, 20, 21, 22, 24 UmwG a. F. bzw. §§ 40, 44, 46, 49 UmwG; vgl. zur Dogmatik der übertragenden Umwandlung *Mülbert*, AcP 199 (1999), 38, 52 ff

85 *Peifer*, NZG 2001, 296, 299; *Heil*, NZG 2001, 300, 304; *Berndt/Boin*, NJW 1998, 2854, 2857; *Cordes*, JZ 1998, 545, 547; *Zöllner*, FS Gernhuber, S. 563, 564 ff.; vgl. *dens.*, FS Claussen, S. 423 ff.; *G. Hueck*, FS Zöllner, S. 275, 280 ff.; *Lüttge*, NJW 1995, 417, 422; *Beck*, S. 41.

86 *Wiedemann*, ZGR 1996, 286, 289 f.; *Peifer*, NZG 2001, 296, 299; siehe *Ganske*, UmwR, S. 209.

87 *K. Schmidt*, NJW 2001, 993, 996; *ders.*, ZIP 1998, 2, 2 f.; *Timm*, NJW 1995, 3209, 3210, 3214; *ders.*, ZGR 1996, 247 ff.; *Mülbert*, AcP 1999, 38, 62 ff.; *Wertenbruch*, S. 272 ff.; *Dauner-Lieb*, BGB-Gesellschaft, S. 95, 102; *Bälz*, FS Zöllner, S. 35 ff.; *Habersack*, BB 2001, 477, 478; *Reiff*, ZIP 1999, 517, 518 f.; jetzt auch BGH BB 2001, 374, 375.

88 *Timm*, ZGR 1996, 247, 252; *ders.*, NJW 1995, 3209 ff.

89 *Raiser*, AcP 194 (1994), 495 ff.; *ders.*, FS Zöllner, 469 ff.; *ders.*, AcP 199 (1999), 104, 108.

BGB-Gesellschaft nicht rechtsfähig, so gingen die Rechte und Pflichten einer sich umwandelnden GmbH oder AG auf die einzelnen BGB-Gesellschafter über. Es läge nicht die vom Gesetzgeber vorausgesetzte Identität des Rechtsträgers,[90] sondern die Rechtsnachfolge auf eine Mehrzahl von Einzelsubjekten vor. Die ABC-GmbH als Rechtsträger und Schuldner würde sich in die BGB-Gesellschafter A, B und C als Rechtsträger und Gesamtschuldner umwandeln. Von einem identitätswahrenden Formwechsel, wie er dem Gesetzgeber vorschwebte, könnte nicht die Rede sein. Die Regelung der §§ 190 ff, 226 ff. UmwG ist also nur stimmig, wenn man die BGB-Gesellschaft als Zielgesellschaft einer Umwandlung als ebenso rechtlich selbständig begreift wie die sich umwandelnde juristische Person und spricht damit im Ergebnis eindeutig für die Rechtsfähigkeit der BGB-Gesellschaft

bb) § 11 Abs. 2 Nr. 1 InsO

Dafür dass die BGB-Gesellschaft rechtsfähig ist, spricht auch die 1999 in Kraft getretene Regelung des § 11 Abs. 2 Nr. 2 InsO. Sie bestimmt, dass die BGB-Gesellschaft entgegen bisherigem Konkursrecht (vgl. § 207-236 c KO)[91] insolvenzfähig ist, das heißt selbst Partei im Insolvenzverfahren sein kann. Da sich das Insolvenzverfahren stets gegen denjenigen richtet, der materiellrechtlich Schuldner der geforderten Ansprüche und Träger des verwertbaren Vermögens ist,[92] kann aus der Insolvenzfähigkeit der Gesellschaft nur geschlossen werden, dass die BGB-Gesellschaft selbst Schuldner der Gesellschaftsschulden und Träger des Gesellschaftsvermögens ist. Dass die Gesellschaft als solche am Insolvenzverfahren beteiligt ist, ist dann nur die Folge ihrer materiellrechtlich eigenen Rechtssubjektivität.

cc) § 14 Abs. 2, § 1059 a Abs. 2 BGB, § 7 Nr. 3 MarkenG

Der 2000 eingeführte § 14 Abs. 2 BGB weist ebenfalls deutlich auf die Rechtsfähigkeit der BGB-Gesellschaft hin. Er spricht im Zusammenhang mit dem Unternehmen von „rechtsfähigen Personengesellschaften“ und umschreibt sie als Gesellschaften, die mit der Fähigkeit ausgestattet sind, Rechte zu erwerben und Verbindlichkeiten einzugehen. Ähnliche Formulierungen finden sich in den gleichsam neu eingefügten § 1059 a Abs. 2 BGB und § 7 Nr. 3 MarkenG.[93] Mit diesen Vorschriften hat der Gesetzgeber unmissverständlich klar gestellt, dass neben der juristischen Person auch die Gesamthandsgesellschaft Träger von Rechten und Pflichten sein kann. Wenn er in § 14 Abs. 2 BGB, § 1059 a Abs. 2 BGB, § 7 Nr. 3 MarkenG zudem im auffälligen Gegensatz zu § 191 Abs. 2 UmwG darauf verzichtet, die Gesamthandsgesellschaften

---

90 Bgr. RE BR-Drs. 74/94, S. 140.

91 Vgl. zur fehlenden Konkursfähigkeit der BGB-Gesellschaft nach altem Recht Soergel-*Hadding*, § 728 BGB, Rn. Rn. 1; *Kuhn/Uhlenbruck*, Vor § 207 InsO, B Rn. 1; *Häsemeyer*, InsR, S. 784 ff.

92 *Bork*, InsR, § 5, Rn. 26, 31; *Henckel*, ZZP 84 (1971) 447, 457 f.; vgl. auch *K. Schmidt*, NJW 2001, 993, 1001.

93 Sowie §§ 1059 e, 1061 S. 2, 1092 Abs. 3, 1098 Abs. 3 BGB. Siehe dazu *Seibert*, JZ 1996, 785, 785; *Dauner-Lieb*, BGB-Gesellschaft, S. 95, 103 f.

einzeln aufzulisten, legt dies den Schluss nahe, dass er grundsätzlich von der Rechtsfähigkeit *aller* Gesamthandsgesellschaften ausging.[94]

d) Zwischenergebnis

Die neue Lehre ist mit dem Gesetzeswortlaut und dem Willen des historischen Gesetzgebers einwandfrei zu vereinbaren. Die neueren Gesetzesregelungen sprechen sogar ausdrücklich für die Rechtsfähigkeit der BGB-Gesellschaft.

3. Systematische und dogmatische Überlegungen

Denkbar sind weiter allgemeine systematische und dogmatische Gründe, der BGB-Gesellschaft die Rechtsfähigkeit zuzuerkennen. In Betracht kommt insoweit vor allem die Eigenschaft der BGB-Gesellschaft als Gesamthandsgemeinschaft.

a) BGB-Gesellschaft als Gesamthandsgesellschaft

aa) Allgemeines Prinzip der Gesamthand?

Mit der BGB-Gesellschaft, der ehelichen Gütergemeinschaft (§§ 1415 ff. BGB) und der Erbengemeinschaft (§§ 2032 ff. BGB) kennt das BGB insgesamt drei Gesamthandsgemeinschaften.[95] Hinzu kommen die Gesellschaften des Handelsrechts, OHG und KG (§§ 105 ff., 161 ff. HGB), und die jüngeren Rechtsformen EWIV (§§ 1 ff. EWIV-AG) und Partnerschaft (§§ 1 ff. PartGG). Da diese Gemeinschaften in ihrer spezialgesetzlichen Normierung jeweils ganz unterschiedlich ausgestaltet sind,[96] erscheint ein allgemeines Prinzip der Gesamthand, aus dem sich Schlüsse für die Rechtsnatur der BGB-Gesellschaft ziehen lassen, zweifelhaft. Sicherlich gibt es insoweit ein allgemeines Gesamthandsprinzip, als dass die Gesamthänder über "ihren", als solchen nicht existenten Anteil an den einzelnen Gegenständen des Gesellschaftsvermögens nicht verfügen können (vgl. §§ 719 Abs. 1, 1419 Abs. 1, 2033 Abs. 2 BGB).[97] Weitergehende Übereinstimmungen zu finden, scheint jedoch kaum möglich. Wie bereits *Otto v. Gierke* festgestellt hat, ist das Rechtsprinzip der Gemeinschaft zur gesamten Hand überaus dehnbar und elastisch und der ungleichartigsten Verwendung und der ungleichmäßigsten Durchführung fähig.[98] Von dieser Elastizität hat der Gesetzgeber auch in weitem Maße Gebrauch gemacht. Von einem allgemein geltenden Gesamthandsprinzip kann nur sehr eingeschränkt die Rede sein; die Möglichkeiten zur Lösung von Einzelproblemen sind insoweit eng begrenzt.[99] Sachlich

---

94 Anders als § 7 Nr. 3 MarkenG („..Personengesellschaften, *sofern* sie mit Fähigkeit ausgestattet sind..“) lässt § 14 Abs. 2 BGB (§ 1059 Abs. 2 BGB) den Schluss, dass es auch Personengesellschaften ohne Rechtsfähigkeit gibt, jetzt nicht mehr zu.

95 Für die Gesamthandseigenschaft auch des nicht rechtsfähigen Vereins *K. Schmidt*, GesR, § 8 III. 4. c), S. 210; *Beck*, S. 45 ff.; aA Staudinger-*Keßler*, Vor § 705 BGB, Rn. 163. Noch weiter, etwa auch Partenreederei und die Gemeinschaft der Miteigentümer an Wertpapieren bei der Wertpapiersammelverwaltung einbeziehend, *Schulze-Osterloh*, S. 278 f.

96 Siehe die Gegenüberstellung bei *Alberts*, S. 99 ff. und *Weber-Grellet*, AcP 182 (1982), 316 ff.

97 *Weber-Grellet*, AcP 182 (1982), 316, 325 f.; *Schulze-Osterloh*, S. 163 ff.; *Alberts*, S. 102 ff.; *Beck*, S. 45 ff.; vgl. auch MüKo-*Ulmer*, § 705 BGB, Rn. 127.

98 *v. Gierke*, Privatrecht I, S. 669, 682 f.

99 So auch *K. Schmidt*, GesR, § 8 III. 1., S. 204 f., III. 3., S. 208 f.; Soergel-*Hadding*, § 718 BGB, Rn. 2 a.E; aA *Schulze-Osterloh*, S. 163 ff.; *Weber-Grellet*, AcP 182 (1982), 316, 320 ff.

und methodisch richtiger erscheint es daher, für die Frage der Rechtsnatur der BGB-Gesellschaft speziell gesellschaftsrechtliche Überlegungen anzustellen.

bb) BGB-Gesellschaft als Grundform der Gesamthandsgesellschaften

Betrachtet man das Verhältnis der BGB-Gesellschaft zu den Personenhandelsgesellschaften OHG und KG, so fällt die Verweisungsnorm des § 105 Abs. 3 HGB ins Auge. Entsprechendes gilt für die EWIV (§ 1 EWIV-AG i.V.m. § 105 Abs. 3 HGB) und die Partnerschaftsgesellschaft (§ 1 Abs. 4 PartGG). Auch hier wird ergänzend das BGB-Gesellschaftsrecht für anwendbar erklärt. Daraus ist systematisch zu schließen, dass die BGB-Gesellschaft Grundform aller Gesamthandsgesellschaften ist.
Dieser Umstand spricht stark dafür, der BGB-Gesellschaft die Rechtsfähigkeit zuzuerkennen. Nur wenn die BGB-Gesellschaft selbst rechtsfähige Gesamthandsgesellschaft ist, besteht ein tragfähiges zivilrechtliches Fundament für die OHG, KG, EWIV und Partnerschaft. Deren Rechtsfähigkeit, die sich ausdrücklich aus § 124 HGB (i.V.m. § 161 Abs. 2 HGB, § 1 EWIV-AG, § 7 Abs. 2 PartGG) ergibt, ließe sich anderenfalls zwar aus den jeweiligen Vorschriften ableiten, könnte aber nicht in einem Gesamtsystem legitimiert werden.

cc) Identitätswahrende Umwandlung von Gesamthandsgesellschaften

Das System der Gesamthandsgesellschaften ist dadurch geprägt, dass jede Gesellschaft einschließlich der BGB-Gesellschaft unter Wahrung der Identität in eine andere Gesamthandsgesellschaft umgewandelt werden kann. Was die gesetzliche Grundlage der Umwandlung betrifft, so genügen die gesetzlichen Vorschriften der Zielrechtsform; das UmwG 1994 kommt nicht zur Anwendung.[100]
Besonders häufig und einfach ist die Umwandlung einer OHG und KG in eine BGB-Gesellschaft und umgekehrt. Ausschlaggebend ist, dass nach §§ 105 Abs. 1, 161 Abs. 1 HGB nur der Betrieb eines kaufmännischen Handelsgewerbes verfolgt werden kann (§ 1 Abs. 2 HGB), während für die BGB-Gesellschaft jeder Zweck genügt. Sobald eine Personenhandelsgesellschaft die Schwelle des § 105 Abs. 1 HGB unterschreitet, wandelt sie sich automatisch in eine BGB-Gesellschaft und diese umgekehrt sich bei Überschreitung der Schwelle des § 105 Abs. 1 OHG in eine Handelsgesellschaft um. Jede für §§ 105, 161 HGB relevante, zur Begründung oder zum Wegfall eines kaufmännischen Gewerbes führende Zweckänderung führt unweigerlich zum Rechtsformwechsel. Darauf, ob dieser gewollt ist, oder auf sonstige Umstände, etwa Eintragung oder Löschung im Handelsregister, kommt es nicht an.[101]
Soweit es um die Umwandlung der BGB-Gesellschaft in andere und aus anderen Gesamthandsgesellschaften geht, setzt diese neben Verwirklichung des gesetzlichen Tatbestandes zusätzlich voraus, dass ein entsprechender Beschluss gefasst und die Gesellschaft im Register eingetragen wird.[102]

---

[100] Bgr. RE BT-Drs. 12/6699, S. 137; *K. Schmidt*, GesR, § 12 I. 4. a), S. 345 f.

[101] MüKo-*Ulmer*, Vor § 705 BGB, Rn. 12; *Hennrichs*, S. 31 ff.

[102] *Mülbert*, AcP 199 (1999), 38, 54 f.; *Hennrichs*, S. 31 ff ; MüKo-*Ulmer*, § 705 BGB, Rn. 4 a, § 1 PartGG, Rn. 24;

Entscheidend für die Rechtsnatur der BGB-Gesellschaft ist, dass sich jede Umwandlung innerhalb „der Familie der Gesamthandsgesellschaften" identitätswahrend vollzieht.[103] Wie bei der Umwandlung nach dem UmwG 1994 erfolgt sie unter Erhalt der Gesellschaft als Rechtsträger und damit Kontinuität aller bisherigen Rechte und Pflichten. Eine inzidente Errichtung der Neu- und Liquidation der Alt-Gesellschaft und damit eine Einzelübertragung der Rechte und Pflichten ist auch hier nicht erforderlich. Da nun die identitätswahrende Umwandlung einer BGB-Gesellschaft in eine OHG, KG, EWIV und Partnerschaft und umgekehrt dogmatisch nur möglich ist, wenn die BGB-Gesellschaft die gleiche Rechtsnatur wie diese besitzt, und OHG, KG, EWIV und Partnerschaft gemäß § 124 HGB (i.V.m. § 161 Abs. 2, § 1 EWIV-AG, § 7 Abs. 2 PartGG) ausdrücklich rechtsfähig sind, muss auch die BGB-Gesellschaft rechtsfähig sein. Ginge man von der ausschließlichen Rechtsfähigkeit der BGB-Gesellschafter aus, würden beispielsweise bei Umwandlung der BGB-Gesellschaft in eine Partnerschaftsgesellschaft die Rechte und Pflichten der Gesellschafter A, B und C auf die ABC-Partnerschaft, das heißt von einer Vielzahl von Rechtssubjekten auf ein einziges Rechtssubjekt übergehen. Umgekehrt würden sich bei Umwandlung der Partnerschaft in die BGB-Gesellschaft die Rechte und Pflichten eines Rechtssubjekts in A, B und C als einer Vielzahl von Rechtssubjekten fortsetzen; aus einer Verpflichtung der Partnerschaftsgesellschaft würden plötzlich drei. Von einer Identität der Gesellschaft und Kontinuität der Rechtsbeziehungen könnte in diesem Fall nicht mehr gesprochen werden. Es läge vielmehr ein Fall der Gesamtrechtsnachfolge vor. Damit ist im Ergebnis festzuhalten, dass auch die Möglichkeit der identitätswahrenden Umwandlung zwischen den Gesamthandsgesellschaften einen Grund darstellt, der BGB-Gesellschaft die Rechtsfähigkeit zuzuerkennen.

dd) Gemeinschaftliche Verfügungsbefugnis der Gesellschafter (§ 719 Abs. 1 BGB)

Die für alle Gesamthandsgesellschaften zentrale Vorschrift ist § 719 Abs. 1 BGB (i.V.m. § 105 Abs. 3, § 1 EWIV-AG, § 1 Abs. 4 PartGG). Sie bestimmt, dass die Gesellschafter nicht über einzelne Gegenstände des gemeinschaftlichen Vermögens oder einem Anteil an diesen verfügen können. Nur gemeinschaftlich steht ihnen das Gesamthandsvermögen (§ 718 Abs. 1 BGB) zur Disposition.

Zwar lässt sich aus dem Wortlaut der Vorschrift die Rechtsnatur der Gesamthandsgesellschaften allgemein nicht ableiten. Insbesondere aus der Formulierung „kann nicht über *seinen* Anteil am Gesellschaftsvermögen oder einzelnen dazu gehörenden Gegenständen verfügen" kann nicht zwingend auf eine dingliche Berechtigung des Einzelnen und damit auf die ausschließliche Rechts- und Pflichtträgerschaft der Gesellschafter geschlossen werden. Dogmatisch spricht § 719 Abs. 1 BGB indes eindeutig für die Rechtsfähigkeit der gesellschaftsrechtlichen Gesamthand. Geht man vom strikt individualistischen Standpunkt aus, so wären die einzelnen Gesellschafter zwar Träger des Gesellschaftsvermögens, könnten hierüber jedoch nicht verfügen. Vermö-

---

[103] *K. Schmidt*, GesR, § 12 I. 4. a), S. 345 f., IV. 2., S. 363 ff.; *Mülbert*, AcP 199 (1999), 38, 52 ff.; speziell im Verhältnis von BGB-Gesellschaft und OHG/KG MüKo-*Ulmer*, § 705 BGB, Rn. 9 ff.; Soergel-*Hadding*, § 705 BGB, Rn. 3; Erman-*H.P. Westermann*, § 705 BGB, Rn. 4; BGHZ 32, 307, 312; BGH WM 1962, 10, 12; BGH WM 1975, 99, 100.

gensträgerschaft und Vermögensverfügungsbefugnis (vgl. § 719 Abs. 1 BGB) fielen auseinander. Die Verfügungsbefugnis ist jedoch nur die Handlungskomponente der Rechtsträgerschaft. Sie geht mit der Rechtsträgerschaft Hand in Hand oder anders formuliert: Wer Rechtsträger ist, muss auch verfügungsberechtigt sein.[104] Ungereimtheiten entstehen auch nach der Verbundenheitslehre. Man würde dem einzelnen Gesellschafter mit § 719 Abs. 1 BGB seine Verfügungsbefugnis nehmen, ohne sie zugleich jemandem anders zuzuordnen. Eine dogmatisch klare und überzeugende Lösung ergibt sich nur bei Rechtsfähigkeit der Gesamthand. Die Gesellschaft selbst ist Träger des Gesellschaftsvermögens und damit auch selbst verfügungsbefugt. Was den einzelnen Gesellschaftern hinsichtlich den Gegenständen des Gesellschaftsvermögens an Verfügungsbefugnis genommen wird, wird der Gesellschaft als Rechtssubjekt zugeordnet. Im Ergebnis spricht damit auch die Vorschrift des § 719 Abs. 1 BGB eindeutig dafür, der BGB-Gesellschaft die Rechtsfähigkeit zuzuerkennen.

ee) Zwischenergebnis

Die neue Lehre wird durch die Eigenschaft der BGB-Gesellschaft als Gesamthand gestützt. Nur bei Rechtsfähigkeit der gesellschaftsrechtlichen Gesamthand bleibt die Regelung der gemeinschaftlichen Verfügungsbefugnis über das Gesellschaftsvermögen (§ 719 Abs. 1 BGB) widerspruchsfrei, kann die Regelung des § 124 HGB (i.V.m. § 161 Abs. 2 HGB, § 1 EWIV-AG, § 7 Abs. 2 PartGG) in einem Gesamtssystem legitimiert und die Möglichkeit der identitätswahrenden Umwandlung in andere und aus anderen Gesamthandsgesellschaften dogmatisch erklärt werden.

b) Problematik des Gesellschafterwechsels

Ein Argument für die Rechtsfähigkeit der BGB-Gesellschaft könnte sich weiter unter dem Gesichtspunkt des Gesellschafterwechsels ergeben. Bei diesem stellt sich vor allem das Problem, dass den bisherigen Gläubigern der Zugriff auf das Gesellschaftsvermögen weiterhin gewährt sein muss.

aa) Forthaftung des Gesellschaftsvermögens bei Neueintritt eines Gesellschafters

Dass den Gläubigern der Zugriff auf das Vermögen unverändert möglich sein muss, wenn ein Gesellschafter ausscheidet oder neu in die BGB-Gesellschaft eintritt, ist letztlich unstreitig. Aus Gläubigersicht ist kein anderes Ergebnis akzeptabel.[105] Verneint man die Rechtsfähigkeit der Gesellschaft, ergeben sich jedoch gewisse konstruktive Schwierigkeiten.

aaa) Forthaftung des Vermögens bei Rechtsfähigkeit nur der Gesellschafter

Geht man davon aus, dass nur den Gesellschaftern die Rechtsfähigkeit zukommt, so sind allein sie persönlich oder in gesamthänderischer Verbundenheit Dritten gegenüber verpflichtet. Ihre Verpflichtung resultiert dabei entweder aus einem Selbsthandeln oder aus einer Vertretung durch geschäftsführende Mitgesellschafter. Auf diese

---

[104] Vgl. *Hüffer*, GesR, § 7 2., S. 47 f.; MüKo-*Ulmer*, § 705 BGB, Rn. 129.

[105] BGHZ 79, 374, 378 f.; BGHZ 138, 82, 84; MüKo-*Ulmer*, § 714 BGB, Rn. 61; *Zöllner*, FS Gernhuber, S. 563, 575 ff.

Weise haftet den Gläubigern für ihre Forderungen immer auch das gemeinschaftliche Gesellschaftsvermögen.
Tritt ein Gesellschafter in die Gesellschaft neu ein, fehlt es für ihn hinsichtlich bestehender Gesellschaftsschulden am rechtsgeschäftlichen oder gesetzlichen Verpflichtungstatbestand. Er ist für vor Eintritt begründeter Gesellschaftsverbindlichkeiten nicht selbst Schuldner, es sei denn, dass er die Schuld des ausscheidenden Gesellschafters übernimmt oder er der Schuld der Mitgesellschafter beitritt.[106] Bleibt es dabei, können die Gesellschaftsgläubiger aber auch die Haftung der früheren Gesellschafter hinsichtlich des Gesellschaftsvermögens nicht mehr realisieren. Es ist ihnen unmöglich, in das Gesellschaftsvermögen die Zwangsvollstreckung zu betreiben, denn diese setzt nach § 736 ZPO einen Titel gegen „alle Gesellschafter", das heißt auch gegen den Neueingetretenen voraus, was wiederum bedingt, dass auch gegen ihn eine entsprechende Forderung existiert.
Da sich die Vertreter der traditionellen Lehren einig sind, dass der Gesellschafterwechsel für die Gläubiger keine Nachteile haben, insbesondere die Zwangsvollstreckung in das Vermögen nicht auf Dauer blockieren darf (vgl. § 736 ZPO), ist im Ergebnis eine Verpflichtung auch des eintretenden Gesellschafters anerkannt. Wie es zu der Schuld des neuen Gesellschafters kommt, ist allerdings streitig. Besondere Schwierigkeiten ergeben dadurch, dass eine Haftung des Neueingetretenen auch mit dem Privatvermögen weitgehend abgelehnt wird.[107]
Vor allem in der älteren Lehre wird die Verpflichtung des eintretenden Gesellschafters häufig damit begründet, dass zwischen neuem und altem Gesellschafter stillschweigend ein Vertrag mit begünstigender Wirkung für die Gläubiger geschlossen werde.[108] Dagegen wird mit Recht eingewandt, dass die Parteien einen derartigen Willen im Regelfall nicht besitzen, der Vertrag also letztlich fingiert wird.[109] Gegen diese Auffassung spricht zudem, dass den Gesellschaftern bei einer *vertraglichen* Verpflichtung die Haftung im Ergebnis einseitig zur Disposition seht. Sie können die Haftung durch ausdrückliche Kundgabe ihres fehlenden Vertragswillens ohne Einvernehmen der Gläubiger verhindern und so schließlich jede Vollstreckung in das Gesellschaftsvermögen blockieren.
Andere Autoren stützen die Haftung des Eintretenden auf eine Analogie zu § 419 BGB a. F., §§ 2382 f. BGB oder § 130 HGB.[110] Was die analoge Anwendung des § 419 BGB a. F. betrifft, so hält man ihr zutreffend entgegen, dass jedenfalls im Falle des Eintritts ohne Ausscheiden eines anderen Gesellschafters ein Vermögensüber-

---

[106] Daher soll sich nach *Cordes*, JZ 1998, 545, 547, mit dem Neueintritt immer konkludent eine Schuldübernahme verbinden.

[107] *Peifer*, NZG 2001, 296, 299; *G. Hueck*, FS Zöllner, S. 275, 294; vgl. auch BGHZ 74, 240, 242; aus der neuen Lehre ablehnend auch *Flume*, Personengesellschaft, § 16 IV. 7., S. 344 f.; *Wertenbruch*, S 182, 223; *H.P. Westermann*, NZG 2001, 289, 295; MüKo-*Ulmer*, § 714 BGB, Rn. 65; anders aber *ders.*, jetzt ZIP 2001, 585, 598; dafür ferner *Habersack*, BB 2001, 477, 482; *K. Schmidt*, NJW 2001, 993, 999.

[108] *Enneccerus/Lehmann*, SchuldR, S. 759; *Kornblum*, S. 70; ähnlich Cordes, JZ 1998, 545, 547.

[109] *Buchner*, AcP 169 (1969), 483, 489.

[110] *Cordes*, JZ 1998, 545, 547 f.; *Windscheid/Kipp*, SchuldR, S. 791; *Siber*, SchuldR, S. 413; *Kornblum*, S. 69 f.; vgl. auch BGHZ 74, 240, 242.

gang nicht stattfindet.[111] Eine Vermögensbeteiligung in Gestalt eines Werteanteils erwirbt der Eintretende nur durch Einlageleistung, es sei denn, ihm wird ausnahmsweise auf Kosten eines anderen Gesellschafters eine Einlage „eingebucht". Dass die Haftungsbegründung analog § 419 BGB a. F. nicht überzeugt, zeigt sich am deutlichsten im Falle der Aufnahme eines Gesellschafters ohne Kapitalbeteiligung. Dieser Gesellschafter wird zwar Gesamthänder, er ist aber wertemäßig am Gesellschaftsvermögen nicht beteiligt.[112] Zudem dürfte der Anteil des ausscheidenden Gesellschafters wohl nur ausnahmsweise als dessen gesamtes Vermögen oder eines wesentlichen Teils desselben zu qualifizieren sein. Auch eine Analogie zu den §§ 2382 f. BGB ist nicht zweifelsfrei. Die Vorschriften regeln die Haftung beim Erbschaftskauf und gelten nicht nur für die Veräußerung der Erbschaft als Ganzes, sondern auch für die Veräußerung eines Erbteils.[113] Sie bestimmen, dass der Erwerber den Nachlassgläubigern ab Vertragsschluss gleich dem Erben, das heißt im Fall des Erbteilskaufs gleich dem Miterben (§§ 2058 ff. BGB)[114] haftet; die Haftung des Verkäufers bleibt daneben bestehen. Für die Erbengemeinschaft hat der Gesetzgeber den Fall des Mitgliederwechsels damit klar geregelt. Die Nachlassgläubiger erleiden durch den Wechsel keine Nachteile, denn sie können gemäß § 747 ZPO einen Titel gegen alle Gemeinschaftsmitglieder verlangen. Auch in bezug auf die Person des Eintretenden besteht für die Gläubiger keine Ungewissheit, da die Übertragung des Miterbenanteils der notariellen Beurkundung bedarf und gemäß § 2384 Abs. 1 BGB der Verkäufer verpflichtet ist, dem Nachlassgericht den Anteilsverkauf und den Namen des Käufers unverzüglich anzuzeigen. Das Nachlassgericht hat gemäß § 2384 Abs. 2 BGB bei Nachweis eines berechtigten Interesses die Einsicht in die Anzeige zu gestatten. Es soll nun nicht behauptet werden, dass die Haftung des eintretenden Gesellschafters schlechterdings nicht mit einer Analogie zu §§ 2382 f. BGB begründet werden kann. Es ist aber zu beachten, dass die Vorschriften Bestandteil einer materiell- und prozessrechtlich *lückenlosen* Regelung sind. Will man die §§ 2382 f. BGB auf die BGB-Gesellschaft analog anwenden, muss man sachlich richtig und konsequent auch die damit zusammenhängenden Vorschriften analog anwenden. Ferner ist zu berücksichtigen, dass der Gesellschafter nach erbrechtlichen Regelungen grundsätzlich mit dem Gesamthands- als auch seinem Privatvermögen haftet (§§ 2058 ff. BGB). Um das gewünschte Ergebnis einer auf das Gesellschaftsvermögen beschränkten Haftung zu erzielen, ist die Regelung des §§ 2382 f., 2058 BGB zugleich teleologisch zu reduzieren. Dies aber zieht letztlich ihre generelle Geeignetheit in Zweifel. Wenig überzeugend ist schließlich auch eine Analogie zu § 130 HGB. Die Norm betrifft nicht die Haftung des Gesellschaftsvermögens, sondern die des Privatvermögens der Gesellschafter, und zwar im Gegensatz zu §§ 2382 f., 2058 BGB sogar ausschließlich diese. Die hier fragliche Haftung des Gesellschaftsvermögens ergibt sich im Fall des § 130 HGB bereits aus § 124 HGB und wird für die akzessorische Gesellschafterhaftung gemäß §§ (128), 130 HGB ihrerseits vorausgesetzt.

---

[111] *Flume*, FS Westermann, S. 119, 127.

[112] Zur Gesellschaftsbeteiligung ohne Kapitalbeteiligung siehe etwa MüKo-*Ulmer*, § 705 BGB, Rn. 117 f.

[113] Palandt-*Edenhofer*, Vor § 2371 BGB, Rn. 1.

[114] Palandt-*Edenhofer*, § 2382 BGB, Rn. 3; RGZ 60, 126, 131 f.

Eine dritte Ansicht schließlich verzichtet ganz auf einen Verpflichtungstatbestand für den eintretenden Gesellschafter und begründet die Forthaftung des Gesellschaftsvermögens schlicht mit der fortbestehenden „Identität" der BGB-Gesellschaft.[115] Man vertritt zwar den Standpunkt, dass die Gesellschaft „als solche" nicht existiert und dass es immer nur die Gesellschafter sind, die den Gläubigern persönlich oder in Verbundenheit haften, gleichwohl soll „die Gesellschaft" durch den Eintritt und das Ausscheiden der Gesellschafter ihre Identität behalten. Die Forderungen der Gesellschaftsgläubiger seien im Falle eines Gesellschafterwechsels nach wie vor gegen die „mit sich selbst identisch gebliebenen Gesellschaft" gerichtet.[116] Diese Auffassung kann am wenigstens überzeugen. Dass die Gesellschaft ihre „Identität" bewahrt und Schulden fortbestehen, ist bei Ablehnung eigener Rechtsfähigkeit der BGB-Gesellschaft dogmatisch schlichtweg nicht möglich.[117] Wenn die Gesellschaft nur ein Schuldverhältnis der Gesellschafter darstellt, kann das aus A, B und C bestehende Schuldverhältnis nicht mit dem Schuldverhältnis bestehend aus A, B und D oder sogar dem Schuldverhältnis aus D, E und F identisch sein. Dies ist so selbstverständlich, dass es eigentlich nicht bestritten werden kann. Von einer Gesellschaftsidentität kann bei personellen Änderungen nur die Rede sein, wenn die Gesellschaft sich von der Person des einzelnen ein- und austretenden Gesellschafters unterscheidet. Nur wenn sie eine eigene rechtliche Einheit bildet, kann ein Wechsel im Mitgliederbestand ihre Identität und ihre Haftung gegenüber Dritten unberührt lassen.

bbb) Forthaftung des Vermögens bei Rechtsfähigkeit der BGB-Gesellschaft

Geht man von der Rechtsfähigkeit der BGB-Gesellschaft aus, liegen die Dinge hingegen ganz einfach. Die Gesellschaft selbst ist Schuldner der Gesellschaftsverbindlichkeiten und haftet für ihre Schulden mit ihrem Vermögen, dem Gesellschaftsvermögen. Treten einzelne Gesellschafter aus oder neu in die Gesellschaft ein, ist dies für die Gläubiger ohne Relevanz. Die personelle Veränderung im Gesellschaftsinnenverhältnis lässt die Rechtsbeziehungen der BGB-Gesellschaft nach außen unberührt. Die Gesellschaft ist weiterhin Träger des Gesellschaftsvermögens und Schuldner der Gesellschaftsverbindlichkeiten. Sie haftet ihren Gläubigern nach wie vor mit dem ihr gehörenden Vermögen.[118] Soweit man annimmt, dass die Gesellschaft parteifähig ist,[119] können die Gläubiger die Gesellschaft selbst, anderenfalls die gegenwärtigen Gesellschafter in der Gesamtheit verklagen und ungehindert in das Gesellschaftsvermögen vollstrecken (vgl. § 736 BGB).

---

[115] *Larenz*, SchuldR BT, § 60 VI. c), S. 406 ff.; *Blomeyer*, JR 1971, 397, 403; *Ernst*, S. 156 f.; Staudinger-*Keßler*, § 736 BGB, Rn. 17; *Leonhard*, SchuldR, S. 294; ähnlich *Zöllner*, FS Gernhuber, S. 563, 575 f.; *ders.*, FS Kraft, S. 701, 714 f. („Anwachsung"); ihm folgend *Peifer*, NZG 2001, 296, 299; vgl. auch *Nicknig*, S. 101; *Kornblum*, S. 69 f.

[116] *Kornblum*, S. 69 f.

[117] Kritisch zu Recht schon *Buchner*, AcP 169 (1969), 483, 489 ff.; auch *Aderhold*, S. 108 ff.; *Ulmer*, AcP 198 (1998), 113, 142 f.; jetzt auch BGH BB 2001, 374, 375.

[118] *Flume*, Personengesellschaft, § 16 IV. 2., S. 324 f.; MüKo-*Ulmer*, § 714 BGB, Rn. 61, 64; Erman-*H.P. Westermann*, § 714 BGB, Rn. 17; Soergel-*Hadding*, § 714 BGB, Rn. 45; *Grunewald*, GesR, 1. A., Rn. 132; *Wertenbruch*, S. 215 ff.; vgl. auch schon *v. Gierke*, Privatrecht I, S. 691; *ders.*, Privatrecht III, S. 858.

[119] Siehe Abschnitt II § 5 E I.

ccc) Zwischenergebnis

Hinsichtlich der Forthaftung des Gesellschaftsvermögens im Falle des Gesellschafterwechsels ist die neue Lehre eindeutig vorzugswürdig. Sie führt ohne weiteres dazu, dass die Gläubiger auf das Gesellschaftsvermögen zugreifen können, während die traditionelle Lehre die Forthaftung des Vermögens nur durch zweifelhafte Analogien zu anderen Haftungsvorschriften begründen kann.

bb) Vertragliche Zuständigkeit

Weiter stellt sich im Fall des Gesellschafterwechsels das Problem, dass die Gesellschaft mit ihrem neuen Gesellschafterbestand auch für die alten Verträge richtiger Vertragspartner, das heißt für Vertragsänderungen, insbesondere für Kündigungen zuständig sein muss. Dass die Vertragspartner nach einem Gesellschafterwechsel ihre Erklärungen nur an die gegenwärtige Gesellschaft zu richten brauchen und umgekehrt die Gesellschaft mit neuem Gesellschafterbestand auch die bisherigen Verträge abwickeln kann, dürfte im Ergebnis unstreitig sein. Man denke beispielsweise daran, dass die BGB-Gesellschaft Wohnungen verwaltet und vermietet und sich der Gesellschafterbestand während eines jahrelangen Mietverhältnisses stark verändert hat.
Geht man von der Rechtsfähigkeit nur der BGB-Gesellschafter aus, ergeben sich indes wiederum gewisse Schwierigkeiten. Vertragspartner sind hier allein die Gesellschafter, und zwar diejenigen, die am Vertragsschluss selbst oder vertreten durch geschäftsführende Mitgesellschafter mitwirkten. Scheiden diese aus, besteht das Problem, dass die Geschäftsführer auch zu ihrer Vertretung nicht mehr berechtigt sind. Gibt ein Dritter der Gesellschaft mit neuem Gesellschafterbestand gegenüber eine Kündigungserklärung ab, so kann diese also rechtstechnisch nicht zugleich eine Erklärung gegenüber dem Ausgeschiedenen als „Mitvertragspartner", vertreten durch die Geschäftsführer, sein.
Soweit umgekehrt die BGB-Gesellschaft gegenüber Dritten eine Erklärung abgeben will, scheint eine Lösung grundsätzlich zwar auch bei ausschließlicher Rechtsfähigkeit der Gesellschafter möglich. Es ließe sich annehmen, dass im Falle eines Gesellschafterwechsels alle übertragbaren Positionen und damit auch die Ausübung des Kündigungsrechts auf den Eintretenden übertragen würde. Es entstünde dann eine Art Vertrag zugunsten Dritter. Der ausgeschiedene Gesellschafter wäre Vertragspartner und der neue Gesellschafter forderungsberechtigt.[120] Besonders überzeugend ist eine solche Hilfskonstruktion allerdings insbesondere bei auf Dauer geschlossenen Gesellschaften nicht. Dass die Annahme einer stillschweigenden Übertragung aller Ausübungsbefugnisse zur Lösung des Problem allein nicht geeignet ist, zeigt sich zudem in dem Fall, dass ein Gesellschafter ausscheidet, ohne dass ein neuer Gesellschafter eintritt. Wollte die Gesellschaft in diesem Fall beispielsweise als Wohnverwaltungsgemeinschaft einen Mietvertrag kündigen, bedürfte sie der Kündigungserklärung oder entsprechenden Vertretungsmacht des ausgeschiedenen Gesellschafters. Der Ausgeschiedene wäre an jeder späteren Vertragsänderung zu beteiligen, was nicht nur in tatsächlicher Hinsicht ein wenig befriedigendes Ergebnis ist, man denke an eine Wohnverwaltungsgesellschaft, sondern sich vor allem auch in rechtlicher Hinsicht

---

[120] Vgl. *Enneccerus/Lehmann*, SchuldR, S. 759; *Kornblum*, S. 70.

nur wenig mit dem Prinzip der Selbstorganschaft, dem zufolge in gesellschaftseigenen Angelegenheiten die Verfügungsgewalt bei den Gesellschaftern liegen muss,[121] verträglich zeigt.
Ganz einfach liegen die Dinge hingegen wieder bei Rechtsfähigkeit der BGB-Gesellschaft. Vertragspartner und zuständig für Entgegennahme wie auch Vornahme von Kündigungen ist im Falle des Gesellschafterwechsels nach wie vor die Gesellschaft als solche. Es kann allenfalls sein, dass sich die Vertretung der Gesellschaft ändert (§ 714 BGB).

cc) Zwischenergebnis

Als Ergebnis ist festzuhalten, dass sich die Probleme des Gesellschafterwechsels, die Forthaftung des Gesellschaftsvermögens sowie die vertragliche Zuständigkeit der BGB-Gesellschaft mit neuem Mitgliederbestand nur bei rechtlicher Verselbständigung der BGB-Gesellschaft überzeugend lösen lassen. Auch der Aspekt des Gesellschafterwechsels spricht damit eindeutig für die neue Lehre.

4. Ergebnis

Die Annahme, dass die BGB-Gesellschaft selbst Träger von Rechten und Pflichten ist, ist mit dem Wortlaut als auch der Entstehungsgeschichte der §§ 705 ff. BGB einwandfrei vereinbar. Die neueren gesetzlichen Neuregelungen, insbesondere die §§ 191 Abs. 2 Nr. 1, 201 Abs. 2 UmwG, § 14 Abs. 2 BGB, das System der Gesamthandsgesellschaften und die Problematik des Gesellschafterwechsels sprechen sogar eindeutig für die Rechtsfähigkeit der Gesellschaft. Im Ergebnis ist damit der neuen Lehre zu folgen und der BGB-Gesellschaft die Fähigkeit zur Rechts- und Pflichtträgerschaft zuzuerkennen.

5. Einschränkung der Grundsätze?

a) Erscheinungsvielfalt

Der mögliche Anwendungsbereich des BGB-Gesellschaftsrechts ist weit. Dem entspricht auch die rechtstatsächlich zu beobachtende weit gefächerte Palette an Erscheinungsformen der Gesellschaft. Sie reicht von der einfachen Tipp- und alltäglichen Fahrgemeinschaft, über den Zusammenschluss von Privatpersonen zur Förderung eines gemeinnützigen Projekts oder mehrerer Banken zu Emissionskonsortien für Aktien bis hin zur Vereinigung von Bauunternehmern zu Arbeitsgemeinschaften zwecks Realisierung eines anderenfalls nicht durchführbaren Großvorhabens (sog. ARGE).[122] Rechtlich lassen sich diese verschiedenen Ausformungen in Innen- und Außengesellschaften, Gesellschaften mit und ohne Gesamthandsvermögen sowie Dauer- und Gelegenheitsgesellschaften unterscheiden.[123]

---

[121] *Flume*, Personengesellschaft, § 10 I., S. 131.

[122] Siehe den Überblick bei *Beck*, S. 57 ff.; MüKo-*Ulmer*, Vor § 705 BGB, Rn. 24 ff.

[123] Staudinger-*Keßler*, Vor § 705 BGB, Rn. 60 ff.; MüKo-*Ulmer*, § 705 BGB, Rn. 208 ff.

b) Rechtsfähigkeit nur der unternehmenstragenden BGB-Gesellschaft?

aa) Meinungsübersicht

Die meisten Autoren der neuen Lehre gehen davon aus, dass die Rechtsfähigkeit jeder BGB-Gesellschaft zukommt, vorausgesetzt nur, sie tritt als Außengesellschaft mit Gesamthandsvermögen auf.[124] Auch der BGH hält seine Ausführungen allgemein und lässt eine weitergehende Beschränkung nicht erkennen. So heißt es im Leitsatz des Grundsatzurteils vom 29.01.2001, dass „*die* (Außen)Gesellschaft bürgerlichen Rechts" Rechtsfähigkeit besitzt.[125] Auch aus den Gründen der Entscheidung geht eine Beschränkung auf einen bestimmten Gesellschaftstypus nicht hervor. Vielmehr spricht die Formulierung, dass „von außen nicht immer leicht zu ermitteln ist, inwieweit ein Zusammenschluss mehrerer als (Außen)Gesellschaft bürgerlichen Rechts tatsächlich vorliegt",[126] deutlich dafür, dass der II. Zivilsenat auch kleinere, auf kurze Zeit geschlossene und am Rechtsverkehr nur in geringem Umfang beteiligte BGB-Gesellschaften im Auge hatte.

Demgegenüber will namentlich *K. Schmidt*[127] die Fähigkeit zur Rechts- und Pflichtträgerschaft nur unternehmenstragenden oder sogenannten Mitunternehmer-BGB-Gesellschaften zuerkennen. Die BGB-Gesellschaft sei wegen ihres vielfältigen tatsächlichen Auftretens auch rechtlich als Einheitsinstitut nicht existent. Eine rechtliche Beurteilung mache eine differenzierte Lösung unerlässlich. Nur im Fall unternehmerischer Betätigung sei es geboten sowie notwendig, dass die Gesellschaft rechts- und handlungsfähig ist. Jedes Unternehmen, das heißt nach *K. Schmidt* jede selbständige, planmäßig und auf Dauer ausgerichtete, anbietende und entgeltliche Tätigkeit einschließlich der freien Berufe,[128] sei wirtschaftlich eine Einheit und müsse damit auch rechtlich als Einheit verstanden werden. Dies stelle § 124 HGB für die Personenhandelsgesellschaften klar und für die unternehmerische BGB-Gesellschaft könne wegen der großen Ähnlichkeit nichts anderes gelten.

bb) Allgemeine Bedenken gegen eine Beschränkung

Gegen die Auffassung von *K. Schmidt* bestehen Bedenken. Unklar ist zunächst das ihr zugrunde liegende methodische Konzept. Das Ergebnis durch einfache Auslegung der §§ 705 ff. BGB zu erzielen, ist nicht möglich. Wortlaut, Entstehungsgeschichte und Systematik bieten für ein Sonderrecht unternehmerischer BGB-Gesellschaften keinen Anknüpfungspunkt. Im Gegenteil: Die systematische Stellung der Gesellschaft im BGB, nicht im HGB und die Absicht des Gesetzgebers, die BGB-

---

124 *H.P. Westermann*, NZG 2001, 289, 290; *Habersack*, BB 2001, 477, 478 f.; *Grunewald*, GesR, 1. A., Rn. 101 ff.; *Wertenbruch*, S. 211 ff.; *Römermann*, DB 2001, 428, 429 f.

125 BGH BB, 2001, 374 (Hervorhebung nicht im Original).

126 BGH BB, 2001, 374, 379.

127 *K. Schmidt*, GesR, § 58 II. 4., S. 1702 ff., V., S. 1724 ff.; *ders.*, Gutachten Schuldrechtsreform, S. 449 ff.; *ders.*, ZIP 1998, 2, 5; *ders.*, NJW 2001, 993, 1001 f.; so auch *Beck*, S. 53 ff.; *Reuter*, JZ 1986, 16, 17. Für Rechtsfähigkeit nur bei „Identitätsausstattung" mit Namen, Sitz, Haftungsverband und Geschäftsführung *John*, S. 72 ff.; im Anschluss daran *Ulmer*, AcP 198 (1998), 113, 126 ff., 150; *ders.*, ZIP 2001, 585, 592 ff.; *Dauner-Lieb*, DStR 2001, 356, 359.

128 *K. Schmidt*, HandelsR, § 4 I. 2. b), S. 63 ff.

Gesellschaft einheitlich zu normieren,[129] sprechen sogar deutlich gegen die Zulässigkeit der vorgeschlagenen Differenzierung. Wenn aber von einer einheitlichen Normierungsabsicht des Gesetzgebers auszugehen ist, scheitert mangels Gesetzeslücke auch eine Analogie zu handelsrechtlichen Vorschriften (§ 124 HGB) und ist auch für eine teleologische Reduktion der §§ 705 ff. BGB kein Raum.[130]
Bedenken an der Beschränkung der Rechtsfähigkeit auf unternehmerische BGB-Gesellschaften bestehen zudem aufgrund der Neufassung des § 105 HGB. Dessen Abs. 2 ermöglicht es jetzt neben kleingewerblichen auch bloß vermögensverwaltenden Gesellschaften durch Eintragung ins Handelsregister als OHG oder KG Rechtsfähigkeit zu erlangen. Wie weit der Kreis der vermögensverwaltenden Gesellschaften zu ziehen ist, ist zwar im einzelnen umstritten.[131] Neben Holdinggesellschaften und Objekt- und Besitzgesellschaften nach erfolgter Betriebsaufspaltung sind aber jedenfalls auch Immobilienverwaltungsgesellschaften erfasst, und zwar ungeachtet des wirtschaftlichen Werts und des Volumens des verwalteten Vermögens; auch völlig unbedeutende und wirtschaftlich nicht über den alltäglichen Bereich hinausgehende Betätigungen sind betroffen, so dass namentlich den zahlreichen Ehegatten-Grundstücksgesellschaften, die sich wohl kaum dem Kreis Unternehmensträger zuordnen lassen, die Option des § 105 Abs. 2 S. 1 HGB offen steht. Der Kreis der mit Rechtsfähigkeit ausgestalteten BGB-Gesellschaften kann aber nicht enger sein als der Kreis der Gesellschaften, die nach §§ 1 f, 105 Abs. 2 HGB Zugang zum Handelsrechts haben.
Zu berücksichtigen ist schließlich, dass der Begriff der unternehmenstragenden, Mitunternehmer- oder erwerbswirtschaftlichen BGB-Gesellschaft nicht, erst recht nicht durch § 14 BGB, präzise bestimmt ist und auch nicht präzise bestimmt werden kann. Die breite Palette wirtschaftlicher Tätigkeiten und das technisch bedingte Auftreten immer neuer Formen unternehmerischen Tätigseins macht jede begriffliche Fixierung „des Unternehmens“ unmöglich. Wenn man die Rechtsfähigkeit auf unternehmerische BGB-Gesellschaften beschränkt, wird die Sicherheit des Rechtsverkehrs erheblich erschüttert. Im Ergebnis ist die Ansicht von *K. Schmidt* damit abzulehnen.

cc) Liquidationsrechtliche Bedenken

Gegen die vorgeschlagene Differenzierung spricht auch eine liquidationsrechtliche Überlegung. Nach der Ansicht von *K. Schmidt* würde eine unternehmerisch tätige BGB-Gesellschaft in der Liquidation mit dem Moment der Veräußerung oder Einstellung des Geschäfts ihre Rechtsfähigkeit verlieren. Für einen solchen Statuswechsel während laufender Liquidation bieten die §§ 730 ff. BGB jedoch keinerlei Anhaltspunkt. Vielmehr geht aus § 730 Abs. 2 BGB deutlich hervor, dass die aufgelöste BGB-Gesellschaft bis zum Abschluss der Auseinandersetzung unverändert fortbesteht. Der Schluss der Auseinandersetzung kann insoweit dem der unternehmerischen Tätigkeit nicht gleichgesetzt werden, denn insbesondere bei bloßer Geschäftsaufgabe verbleibt regelmäßig Gesellschaftsvermögen und damit auch Liquidationsbedarf. Un-

[129] Anders noch § 659 E I, § 675 E II.; vgl. oben B. II. 2. b) cc) aaa).
[130] Im letzten Sinne wohl *K. Schmidt*, JZ 1985, 909, 910.
[131] Vgl. *K. Schmidt*, NJW 1998, 2161, 2165 f.

klar ist zudem, wie eine Übertragung der verbleibenden Rechte und Pflichten der rechtsfähigen auf die nicht rechtsfähige Liquidationsgesellschaft erfolgen sollte. Dass die noch offenen Verbindlichkeiten der BGB-Gesellschaft auf die einzelnen Gesellschafter übergeleitet werden müssen, ist im Ergebnis klar. Das dem Liquidationsrecht immanente Identitäts- und Kontinuitätsprinzip kann eine solche Übertragung jedoch nicht rechtfertigen, denn ein Fall der Identität ist beim Wechsel von einem Rechtssubjekt in mehrere Subjekte nicht gegeben. Schließlich ließe sich gerade bei allmählicher Einstellung des Geschäftsbetriebes nur schwer sagen, wann ein unternehmerisches Tätigsein nicht mehr vorliegt. Insoweit besteht wiederum der Einwand erheblicher Rechtsunsicherheit.

III. Ergebnis zur Schuld- und Haftungsstruktur der BGB-Gesellschaft i.L.

1. Vermögensträgerschaft und Verpflichtung der BGB-Gesellschaft i.L.

Da die BGB-Gesellschaft in Liquidation real und als mit der werbenden identische BGB-Gesellschaft fortbesteht, besitzt auch sie die Fähigkeit, Träger von Rechten und Pflichten zu sein. Sie ist selbst Schuldner rechtsgeschäftlicher und gesetzlicher Verbindlichkeiten, und zwar neuer (vgl. § 733 Abs. 3 BGB) als auch schon in der werbenden Phase gebildeter Verbindlichkeiten, und haftet für diese mit ihrem Vermögen, dem Liquidationsvermögen.

2. Keine Beschränkung auf die Zwecke der Liquidation

Namentlich eine Beschränkung der Verpflichtungsfähigkeit der BGB-Abwicklungsgesellschaft auf die Zwecke der Liquidation kommt nicht in Betracht. Die vor allem früher weit verbreitete Ansicht,[132] eine Liquidationsgesellschaft sei immer nur noch *relativ*, das heißt auf die Zwecke der Liquidation beschränkt rechtsfähig, verdient keine Zustimmung. Zum einen ist sie nur schwer mit der Identitätskonstruktion zu vereinbaren, zum anderen ist sie rechtspolitisch inakzeptabel. Abwicklungsverfahren können sich über Jahre hinwegziehen und es ist erst recht für Dritte oft schwer auszumachen, wo der Liquidationszweck endet. So wird etwa eine Anwaltsgesellschaft bR in Liquidation gewiss noch laufende Verfahren zu Ende führen dürfen und sich hierzu auch die erforderlichen Arbeits- und Sachmittel beschaffen dürfen. Wie aber, wenn die Gesellschafter bei länger andauernder Abwicklung neue Verfahren beginnen oder neue Mandanten annehmen oder den Sozietätsbetrieb sogar insgesamt unverändert fortlaufen lassen? Wie, wenn sie neue Einrichtungsgegenstände erwerben, weil sich so die Sozietät im Ganzen besser veräußern lässt? Soll das Rechtsgeschäft davon abhängig sein, ob der Liquidationszweck gewahrt ist, und soll es unwirksam sein, wenn die Gesellschafter oder Dritte darüber irrten? Wenn man die Rechtsfähigkeit auf den Liquidationszweck beschränkt, schafft dies in hohem Maße Rechtsunsicherheit und belastet den Rechtsverkehr mit unnötigen Risiken. Es besteht die Gefahr, dass sich die aufgelöste BGB-Gesellschaft bei passender Gelegenheit auf ihren Liquidationszweck besinnt und ein ihr lästiges Geschäft abschüttelt.

---

132 *Ballerstedt*, JuS 1963, 253, 257; *Fabricius*, S. 104 f.; vgl. auch *v. Gierke*, Genossenschaftstheorie, S. 630 ff.

IV. Allgemeine Bedeutung der Schuldnerstellung der BGB-Gesellschaft für die Liquidation

Dass die BGB-Gesellschaft rechtsfähig ist, ist aber nicht nur für den Schuld- und Haftungsstatus der BGB-Gesellschaft i.L. von Bedeutung. Die Rechtssubjektivität prägt zentral auch den Gegenstand und den Zweck der Liquidation. Von Relevanz ist sie dabei insbesondere für den Aspekt des *Gläubigerschutzes*. Ist die BGB-Gesellschaft selbst Vertragspartner und Schuldner und führt das Liquidationsverfahren dazu, dass die Gesellschaft *endgültig* und *ersatzlos* erlischt, ist im Rahmen der Liquidation eine besondere Rücksicht auf die Gesellschaftsgläubiger erforderlich. Es muss sicher gestellt werden, dass im Zuge der Abwicklung zunächst ihre Ansprüche erfüllt bzw. sichergestellt werden (vgl. §§ 733 Abs. 1, 734 BGB). Erst im Anschluss daran darf das Gesellschaftsvermögen an die beteiligten Gesellschafter ausgeschüttet werden. Dies gilt umso mehr, als wie das Liquidationsvermögen eine sich kontinuierlich verringernde Größe ist, der mit Einstellung der Gesellschaftstätigkeit Vermögenswerte nicht mehr zufließen.

Insoweit stellt sich die Frage, ob den Gläubigern nicht schon mit einer *persönlichen Haftung* der Gesellschafter ein wirksames Schutzinstrument zur Hand gegeben ist. Zu überlegen ist, ob nicht eine persönliche Verantwortung der Gesellschafter einen besonderen Schutz, insbesondere die zwingende Geltung der §§ 733 ff. BGB entbehrlich macht. Anknüpfungspunkt kann dabei zum einen *materiell* der Zugriff der Gläubiger auf das Privatvermögen der Gesellschafter sein, das heißt die zusätzliche Vollstreckungsmöglichkeit der Gläubiger, die ihr Risiko der Nichtrealisierbarkeit der Forderungen gegen die Gesamthand herabsenkt. Zum anderen lässt sich an den Aspekt der *Verhaltenssteuerung* anknüpfen. So könnte das Eigeninteresse jeden Gesellschafters an der Vermeidung einer persönlichen Inanspruchnahme, also die Sorge des Einzelnen vor einem persönlichen Zugriff, jeden Gesellschafter dazu anhalten, von §§ 733 ff. BGB abweichenden Liquidationsmaßnahmen nicht zuzustimmen, wenn nicht die Befriedigung der Gesellschaftsgläubiger auf andere Weise sichergestellt ist.

Voraussetzung ist insoweit, dass die Gesellschafter der BGB-Gesellschaft überhaupt regelmäßig persönlich haften. Dies ist unter der Prämisse der Rechtsfähigkeit der BGB-Gesellschaft nicht ohne weiteres der Fall und soll daher nachfolgend untersucht werden.

§ 3 BGB-Gesellschafter als Schuldner

Die Gläubiger der BGB-Gesellschaft könnten im Liquidationsverfahren, das infolge der Rechtssubjektivität der BGB-Gesellschaft zur Beseitigung eines Schuldsubjekts führt und somit besonders gläubigerschützend gestaltet sein muss, schon dadurch geschützt sein, dass ihnen die Gesellschafter persönlich haften.

Ob und inwieweit die Gesellschafter einer BGB-Gesellschaft persönlich haften, ist innerhalb der neuen Lehre streitig. Grund dafür ist, dass bei Rechtsfähigkeit der BGB-Gesellschaft zunächst immer nur die Gesellschaft selbst verpflichtet wird. Die Gesellschafter treten nicht mehr persönlich, sondern nur noch als Organe der BGB-Gesellschaft auf. Um zu ihrer persönlichen Mithaftung zu kommen, bedarf es folglich einer besonderen Rechtsgrundlage. Diskutiert werden hier seit langem zwei Theorien, und zwar die Theorie der Doppelverpflichtung mit einer Haftungsbegründung kraft *Rechtsgeschäft* zum einen und die Akzessorietätstheorie mit einer persönlichen Verpflichtung kraft *Gesetz* (analog § 128 HGB) zum anderen. Haften die Gesellschafter danach für Verbindlichkeiten der BGB-Gesellschaft persönlich, erstreckt sich diese Haftung auch auf die Phase der Liquidation. Dies folgt nicht nur aus dem Fortbestand und der Identität der werbenden und aufgelösten BGB-Gesellschaft. So ordnet auch § 736 Abs. 2 BGB i.V.m. § 160 HGB für den Fall des Gesellschaftersausscheidens eine besondere Verjährung der BGB-Gesellschafterhaftung an, setzt die Forthaftung der Gesellschafter selbst also voraus; da das Gesetz die Auflösung der Gesellschaft und das Ausscheiden eines Gesellschafters verjährungsrechtlich gleich behandelt (§159 HGB), wird also auch die Forthaftung im Fall der Liquidation gesetzlich vorausgesetzt.

A. Doppelverpflichtungstheorie

I. Grundlagen und Haftung für vertragliche Gesellschaftsverbindlichkeiten

Das Schrifttum vertritt überwiegend noch die Theorie der rechtsgeschäftlichen Doppelverpflichtung.[134] Nach dieser werden beim Handeln im Namen der Gesellschaft neben dem Vertrag mit der BGB-Gesellschaft inhaltsgleiche Verträge mit jedem einzelnen Gesellschafter geschlossen. Der Vertragsschluss erfolgt, treten die Gesellschafter gemeinsam auf, durch jeden Gesellschafter persönlich, beim Handeln nur eines oder einzelner Gesellschafter für die übrigen kraft Stellvertretung (§§ 164 ff. BGB). Eine persönliche Gesellschafterhaftung setzt damit voraus, dass die Gesellschafter und Dritte entsprechende, auf die Verpflichtung auch der Gesellschafter persönlich gerichtete *Willenserklärungen* abgeben. Da explizite Erklärungen dieser Art nur im Ausnahmefall zu erwarten sind, etwa wenn der Vertragspartner ein besonders hohes Kreditrisiko eingeht und sich entsprechend absichern möchte, geht man davon aus, dass prinzipiell konkludentes Handeln genügt (§§ 133, 157 BGB).[135] Insbesondere bei erwerbswirtschaftlichen Gesellschaften könnten im Zweifel die Erklärungen zwischen Gesellschaft und Dritten so ausgelegt werden, dass auch eine Haftung des

---

[134] *Aderhold*, S. 252 ff.; *Beck*, S. 79 ff.; *Beuthien*, DB 1975, 725, 728 ff.; *Brandes*, WM 1989, 1357 ff.; *ders.*, WM 1994, 569, 571 f.; *Grunewald*, GesR, 1. A., Rn. 56 ff.; anders. jetzt *dies.*, GesR, 4. Auflage, 2000, 1. A., Rn. 54 ff., 104 ff.; *Habersack*, JuS 1993, 1, 2 f.; *ders.*, BB 1999, 61 ff.; anders jetzt *ders.*, BB 2001, 477, 481 ff.; Soergel-*Hadding*, § 714 BGB, Rn. 9 ff., 29 ff.; *ders.*, FS Rittner, S. 133, 137 ff.; *Heckelmann*, FS Quack, S. 243, 247; *Heermann*, BB 1994, 2424 ff.; *Hennrichs/Kießling*, WM 1999, 877 ff.; *Hommelhoff*, JR 1979, 505 ff.; *ders.*, ZIP 1998, 8 ff.; *Hüffer*, GesR, § 12 2., S. 102 ff.; *ders.*, ZHR 144 (1980), 518, 520; *John*, S. 157; *Kübler*, GesR, § 6 III. 4., S. 55; *Lindacher*, JuS 1981, 818, 821; *Nagel*, NZG 2001, 202 ff.; *Rehbein*, JR 1988, 152 ff.; *Reinhardt/Schultz*, GesR, Rn. 85; *U.H. Schneider*, JZ 1982, 768, 769; *Thielmann*, ZHR 136 (1972), 397, 401; MüKo-*Ulmer*, § 714 BGB, Rn. 28 ff.; *ders.*, FS Fischer, S. 785, 793 ff.; *ders.*, AcP 198 (1998), 113, 137 f.; *ders.*, ZIP 1999, 509 ff.; anders jetzt *ders.*, ZIP 1999, 554 ff.; *ders.*, ZGR 2000, 339 ff.; *ders.*, ZIP 2001, 585, 596 ff.; *Wellkamp*, NJW 1993, 2715 ff.; Erman-*H.P. Westermann*, § 714 BGB, Rn. 10; vgl. jetzt *dens.*, NZG 2001, 296, 291 f.; *Wiesner*, JuS 1981, 331, 333 f.

[135] *Beck* S. 67 f.; *Habersack*, BB 1999, 61, 62; Soergel-*Hadding*, § 714 BGB, Rn. 9; *Hüffer*, GesR, § 12 2., S. 102 f.; MüKo-*Ulmer*, § 714 BGB, Rn. 31.

Privatvermögens der Gesellschafter begründet werden soll. Der Rechtsverkehr gehe wegen des Eigeninteresses der Gesellschafter am Erfolg der Tätigkeit davon aus, dass sie für die Erfüllung des Vertrages auch persönlich hafteten (vgl. § 157 BGB). Handeln nur einzelne Gesellschafter, setzt die persönliche Haftung zum zweiten voraus, das diesen von den Mitgesellschaftern entsprechende *Vertretungsmacht* erteilt ist. Auch dabei wird auf ausdrückliches Handeln verzichtet. Mit der organschaftlichen Vertretungsmacht für die Gesellschaft sei den geschäftsführenden Gesellschaftern „im Zweifel" auch rechtsgeschäftliche Vertretungsmacht für die Gesellschafter erteilt (§ 714 BGB). Die Ermächtigung, für die Gesellschaft zu handeln, beinhalte stillschweigend die Ermächtigung zum Handeln für die Gesellschafter persönlich.[136] Insgesamt begreifen die Vertreter der Doppelverpflichtungstheorie die persönliche Haftung der Gesellschafter als *gesetzlichen Regelfall.*[137] Was die „Haftungsbeschränkung", das heißt rechtstechnisch den *Nicht*abschluss eines Verpflichtungsvertrages durch *Nicht*abgabe einer Willenserklärung oder *Nicht*erteilen entsprechender Vertretungsmacht[138] betrifft, soll diese nur im Ausnahmefall möglich sein. Nur ausnahmsweise sollen die Gläubiger auf das oftmals unzureichende und nicht durch Vorschriften zur Kapitalaufbringung und –erhaltung gesicherte Gesellschaftsvermögen angewiesen sein.[139] So hält man es zwar grundsätzlich für zulässig, dass die Gesellschafter im Gesellschaftsvertrag die Vertretungsmacht der Geschäftsführer „auf die Gesellschaft beschränken", ihnen also die Vertretungsmacht zur persönlichen Verpflichtung explizit nicht erteilen, im Verhältnis zu Dritten wird einer derartigen Vereinbarung jedoch immer nur Wirkung zuerkannt, wenn sie für den Dritten erkennbar[140] oder offenkundig[141] war. Rechtstechnisch wird die Gesellschafterhaftung insoweit auf *Rechtsscheinsgesichtspunkte*, namentlich auf die Grundsätze der Anscheins- und Duldungsvollmacht gestützt. Der Rechtsverkehr erwarte insbesondere bei erwerbswirtschaftlichen Gesellschaften immer auch eine persönliche Gesellschafterhaftung und dürfe daher grundsätzlich nicht nur auf die persönliche Mitverpflichtung des Handelnden, sondern auch auf seine Vertretungsmacht zur Mitverpflichtung der an-

---

[136] *Brandes*, WM 1994, 569, 571; *Hennrichs/Kießling*, WM 1999, 877, 879; *Wackerbarth*, ZGR 1999, 365, 370 f. Dabei wird zum Teil unmittelbar auf die Auslegungsregel des § 714 BGB abgestellt (Soergel-*Hadding*, § 714 BGB, Rn. 9; *ders.*, FS Rittner, S. 133, 138; *Beck*, 67; *Wackerbarth*, ZGR 1999, 365, 371, Fn. 26), zum Teil auf die Verkehrsauffassung (*Hüffer*, GesR, § 12 I., S. 102 f.); offengelassen in MüKo-*Ulmer*, § 714 BGB, Rn. 32. AA *Habersack*, Jus 1993, 1, 2; *ders.*, JuS 1999, 61, 63, der eine Erteilung nach Maßgabe der allgemeinen Grundsätze für erforderlich hält.

[137] *Aderhold*, S. 190; *Hüffer*, GesR, § 12 2., S. 103 f.; MüKo-Ulmer, § 714 BGB, Rn. 31 f., 45; vgl. *H.P. Westermann*, NZG 2001, 296, 291; BGH NJW 1992, 3037, 3038.

[138] *Beck*, S. 122 ff.; *Wackerbarth*, ZGR 1999, 365, 383 ff.; vgl. zur Terminologie *Dauner-Lieb*, Sondervermögen, S. 524.

[139] So ausdrücklich *Habersack*, JuS 1993, 1, 3.

[140] Soergel-*Hadding*, § 714 BGB, Rn. 13; *ders.*, FS Rittner, S. 133, 140 ff.; *Nicknig*, S. 22; *Heckelmann*, FS Quack, S. 243, 252; vgl. auch BGH NJW 1992, 1501, 1503; BGH NJW-RR 1994, 98, 99.

[141] *Grunewald*, GesR, 1. A., Rn. 58; für den handelnden Gesellschafter etwa auch MüKo-*Ulmer*, § 714 BGB, Rn. 44.

deren Gesellschafter persönlich vertrauen; es bestehe regelmäßig der Rechtsschein umfassender Vertretungsbefugnis.[142]
Kommt es so regelmäßig zur inhaltsgleichen Verpflichtung jeden einzelnen Gesellschafters, sollen für diese schließlich die Regeln der Gesamtschuldnerschaft Anwendung finden, das heißt, dass die Gesellschafter im Zweifel jeder neben der Gesellschaft auf den vollen Betrag haften; dies folge bei teilbaren Leistungen aus der Auslegungsregel des § 427 BGB, bei unteilbaren aus § 431 BGB.[143]
Zur Begründung der Doppelverpflichtungstheorie werden primär Argumente angeführt, die sich gegen die konkurrierende Akzessorietätstheorie richten. Aus dem Wesen der Gesamthand lasse sich eine akzessorische Gesellschafterhaftung nicht ableiten.[144] Selbst wenn man sich insoweit auf die gesellschaftsrechtliche Gesamthand beschränke, zeigten doch die Vorschriften über die beschränkte Kommanditistenhaftung (§§ 171, 172 HGB) sowie die Rechtsgrundsätze des nichtrechtsfähigen Idealvereins,[145] dass § 128 HGB nicht Ausdruck eines allgemeinen Prinzips sei, sondern nur dem besonderen Sicherheitsbedürfnis im Handelsverkehr Rechnung trage. Dies bestätige zudem die ausdrückliche Anordnung gesamtschuldnerischer Haftung der Gesellschafter einer Partnerschaft in § 8 Abs. 1 PartGG.[146] Auch eine analoge Anwendung des § 128 HGB komme nicht in Betracht. Es fehle insoweit, da § 714 BGB die Möglichkeit zur „doppelten Verpflichtung" von Gesellschaft und Gesellschaftern biete, am Erfordernis einer Regelungslücke.[147] Zudem sei die Analogie sachlich unangemessen. Die strenge unbeschränkte Gesellschafterhaftung nach Maßgabe des Handelsrechts werde den vielfältigen Erscheinungsformen der BGB-Gesellschaft nicht gerecht.[148] Es sei vielmehr der besondere Vorteil der Doppelverpflichtungstheorie, zu unterschiedlichen Haftungsfolgen etwa bei Erwerbs- und Gelegenheitsgesellschaften zu gelangen, da die rechtsgeschäftlichen Erklärungen der Gesellschafter vor dem Hintergrund der Umstände des konkreten Einzelfalls auszulegen seien.
Gegen die Analogie zu § 128 HGB wird in jüngerer Zeit auch die 1998 in Kraft getretene HGB-Reform ins Feld geführt. Mit Streichung des Sollkaufmanns (§ 2 S. 2 HGB a. F.), das heißt dem Wegfall der mangels Eintragung als OHG vollkaufmännisch handelnden BGB-Gesellschaft, sei jedes rechtspolitische Bedürfnis für eine strikte Gesellschafterhaftung in der BGB-Gesellschaft entfallen.[149] Ferner sei, wende man § 128 HGB auf kleingewerbliche BGB-Gesellschaften an, das Rechtsformwahlrecht gemäß §§ 2, 105 Abs. 2 HGB n. F. verletzt. Der Gesetzgeber habe diesen Ge-

[142] *Wackerbarth*, ZGR 1999, 365, 367; *Habersack*, BB 1999, 61, 63; Soergel-*Hadding*, § 714 BGB, Rn. 34. Zur Sonderstellung des Handelnden ausführlich MüKo-*Ulmer*, § 714 BGB, Rn. 44.
[143] Vgl. MüKo-*Ulmer*, § 714 BGB, Rn. 45, *Habersack*, JuS 1993, 1, 5.
[144] *Beck*, S. 72; *Beuthien*, DB 1975, 773, 774; ähnlich *Aderhold*, S. 255 f.; *Heckelmann*, FS Quack, S. 243, 255 ff.
[145] MüKo-*Ulmer*, § 714 BGB, Rn. 28; *Beck*, S. 72.
[146] *Hommelhoff*, ZIP 1998, 8, 13; vgl. auch *Berndt/Boin*, NJW 1998, 2854, 2858.
[147] *Beck*, S. 80; Soergel-*Hadding*, § 714 BGB, Rn. 11; *Habersack*, JuS 1999, 61, 62.
[148] Vgl. *Aderhold*, S. 257 f.
[149] *Habersack*, JuS 1999, 61, 62.

sellschaften gerade auch die Haftungsfolgen des Handelsrechts ausdrücklich zur Option gestellt.[150]
Auch verweist man auf den ebenfalls 1998 neugefassten § 8 Abs. 2 PartGG, dem zufolge in der Partnerschaft für berufliche Fehler jetzt kraft Gesetzes allein der verantwortliche Partner persönlich haftet. Es gehe nicht an, dass die Gesellschafter in der BGB-Gesellschaft als der „ursprünglichen" Rechtsform des Freiberuflerzusammenschlusses eine schärfere Haftung treffe. Bedenke man, dass die Haftung für Berufsfehler der praktisch bedeutsamste Tatbestand freiberuflicher Tätigkeit darstelle, sei die Regelung als nicht unerhebliche Abkehr vom Prinzip allseitiger persönlicher Haftung zu sehen.[151] Aus alldem folgert man letztlich die Maßgeblichkeit der Doppelverpflichtungstheorie. Selbst wenn man dies anders sehe, sei es allein Sache des Gesetzgebers, Abhilfe zu schaffen.[152]

II. Gesetzliche Verbindlichkeiten

In Konsequenz des rechtsgeschäftlichen Konzepts wird eine persönliche Gesellschafterhaftung für gesetzliche Gesellschaftsverbindlichkeiten von den Vertretern der Doppelverpflichtungstheorie im Grundsatz verneint.[153] Ein Gesellschafter haftet demnach neben oder an Stelle der Gesellschaft nur, wenn und soweit er den gesetzlichen Tatbestand in eigener Person erfüllt. Dies soll insbesondere auch für *deliktisches* Verhalten der geschäftsführenden Gesellschafter gelten. Die analoge Anwendung des § 31 BGB auf die BGB-Gesellschaft führe zwar dazu, dass der Gesamthand das unerlaubte Handeln zuzurechnen sei und sie nach § 840 BGB als Gesamtschuldner neben dem deliktisch handelnden Gesellschafter hafte. Für eine Ausdehnung der Haftung auf die Mitgesellschafter persönlich gebe es jedoch keinen Rechtsgrund.[154] Es sei vielmehr gerade diese Haftungsfolge, die die BGB-Gesellschaft auch für nichtkaufmännische Zusammenschlüsse akzeptabel mache.[155]
Eine Ausnahme vom Grundsatz der Nichthaftung wird primär bei Ansprüchen aus *Leistungskondiktion* gemacht. Die „funktionale Nähe" zwischen vertraglicher und auf Leistungskondiktion beruhender Haftung sowie der Umstand, dass der Kondiktionsanspruch nicht selten an die Stelle der von beiden Seiten beabsichtigten Vertragsansprüche trete, rechtfertigten in diesem Fall die persönliche Haftung.[156] Die berechtigte Haftungserwartung des Verkehrs ziele darauf, dass sich die persönliche Gesellschafterhaftung nicht nur auf die Vertragserfüllung im Normalfall, sondern auch auf ein eventuelles Rückabwicklungsverhältnis erstrecke.[157] Die Haftungserklärungen bei

---

150 *Habersack*, JZ 1999, 46, 47; Hommelhoff, ZIP 1998, 8, 15.
151 *Habersack*, JuS 1999, 61, 62.
152 *Habersack*, JuS 1993, 1, 3; *Alberts*, S. 95 ff., 163.
153 *Beck*, S. 132 ff.; Soergel-*Hadding*, § 714, Rn. 38; *ders.*, FS Rittner, S. 133, 143 f.; *Hommelhoff*, ZIP 1998, 8, 10; *Wellkamp*, NJW 1993, 2715, 2717; *Wiesner*, JuS 1981, 331, 335.
154 *Beck*, S. 148 f.; *Hüffer*, GesR, § 12 3., S. 103; *Kübler*, GesR, § 6 III. 4. d), S. 55; MüKo-*Ulmer*, § 714 BGB, Rn. 53.
155 *Grunewald*, GesR, 1. A., Rn. 113.
156 Soergel-*Hadding*, § 714 BGB, Rn. 43; *Heermann*, BB 1994, 2421, 2426; *Kowalski*, NJW 1991, 3183, 3188; *Kübler*, GesR, § 6 III. 4. c), S. 54 ff.; ähnlich *Beck*, S. 142 ff. (Analogie zu § 767 BGB); ablehnend *Nicknig*, S. 61; kritisch auch *Schwark*, FS Heinsius, S. 753, 765 f.
157 MüKo-*Ulmer*, § 714 BGB, Rn. 56; kritisch dazu *Kowalski*, NJW 1991, 3183, 3187.

Vertragsschluss seien im Wege ergänzender Vertragsauslegung auf die Bereicherungsschulden auszudehnen.[158]

Auch für *Steuerverbindlichkeiten* der Gesellschaft wird eine persönliche Haftung teilweise bejaht.[159] Zur Begründung verweist man darauf, dass der Gesetzgeber bei Streichung des § 133 RAO 1931, der die Gesellschafterhaftung bei Personenhandelsgesellschaften für Steuerschulden der Gesellschaft regelte und auf die BGB-Gesellschaft entsprechende Anwendung fand, davon ausgegangen sei, dass die Gesellschafter schon nach § 714 BGB haften würden; an der bisherigen Haftungslage habe er nichts ändern wollen.[160] Es sei mithin eine Regelungslücke entstanden, die man dadurch schließen könne, dass bei betrieblichen Steuerschulden neben der Gesellschaft auch die Gesellschafter als gesetzliche Steuerschuldner gemäß § 33 AO angesehen werden.[161]

B. Akzessorietätstheorie

I. Grundlagen und Haftung für vertragliche Gesellschaftsverbindlichkeiten

Eine vor allem seit Rechtsprechungsänderung zunehmende Anzahl von Autoren bekennt sich demgegenüber zur Akzessorietätstheorie, das heißt zu einer akzessorischen persönlichen Gesellschafterhaftung kraft Gesetz.[162] Diese wird zum Teil mit dem Prinzip der Gesamthand,[163] überwiegend jedoch mit einer entsprechenden Anwendung des § 128 HGB begründet.[164] Die für eine Analogie erforderliche Gesetzeslücke sieht man gegeben, da der Gesetzgeber die Frage der persönlichen Haftung nicht geregelt habe und wegen seiner offenen Haltung zur Gesamthand auch nicht habe regeln müssen. Dass die Gesellschafter persönlich haften, folge bei ausschließlicher Rechtsfähigkeit der Gesellschafter schon aus den allgemeinen Regeln; erst im Zuge der Verselbständigung der BGB-Gesellschaft werde die persönliche Haftung eigens

---

158 *Habersack*, JuS 1993, 1, 3; MüKo-*Ulmer*, § 714 BGB, Rn. 56.

159 MüKo-*Ulmer*, § 714 BGB, Rn. 58; *Gummert*, S. 234 ff.; *Paulus*, DStR 1994, 544 ff.; *Stirnberg*, DB 1990, 1634 ff.; *Bucziek*, DStZ 1986, 370 ff.; aA *Hommelhoff*, ZIP 1998, 8 ff.

160 MüKo-*Ulmer*, § 714 BGB, Rn. 58; vgl. auch *Stirnberg*, DB 1990, 1634, 1637 f.; *Bucziek*, DStZ 1986, 370, 370 f.

161 MüKo-*Ulmer*, § 714 BGB, Rn. 58; vgl. *Carl*, BB 1986, 1269, 1270 f.; aA *Bucziek*, DStZ 1986, 370 f.; *Gummert*, S. 234 ff. jeweils für § 128 HGB analog.

162 Grundlegend *Flume*, FS Westermann, S. 118, 128 ff.; *ders*. Personengesellschaft, § 16 IV. 3., S. 325 ff.; *Dauner-Lieb*, DStR 2001, 356, 358 ff.; *dies*., DStR 1999, 1992 ff.; *dies*., DStR 1998, 2014, 2018 ff.; *dies*., BGB-Gesellschaft, S. 95, 112 ff.; *dies*., Sondervermögen, S. 541 ff.; *Reiff*, NZG 2000, 281, 282 ff.; *ders*., VersR 1999, 1427 f.; *ders*., ZIP 1999, 517 ff.; *Bälz*, FS Zöllner, S. 35, 53; *Goette*, DStR 2001, 315; *Groth*, S. 172; *Gummert*, S. 96; *Habersack*, BB 2001, 477, 481; *Kornblum*, S. 30 ff.; *Mülbert*, AcP 199 (1999), 38, 67 ff.; *Römermann*, DB 2001, 428, 430; *Roth*, ZHR 155 (1991), 24, 38 ff.; *K. Schmidt*, GesR, § 60 III., S. 1784 ff.; *ders*., NJW 2001, 993, 998 f.; *Schwark*, FS Heinsius, 753, 769 ff.; *ders*., DZWiR 1992, 441 ff.; *Timm*, NJW 1995, 3209, 3215 ff.; *Timme/Hülk*, JuS 2001, 536 ff.; *Ulmer*, ZIP 1999, 554 ff.; ZIP 2001, 585, 596 ff.; *Wiedemann*, WM 1994, SB Nr. 4, S. 15 ff.; *ders*., FS Kellermann, S. 529, 542 f.; *ders*., JZ 2001, 661, 662 ff.

163 *Flume*, FS Westermann, S. 118, 128 ff.; *ders*. Personengesellschaft, § 16 IV. 3., S. 325 ff.; *Hennecke*, S. S. 77 f.; Jaschke, S. 14 ff., 51; *Kornblum*, S. 30 ff.; *Martinek*, S. 116 ff., 126.

164 *Dauner-Lieb*, DStR 2001, 356, 358 ff.; *dies*., Sondervermögen, S. 541 ff.; *Wiedemann*, WM 1994, SB Nr. 4, S. 17.

regelungsbedürftig.[165] Die so entstandene Gesetzeslücke lasse sich durch § 128 HGB zudem sachgerecht schließen. Die Vorschrift sei als Gläubigerschutzvorschrift auf die BGB-Gesellschaft ebenso anwendbar wie auf die Personenhandelsgesellschaften. Hier wie dort seien die Gläubiger vor einer insbesondere wirtschaftlich tätigen Gesellschaft ohne objektiven Gläubigerschutz zu bewahren.[166] Die Gesamthand allein biete keinen ausreichenden Schutz, da sie eine gemeinschaftliche Vermögensverfügung der Gesellschafter ohne Einschränkung erlaube (§ 719 BGB).[167]

Was die Haftungsbeschränkung, also die Vermeidung einer auch persönlichen Verpflichtung, betrifft, so ist diese nach der Akzessorietätstheorie erst recht der Ausnahmefall. Da die Gesellschafter automatisch kraft Gesetz mitverpflichtet werden, kommt eine Beschränkung auf das Gesellschaftsvermögen nur in Betracht, wenn mit dem Dritten eine entsprechende Vereinbarung getroffen ist, das heißt die Gesellschafter im *Einvernehmen* mit dem Geschäftspartner die Haftung mit dem Privatvermögen vertraglich ausschließen.[168] Eine einseitige Abrede im Gesellschaftsvertrag, dass einzelne oder alle Gesellschafter für die Gesellschaftsschulden nicht persönlich haften, ist, auch soweit sie erkennbar oder offenkundig ist, Dritten gegenüber unwirksam (§ 128 S. 2 HGB).[169]

Auch die Vertreter der Akzessorietätstheorie argumentieren primär mit den Schwächen der Gegenansicht. Die Doppelverpflichtungstheorie erlaube es nicht, die Gesellschafter auch für gesetzliche Gesellschaftsverbindlichkeiten in Anspruch zu nehmen. Eine unterschiedliche Haftungsfolge für vertragliche und gesetzliche Verbindlichkeiten sei aber vor allem dort nicht sachgerecht, wo auch die gesetzliche Schuld aus einem rechtsgeschäftlichen Handeln resultiere.[170] Sie biete zudem keine Möglichkeit, im Fall des Gesellschafterwechsels den eintretenden Gesellschafter auch für Altschulden der Gesellschaft haften zu lassen.[171] Ferner sei sie nicht in der Lage, die von nur einem oder einzelnen Gesellschaftern zu vertretenen Leistungsstörungen den anderen Gesellschaftern zuzurechnen (vgl. § 425 Abs. 2 BGB). Die Haftung der einzelnen Gesellschafter könnte sich damit ganz unterschiedlich entwickeln.[172] Was den

---

165 *Reiff*, S. 290 f.; *ders.*, ZIP 1999, 517, 525; *Dauner-Lieb*, Sondervermögen, S. 542 ff.; *dies.*, DStR 1998, 2014, 2018; *K. Schmidt*, GesR, § 60 III 2., S. 1786.

166 *Dauner-Lieb*, Sondervermögen, S. 541 ff.; *dies.*, DStR 1998, 2014, 2018 f.

167 *Dauner-Lieb*, Sondervermögen, S. 541 ff.; *dies.*, DStR 1998, 2014, 2019.

168 *Dauner-Lieb*, BGB-Gesellschaft, S. 95, 112.

169 *Flume*, Personengesellschaft, § 16 IV. 4., S. 329, Fn. 176; *Dauner-Lieb*, DStR 2001, 356, 358 ff; *dies.*, DStR 1998, 2014, 2018 f.; *Gummert*, S. 129 f.; vgl. auch *Koller/Roth/Morck*, §§ 128, 129 HGB, Rn. 1. Die zum Teil vertretene Ansicht, die Gesellschafter könnten ihre Haftung auch insoweit einseitig ausschließen, jetzt vor allem *Nagel*, NZG 2001, 202 ff, „ OHG mbH“, *Frey*, ZIP 1992, 700, 701; *Kornblum*, s. 47 ff.; ähnlich *Groth*, S. 173 ff.; vgl. auch *Ulmer*, ZIP 1999, 554, 561, ist mit der Akzessorietätslehre unvereinbar, so mit Recht *Dauner-Lieb*, DStR 2001, 356, 358; *Westermann*, NZG 2001, 289, 295.

170 So insbesondere für Deliktsschulden *Reiff*, S. 302 ff, 317 f.; *ders.*, NZG 2000, 281, 282 f.; *Wiedemann*, WM SB Nr. 4, S. 18.

171 *K. Schmidt*, GesR, § 60 III. 2. d), S. 1792 ff.; *ders.*, FS Fleck, S. 271, 291; *Wiedemann*, WM SB Nr. 4, S. 17; gegen eine persönliche Haftung aber *Roth*, ZHR 155 (1991), 24, 40; *H.P. Westermann*, NZG 2001, 289, 295.

172 *Flume*, Personengesellschaft, § 16 IV 2. S. 319 ff.; *Lindacher*, JuS 1981, 578, 580 f.

Vertragswillen betreffe, so werde dieser zudem nur fingiert. Der Dritte wolle nur mit der Gesellschaft, nicht aber auch mit einer Vielzahl unbekannter Gesellschafter einen Vertrag schließen.[173] Damit sei die Doppelverpflichtungstheorie zugleich methodisch angreifbar, denn Fiktionen seien nur Durchgangsstadium auf dem Weg zur richtigen Rechtserkenntnis.[174]

In jüngerer Zeit wird gegen die Doppelverpflichtungstheorie vor allem eingewandt, dass sie das selbst beabsichtigte Ergebnis einer regelmäßigen persönlichen Gesellschafterhaftung für vertragliche Gesellschaftsschulden nicht sicher herbeiführe. Den Gesellschaftern sei es durch Nichtabschluss des Vertrages oder Nichterteilen der Vertretungsmacht ohne weiteres möglich, eine Haftung einseitig und ohne den Willen der Gesellschaftsgläubiger zu vermeiden. Die Möglichkeit, die Gesellschafter über das Rechtsinstitut der Anscheins- und Duldungsvollmacht dennoch persönlich zu verpflichten, sei eng begrenzt. Jedenfalls mit deutlichem Hinweis der Gesellschafter auf einen fehlenden Verpflichtungswillen, etwa durch Auftreten als „BGB-Gesellschaft mit auf das Gesellschaftsvermögen beschränkter Haftung" werde eine persönliche Haftung nicht mehr begründet.[175] Auf diese Weise werde aber eine ganz neue Rechtsform geschaffen („GbRmbH"), die in Ermangelung jeden Gläubigerschutzes unzulässig sei. Aus den Vorschriften über die Kapitalaufbringung und –erhaltung folge, dass die Freistellung des Privatvermögens nur um den Preis eines objektiv gesicherten Gesellschaftsvermögens möglich sei, das in der BGB-Gesellschaft mbH wegen der gemeinschaftlich unbeschränkten Vermögensbefugnis nicht vorhanden sei.[176]

Richtig sei daher eine akzessorische Haftung analog § 128 HGB, die nur im Einvernehmen mit dem Gläubiger ausgeschlossen werden könne. Die unbeschränkte persönliche Haftung sei auch keineswegs unangemessen. Sie entspreche nur dem allgemeinen zivilrechtlichen Grundsatz, dass jeder der allein oder zusammen mit anderen Geschäfte betreibt, für die daraus resultierenden Verbindlichkeiten mit seinem ganzen Vermögen zu haften hat. Zudem bestehe bei kleingewerblichen und vermögensverwaltenden BGB-Gesellschaften durch Neuregelung der §§ 2, 105 Abs. 2, 161 Abs. 2 HGB die Möglichkeit, die Haftung der Gesellschafter durch Eintragung als Kommanditgesellschaft zu begrenzen (§§ 171 f. HGB). Der Einwand, die scharfe unbeschränkte Haftung des § 128 HGB werde den Interessen der Gesellschafter kleiner Gesellschaften nicht gerecht, sei spätestens dadurch hinfällig.[177]

II. Gesetzliche Verbindlichkeiten

In Konsequenz der gesetzlichen Begründung gelangen die Vertreter der Akzessorietätstheorie auch bei gesetzlichen Gesellschaftsschulden grundsätzlich zur persönli-

---

[173] *Dauner-Lieb*, Sondervermögen, S. 524 f.; *Roth*, ZHR 155 (1991), 24, 39 f.

[174] *Wiedemann*, WM SB Nr. 4, S. 18.

[175] *Dauner-Lieb*, DStR 1998, 2014, 2017.

[176] *Dauner-Lieb*, Sondervermögen, S. 524 ff.; *dies.*, BGB-Gesellschaft, S. 95, 107 ff.; *dies.*, DStR 1998, 2014, 2017 ff.; *dies.*, DStR 1999, 1991 ff.; *dies.*, DStR 2001, 356, 358 ff.; *Reiff*, ZIP 1999, 517, 521.

[177] *Reiff*, ZIP 1999, 517, 526; ähnlich *Schön*, DB 1998, 1169, 1176 f.

chen Gesellschafterhaftung. [178] Es sei gerade der Vorteil der Akzessorietätstheorie gegenüber der Doppelverpflichtungstheorie, dass sie auch dort zur persönlichen Haftung führe, wo ein rechtsgeschäftlicher Tatbestand fehle.[179] Folgerichtig werden auch nur vereinzelt Ausnahmen befürwortet. So vertritt *Flume*[180] die Ansicht, dass die Gesellschafter für *Deliktsschulden* der Gesellschaft (§§ 31, 823 ff. BGB) nicht persönlich hafteten, da das geltende Haftungsrecht eine persönliche Haftung für fremdes unerlaubte Handeln nicht kenne. Auch die Haftung nach § 831 BGB sei nur eine Haftung für eignes Verschulden. Und nach *Kornblum*[181] folgt bei Bereichungen des Gesellschaftsvermögens „aus der Natur" des Kondiktionsanspruchs, dass die Gesellschafter insoweit nicht persönlich haften.

C. Rechtsprechung

I. Haftung für vertragliche Gesellschaftsverbindlichkeiten

Der BGH vertrat lange Zeit die Theorie der rechtsgeschäftlichen Doppelverpflichtung, lehnte mithin eine kraft Gesetz eintretende persönliche Haftung der Gesellschafter für vertragliche Gesellschaftsverbindlichkeiten ab.[182] Seine Ansicht, die persönliche Haftung der Gesellschafter ergebe sich durch Rechtsgeschäft, begründete er mit Auslegung der §§ 705 ff. BGB.[183] Da ihm das Auslegungsergebnis aber wohl selbst nicht sicher schien, führte er zusätzlich an, dass eine etwaige Gesetzeslücke mit einer rechtsgeschäftlichen Haftungsbegründung, nicht aber mit einer Analogie zu § 128 HGB zu schließen sei. Die unterschiedslose Strenge der handelsrechtlichen Haftungsbestimmungen passe nur wenig zur Vielgestaltigkeit der Erscheinungsformen der BGB-Gesellschaft.[184] Sie werde dem Interesse der beteiligten Gesellschafter häufig nicht gerecht und sei in zahllosen Fällen auch im Rechtsverkehr nicht geboten. Belasse man es dagegen bei den allgemeinen Grundsätzen des bürgerlichen Rechts, so seien diejenigen differenzierenden Haftungsfolgen zu erzielen, die in diesem Bereich – wenn nötig, auch unter Berücksichtigung des Gläubigerinteresses – jeweils adäquat seien.[185]

Damit hafteten die Gesellschafter nach der Rechtsprechung wie nach herrschender Lehre für vertragliche Verbindlichkeiten nur bei Abgabe entsprechender Verpflichtungserklärungen und Erteilung rechtsgeschäftlicher Vertretungsmacht. Wie die Lehre verzichtete jedoch auch der BGH auf explizite Erklärungen[186] und gelangte kraft

---

178 *Dauner-Lieb*, Sondervermögen, S. 541 ff.; *dies*., DStR 1998, 2014, 2018 f.

179 *Reiff*, S. 186 ff.

180 *Flume*, Personengesellschaft, § 16 IV. 6., S. 343 f.; ferner *Altmeppen*, NJW 1996, 1017, 1019 ff., 1026.

181 *Kornblum,* S. 46 f.

182 BGH DStR 1998, 1228, 1229; BGHZ 117, 168, 176; BGH NJW 1992, 1501, 1503; BGH NJW-RR 1990, 701, 702; BGH NJW 1987, 3124, 3125; BGHZ 97, 273, 275; BGHZ 79, 374, 379; BGHZ 74, 240, 241 f.; BGHZ 56, 355, 359; auch OLG Hamm NJW 1985, 1846, 1846 f.; BGHZ 61, 338, 342; BGH NJW 1983, 1905, 1908; BGH NJW 1985, 1828, 1828 f. Ausdrücklich erwähnt wurde die Doppelverpflichtungstheorie in BGH NJW-RR 1990, 701, 702.

183 BGHZ 74, 240, 242.

184 BGH DStR 1998, 1228, 1229; BGHZ 117, 168, 176; BGHZ 74, 240, 243.

185 BGHZ 74, 240, 243.

186 BGH NJW 1994, 237, 239; BGHZ 97, 273, 279; BGHZ 83, 328, 329 f.; BGHZ 56, 356, 358 ff.

Anscheins- und Duldungsvollmacht überdies auch in den Fällen zur persönlichen Mitverpflichtung, in denen die Gesellschafter die Vertretungsmacht der Geschäftsführer gesellschaftsvertraglich auf die Gesellschaft selbst beschränkt hatten.[187] Die Gesellschafter konnten demnach eine persönliche Mitverpflichtung nur dadurch verhindern, dass sie ihr fehlendes Einverständnis zur persönlichen Mitverpflichtung nach außen zumindest erkennbar machten.[188]

Diese Rechtsprechung gab der BGH 1999/2001 auf. Der zuständige Gesellschaftsrechtssenat verwarf die Theorie der rechtsgeschäftlichen Doppelverpflichtung und befürwortete eine akzessorische gesetzliche Gesellschafterhaftung analog § 128 HGB. Dabei vollzog er den Wechsel in zwei Schritten. Mit Entscheidung vom 27.09.1999 sprach er sich zunächst gegen die Doppelverpflichtungstheorie und stattdessen ganz allgemein für eine persönliche Gesellschafterhaftung *kraft Gesetz* aus.[189] Seine Entscheidung stützte er primär auf den allgemeinen zivilrechtlichen Grundsatz, dass derjenige, der als Einzelperson oder zusammen mit anderen im Rechtsverkehr Geschäfte betreibt, für die daraus entstandenen Verbindlichkeiten mit seinem gesamten Vermögen haftet, solange sich aus dem Gesetz nichts anderes ergibt oder mit dem Vertragspartner keine Haftungsbeschränkung vereinbart wird.[190] Dafür dass in der BGB-Gesellschaft nur das Gesellschaftsvermögen hafte, fehle im Gesetz ein Anhaltspunkt, so dass eine entsprechende Beschränkung nur durch Vereinbarung mit dem Vertragspartner möglich sei. Dem widerspreche es, wenn die Gesellschafter auf der Grundlage der neuen Lehre nach der Doppelverpflichtungstheorie ihre persönliche Haftung durch Kundgabe des fehlenden Verpflichtungswillens, etwa durch Auftreten als „GbRmbH“, einseitig ausschließen könnten. Es werde so letztlich eine neue Gesellschaftsform geschaffen, die aufs Schärfste mit den Kapitalschutzvorschriften in GmbH und AG sowie den Regelungen der §§ 2, 105 Abs. 2, 171 f. HGB, § 8 Abs. 2, 3 PartGG kollidiere und für die im übrigen auch ein praktisches Bedürfnis nicht bestehe.[191] Wie die damit als richtig befundene persönliche Gesellschafterhaftung kraft Gesetz, bei der die Gesellschafter automatisch mitverpflichtet werden und ihre Haftung nur im Einvernehmen mit den Gläubigern ausschließen können, zu konstruieren war, ließ der BGH jedoch offen. Er argumentierte sowohl nach traditioneller Lehre als auch nach neuer Lehre in Kombination mit der Akzessorietätstheorie.[192] Bei ausschließlicher Rechtsfähigkeit der Gesellschafter folge die persönliche Haftung ohne weiteres aus der Verpflichtung nur der Gesellschafter; eine Haftung der Gesellschafter nur mit dem Gesellschaftsvermögen sei hier ohne Zustimmung des Gläubigers unmöglich. Nichts anderes gelte, wenn man von der Rechtsfähigkeit der Gesellschaft und einer akzessorischen Gesellschafterhaftung (analog § 128 HGB) ausgehe. Auch dann seien die Gesellschafter gesetzlich mitverpflichtet und könnten ihre Haftung nur im Einvernehmen mit den Gläubigern ausschließen.

---

[187] BGH NJW 1992, 1501; BGH NJW-RR 1990, 701, 702 f.; BGH NJW 1987, 3124, 3125 f.

[188] BGH NJW 1992, 3037, 3039; BGH NJW 1987, 3124, 3125; BGH NJW-RR 1990, 701, 703; BGH NJW 1994, 237, 238; vgl. auch OLG Hamm NJW 1985, 1846, 1846 f.

[189] BGHZ 142, 315, 318 ff.

[190] BGHZ 142, 315, 318.

[191] BGHZ 142, 315, 322 f..

[192] BGHZ 142, 315, 319 ff..

Erst in der Entscheidung vom 29.01.2001[193] hat der BGH die so für die rechtliche Einordnung der Gesellschafterhaftung kraft Gesetz entscheidende Vorfrage der Rechtsnatur der Gesellschaft entschieden. Ausdrücklich hat der II. Senat in dieser die Rechtsfähigkeit der BGB-Gesellschaft anerkannt und sich zugleich logisch und konsequent hinsichtlich der persönlichen Gesellschafterhaftung explizit für eine Analogie zu § 128 HGB ausgesprochen.[194]

II. Gesetzliche Verbindlichkeiten

Die bislang vom BGH vertretene Doppelverpflichtungstheorie bot der Rechtsprechung keine Grundlage für eine persönliche Gesellschafterhaftung auch für gesetzliche Gesellschaftsschulden. Nach ihr kam eine persönliche Haftung für gesetzliche Gesellschaftsverbindlichkeiten nur in Betracht, wenn und soweit ein Gesellschafter den gesetzlichen Verpflichtungstatbestand in eigener Person erfüllte.[195] Gleichwohl bejahte die Rechtsprechung in zahlreichen Fällen eine Gesellschafterhaftung für gesetzliche Gesellschaftsschulden.

Eine persönliche Haftung war vor allem bei Ansprüchen aus *Leistungskondiktion* anerkannt.[196] Der BGH begründete die persönliche Gesellschafterhaftung bei rechtsgrundloser Leistung in das Gesellschaftsvermögen mit dem Rechtsgedanken des § 427 BGB. Der Gläubiger einer Vertragsleistung, zu der sich mehrere gemeinschaftlich verpflichteten, könne gemäß § 427 BGB jeden seiner Schuldner auf die gesamte Leistung in Anspruch nehmen. Er brauche sich nicht um die inneren Rechtsverhältnisse und Beteiligungsquoten zu kümmern. Die Schwierigkeiten und Risiken, die ihm insoweit drohen könnten, würden gleichsam auf die Schuldnerseite verlagert. Es werde mithin dem Gläubiger das höhere Schutzbedürfnis zuerkannt, ihm die Durchsetzung seiner Rechte erleichtert und den Schuldnern der Nachteil aufgebürdet, unter Umständen über ihre Quote hinaus in Anspruch genommen zu werden und den Ausgleich im Innenverhältnis suchen zu müssen.[197] Dieser Gedanke müsse auch und insbesondere im Bereichungsfall Anwendung finden. Die Lage des Gläubigers sei hier noch ungünstiger. Er wäre, wenn das Gesellschaftsvermögen verteilt und jeder Gesellschafter nur auf eine anteilige Bereicherung haften würde, vor die schwierige Aufgabe gestellt, sich an jeden einzelnen Gesellschafter zu wenden und die Rechtsbeziehungen im Innenverhältnis zu erkunden.[198]

Der BFH und ihm folgend das BVerwG griffen diese Rechtsprechung des BGH auf und gingen bei entsprechender Anwendung des § 427 BGB von einer persönlichen Gesellschafterhaftung auch für *Steuerschulden* der Gesellschaft sowie für steuerliche

---

193 BGH BB 2001, 374 ff.

194 BGH BB 2001, 374, 379 f.

195 Vgl. BGHZ 45, 311, 313.

196 BGHZ 61, 338, 342 f.; BGH NJW 1983, 1905, 1908; BGH NJW 1985, 1828 ff.; ferner OLG Frankfurt NJW 1986, 3144, 3144 f.; OLG Hamburg BB 1984, 14, 16; RGZ 67, 260, 261.

197 BGHZ 61, 338, 343.

198 BGHZ 61, 338, 344 f.; vgl. auch BGH NJW 1985, 1828, 1828 f.; BGH NJW 1983, 1905, 1908.

Versäumniszuschläge und Verspätungszulagen aus.[199] Dass die Gesellschafter auch insoweit persönlich hafteten, ergebe sich aus dem Rechtsgedanken der §§ 421, 427 BGB, mithin „unmittelbar aus den gleichen Grundsätzen, die für die entsprechende zivilrechtliche Haftung maßgebend sind, nämlich aus gemeinsamer Tatbestandsverwirklichung";[200] allein dass die Steuerschuld öffentlich-rechtlichen Ursprungs sei, rechtfertige eine unterschiedliche Behandlung nicht.[201] In späteren Entscheidungen wies der BFH zusätzlich auf die Vertragsähnlichkeit von Umsatz- und Grunderwerbssteuern hin. Beide hätten ihren Ursprung in einem rechtsgeschäftlichen Vorgang, bei dem die Gesellschafter mitverpflichtet würden. Die Steuern müssten insoweit das Schicksal der vertraglichen Ansprüche teilen.[202]

Etwas aus dem Rahmen fällt insofern die bemerkenswerte Entscheidung des OLG Hamm vom 19.05.1989.[203] In dieser begründete das OLG die persönliche Haftung eines BGB-Gesellschafters für Gewerbeschulden seiner Gesellschaft mit einer Analogie zu § 128 HGB. Ausdrücklich formuliert es, dass die §§ 705 ff. BGB lückenhaft seien und dass auch § 427 BGB eine persönliche Haftung nicht begründen könne, da die Norm nicht Anspruchsgrundlage, sondern bloße Auslegungs- und Rechtsfolgenregelung sei.[204] Als Rechtsgrundlage komme nur § 128 HGB in Betracht, dessen Anwendung auf die BGB-Gesellschaft möglich sei, da die Gläubiger dort in gleicher Weise schutzbedürftig seien.

Was die Grundsatzentscheidungen des BGH vom 27.09.1999 und 29.01.2001 zur persönlichen Haftung kraft Gesetz angeht, so betreffen beide ausschließlich rechtsgeschäftliche Gesellschaftsverbindlichkeiten. In keiner der Entscheidungen hat der II. Zivilsenat ausdrücklich zur persönlichen Gesellschafterhaftung für gesetzliche Schulden Stellung bezogen. Auffällig ist jedoch, dass im Leitsatz der Entscheidung vom 29.01.2001 nicht mehr von einer Haftung für die „im Namen einer Gesellschaft bürgerlichen Rechts begründeten Verpflichtungen",[205] sondern ganz allgemein von einer Haftung für „die Verbindlichkeiten der Gesellschaft" die Rede ist.[206] Dies legt es nahe, dass der BGH die persönliche Gesellschafterhaftung nicht auf vertragliche Gesellschaftsschulden beschränken, sondern für alle, also auch für gesetzliche Gesellschaftsverbindlichkeiten begründet wissen will. Angesichts der in dieser Entscheidung klar gestellten rechtlichen Konstruktion der persönlichen Haftung (§ 128 HGB analog) wäre dies nur plausibel. Die Haftung der Gesellschafter einer BGB-Gesellschaft entspricht dann nicht nur ihrem Rechtsgrund und Inhalt, sondern auch ihrer Reichweite nach exakt der eines OHG-Gesellschafters.

---

[199] Grundlegend BFH NJW 1986, 2969, 2970; BFH NJW 1990, 2086, 2087; BFH NJW 1990, 3294, 3294 f.; BFH NJW 1993, 2893, 2893 f. BFH NJW 1996, 870, 870; ferner BVerwG, 1994, 602, 603; BAG ZIP 1994, 1019, 1020.

[200] BFH NJW 1990, 2086, 2087; vgl. auch schon BFH NJW 1986, 2969, 2970.

[201] BFH NJW 1986, 2969, 2970.

[202] BFH NJW 1990, 2086, 2087; BFH NJW 1990, 3294, 3294 f.; BFH NJW 1996, 870, 870.

[203] OLG Hamm WM 1989, 1572 ff.

[204] OLG Hamm WM 1989, 1574.

[205] BGHZ 142, 315, 315.

[206] BGHZ BB 2001, 374, 374.

D. Stellungnahme

I. Doppelverpflichtungstheorie und Gläubigerschutz in der Liquidation

Die Doppelverpflichtungstheorie ermöglicht es den Gesellschaftern, ihre Haftung einseitig, das heißt ohne Zustimmung der Gesellschaftsgläubiger zu verhindern. Verweigern die Gesellschafter den Geschäftsführern die Vertretungsmacht und machen diese, etwa durch Auftreten als „GbRmbH", auf das Fehlen einer persönlichen Mitverpflichtung aufmerksam, wird eine persönliche Gesellschafterhaftung auch über Rechtsscheinsgrundsätze nicht begründet. Ein Schutz der Gesellschaftsgläubiger in der Liquidation kraft persönlicher Haftung der Gesellschafter kommt nach genannter Lehre folglich nur in Betracht, wenn den Gläubigern die Gesellschafter in der Liquidation ausnahmsweise auch dann persönlich haften, wenn die persönliche Haftung in der werbenden BGB-Gesellschaft ausgeschlossen war. Dies wird von einigen Vertretern der Doppelverpflichtungstheorie bejaht.[207] Problematisch erscheint jedoch nicht nur die dogmatische Grundlage einer solchen Haftung. So kann weder eine Analogie zu §§ 1480, 1990, 1991 BGB, § 2060 BGB, § 174 Abs. 4 HGB noch eine unmittelbarer Rückgriff auf § 242 BGB, §§ 421, 427 BGB, § 812 Abs. 1 BGB wirklich überzeugen. Gegen die entsprechende Anwendung erb- und güterrechtlicher Vorschriften ist einzuwenden, dass diese jeweils aus einem Gesamtgefüge herausgerissen werden; will man die Normen anwenden, sind konsequent auch eine Reihe weiterer Vorschriften ins Liquidationsrecht der BGB-Gesellschaft zu übertragen. Erb- und Gütergemeinschaft weisen zudem eine ganz andere Struktur auf; nicht nur personenrechtlich, auch vermögensrechtlich hat der Gesetzgeber die einzelnen BGB-Gesamthandsgemeinschaften überaus unterschiedlich gestaltet. Gegen eine Haftung aus § 812 Abs. 1 BGB ist einzuwenden, dass sie den Gesellschaftern die Möglichkeit der Entreicherungsrede bietet (§ 818 Abs. 3 BGB); die Gesellschafter könnten sich jederzeit darauf berufen, dass ein Zuwachs ihres Privatvermögens nicht mehr vorhanden ist. Die §§ 421, 427 BGB stellen weiter keine Anspruchsgrundlage dar; es handelt sich, wie die Vertreter der Doppelverpflichtungslehre selbst proklamieren, bloß um Rechtsfolgenregelungen, die eine Begründung der Haftung ihrerseits voraussetzen. Warum dies in der Liquidation plötzlich anders sein soll, wird nicht erklärt und ist auch nicht ersichtlich. Der Grundsatz von Treu und Glauben schließlich gibt keine Auskunft über die Voraussetzungen einer Haftung; diese bliebe vollkommen konturenlos. Zudem ist fraglich, worin der besondere, haftungsbegründende „Treueverstoß" zu sehen ist, wenn doch, wovon die Vertreter genannter Lehre ausgehen, die Haftungsbeschränkung in der werbenden BGB-Gesellschaft rechtmäßig, ja zum Schutz der Gesellschafter unter Umständen sogar dringend erforderlich war. Bedenken bestehen auch insoweit, als wie man regelmäßig nur eine gegenständlich bzw. summenmäßig *beschränkte Haftung* auf das aus dem Gesellschaftsvermögen *Erlangte* anerkennt. Eine derartige Haftung vermag den Gläubigern in der Liquidation nicht den erforderlichen Schutz zu bieten. Sie verschafft den Gläubigern weder den Zugriff auf private Vermögenswerte, das heißt ein zusätzliches Vollstreckungsobjekt, wel-

---

[207] MüKo-*Ulmer*, § 714 BGB, Rn. 59; *Ensthaler*, S. 56 f.; *Windscheid/Kipp*, § 407, S. 788 f.; *Hoffmann*, NJW 1969, 724, 727; *Meincke*, DB 1974, 1001, 1003; vgl. auch *Aderhold*, S. 284 ff.; *Nicknig*, S. 106 ff.; BGHZ 61, 338 ff.

ches das Risiko des Leistungsausfalls mindert, noch stellt sie ein Druckmittel dar, das die Gesellschafter zum Ergreifen gläubigerschützender Maßnahmen anhält, denn ein „Übergriff" auf die persönliche Sphäre muss in diesem Fall gerade nicht befürchtet werden. Im Übrigen wären die Gesellschaftsgläubiger bei einer derartigen Haftung stets vor die schwierige Aufgabe gestellt, darzulegen und zu beweisen, was der einzelne Gesellschafter aus dem Gesellschaftsvermögen empfangen hat. Da ihnen Einblicke in die Gesellschaftsinterna regelmäßig fehlen, hätten sie ein unangemessen hohes Prozess- und Kostenrisiko zu tragen. Was den Schutz der Gesellschaftsgläubiger in der Liquidation betrifft, ist die Doppelverpflichtungstheorie damit im Ergebnis wenig effektiv.

II. Akzessorietätstheorie und Gläubigerschutz in der Liquidation

Nach der Akzessorietätstheorie hingegen haften die Gesellschafter für alle, und zwar auch für die erst nach Auflösung begründeten Gesellschaftsverbindlichkeiten persönlich, wenn nicht die Gläubiger einer Haftungsbeschränkung ausdrücklich zugestimmt haben. Die Gläubiger können so in der Liquidation grundsätzlich auf eine umfassende persönliche Gesellschafterhaftung zurückgreifen. Für den Schutz der Gläubiger in der Liquidation ist die Akzessorietätstheorie damit weitaus effektiver als die Lehre der rechtsgeschäftlichen Doppelverpflichtung.

III. Vorzugswürdigkeit der Akzessorietätstheorie

Diese liquidationsrechtliche Überlegenheit der Akzessorietätstheorie allein freilich vermag eine Stellungnahme zu ihren Gunsten nicht zu begründen. Zentraler Ansatzpunkt für die Frage, ob der Doppelverpflichtungstheorie oder der Theorie der akzessorischen Gesellschafterhaftung kraft Gesetz zu folgen ist, muss vielmehr die Selbstverständlichkeit sein, mit der der historische Gesetzgeber von der persönlichen Mitverpflichtung und Mithaftung der Gesellschafter einer BGB-Gesellschaft für die in Verfolgung des Gesellschaftszwecks begründeten Gesellschaftsverbindlichkeiten ausging. Denn dass die Gesellschafter persönlich haften, folgte für die erste Kommission schon aus ihrer Vorstellung von der BGB-Gesellschaft als schlicht schuldrechtlichem Zusammenschluss. Rechte und Pflichten aus Geschäften mit Dritten sollten dem römisch-rechtlichen Vorbild entsprechend stets die Gesellschafter „persönlich" treffen. Regelungsbedürftig schien allein der Umfang der Haftung, das heißt, ob die Gesellschafter als Gesamt- oder Teilschuldner verpflichtet würden, was schließlich mit § 642 zugunsten einer Haftung „zu gleichen Teilen" entschieden wurde.[208] Auch die zweite BGB-Kommission diskutierte allein den Haftungsumfang, ging mithin von einer regelmäßigen persönlichen Verpflichtung der Gesellschafter aus. Was den Umfang der Haftung betraf, verwarf die zweite Kommission jedoch die Idee von Teilschulden und befürwortete stattdessen bei Streichung des § 642 E I und Einführung des heutigen § 427 BGB das Prinzip der Gesamtschuldnerschaft.[209]

---

208 Motive II, S. 609 ff. = *Mugdan*, Band II, S. 340 f.

209 Protokolle II, S. 2427 ff. = *Mugdan*, Band II, S. 987; Protokolle II, S. 866 ff = *Mugdan*, Band II, S. 603 f.

Hinsichtlich dieser eindeutigen und den Rechtsanwender bindenden Wertentscheidung des historischen Gesetzgebers erscheint die Theorie der rechtsgeschäftlichen Doppelverpflichtung in der Tat zweifelhaft. Nach ihr würde die persönliche Haftung, die im Zuge der Verselbständigung der Gesellschaft positiv begründungsbedürftig wird,[210] schnell zum gesetzlichen Ausnahmefall. Die Möglichkeiten, mit der Doppelverpflichtungstheorie über die mit ihrem rechtsgeschäftlichen Konzept ohnedies nur schwer zu vereinbarende Rechtsinstitute der Anscheins- und Duldungsvollmacht, gleichwohl zu einer regelmäßigen persönlichen Gesellschafterhaftung zu gelangen, sind eng begrenzt. Jedenfalls mit eindeutigem Hinweis auf den fehlenden Verpflichtungswillen wäre nach der Theorie der rechtsgeschäftlichen Doppelverpflichtung eine Gesellschafterhaftung entgegen dem gesetzgeberischen Willen nicht mehr begründet. Vorzugswürdig erscheint damit die Auffassung einer akzessorischen und nur im Einverständnis mit dem Vertragspartner ausschließbaren Gesellschafterhaftung kraft Gesetz. Auch ihr kann jedoch nur gefolgt werden, wenn sie sich dogmatisch und methodisch einwandfrei begründen lässt.

II. Begründung der Akzessorietätstheorie

1. Wesen der Gesamthand

Soweit man auf das „Wesen der Gesamthand" zurückgreift, steht dem die bereits getroffene Feststellung entgegen, dass die deutschrechtliche Gesamthand ein überaus dehnbares und elastisches Rechtsinstitut ist,[211] dessen Einzelregelungen nur im jeweiligen gesetzlichen Zusammenhang zu erklären sind und das daher nur wenig zur Lösung konkreter Einzelfragen geeignet ist. Systematisch und methodisch richtiger ist es auch hier, anhand der gesetzlichen Regelungen spezifisch gesellschaftsrechtliche Überlegungen anzustellen.

2. Analogie zu § 128 HGB

Dem wird die Auffassung gerecht, die von einer Analogie zu § 128 HGB ausgeht und damit versucht, aufgrund konkret gesellschaftsrechtlicher Überlegungen eine adäquate dogmatische Begründung für die akzessorische Gesellschafterhaftung zu geben. Auch sie kann jedoch nur überzeugen, wenn die Voraussetzungen für den begründeten Analogieschluss, das heißt die Existenz einer planwidrigen Gesetzeslücke und die Ähnlichkeit der zu regelnden Sachverhalte,[212] vorliegen.

Was die Gesetzeslücke angeht, so kann diese mit Blick auf die ohnehin nur fragmentarischen Gesetzesvorschriften problemlos bejaht werden. Eine ausdrückliche Regelung der persönlichen Gesellschafterhaftung enthalten die §§ 705 ff. BGB nicht. Auch im Wege der Auslegung ist den gesetzlichen Vorschriften, einschließlich § 714 BGB eine Regelung nicht zu entnehmen.[213] § 714 BGB beschränkt sich darauf, für die Ausgestaltung von Geschäftsführung und Vertretung in der Gesellschaft im Zwei-

---

210 Vgl. *K. Schmidt*, GesR, § 18 IV. 1. b), S. 537, § 60 III. 2., S. 1786.
211 *v. Gierke*, Privatrecht I, S. 669, 682 f.
212 Vgl. *Larenz*, Methodenlehre, S. 381 ff.
213 So aber *Beck*, S. 80; Soergel-*Hadding*, § 714 BGB, Rn. 9 ff.

fel Übereinstimmung vorzusehen.[214] Die Vorschrift sagt zur Begründung von zudem persönlichen Gesellschafterschulden selbst mittelbar nichts aus.
Weitere Voraussetzung ist, dass die Gesetzeslücke auch planwidrig ist.[215] Dies wird namentlich von *Ulmer*[216] abgelehnt; der Gesetzgeber habe ein entsprechendes Schutzbedürfnis der Gesellschaftsgläubiger einer BGB-Gesellschaft verneint und deshalb bewusst keine einschlägige Haftungsnorm für die Gesellschafter geschaffen. Dies überzeugt aber nicht. *Ulmer* wendet sich im Grunde nicht gegen das Vorliegen einer Regelungslücke, sondern gegen die Ähnlichkeit der geregelten Sachverhalte. Dies belegt seine anschließende Feststellung, dass die strikte persönliche Haftung nach Vorbild des Handelsrechts „den vielfältigen Verwendungsmöglichkeiten der BGB-Gesellschaft nicht den erforderlichen und für die Bedürfnisse des Rechtsverkehrs angemessen Spielraum" lasse.[217]Auch die Doppelverpflichtungstheorie wird im Ergebnis als nichts anderes als das Instrument zur Schließung einer Regelungslücke betrachtet. So spricht *Ulmer* ausdrücklich von „der Suche nach einer Rechtsgrundlage" für die gesetzlich „nicht geregelte" persönliche Mitverpflichtung der Gesellschafter.[218]
Die Entstehungsgeschichte der §§ 705 ff. BGB jedenfalls spricht eindeutig für eine planwidrige Lücke. Der historische Gesetzgeber, der die persönliche Haftung in den Personenhandelsgesellschaften mit § 128 HGB ausdrücklich regelte, meinte, die Problematik für die BGB-Gesellschaft schon mit § 427 BGB, und zwar im Sinne einer unbeschränkten gesamtschuldnerischen Gesellschafterhaftung geregelt zu haben.[219] Dabei unterlag er jedoch einem Irrtum, denn mit dieser Vorschrift ist die Haftungsproblematik selbst für vertragliche Verbindlichkeiten nicht im Ansatz erfasst. Sie beschränkt sich darauf, für den Fall der gemeinschaftlichen Verpflichtung mehrerer im Zweifel das Vorliegen von Gesamtschulden vorzusehen. Über den Grund der Schuldnerverpflichtung sagt sie nichts aus. Die Norm ist nicht Anspruchsgrundlage, sondern bloße Rechtsfolgenregelung.[220] Hinzu kommt, dass der historische Gesetzgeber die Frage, wie die Gesamthandsgemeinschaft theoretisch zu konstruieren sei, offen lassen wollte. Darüber, wie die Rechtsgemeinschaft der gesamten Hand theoretisch zu konstruieren sei und was man als das charakteristische Merkmal derselben anzusehen habe, gingen die Meinungen der zweiten Kommission auseinander[221] und man kam zu dem Schluss, dass „eine Stellungnahme zur wissenschaftlichen Streitfra-

---

214 Vgl. auch MüKo-*Ulmer*, § 714 BGB, Rn. 10.
215 Vgl. *Larenz*, Methodenlehre, S. 381 ff.
216 MüKo-*Ulmer*, § 714 BGB, Rn. 29 f.; ferner *Beck*, S. 80; *Habersack*, JuS 1993, 1, 3; Soergel-*Hadding*, § 714 BGB, Rn. 11; *ders.*, FS Rittner, S. 133, 138.
217 MüKo-*Ulmer*, § 714 BGB, Rn. 29.
218 MüKo-*Ulmer*, § 714 BGB, Rn. 25 f. Auffällig auch *Beck*, S. 65: Wie die Gesellschafterhaftung zu begründen sei, bleibe nach dem BGB offen. Man sei daher „aufgerufen, sachgerechte Lösungen zu entwickeln."
219 Protokolle II, S. 2428 = *Mugdan*, Band II, S. 987. Er hat die Haftungsfrage mithin nicht etwa „übersehen", so zutreffend *Nicknig*, S. 3.
220 So erstmals *Nicknig*, S. 8; dem folgend *Lindacher*, JuS 1981, 818, 821; MüKo-*Ulmer*, § 714 BGB, Rn. 31, 56; vgl. auch OLG Hamm WM 1989, 1572, 1574.
221 Protokolle II, S. 2437 = *Mugdan*, Band II, S. 990.

ge über das Wesen der gesammten Hand zu vermeiden sei."[222] Der Gesetzgeber hätte aber allein bei Rechtsfähigkeit der BGB-Gesamthandsgesellschaft Anlass gehabt, die Problematik einer akzessorischen Gesellschafterhaftung in einer den Personenhandelsgesellschaften gleichen Weise zu regeln (§§ 124, 128 HGB),[223] oder anders herum: Hätte er eine § 128 HGB entsprechende Haftungsnorm in die §§ 705 ff. BGB aufgenommen, hätte er die wissenschaftlich streitige Frage nach dem Wesen der Gesamthand entschieden. Das Fehlen einer Haftungsregelung ist mithin nicht etwa ein „beredtes Schweigen" des Gesetzgebers, sondern vielmehr die logische Konsequenz des Offenhaltens der dogmatischen Grundfrage nach der Rechtsnatur der BGB-Gesellschaft. Wenn man nun aber die Rechtsfähigkeit der BGB-Gesellschaft und damit zunächst nur ihre Haftung anerkennt, muss man auch die dann erst akut werdende Frage nach einer akzessorischen Gesellschafterhaftung beantworten oder anders ausgedrückt: Man muss eine planwidrige Gesetzeslücke schließen.

Kann damit die Regelungslücke bejaht werden, setzt die analoge Anwendung des § 128 HGB zweitens voraus, dass zwischen geregeltem und ungeregelten Sachverhalt eine Ähnlichkeit besteht, die es gebietet, dem ungeregelten Tatbestand die Rechtsfolge des geregelten zuzuordnen.[224] Sie kann entgegen den Vertretern der Doppelverpflichtungstheorie[225] mit dem gegenüber der OHG weiteren rechtstatsächlichen Anwendungsbereich der BGB-Gesellschaft allein nicht verneint werden. Maßgeblich ist vielmehr, dass die Gläubiger einer OHG und einer BGB-Gesellschaft in gleicher Weise schutzbedürftig sind. OHG und BGB-Gesellschaft sind insoweit gleich strukturiert sind, als dass beiden ein der Gläubigersicherung dienendes Garantiekapital fehlt. Die gesamthänderische Bindung des Gesellschaftsvermögens allein bietet keinen Schutz, denn die Gesellschafter können gemeinschaftlich uneingeschränkt über das Vermögen verfügen, vor allem aber die Beiträge frei vereinbaren und damit den Umfang der Haftungsmasse beliebig definieren.[226] Damit kann auch die für eine Analogie erforderliche Ähnlichkeit der Sachverhalte grundsätzlich bejaht werden.

Auch die Interessen der BGB-Gesellschafter stehen einer Analogie zu § 128 HGB nicht entgegen. Zum einen ist mit § 105 Abs. 2 HGB jetzt auch den Gesellschaftern kleingewerblicher und bloß vermögensverwaltender BGB-Gesellschaften die Möglichkeit eröffnet, ihre Haftung kraft Eintragung als Kommanditgesellschaft zu begrenzen. Das Argument, ihnen sei anders als den Gesellschaftern der OHG eine Haftungsbegrenzung durch Beteiligung als Kommanditist verschlossen,[227] ist damit hinfällig. Zum anderen ist ein Schutzbedürfnis der Gesellschafter vor der „scharfen unbeschränkten Kaufmannshaftung" grundsätzlich nicht anzuerkennen. Die These der besonderen Schärfe des Handelsrechts ist reines Postulat. *Jeder*, der am Rechtsverkehr gemeinsam oder zusammen mit anderen Geschäfte betreibt, muss für die daraus entstehenden Schulden grundsätzlich persönlich und mit seinem ganzen Vermögen

---

222 Protokolle II, S. 2438 = *Mugdan*, Band II, S. 990.

223 So überzeugend *Reiff*, S. 290 f.; *ders.*, ZIP 1999, 517, 525; *K. Schmidt*, GesR, § 60 III. 2., S. 1786; *Dauner-Lieb*, DStR 1998, 2014, 2018.

224 *Larenz*, Methodenlehre, S. 381 ff.

225 *Beck*, S. 80; *Habersack*, BB 1999, 61, 62; BGH DStR 1998, 1228, 1229.

226 Vgl. *Dauner-Lieb*, S. 547 ff.; *dies.*, DStR 1998, 2014, 2018 f.

227 Vgl. nur MüKo-*Ulmer*, § 714 BGB, Rn. 29.

haften. Einen Grund, warum ein Gesellschafter einer BGB-Gesellschaft schutzwürdiger sein sollte als jede andere Person, ist nicht erkennbar. Für den Fall, dass den Gesellschaftern das durch die Gesellschaftsgeschäfte begründete Haftungsrisiko zu groß ist, stellt das Gesetz mit der KG (§§ 171 f. HGB), der Partnerschaft (§ 8 Abs. 2 PartGG) und der GmbH und AG genügend Möglichkeiten zur Haftungsbeschränkung zur Verfügung.

Dafür, dass OHG-Gesellschafter und BGB-Gesellschafter gleich haften, spricht zudem der fließende Formwechsel zwischen beiden Gesellschaften. Allein das Überschreiten bzw. Unterschreiten der Schwelle des § 1 Abs. 2 HGB führt dazu, dass die BGB-Gesellschaft in eine OHG umgewandelt wird und umgekehrt, und dies kann in einer dynamischen Marktwirtschaft jeden Moment der Fall sein. Geht man davon aus, dass die Gesellschafter beider Gesellschaften gleich haften, erspart dies oftmals umfangreiche und vor allem für Dritte schwierige Nachforschungen und sorgt so in erheblichem Maße für Rechtssicherheit.

Für ein in OHG und BGB-Gesellschaft gleiches Haftungskonzept spricht letztlich auch der unlängst eingefügte § 736 Abs. 2 BGB, der für den BGB-Gesellschafter im Falle seines Ausscheidens die für den OHG-Gesellschafter geltenden Enthaftungsregeln (§ 160 HGB) für anwendbar erklärt. Die Anwendung der Haftungsnormen des OHG-Gesellschafters auf den BGB-Gesellschafter im speziellen Fall des Ausscheidens lässt sich weitaus besser und methodisch überzeugender rechtfertigen, wenn die Haftung beider Gesellschafter *generell* gleich strukturiert ist.

Aus alldem folgt, dass die Theorie der akzessorischen Gesellschafterhaftung analog § 128 HGB sowohl den verbindlichen Wertentscheidungen des historischen Gesetzgebers entspricht als auch dogmatisch wie methodisch einwandfrei ist. Sie führt zu theoretisch wie praktisch klaren und eindeutigen Lösungen. Da sie auch den Gesellschaftsgläubigern in der Liquidation grundsätzlich Schutz bietet, verdient sie gegenüber der zumal konstruktiv schwachen Doppelverpflichtungstheorie im Ergebnis den Vorzug.

E. Einschränkung der Grundsätze?

Eine nicht unbeachtliche Anzahl von Autoren[228] plädiert dafür, den Haftungsgrundsatz des § 128 HGB auf bestimmte, insbesondere *unternehmenstragende BGB-Gesellschaften* zu beschränken. Die unbegrenzte persönliche Haftung passe nicht auf alle BGB-Gesellschaften, vor allem nicht auf solche mit ideeller Zwecksetzung oder von nur vorübergehender Dauer wie etwa die Bauherrengemeinschaften. Sie werde dort den Gesellschafterinteressen nicht gerecht und entspreche auch nicht den Haftungserwartungen des Rechtsverkehrs.[229] Dass die persönliche Gesellschafterhaftung

---

[228] *K. Schmidt*, GesR, § 60 III. 2., S. 1786 ff.; *ders.* Gutachten Schuldrechtsreform, S. 413 ff., 496 ff.; *ders.*, NJW 2001, 995, 1002; *Habersack*, BB 2001, 477, 482; *Reiff*, NZG 2000, 281, 283; *H.P. Westermann*, NZG 2001, 289, 294 f. ff.; *Ulmer*, ZIP 2001, 585, ff.; *ders.*, ZGR 2000, 339, 342 f.; *ders.*, ZIP 1999, 562, Fn. 88; *Römermann*, DB 2001, 428, 430; *Beuthien*, DB 1975, 773, 775, Fn. 69; *Nicknig*, S. 46 f.

[229] *K. Schmidt*, NJW 2001, 993, 1002; MüKo-*Ulmer*, § 714 BGB, Rn. 29, 42; *ders.*, ZGR 2000, 339, 342 f.

im Verband nicht zwingend sei, gehe schließlich aus dem Haftungsstatut des nicht rechtsfähigen Vereins deutlich hervor.[230]

Auch die Rechtsprechung hat in früheren Entscheidungen eine unbeschränkte persönliche Gesellschafterhaftung bei Bauherrengesellschaften[231] und in einem Einzelfall bei einer BGB-Gesellschaft mit gemeinnützigem Zwecke[232] verneint. Die Grundsatzentscheidungen vom 27.09.1999 und 29.01.2001 zur persönlichen Haftung kraft Gesetz lassen eine Begrenzung auf unternehmerisch oder erwerbswirtschaftlich tätige Gesellschaften indes nicht erkennen.

Gegen die vorgeschlagene Beschränkung spricht, dass insoweit jeder gesetzliche Anhaltspunkt fehlt. Weder Wortlaut noch Systematik der §§ 705 ff. BGB deuten auf eine Haftungserleichterung für nicht unternehmerische Gesellschafter hin. Auch aus den Gesetzesmaterialien geht eine Privilegierung eines bestimmten Gesellschaftstyps nicht hervor (vgl. §§ 641 f., 659 E I). Gegen sie spricht weiter, dass ein entsprechendes Schutzinteresse der Gesellschafter nicht besteht. Dass eine Person bei Teilnahme am Rechtsverkehr mit ihrem ganzen Vermögen haftet, ist Grundlage des heutigen zivilrechtlichen Systems und keine unternehmerische Besonderheit. Scheint den Gesellschaftern das Haftungsrisiko zu hoch oder aufgrund der Fremdnützigkeit der Tätigkeit unangemessen, bleibt ihnen die Eintragung als KG und die Gründung einer GmbH oder eines nichtrechtsfähigen Vereins. Hinzu kommt wiederum, dass dem Begriff der unternehmerischen Gesellschaft die für die rechtliche Einordnung der BGB-Gesellschaft unverzichtbare Trennschärfe fehlt. Die Fälle des nach außen auftretenden Konsortiums, des Kartells und der Ehegattengesellschaft sowie der ARGE als nicht auf Dauer, sondern nur zur Durchführung eines bestimmten Bauprojekts gegründeten Gesellschaft mögen die Problematik beispielhaft vor Augen führen. Schließlich kommt es nach genannter Ansicht auch in der Liquidation der BGB-Gesellschaft zu erheblicher Rechtsunsicherheit sowie zu Wertungswidersprüchen. Gerade bei allmählicher Geschäftseinstellung ist eine persönliche Haftungsbegründung und so auch der Schutz der Gesellschaftsgläubiger in der Liquidation insgesamt letztlich Zufall.

Unklar ist zudem, ob es nach den Vertretern genannter Ansicht in den Fällen nicht erwerbswirtschaftlicher Tätigkeit der Gesellschaft zur Anwendung der - strukturell unbefriedigenden - Doppelverpflichtungstheorie kommen soll oder ob es insoweit von vorneherein bei der ausschließlichen Rechtsfähigkeit der BGB-Gesellschafter bleibt.[233] Bei letzterem ist zu beachten, dass gerade dann für die gewünschte Möglichkeit einseitiger Haftungsbeschränkung kein Raum mehr besteht. Denn werden die Gesellschafter als Einzelpersonen verpflichtet, haften sie nach dem allgemeinen

---

230 *Reiff*, NZG 2000, 365 f.; *Ulmer*, ZGR 2000, 339, 342 f.; vgl. zur Haftung beim nicht rechtsfähigen Verein RGZ 63, 62, 65; RGZ 90, 173, 176; BGH NJW 1979, 2304, 2306.

231 BGH NJW 1959, 2160, 2161; BGHZ 75, 26, 28 f.; BGH NJW 1980, 992, 993; vgl. auch BGH NJW 1977, 1964, 1964; BGH WM 1989, 377, 379, BGH NJW 1985, 619, 619.

232 OLGE 32, 362, 363 betreffend einen Brunnenbau. Für eine persönliche Haftung bei einem gescheiterten öffentlichrechtlichen Zweckverband (Abwasserbeseitigung) aber BGH ZIP 2001, 373, 376 f.

233 Für die ausschließliche Rechtsfähigkeit der Gesellschafter *K. Schmidt*, GesR, § 58 V., S. 1724 ff.; vgl. oben § 2 B. II. 5. b) aa).

Grundsatz der unbeschränkten Vermögenshaftung mit ihrem ganzen Vermögen, wenn sie nicht mit den Gläubigern etwas anderes vertraglich vereinbaren.
Die vorgeschlagene Beschränkung auf unternehmerische Gesellschaften ist damit im Ergebnis abzulehnen, der Haftungsgrundsatz des § 128 HGB folglich auf jede BGB-Außengesellschaft mit Gesamthandsvermögen anzuwenden. Nur ein solch einheitliches Haftungskonzept ist transparent, rechtssicher und vor allem praktikabel.
Abzulehnen ist schließlich auch die bisweilen vertretene Auffassung[234] dass die Gesellschafter für die *Deliktsschulden* der Gesellschaft nicht persönlich zu haften haben. Sie findet, soweit man die Haftung analog § 128 HGB begründet, im Gesetz keine Stütze und führt vor allem dort zu wenig überzeugenden Ergebnissen, wo die deliktische Verbindlichkeit aus einem rechtsgeschäftlichen Handeln resultiert. In diesem Fall hat der Geschädigte sich seinen Schädiger eben doch selbst ausgesucht.[235]

F. Ergebnis und Bedeutung für den Schutz der Gläubiger in der Liquidation

Die Gesellschafter einer werbenden BGB-Gesellschaft sowie konsequent einer BGB-Gesellschaft in Liquidation haften grundsätzlich für alle Gesellschaftsverbindlichkeiten analog § 128 HGB persönlich. Eine Beschränkung auf das Gesellschafts- bzw. Liquidationsvermögen ist nur möglich, wenn dies mit den Gläubigern vereinbart wurde.
Für die Liquidation gilt damit, dass den Gesellschaftsgläubigern *ein* Schutzinstrument zur Hand gegeben ist. Ob dies genügt, insbesondere eine zwingende Geltung der §§ 733 ff. BGB entbehrlich macht, ist freilich fraglich. So ist zu beachten, dass die Privatvermögen der Gesellschafter ihrerseits vor Vermögensabfluss nicht geschützt sind. Die (Insolvenz-)Anfechtungsmöglichkeiten (§§ 3,4 AnfG, §§ 129 ff. InsO) bieten insoweit nur begrenzt Schutz, da sie an enge sachliche und zeitliche Grenzen gebunden sind. Zudem obliegt den Gläubigern dort die Beweislast. Auch unter dem Aspekt der Verhaltenssteuerung ist ein alleiniger Schutz der Gläubiger durch die persönliche Haftung zumindest bedenklich. Denn die Sorge vor einer persönlichen Inanspruchnahme kann einen Gesellschafter immer nur zum gläubigerschützenden Verhalten veranlassen, wenn er auf die Geschäftsführung und Vertretung der BGB-Gesellschaft Einfluss hat. Die Leitungsmacht ist aber gerade in der Liquidationsgesellschaft regelmäßig zentralisiert, also einer oder wenigen Personen übertragen. Ob die persönliche Haftung dem Schutzinteresse der Gläubiger ausreichend Rechnung trägt, ist daher noch genauer zu prüfen.[236]

§ 4 Zweck der BGB-Gesellschaft in Liquidation und Zweck der Liquidation

Handelt es sich bei der aufgelösten BGB-Gesellschaft um eine reale und nicht nur fiktive BGB-Gesellschaft, bedarf sie ebenso wie die werbende Gesellschaft eines sie konstituierenden gemeinschaftlichen Zwecks. Während der Zweck der werbenden

---

[234] *Flume*, Personengesellschaft, § 16 IV. 6., S. 343 f.; *Altmeppen*, NJW 1996, 1017, 1019 ff., 1026.
[235] Vgl. *Beck*, S. 148 f.
[236] Abschnitt III B. III.

Gesellschaft ohne weiteres den Vereinbarungen des Gesellschaftsvertrages zu entnehmen ist, sind für den Zweck der aufgelösten Gesellschaft auch die Zwecke der Liquidation zu berücksichtigen.

A. Liquidationszweck

I. Meinungsstand

1. Vermögensverteilung als Liquidationszweck (herrschende Meinung)

Nach herrschender Meinung besteht der Zweck der Liquidation der BGB-Gesellschaft in der bloßen Überführung und Verteilung des Gesellschaftsvermögens. Vertreten wird diese Ansicht nicht nur von den Anhängern der traditionellen Lehre,[237] sondern überraschenderweise, allerdings im Einklang mit dem herrschenden Schrifttum zu OHG und KG,[238] auch von den meisten Vertreter der neuen Gesamthandslehre.[239] So beruft sich etwa *Ulmer*[240] auf den Wortlaut des § 730 Abs. 1 BGB, wonach nach Auflösung der Gesellschaft „in Ansehung des Gesellschaftsvermögens" die Liquidation erfolgt, und formuliert, so als gäbe es keine moderne Gruppenlehre, dass Zweck der Liquidation die Abwicklung des Gesellschaftsvermögens sei. Entscheidend für die Liquidation der BGB-Gesellschaft sei die vollständige Verwendung und Übertragung des Vermögens der Gesamthand. Darauf, dass die Rechtsbeziehungen der BGB-Gesellschaft zu den Gesellschaftern und Dritten abgewickelt, insbesondere die Schulden der BGB-Gesellschaft gegenüber Nichtgesellschaftern getilgt oder sichergestellt würden, komme es in der Liquidation nicht an. Ganz ähnlich klingt die Kommentierung bei *Hadding*.[241] Die Auseinandersetzung solle nach Eintritt der Auflösung die Beendigung der BGB-Gesellschaft herbeiführen. Dazu komme es immer dann, wenn die BGB-Gesellschaft kein Gesellschaftsvermögen mehr besitze. Die Berichtigung der Schulden oder ein noch ausstehender Ausgleich unter den Gesellschaftern seien ohne Bedeutung.

2. Vollabwicklung der Gesellschaft als Liquidationszweck (K. Schmidt)

Eine gegenteilige, den Gedanken der Rechtsfähigkeit der Gesamthand einbeziehende Bestimmung des Liquidationszwecks findet sich demgegenüber bei *K. Schmidt*.[242] Seine Ausführungen betreffen zwar unmittelbar nur die handelsrechtlichen Gesamthandsgesellschaften OHG und KG. Sie lassen sich jedoch ohne weiteres, jedenfalls auf die unternehmerische BGB-Gesellschaft übertragen, denn auch diese ist nach *K. Schmidt* rechtsfähige Gesamthand.[243] Er ist der Meinung, dass sich die Liquidation

---

[237] *Hintzen*, S. 26, 45 f.; Staudinger-*Keßler*, § 723 BGB, Rn. 2 f., § 730 BGB, Rn. 2; *Hillers*, S. 6 ff., 85 ff.; *Ensthaler*, S. 4, 90; *G. Hueck*, GesR, § 11 IV., S. 83.

[238] Vgl. nur *Baumbach/Hopt*, § 131 HGB, Rn. 1, § 145 HGB, Rn. 4; *Koller/Roth/Morck*, § 131 HGB, Rn. 7; § 145 HGB, Rn. 1 f., § 155 HGB, Rn. 1.

[239] *Hüffer*, GesR, § 13, S. 109 ff.; *Müller/Hoffmann*, § 11, Rn. 49; MüKo-*Ulmer*, Vor § 723 BGB, Rn. 5, § 730 BGB, Rn. 30; Soergel-*Hadding*, Vor § 723 BGB, Rn. 1, 10, § 730 BGB, Rn. 1, 9.

[240] MüKo-*Ulmer*, Vor § 723 BGB, Rn. 5, § 730 BGB, Rn. 2, 30, vgl. aber § 730 BGB, Rn. 4.

[241] Soergel-*Hadding*, Vor § 723 BGB, Rn. 1, 10, § 730 BGB, Rn. 1, 14.

[242] *K. Schmidt*, ZHR 153 (1989), 270, 283; *ders.*, GesR, § 11 V. 4. c), S. 321, § 52 IV 1., S. 1518; *ders.*, Schlegelberger, § 145 HGB, Rn. 28 f., § 156, Rn. 11; vgl. *dens.*, Wege zum Insolvenzrecht, S. 99 f.; ihm folgend jetzt *Butzer* Jura 1994, S. 628, 629.

[243] Vgl. nur *K. Schmidt*, NJW 2001, 993 ff.

der Gesamthand, erkenne man deren Rechtsfähigkeit an, nicht auf die bloße Verteilung und Verwertung einer Vermögensmasse reduzieren lasse. Es sei vielmehr zu berücksichtigen, dass mit dem Abschluss des Verfahrens ein Rechtssubjekt, und zwar ersatzlos und unwiderruflich erlösche. Die Liquidation der Gesamthand müsse daher gleich derjenigen der juristischen Person in der *Vollabwicklung*, das heißt der vollständigen Abwicklung aller Rechtsbeziehungen im Innen- wie im Außenverhältnis liegen.

II. Stellungnahme

Ob Zweck der Liquidation der BGB-Gesellschaft die Vollabwicklung oder die bloße Vermögensverteilung und –verwaltung ist, ist für Art und Umfang des Verfahrens, die Aufgaben und Pflichten der Liquidatoren und vor allem die Gläubiger der BGB-Gesellschaft von zentraler Bedeutung. Allein wenn das Verfahren generell und auch ohne Rücksicht auf das vorhandene Vermögen auf vollständige Abwicklung der BGB-Gesellschaft gerichtet ist, haben sie Aussicht auf Erfüllung ihrer Forderungen. Eine genaue Bestimmung des Liquidationszwecks ist so zwingend erforderlich.

1. Liquidationsziel und Liquidationszweck

Zuerst scheint es notwendig, den Zweck der Liquidation vom Ziel der Liquidation abzugrenzen. Das Ziel der Liquidation lässt sich verstehen im Sinne von „Wozu". So wird die Liquidation betrieben, damit die BGB-Gesellschaft nicht mehr existiert, das heißt vollständig beendet wird, so dass als das Ziel der Liquidation die *Vollbeendigung der BGB-Gesellschaft* gesehen werden kann. Demgegenüber betrifft der Zweck der Liquidation die *inhaltliche Gestaltung* der Liquidation. Er gibt darüber Auskunft „was" und „wie" im Verfahren getan werden muss, um das Ziel der Liquidation, die Vollbeendigung der Gesellschaft, eintreten zu lassen.

2. Definition des Liquidationszwecks am Gesetz

Der Zweck der Liquidation könnte sich zunächst aus dem Gesetz ergeben. Ein Blick in die gesetzlichen Vorschriften zeigt jedoch, dass weder für die BGB-Gesellschaft noch für die OHG, KG, GmbH und AG der Liquidationszweck gesetzlich definiert ist, so dass selbst eine entsprechende Anwendung der Regelungen zur rechtsfähigen juristischen Person nicht in Betracht kommt. Nun kann man daran denken, die einzelnen für die BGB-Gesellschaft geregelten gesetzlichen Liquidationsmaßnahmen (§§ 730 Abs. 2, 732-735 BGB) zu einem einheitlichen Zweck zusammenfassen, den Liquidationszweck also als den Oberbegriff der in §§ 730 Abs. 2, 732-735 BGB normierten Rechte und Pflichten zu definieren. Dafür, den Zweck der Liquidation auf diese Weise zumindest mittelbar aus dem Gesetz abzuleiten, spricht, dass ganz unterschiedliche, nämlich vertraglich wie gesetzliche Gründe zur Auflösung der BGB-Gesellschaft führen, der Zweck der Liquidation aber ebenso wie das Ziel der Liquidation einheitlich und vor allem auch ohne gesellschaftsvertragliche Vereinbarungen bestimmbar sein muss. Entscheidend dagegen, den Liquidationszweck gleichsam im Gegenzug zum vertraglich bestimmten Gesellschaftszweck den gesetzlichen Vorschriften zu entnehmen, spricht jedoch bei der BGB- Gesellschaft zum einen, dass die §§ 730 ff. BGB wie auch die anderen Bestimmungen zur BGB-Gesellschaft nur eine lückenhafte Regelung enthalten. Sie sind insoweit wenig dazu geeignet, generelle Schlüsse auf Art und Umfang des Verfahrens zu ziehen. Zum anderen ist zu berücksichtigen, dass der Gesetzgeber bei Schaffung der §§ 730 ff. BGB von der BGB-Gesellschaft als Gemeinschaftsverhältnis ohne eigene Rechtsfähigkeit und ohne Wirkung gegenüber Dritten ausging (vgl. § 730 Abs. 1 BGB). Sind die §§ 730 ff. BGB nur auf die Gesellschafter, nicht aber auf die BGB-Gesellschaft als Träger von Rechten und Pflichten zugeschnitten, können sie kaum den Inhalt der Liquidation der rechtsfähigen BGB-Gesellschaft verlässlich bestimmen.

3. Dogmatische Überlegungen

Der Liquidationszweck muss mithin aufgrund außergesetzlicher und damit vor allem dogmatischer Kriterien bestimmt werden. Geht man mit der tradierten Auffassung davon aus, dass die BGB-Gesellschaft nur ein Sondervermögen der ausschließlich rechtsfähigen Gesellschafter ist, gelangt man ohne weiteres zu einem Liquidationszweck, wie ihn die herrschende Meinung umschreibt. Die Liquidation stellt sich in diesem Fall nur als die Verwaltung und Verteilung des noch vorhandenen gemeinschaftlichen Vermögens der Gesellschafter dar. Mit vollständiger Rückübertragung des Vermögens an die Gesellschafter ist die BGB-Gesellschaft, die ja nichts anderes als dieses gemeinschaftliche Sondervermögen ist, vollbeendet. Für eine Abwicklung von Rechtsbeziehungen der BGB-Gesellschaft im Innen- oder Außenverhältnis ist nach traditioneller Ansicht kein Raum. Die Gesellschaft hat gar keine Rechte und Pflichten; es sind allein die Gesellschafter, die Zurechnungspunkt der Rechtsbeziehungen sind, und diese werden von der Liquidation nicht berührt. Gegenstand der Liquidation ist hier letztlich nicht die BGB-Gesellschaft, das heißt die einzelnen Gesellschafter als Subjekte, sondern ausschließlich das den Gesellschaftern zustehende Vermögen als *Objekt*. Ist das Gesellschaftsvermögen verteilt, gibt es keinen Verfahrensgegenstand mehr. Die Liquidation und die BGB-Gesellschaft sind beendet.

Geht man demgegenüber von der Rechtsfähigkeit der BGB-Gesellschaft aus, umschreibt *K. Schmidt* den Liquidationszweck zu Recht als Vollabwicklung, also als die vollständige Abwicklung aller Innen- und Außenbeziehungen der Gesellschaft. Für eine bloße „Vermögensverteilung unter den Gesellschaftern" ist nach neuerer Lehre kein Raum. Das Gesellschaftsvermögen gehört hier überhaupt nicht den Gesellschaftern, sondern es gehört der BGB-Gesellschaft. Die Gesellschafter können allenfalls ihre konkreten Ansprüche, etwa auf Gewinnbeteiligung (§§ 721, 734 BGB) oder Einlagenerstattung (§§ 732, 733 Abs. 2 BGB), gegen die BGB-Gesellschaft verfahrensmäßig geltend machen. Gegenstand der Liquidation ist hier im Ergebnis nicht das Objekt Gesellschaftsvermögen, sondern das *Subjekt* BGB-Gesellschaft. Auch wenn das liquide Reinvermögen der Gesellschaft verteilt, übertragen oder verbraucht ist, besteht das Rechtssubjekt BGB-Gesellschaft und damit der Verfahrensgegenstand zunächst fort.[244]

[244] Vgl. zur Auflösung und Liquidation bei Masselosigkeit Abschnitt V C. II.

4. Exkurs: Zweck des Insolvenzverfahrens

Aufschlussreich hinsichtlich des Liquidationszwecks ist auch eine insolvenzrechtliche Entwicklung. So herrschte im Insolvenzrecht bislang die Ansicht vor, dass das Insolvenzverfahren ein reines Gesamtvollstreckungsverfahren darstellt, das heißt ein Verfahren, das auch in Ansehung der Gesellschaftsinsolvenz nur der *Vermögensverwertung,* also der quotalen Aufteilung einer Vermögensmasse, nicht aber der Vollabwicklung der Gesellschaft als Rechtssubjekt dient.[245] Dies bedeutet zum einen, dass das Insolvenzverfahren schon mit Verteilung des Verwertungserlöses endet, zum anderen, dass es auch so genanntes massefreie Vermögen geben darf,[246] das heißt der Insolvenzverwalter Gegenstände des Gesellschaftsvermögens freigeben kann. Zur Begründung wird auf den Wortlaut des § 1 Abs. 1 InsO hingewiesen, wonach die Insolvenz der bestmöglichen Befriedigung der Gläubiger dient, und geltend gemacht, die Vollabwicklung der Gesellschaft verursache zu Lasten der Gläubiger zusätzliche Kosten. Der Insolvenzverwalter müsse zudem die Möglichkeit zur Freigabe solcher Vermögensgegenstände haben, die für die Masse wertlos sind. Die Zulässigkeit der Freigabe von Massegegenständen ergebe sich im Übrigen aus § 85 InsO (§ 10 KO). Wenn der Insolvenzverwalter vom Schuldner vor Verfahrenseröffnung angestrengte Prozesse nicht aufnehme, gebe er damit den eingeklagten Vermögensgegenstand für den Schuldner frei. Da die Vorschriften Einschränkungen für Gesellschaften nicht enthielten, sei für eine Vollabwicklung der Gesellschaft kein Raum.

Es mehren jedoch die Stimmen, die das Insolvenzverfahren als ein auf die *Vollabwicklung* der Gesellschaft gerichtetes Verfahren begreifen.[247]Der Insolvenzverwalter sei nicht nur verpflichtet, den Veräußerungserlös zu verteilen, sondern habe die Gesellschaft im Innen- und Außenverhältnis umfassend abzuwickeln. Es sei unzweckmäßig, das einmal begonnene Verwertungsverfahren auf die Erlösverteilung zu reduzieren, wenn der Insolvenzverwalter die Gesellschaft zugleich bis zur Erlöschensreife abwickeln könne. Zudem wird auf § 1 Abs. 2 S. 3 RE InsO verwiesen, der ausdrücklich hervorhob, dass das Insolvenzverfahren auch der Vollabwicklung des Rechtsträgers dient, und eingewandt, dass die Regelung vom Rechtsausschuss des Bundestages nur gestrichen worden ist, um die Vorschrift, nicht das Insolvenzverfahren zu straffen und auf ihre wesentlichen Ziele zurückzuführen.[248] Die durch die Vollabwicklung hervorgerufenen (Kosten-)Nachteile schließlich seien ebenso hinnehmbar wie die Konsequenzen für die Freigabebefugnis des Insolvenzverwalters.

Geht man mit der jüngeren Auffassung davon aus, dass die Insolvenz der Gesellschaft der Vollabwicklung dient, und sieht auch den Zweck der Liquidation in der Vollabwicklung der Gesellschaft, hat man im Ergebnis ein klares dogmatisches Verhältnis zwischen Liquidation und Insolvenz: Es handelt sich um zwei gleichermaßen auf Vollbeendigung der Gesellschaft gerichtete, gesetzlich geregelte Verfahren, die

---

[245] FK-*Schmerbach*, § 1 InsO, Rn. 9; *Pape*, EWIR 1994, 165 f.; LG Osnabrück EWIR 1994, 165, 165.

[246] Dazu *Bork*, InsR, § 14, Rn. 124; BGH NJW 1995, 1483, 1485.

[247] *K. Schmidt*, GesR, § 11 VI., S. 328 ff.; *ders.*, ZHR 153 (1989) 270, 274; *ders.*, Wege zum Insolvenzrecht, S. 99 ff.; *Schulz*, NJW 1984, 2428 ff.; *Uhlenbruck*, ZIP 1996, 1641, 1646 f.; *Bork*, InsR, § 14 D., Rn. 135.

[248] *Bork*, InsR, § 14, Rn. 135; vgl. BT-Drs. 12/7302, S. 155.

sich nur dadurch unterscheiden, dass sie an unterschiedliche wirtschaftliche Verhältnisse anknüpfen. Bilden Insolvenz und Liquidation somit keinen Gegensatz, sondern nur zwei verschiedene Ausgestaltungen eines auf Vollbeendigung der Gesellschaft gerichteten *Gesamtverfahrens*, besteht zugleich eine plausible Erklärung für den unstreitig jederzeit möglichen Verfahrenswechsel bei Veränderung der Finanzsituation der Gesellschaft.

5. Ergebnis

Im Ergebnis ist somit festzuhalten, dass aufgrund der Rechtsfähigkeit der BGB-Gesellschaft der Zweck der Liquidation in der *Vollabwicklung* der BGB-Gesellschaft, das heißt der Beendigung *aller Rechtsbeziehungen* der BGB-Gesellschaft *im Innen- und Außenverhältnis* zu sehen ist. Es ist damit wesentlicher Bestandteil der Liquidation, die Forderungen der Gesellschaftsgläubiger vollständig zu erfüllen. Die Liquidatoren dürfen sich nicht auf die Rückübertragung des Gesellschaftsvermögens auf die Gesellschafter beschränken, und von einer Tilgung der Drittverbindlichkeiten selbst bei Fehlen eines liquiden Reinvermögens nicht ohne weiteres absehen (vgl. § 735 BGB).[249]

B. Verhältnis von Gesellschaftszweck und Liquidationszweck

Steht damit die Vollabwicklung der BGB-Gesellschaft als Liquidationszweck fest, fragt es sich, wie sich dieser Zweck zum vertraglich vereinbarten Gesellschaftszweck verhält.

I. Meinungsstand

Sobald die Voraussetzungen eines Auflösungstatbestandes vorliegen und die BGB-Gesellschaft in das Liquidationsstadium eintritt, kommt es nach ganz herrschender Meinung zu einer gesetzlich angeordneten *Zweckänderung*.[250] Vom Zeitpunkt der Auflösung an soll der bisherige Zweck der BGB-Gesellschaft, unabhängig davon, ob er erwerbswirtschaftlicher, gemeinnütziger oder ideeller Natur ist, erlöschen und für die BGB-Gesellschaft keine Bedeutung mehr besitzen. An seine Stelle tritt nach herrschender Lehre der Liquidationszweck, das heißt also nach überwiegender Meinung die Verteilung des Gesellschaftsvermögens. Diese Sicht von der gesetzlichen Zweckänderung, die auch bei den Gesamthandsgesellschaften OHG und KG sowie den juristischen Personen GmbH und AG i.L. jahrzehntelang unbestrittene Auffassung war,[251] stößt in jüngster Zeit zunehmend auf Kritik.[252] Ihr wird entgegengehalten, sie unterscheide nicht hinreichend zwischen dem Gesellschaftszweck und dem Zweck

---

[249] Vgl. Abschnitt IV B. III a).

[250] *Ballerstedt*, JuS 1963, 253, 257; MüKo-*Ulmer*, Vor § 723 BGB, Rn. 6; *Hüffer*, § 13 1., S. 110; RGRK-*v. Gamm*, § 723 BGB, Rn. 1; § 730 BGB, Rn. 5; Soergel-*Hadding*, Vor § 723 BGB, Rn. 1, 10; Vor § 730 BGB, Rn. 6; *Grunewald*, GesR, 1. A., Rn. 182; *Ensthaler*, S. 4; *Hintzen*, S. 26, 45 f.; RGZ 123, 151, 155.

[251] Vgl. *Grunewald*, GesR, 1.B., Rn. 83.

[252] *K. Schmidt*, ZHR 153 (1989), 270, 281 ff.; *ders.*, GesR, § 11 IV 4. c), S. 321; *Müller/Hoffmann*, § 11, Rn. 49; *Butzer*, Jura 1994, 628, 630; für die GmbH *Lutter/Hommelhoff*, § 69 GmbHG, Rn. 2.

der Liquidation. Der Liquidationszweck sei bloßer *Verfahrenszweck*. Er gebe zwar Ziel und Zweck der Abwicklungsprozedur vor und bestimme die Rechte und Pflichten der Gesellschafter und Liquidatoren, mit dem Zweck der aufgelösten Gesellschaft habe er indes nichts zu tun. Dieser bestehe als verbandskonstituierender Zweck auch nach Auflösung unverändert fort und werde vom Liquidationszweck lediglich überlagert.

II. Stellungnahme

1. Grundsätzliche Bedenken an der Lehre der Zweckänderung

Die gegen die Ansicht der herrschenden Meinung bestehenden Bedenken sollen zunächst am Beispiel zweier Auflösungsgründe verdeutlicht werden, die in der Praxis zwar selten, für die Erkenntnisse des Grundsätzlichen aber umso besser geeignet sind. So wird etwa eine auf bestimmte Zeit geschlossene BGB-Gesellschaft mit Ablauf der im Gesellschaftsvertrag vereinbarten Frist automatisch aufgelöst.[253] Geht man nun davon aus, dass die BGB-Gesellschaft ein kleines Unternehmen betreibt und dies bei Fristablauf floriert, kann es passieren, dass die Gesellschafter im Zeitpunkt des Fristablaufs nicht an die Bestimmung denken und den Geschäftsbetrieb unverändert fortsetzen. An der Fortführung wird sich vermutlich selbst dann nichts ändern, wenn sich die Gesellschafter an die Befristung erinnern. Die Gesellschafter werden vielmehr ihrer Tätigkeit weiter nachgehen. Nach außen wird der Eindruck einstehen, als sei nichts geschehen, so dass insbesondere die Vertragspartner der BGB-Gesellschaft keinen Anlass sehen werden, ihre Forderungen geltend zu machen. Dennoch wird die BGB-Gesellschaft nach geltendem Recht aufgelöst und sie bleibt es auch, solange nicht die Gesellschafter einen Fortsetzungsbeschluss fassen.[254] Die Vorstellung, dass der ursprünglich vereinbarte Zweck der Gesellschaft nun keine Bedeutung mehr besitzen soll und die Gesellschafter – so die herrschende Meinung – befugt sein sollen, das Vermögen ohne Rücksicht auf die Gesellschaftsgläubiger untereinander aufzuteilen, ist sehr befremdlich.

Ähnliches gilt für den Fall, dass die BGB-Gesellschaft durch den Tod eines Gesellschafters gemäß § 727 BGB aufgelöst wird, etwa weil die Gesellschafter, alles dynamische Jungunternehmer, an den Tod eines Gesellschafters überhaupt nicht gedacht haben und so eine Fortsetzungsklausel auch nicht konkludent vereinbart haben. Die Auflösung wird die BGB-Gesellschaft „wie aus heiterem Himmel" treffen. Es mutet seltsam an, dass ebenso plötzlich der Gesellschaftszweck entfallen und durch den Liquidationszweck – Verteilung des Vermögens! - ersetzt sein soll. Schon diese zwei Beispiele zeigen, dass die Ansicht der herrschenden Meinung, mit Auflösung der Gesellschaft entfalle der Zweck der Gesellschaft, nicht richtig sein kann.

2. Gründungszweck der Vorgesellschaften

Aufschlussreich ist insoweit der Zweck der Vorgesellschaften. So gehen Rechtsprechung[255] und herrschende Lehre[256] gemeinhin davon aus, dass der Zweck der Vorge-

[253] Siehe Abschnitt V B. II. 2.
[254] Siehe Abschnitt V D.
[255] BGHZ 80, 129, 139; RGZ 83, 370, 373; RGZ 105, 228, 229; RGZ 134, 121, 122.

sellschaft sich in der „Herbeiführung der Eintragung" erschöpfe. Die Vorgesellschaft, so heißt es, bestehe nur zum Zweck der Gründung und verfüge noch nicht über den satzungsmäßig bestimmten Gesellschaftszweck. Die Parallele zur Ansicht, die Liquidationsgesellschaft existiere nur zum Zweck der Abwicklung, ist auffallend und verräterisch zugleich. Denn entscheidend ist, dass bei der Vorgesellschaft zwar einerseits das Vorhandensein des späteren Gesellschaftszwecks geleugnet wird, es aber andererseits für möglich gehalten wird, dass die Vorgesellschaft schon in gleicher Weise tätig ist wie die später eingetragene werbende Gesellschaft. Die Vorgesellschaft kann sich beispielsweise bereits in vollem Umfang unternehmerisch betätigen, und zwar nicht nur dann, wenn ein Unternehmen in die Gesellschaft eingebracht wird, sondern auch in allen anderen Fällen. Die Gesellschafter, so heißt es zur Begründung, erweiterten dann den Zweck der Vorgesellschaft.[257]
Die Begrenzung auf den Zweck der „Herbeiführung der Eintragung" ist damit im Ergebnis bloß vordergründig. In Wahrheit, dies zeigt die voll unternehmerisch tätige Vorgesellschaft nur allzu deutlich, besteht die Vorgesellschaft schon mit ihrem eigentlichen, das heißt dem satzungsmäßig bestimmten Gesellschaftszweck. Weitaus überzeugender ist es daher, wenn die Gegenansicht[258] offen annimmt, dass die Vorgesellschaft nicht nur mit dem Zweck der Herbeiführung der Eintragung, sondern bereits mit dem Zweck der später eingetragenen Gesellschaft besteht, der nur durch den Gründungszweck als Verfahrenszweck überlagert wird.
Geht man so zutreffend davon aus, dass die Vorgesellschaft schon mit dem eigentlichen Gesellschaftszweck existiert, ist es nur logisch und konsequent, wenn man annimmt, dass umgekehrt auch die Liquidationsgesellschaft noch mit dem ursprünglichen Gesellschaftszweck besteht. Richtig scheint dies zudem deshalb, weil auch die Liquidationsgesellschaft unstreitig noch weiter den ursprünglichen Zweck weiter verfolgen, also insbesondere ein von ihr betriebenes Geschäft zeitweilig weiterführen kann. Auf diese Weise ist zugleich ein rechtsformübergreifend klares und überzeugendes Modell geschaffen: Jede Gesellschaft lebt von ihrer Errichtung bis hin zu Vollbeendigung nach einem konstanten Gesellschaftszweck. Gründungs- und Beendigungsverfahren nehmen zwar auf die Zwecke der Gesellschaft Einfluss, lassen den sie konstituierenden Gesellschaftszweck aber unberührt.

3. Fortsetzung der aufgelösten Gesellschaft

Auch die Möglichkeit zur Fortsetzung der aufgelösten Gesellschaft spricht eindeutig für die Lehre der bloßen Zwecküberlagerung. Die Problematik ist zugleich ein gutes Beispiel dafür, zu zeigen, wie die Ansicht der herrschenden Meinung dazu beigetragen hat, sinnvolle Rechtsentwicklungen zu blockieren. So
herrschte früher die schon erwähnte Auffassung vor, die Gesellschaft höre mit ihrer Auflösung auf zu existieren und die Liquidation sei nur eine Regulierung des „Nachlasses" der bereits „toten" Gesellschaft. Man könnte nun erwarten, dass, nachdem

---

256 *Grunewald*, GesR, 2.E., Rn. 28; *Lutter/Hommelhoff*, § 11 GmbHG, Rn. 3 f.
257 *Grunewald*, GesR, 2.E., Rn. 28.
258 *K. Schmidt*, GesR, § 11 IV. 2. b), S. 309, § § 34 III. 3. a, b) bb), S, 1019 ff.; *ders*., in Scholz, § 11 GmbHG, Rn. 26, 64; vgl. für die Vor-AG *Hüffer*, AktG, § 41 AktG, Rn. 3 ff.

diese Thesen *Otto v. Gierkes* überwunden waren, sich auch sehr schnell die Ansicht verbreitet hätte, dass die aufgelöste Gesellschaft noch fortgesetzt werden kann. Denn wenn die Auflösung der Gesellschaft nicht mehr mit ihrer Vernichtung gleich gesetzt wird, sondern man davon ausgeht, dass die aufgelöste als mit als mit der werbenden Gesellschaft identische Gesellschaft real fortexistiert, liegt die Überlegung nahe, dass die Gesellschaft nicht nur durch Neugründung, sondern auch durch entsprechende Fortsetzungsvereinbarung wieder als werbende betrieben werden kann.

Der Blick für diese Möglichkeit blieb aber noch lange Zeit versperrt. Bis Mitte der 20er Jahre war es allgemeine Ansicht, dass eine aufgelöste Gesellschaft nur durch Neugründung wieder aktiv tätig sein konnte.[259] Man ging zwar nun davon aus, dass die Auflösung nicht mehr zur Vernichtung der Gesellschaft führte, sondern nur eine zeitliche Zäsur im Leben der Gesellschaft darstellte. Zugleich war man aber der Auffassung, dass der bisherige Zweck der Gesellschaft, das „Streben zum Leben, zur Fort- und Weiterentwicklung“ vollständig erloschen sei und an seine Stelle der Zweck der Liquidation, das „Streben zum Tode, zur Rückbildung und Abwicklung“ getreten sei.[260] Man meinte, die aufgelöste Gesellschaft existiere alleine zum Zwecke der Liquidation und eine produktive Fortentwicklung habe mit dem Augenblick der Auflösung jeden rechtlichen Boden verloren. Jede weitere Lebensbetätigung falle aus dem Rahmen der nur noch der Selbstvernichtung dienenden Existenz der Gesellschaft. Es lag folglich vor allem in der Lehre der Zweckänderung begründet, dass den Gesellschaftern die Möglichkeit, die aufgelöste Gesellschaft durch Beschluss fortzusetzen, lange versagt blieb.

Erst in den 20iger Jahren ging das Reichsgericht von der Möglichkeit aus, die aufgelöste, aber noch nicht vollbeendete Gesellschaft durch bloße Vereinbarung der Gesellschafter als werbende fortzuführen. Es erkannte zunächst für eine Personenhandelsgesellschaft und später für eine GmbH die Möglichkeit der Fortsetzung als werbende Gesellschaft an.[261] Heute ist das Recht der Gesellschafter zur Fortsetzung einer aufgelösten Gesellschaft auch für die BGB-Gesellschaft allgemeine Auffassung.[262]

Dabei begründet die herrschende Meinung die Fortsetzungsmöglichkeit zum einen mit allgemeinen Praktikabilitätserwägungen, zum anderen damit, dass die mit Auflösung erfolgte Zweckänderung keine irreversible sei, es den Gesellschaftern als den Herren der Gesellschaft vielmehr jederzeit frei stehe, den Zweck der Gesellschaft zu ändern. Der Fortsetzungsbeschluss stelle eine *erneute Zweckänderung* dar.[263]

Dies scheint künstlich und unnötig kompliziert. Viel einfacher sind die Dinge, wenn man davon ausgeht, dass die BGB-Gesellschaft von ihrer Gründung bis hin zur Vollbeendigung einem konstanten Gesellschaftszweck unterliegt. In diesem Fall wird bei Fortsetzung lediglich der Liquidationszweck als Verfahrenszweck beseitigt und der die ganze Zeit über existierende Gesellschaftszweck wieder „frei gelegt“.

---

259 *Wimpfheimer*, S. 80 ff.; RG SeuffA 70 (1915), Nr. 252; RG KGJ 32, Nr. 35, A 154; vgl. KG JW 1925, 640, 640.

260 *Wimpfheimer*, S. 82 ff.

261 RGZ 106, 63, 65; RGZ 118, 337, 338; vgl. BGHZ 1, 324, 327; BGHZ 8, 35, 37 ff. .

262 MüKo-Ulmer, Vor § 723 BGB, Rn. 11; vgl. Abschnitt V C.

263 MüKo-*Ulmer*, Vor § 723 BGB, Rn. 11, § 730 BGB, Rn. 20; Soergel-*Hadding*, Vor § 723 BGB, Rn. 3; Staudinger-*Keßler*, § 723 BGB, Rn. 8 f., Erman-*H.P. Westermann*, § 723 BGB, Rn. 6.

C. Ergebnis und Bedeutung des Liquidationszwecks für den Verfahrensumfang

Die BGB-Gesellschaft in Liquidation ist nicht nur eine reale und mit der werbenden BGB-Gesellschaft identische Gesellschaft, sie besitzt auch den gleichen konstituierenden Gesellschaftszweck wie diese. Allerdings wird der Gesellschaftszweck der BGB-Gesellschaft i. L. durch den Liquidationszweck, die *Vollabwicklung der Gesellschaft*, teilweise überlagert, das heißt, dass soweit sich aus ihm bestimmte Rechte und Pflichten der Gesellschafter herleiten, diese durch den Zweck der Liquidation beeinflusst werden. So führt beispielsweise der Liquidationszweck dazu, dass die Gesellschafter im Rahmen ihrer Zweckförderungspflicht nicht mehr uneingeschränkt den gemeinschaftlichen Zweck, etwa das Betreiben eines Erwerbsgeschäftes, fördern müssen. Sie müssen der BGB-Gesellschaft nicht mehr unbegrenzt etwa ihnen gehörende Gegenstände oder Räumlichkeiten zur Verfügung stellen, wohl aber insoweit, wie es zum Zwecke der Liquidation, also etwa zur Erledigung der noch offenen Aufträge, erforderlich ist. Auch führt der Verfahrenszweck dazu, dass die Gesellschafter die Vollabwicklung der BGB-Gesellschaft nach besten Kräften fördern müssen, sich also positiv um eine Erfüllung und Einziehung aller Verbindlichkeiten bzw. Forderungen zu kümmern und negativ alles unterlassen zu haben, was die schnelle und vollständige Abwicklung behindert.

Der Liquidationszweck prägt aber nicht nur die Gesellschaft und die Rechte und Pflichten der Gesellschafter. Er bestimmt vor allem auch die Aufgaben der Liquidatoren, das heißt der zur Durchführung der Liquidation bestellten Organe der BGB-Gesellschaft. Die Liquidatoren müssen diejenigen Maßnahmen ergreifen, die erforderlich und geeignet sind, alle Rechtsbeziehungen der BGB-Gesellschaft im Innen- und Außenverhältnis umfassend zu lösen, das bedeutet grundsätzlich alle Verbindlichkeiten erfüllen und Forderungen einziehen und alles Vermögen der BGB-Gesellschaft übertragen.

Von zentraler Bedeutung für den Umfang der Liquidation, das heißt konkret die Tätigkeit der Liquidatoren, sind damit die einzelnen der BGB-Gesellschaft zustehenden Rechtspositionen. Insoweit fragt sich, welche rechtlichen Positionen die BGB-Gesellschaft überhaupt einnehmen kann, das heißt in welchem Umfang sie die Fähigkeit besitzt, selbst Träger von Rechten und Pflichten zu sein. Dass ihr nicht sämtliche Rechte und Pflichten zustehen können, ergibt sich schon aus ihrer Eigenschaft als nicht natürlicher Rechtsperson, wobei selbst natürlichen Personen nicht jede Rechtsposition offen steht. Für die BGB-Gesellschaft wird aber darüber hinaus für einzelne Rechtspositionen die Fähigkeit zur Rechts- und Pflichtträgerschaft in Frage gestellt. Um den Umfang des Verfahrens bestimmen und die Tätigkeit der Liquidatoren konkretisieren zu können, soll daher nachfolgend die Reichweite der Rechtssubjektivität der BGB-Gesellschaft untersucht werden.

§ 5 Rechtspositionen der BGB-Gesellschaft in Liquidation

Erkennt man der BGB-Gesellschaft die Rechtsfähigkeit zu, heißt dies nicht nur, dass die Gesellschaft selbst Schuldner und Gläubiger von Verbindlichkeiten wird. Auch andere Rechte und Pflichten sind konsequent der BGB-Gesellschaft selbst zuzuordnen. In welchem Umfang dies möglich ist, ist allerdings streitig.[263] Dabei betrifft die Diskussion regelmäßig nur die werbende BGB-Gesellschaft. Die Frage des Umfangs der Rechtsfähigkeit ist jedoch auch für die BGB-Gesellschaft in Liquidation von Bedeutung.

Dies zum einen, weil es sich der BGB-Gesellschaft i. L. um eine mit der werbenden identische BGB-Gesellschaft handelt. Sie besitzt exakt die gleiche Rechtsnatur wie die werbende Gesellschaft und auch bei ihr kann sich beispielsweise die Frage stellen, ob sie Partei eines Rechtsstreits sein oder ins Grundbuch oder Handelsregister eingetragen werden kann. Vor allem aber ist der Zweck der Liquidation die *Vollabwicklung* der BGB-Gesellschaft. Sämtliche Rechte und Pflichten, sämtliche Vermögenswerte der BGB-Gesellschaft müssen im Zuge der Liquidation eingezogen, erfüllt oder übertragen werden. Dies setzt voraus, dass *feststeht*, welche Rechtspositionen der BGB-Gesellschaft zustehen. Ist die Gesellschaft etwa selbst Beteiligte an einer anderen BGB-Gesellschaft oder an einer Handelsgesellschaft gehört auch diese Beteiligung zum Gesellschaftsvermögen und muss von den Liquidatoren abgewickelt werden. Sind hingegen nur die Gesellschafter Beteiligte, wird die Gesellschaftsbeteiligung von der Liquidation der BGB-Gesellschaft nicht berührt. Die Liquidatoren müssen bzw. dürfen die Beteiligung gar nicht im Rahmen des Verfahrens an Mitgesellschafter oder Dritte übertragen.

A. Besitzfähigkeit

I. Besitz der werbenden BGB-Gesellschaft

Für den Besitz, die tatsächliche Sachherrschaft über Gegenstände des Gesellschaftsvermögens, gehen die Vertreter der neuen Lehre einstimmig davon aus, dass auch er der BGB-Gesellschaft selbst zusteht.[264] Die vor allem früher vertretene Auffassung, dass der Besitz allein den Gesellschaftern, und zwar in Form unmittelbaren Mitbesitzes der geschäftsführenden und mittelbaren Mitbesitzes der übrigen Gesellschafter zugeordnet sei (§ 866 BGB), werde dem modernen Verständnis von der BGB-Gesellschaft als überindividueller Wirkungseinheit mit den Gesellschaftern als nur für die Gesellschaft als solche tätigenden Organen nicht gerecht.[265] Allein in dem Fall, dass alle Gesellschafter eine in die BGB-Gesellschaft eingebrachte Sache unterschiedslos benutzen und verwalten, sei von einem bloßen (Mit-)Besitz der Gesell-

---

[263] Vgl. aus neuere Zeit nur *K. Schmidt*, NJW 2001, 993 ff.; *Timme/Hülk*, JuS 2001, 536 ff.; *Ulmer*, ZIP 2001, 585 ff.; *Wertenbruch*, DB 2001, 419 ff.; *H.P. Westermann*, NZG 2001, 289 ff.; BGH NJW-RR 2001, 114 ff.

[264] *Flume*, Personengesellschaft, § 6 II., S. 79 ff.; *Habersack*, BB 2001, 477, 479; *K. Schmidt*, GesR, § 60 II. 3., S. 1777 ff.; *Wiedemann*, WM 1994, SB Nr. 4, S. 8; *Grunewald*, GesR, 1. A., Rn. 106; MüKo-*Ulmer*, § 718 BGB, Rn. 27; ähnlich schon BGH WM 1963, 560, 561: Gesamtbesitz der Gesellschafter; BGH WM 1985, 997, 999: mittelbarer Gesellschaftsbesitz; BGH WM 1985, 1433, 1434: mehrstufig mittelbarer Eigenbesitz der Gesellschaft.

[265] MüKo-*Ulmer*, § 718 BGB, Rn. 27. Zu dieser insbesondere früher herrschenden Auffassung vom ausschließlichen (Mit-)Besitz der Gesellschafter siehe BGHZ 86, 300, 307; BGHZ 86, 340, 344; *Huber*, Vermögensanteil, S. 111 ff.; Palandt-*Bassenge*, § 854 BGB, Rn. 14; Erman-*O. Werner*, § 854 BGB, Rn. 6.

schafter, jedoch dadurch bedingt, dass die Besitzbefugnisse im Interesse der Gemeinschaft auszuüben sind, auszugehen.[266]

Den Vertretern der neuen Lehre ist uneingeschränkt zuzustimmen. Die Zuweisung des Besitzes an die Gesellschaft selbst ist bei eigenem Eigentum der BGB-Gesellschaft logisch und konsequent, ein Unterschied zur juristischen Person insoweit nicht gerechtfertigt. Wie *Flume*[267] im einzelnen überzeugend dargelegt hat, lässt die Gegenüberstellung der Besitzposition von juristischer Person und Gesamthand unter Beschränkung der Besitzzurechnung auf die juristische Person nicht nur in ihren Voraussetzungen zahlreiche Fragen offen. Vielmehr erweisen sich auch die Rechtsfolgen einer Besitzzurechnung zur Gesamthand selbst gegenüber denjenigen, die sich bei bloßem (Mit-)Besitz aller Gesellschafter ergeben, eindeutig überlegen. So liegt hinsichtlich des Eigentumserwerbes der Gesellschaft an beweglichen Sachen bei eigenem Besitz der BGB-Gesellschaft die zur Eigentumsverschaffung erforderliche Besitzübergabe unproblematisch vor, wenn die Geschäftsführer oder andere beauftragte Personen die Sache für die BGB-Gesellschaft in ihre tatsächliche Gewalt nehmen,[268] während bei ausschließlichem Besitz aller Gesellschafter in diesem Fall die zu § 929 BGB entwickelte Lehre der Geheißperson herangezogen werden muss.[269] Ein weiterer Vorteil besteht darin, dass die Gesellschaft so gegen gutgläubigen Erwerb Dritter durch Verfügungen anderer als der Gesellschafter oder in ihrem Auftrag handelnder Personen einschließlich der nicht verfügungsberechtigten Gesellschafter selbst geschützt ist (§ 935 BGB).[270] Der Gesellschaft sind zudem Besitzschutzansprüche verschafft, wenn ein Geschäftsführer oder ein Angestellter aus der BGB-Gesellschaft ausscheidet, die Sachherrschaft über Gesellschaftsgegenstände aber beibehält und nunmehr im eigenen Interesse ausübt.[271] Die in §§ 937, 955, 1006 BGB mit dem Besitz verknüpften Rechtsfolgen treten ferner nicht nur bei den geschäftsführenden Gesellschaftern, sondern bei der BGB-Gesellschaft selbst ein und auch die Ansprüche aus §§ 985, 987 ff, 1007 Abs. 1 und 2 BGB sowie der Besitzschutz nach § 823 Abs. 2 BGB kommen ihr selbst zugute.[272] Im Fall des Gesellschafterwechsels schließlich erlangt der Neueintretende automatisch eine Mitbeteiligung an der Besitzstellung der Gesellschaft, ohne dass es darauf ankommt, ob und wieweit ihm die Sachherrschaft vom ausgetretenen Gesellschafter oder den anderen Gesellschaftern tatsächlich eingeräumt wird.

Ausgeübt wird der Besitz der BGB-Gesellschaft dann wie bei der juristischen Person durch die geschäftsführenden Gesellschafter oder ihre Angestellten. Entscheidend für

---

[266] *Wiedemann*, WM 1994, SB Nr. 4, S. 8; MüKo-*Ulmer*, § 718 BGB, Rn. 28; *K. Schmidt*, GesR, § 60 II. 3., S. 1778 auch zum ausnahmsweisen Alleinbesitz eines Gesellschafters sowie zum Mitbesitz von Gesellschaft und Gesellschaftern.

[267] *Flume*, Personengesellschaft, § 6 II., S. 79 ff.

[268] Vgl. Soergel-*Hadding*, § 718 BGB, Rn. 19; MüKo-*Ulmer*, § 718 BGB, Rn. 29.

[269] So *Huber*, Vermögensanteil, S. 114.

[270] Siehe *Flume*, Personengesellschaft, § 6 III., S. 83; Soergel-*Hadding*, § 718 BGB, Rn. 19; BGHZ 57, 166, 168.

[271] Vgl. *Flume*, Personengesellschaft, § 6 III., S. 83; MüKo-*Ulmer*, § 718 BGB, Rn. 29; Soergel-*Hadding*, § 718 BGB, Rn. 19.

[272] Vgl. *Flume*, Personengesellschaft, § 6 III., S. 83.

Zurechnung des Besitzes sind damit auch für die BGB-Gesellschaft zwei Momente, und zwar zum einen die Willensrichtung der natürlichen Person und zum anderen die Zugehörigkeit der die Sachherrschaft ausübenden natürlichen Person und der Sache zum Herrschaftsbereich der Gesellschaft.[273] Wenn die natürliche Person ihren Willen nach außen erkennbar dahin ändert, dass sie nunmehr für sich selbst besitzen will, oder sie die Sachherrschaft auch nach ihrem Ausscheiden aus dem Herrschaftsbereich der Gesellschaft beibehält, so führt dies zum Besitzverlust der BGB-Gesellschaft, und stellt, wenn nicht die Änderung im Einverständnis mit den geschäftsführenden Gesellschaftern erfolgt ist, verbotene Eigenmacht dar (§ 858 BGB), die Besitzschutzansprüche gegenüber der Gesamthand auslöst.[274]

II. Besitz der BGB-Gesellschaft in der Liquidation

Aufgrund der Identität von werbender und aufgelöster Gesellschaft steht so auch der BGB-Gesellschaft in Liquidation der Besitz der BGB-Gesellschaft selbst zu. Er umfasst alle Gegenstände, die sich im Vermögen der werbenden Gesellschaft befanden, als auch diejenigen, die erst im Zuge der Liquidation in den Herrschaftsbereich der BGB-Gesellschaft gelangen, beispielsweise die an Dritte vermieteten und von diesen im Zuge der Liquidation zurückgegebenen Gegenstände. Ausgeübt wird der Besitz dabei durch die Liquidatoren. Insoweit zeigt sich deutlich der Vorteil eines eigenen Besitzes der BGB-Gesellschaft. Verfahren die Liquidatoren mit Gegenständen der Gesellschaft nicht ordnungsgemäß, nutzen sie etwa eine Sache der BGB-Gesellschaft während der Liquidation ausschließlich zu eigenen Zwecken, handeln sie in verbotener Eigenmacht und sind der BGB-Gesellschaft zum Schadensersatz verpflichtet (§ 823 Abs. 2 i.V.m. § 858 BGB). Vor allem aber bedeutet ein eigener Besitz der BGB-Gesellschaft in der Liquidation, dass im Verfahren auch die Sachherrschaft an eigenen sowie fremden Sachen der BGB-Gesellschaft übertragen werden muss. Die Liquidatoren haben etwa die von der Gesellschaft gemieteten Geschäftsräume zurückzugeben und bei Veräußerung von Gesellschaftsgegenständen (§ 733 Abs. 3 BGB) den Erwerbern zumindest mittelbaren Besitz einzuräumen. Eine Aufgabe des Besitzes (vgl. § 959 BGB) wird nur im Ausnahmefall, etwa bei ganz geringwertigen Sachen, in Betracht kommen.

B. Namensfähigkeit

I. Name der werbenden BGB-Gesellschaft

Der Name ist wie Sitz und Nationalität zentrales Identifikationsmerkmal jeder Gesellschaft.[275] Zu Recht wird daher die Namensfähigkeit der BGB-Gesellschaft von der neuen Lehre[276] und auch der Rechtsprechung[277] weitgehend anerkannt. Vor allem

---

273 MüKo-*Ulmer*, § 718 BGB, Rn. 28; Soergel-*Hadding*, § 718 BGB, Rn. 18.

274 *Flume*, Personengesellschaft, § 6 III., S. 82; MüKo-*Ulmer*, § 718 BGB, Rn. 28.

275 *John*, S. 29.

276 Soergel-*Hadding*, § 705 BGB, Rn. 68; *Habersack*, BB 2001, 477, 479; *K. Schmidt*, NJW 2001, 993, 999; Erman-*H.P. Westermann*, § 705 BGB, Rn. 67;. *Wiedemann*, JZ 2001, 661, 663; *Wertenbruch* DB 2001, 419, 422; MüKo-*Ulmer*, § 705 BGB, Rn. 225; *ders.*, ZIP 2001, 585, 592 ff., der im Anschluss an *John*, S. 72 ff, überhaupt erst bei eigenem Namen von einer „höherrangigen“ und so rechtsfähigen Gesellschaft ausgeht; so auch *Dauner-Lieb*, DStR 2001,

dort, wo sich die BGB-Gesellschaft regelmäßig und nicht in nur unerheblichem Umfang am Rechtsverkehr beteiligt, bedarf sie einer unterscheidungskräftigen Bezeichnung. Der Gebrauch einer Firma kommt insoweit nicht in Betracht, denn das Recht zur Firmenführung ist, wenn auch nicht mehr den vollkaufmännischen Gesellschaften (vgl. § 4 HGB a. F.), so doch den Gesellschaften vorbehalten, die im Handelsregister eingetragen sind (§§ 2, 105 Abs. 2, 161 Abs. 2 HGB.[278] Auch für eine entsprechende Anwendung des Firmenrechts ist im Unterschied zur Partnerschaft kein Raum (vgl. § 2 Abs. 2 PartGG).[279]

Den Namen der BGB-Gesellschaft können die Gesellschafter schon im Gesellschaftsvertrag oder auch erst später durch Gesellschafterbeschluss vereinbaren. Bei der Wahl unterliegen sie keinen positiven Regeln oder Mindestvoraussetzungen. Sie können grundsätzlich jeden aus Sach- und Personenbestandteilen zusammengesetzten Namen wählen, sollten sich freilich im Interesse der Namensfunktion und der Schutzfähigkeit des Namens um eine möglichst unterscheidungskräftige Bezeichnung bemühen. Eine Pflicht zum Hinweis auf die Rechtsform besteht im Unterschied zu den Personenhandels- und Kapitalgesellschaften nicht. Auch § 11 S. 3 PartGG, der den Zusatz „Partnerschaft" oder „und Partner" durch andere Gesellschaften als die Partnerschaftsgesellschaft nur unter der Bedingung des Hinzufügen eines auf die von der Partnerschaft abweichende Rechtsform Hinweises erlaubt, ändert daran nur mittelbar etwas. Insoweit genügt neben der ausdrücklichen Bezeichnung „BGB-Gesellschaft" und „Gesellschaft bürgerlichen Rechts" auch die Abkürzung „GbR".[280] In negativer Hinsicht wird die Wahlfreiheit durch Rechte Dritter nach Maßgabe der § 12 BGB, §§ 5, 15 MarkenG und auch das handelsrechtliche Firmenrecht beschränkt. Letztes verbietet vor allem Namen und Zusätze, die zur Täuschung über Charakter und Tätigkeit der Gesellschaft geeignet sind, und fordert eine sachlich zutreffende Beschreibung des Gesellschaftszwecks.[281] Unbedenklich und zugleich zweckmäßig sind im Ergebnis immer solche Bezeichnungen, die aus dem Sachzweck der Gesellschaft und dem Namen eines oder mehrerer Gesellschafter oder einem Rechtsformzusatz bestehen, beispielsweise „Müller & Meyer Anwaltsgesellschaft" oder „ARGE Neumarkt Passage GbR".

Führt die Gesellschaft einen Namen, so untersteht er dem Schutz des § 12 BGB, ohne dass es auf eine entsprechende Verkehrsgeltung ankommt.[282] Für eine derartige Verschärfung der Schutzvoraussetzungen gegenüber dem gesetzlichen Anwendungsbereich des § 12 BGB besteht kein Anlass, wenn die Gesellschaftsbezeichnung auch ohne Verkehrsgeltung Namensfunktion entfalten kann. Wenn die Gesellschaft unternehmerisch tätig ist, genießt der Name zusätzlich als Unternehmenskennzeichnen im

---

gen" und so rechtsfähigen Gesellschaft ausgeht; so auch *Dauner-Lieb*, DStR 2001, 356, 359. Ausführlich zum Namen der BGB-Gesellschaft *Holstein*, S. 20 ff.

277 RG JW 1906, 452, 452; BFH NJW 1987, 1720, 1720; OLG Karlsruhe NJW-RR 1986, 582, 582; OLG Karlruhe BB 1978, 519, 519 f.

278 Vgl. *Koller/Roth/Morck*, § 2 HGB, Rn. 2 f.

279 Vgl. MüKo-*Ulmer*, § 705 BGB, Rn. 225.

280 Bgr. RE BT-Drs. 12/6152; *Seibert*, DB 1994, 2381, 2383.

281 *Koller/Roth/Morck*, § 18 HGB, Rn. 5 ff.

282 Soergel-*Hadding* § 705 BGB, Rn. 69; aA *Holstein*, S. 113 f.

Sinne des § 5 Abs. 2 MarkenG Schutz nach § 15 MarkenG.[283] Es können in diesem Fall Dritte bei Verwendung einer verwechselungsfähigen, jüngeren Bezeichnung auf Unterlassung (Abs. 4) und auch auf Schadensersatz (Abs. 5) in Anspruch genommen werden.

II. Name der BGB-Gesellschaft in der Liquidation

Konsequent steht auch der BGB-Gesellschaft in Liquidation das Recht auf einen eigenen Namen zu. Wichtig ist dies vor allem für unternehmerische BGB-Gesellschaften, die ihre Geschäfte während der Liquidation regelmäßig zeitweilig fortführen und wo die Abwicklung oft von einiger Dauer ist. Machen sich Dritte in dieser Zeit eine gleichklingende Bezeichnung zu eigen, können die Liquidatoren der Gesellschaft auf Unterlassung und Schadensersatz klagen. Zu berücksichtigen ist dabei, dass ein den Liquidationsstatus kennzeichnender erforderlicher Zusatz („i.L.")[284] nicht Bestandteil des Namens der BGB-Gesellschaft wird.[285] Die Dritten können sich insoweit folglich nicht auf eine „deutlich andere" Geschäftsbezeichnung berufen.
Im Einzelfall kann es zudem geboten sein, dass die BGB-Gesellschaft für die Liquidation einen neuen Namen wählt. Dabei darf dieser allerdings nicht über Art und Umfang der Gesellschaftstätigkeit täuschen. Ein Verzicht auf den Liquidationszusatz kommt insoweit nur in Betracht, wie sich die begrenzte Geschäftstätigkeit bereits konkret aus der Bezeichnung selbst ergibt, beispielsweise „Liquidationsgesellschaftsgesellschaft Bauobjekt Mozartstr. 25 bR".
Wichtige Konsequenz der Namensfähigkeit der Gesellschaft ist, dass der Name, soweit von eigenem wirtschaftlichen Wert, Bestandteil des Gesellschaftsvermögens wird. Er muss damit von den Liquidatoren im Verfahren angemessen verwertet werden. Kommt bei einer unternehmerischen BGB-Gesellschaft, eine Veräußerung des Geschäfts als Ganzes, etwa wegen räumlicher Bindung an Gesellschaftereigentum, nicht in Betracht, müssen die Liquidatoren versuchen, die Bezeichnung als solche möglichst gewinnbringend zu veräußern.

C. Scheck- und Wechselfähigkeit

I. Scheck und Wechsel der werbenden BGB-Gesellschaft

Die Scheck- und Wechselfähigkeit der BGB-Gesellschaft, das heißt die Fähigkeit der Gesellschaft im eigenen Namen einen Scheck oder Wechsel auszustellen, ist von den meisten Vertretern der neuen Lehre[286] und inzwischen auch von der Rechtspre-

---

283 MüKo-*Ulmer*, § 705 BGB, Rn. 228.

284 Vgl. Abschnitt V § 2 A. IV.

285 Vgl. für die Firma der OHG/KG RGZ 29, 66, 68; Heymann-*Sonnenschein/Weitemeyer*, § 153 HGB, Rn. 1.

286 *Flume*, Personengesellschaft, § 7 III., S. 108 f.; MüKo-*Ulmer*, § 705 BGB, Rn. 134; Erman-*H.P. Westermann*, § 705 BGB, Rn. 16; *ders.*, NZG 2001, 289, 293; Soergel-*Hadding*, § 722 BGB, Rn. 22; *Grunewald*, GesR, 1. A., Rn. 105; *Timm*, NJW 1995, 3209, 3214; *Wertenbruch*, DB 2001, 419, 422; *Wiedemann*, JZ 2001, 661, 663.

chung[287] anerkannt. Derjenige, der rechtsfähig sei, sei auch scheck- und wechselfähig.[288] Unschädlich sei, dass die Gesellschaft nicht registriert werde und somit Unklarheiten über die Person des Scheck- oder Wechselschuldners entstehen könnten. Wie im Fall der Zession einer gegen die Gesellschaft gerichteten Forderung sei es allein Sache des Gläubigers, das heißt des Scheck- oder Wechselnehmers, sich durch Herstellung der Transparenz gegen ein derartiges Risiko zu sichern, wobei ihm bei unklarer Bezeichnung der BGB-Gesellschaft die allgemeinen Grundsätze über die Rechtsscheinshaftung zugute kämen.[289]

Erkennt man der BGB-Gesellschaft die Rechtsfähigkeit zu, folgt daraus zunächst nur, dass die Gesellschaft „als solche" einen Scheck oder Wechsel ausstellen kann. Ist sie selbst Inhaber des Gesellschaftsvermögens und Vertragspartner insbesondere auch von Bankgesellschaften, muss sie auch in der Lage sein, selbst einen Scheck oder Wechsel auszuschreiben. Dass nur die Gesellschafter als Einzelpersonen eine Scheck- oder Wechselverpflichtung eingehen können, macht bei eigener Vermögensträgerschaft und Verpflichtungsfähigkeit der BGB-Gesellschaft wenig Sinn.

Dass die Gesellschaft sich bei Ausstellung des Wertpapiers ihrer Gesamtbezeichnung bedienen kann, folgt hingegen erst aus ihrem Recht auf eigenen Namen. Ist die BGB-Gesellschaft in der Lage, im eigenen Namen im Rechtsverkehr aufzutreten und Rechtsgeschäfte abschließen, muss sie auch in der Lage sein, in diesem Namen einen Scheck oder Wechsel auszustellen. Denn auch die Wertpapierausstellung ist Bestandteil einer rechtsgeschäftlichen Beziehung der Gesellschaft – zum einen mit der Bank, zum anderen mit dem konkreten Geschäftspartner.

Ist der Gesellschaft damit im Einklang mit der neuen Lehre die Scheck- und Wechselfähigkeit zuzuerkennen, trägt dies auch zur Sicherheit im Rechtsverkehr bei. Wenn die Gesellschaft gegenüber Dritten in einem bestimmten Namen als Vertragspartner auftritt und mit diesem Geschäfte abschließt, einen Scheck oder Wechsel aber auf einen bzw. mehrere ganz andere Namen ausstellt, sind Irritationen auf Seite des Geschäftspartners vorprogrammiert. Dieser wird verunsichert sein und im Zweifel Zeit und Geld kostende Nachforschungen anstellen. Können die Geschäftsführer hingegen das Geschäftszeichen konsequent auch bei Ausstellung eines Schecks oder Wechsels verwenden, steht einer raschen und reibungslosen Geschäftsabwicklung nichts mehr im Wege.

Die Zeichnung des Schecks oder Wechsels im Gesamtnamen der Gesellschaft stößt sich schließlich auch nicht an wertpapierrechtlichen Grundsätzen. Es besteht insoweit kein Unterschied zu den Personenhandelsgesellschaften. Soweit es darum geht, späteren Erwerbern Klarheit über ihre Rechte am Scheck oder Wechsel zu geben, reicht es aus, dass sie wissen, auf wessen Namen dieser ausgestellt ist. Auch der Grundsatz der formellen Wertpapierstrenge, nach dem für die Auslegung eines Wertpapiers grundsätzlich keine außerhalb der Urkunde liegenden Umstände herangezogen werden dürfen, ist nicht berührt, wenn, wie regelmäßig aus dem Scheck und Wechsel hervor-

---

287 BGH BB 2001, 374, 379 für Wechsel; BGHZ 136, 254, 257 für Scheck; anders noch BGHZ 59, 179, 184 f.; BGHZ 61, 59, 62; OLG Hamm NJW 1976, 1752, 1752; offen gelassen in BGH WM 1991, 1909, 1909; positiv aber schon OLG Düsseldorf WM 1992, 181, 182 ff.

288 BGHZ 136, 254, 257.

289 MüKo-*Ulmer*, § 705 BGB, Rn. 134; *Flume*, Personengesellschaft, § 7 III., S. 108 f.

geht, dass es sich um eine Gesellschaft bürgerlichen Rechts handelt. Wer zu den Mitgliedern der Gesellschaft gehört, ist keine Frage der Auslegung, sondern der Tatsachenermittlung.[290] Dass diese Ermittlung bei der BGB-Gesellschaft aufgrund fehlender Registrierung schwieriger sein mag als bei einer Personenhandelsgesellschaft, rechtfertigt es nicht, der BGB-Gesellschaft die Scheck- und Wechselfähigkeit zu versagen, zumal für die Formgültigkeit die schlagwortartige Bezeichnung des Ausstellers genügt.[291]

II. Scheck und Wechsel der BGB-Gesellschaft in der Liquidation

Als mit der werbenden BGB-Gesellschaft identische Gesellschaft ist die BGB-Gesellschaft i.L. in gleicher Weise wie diese scheck- und wechselfähig. Allerdings gilt die Besonderheit, dass sie bei Zeichnung des Wertpapiers ihrem Namen einen die Liquidation andeutenden Zusatz beifügen muss.[292] Der Rechtsverkehr hat hier ein besonderes Interesse an Aufklärung über die zeitlich begrenzte Existenz der Gesellschaft. Insoweit dürfte den Liquidatoren auch die Pflicht obliegen, zumindest gegen Ende des Abwicklungsverfahren vor allem Wechsel nicht mehr zu akzeptieren (gezogener Wechsel) und auszustellen (Solawechsel). Da es sich bei Schecks und Wechsel zudem nicht um Geld handelt (vgl. § 733 Abs. 3 BGB), gehört es schließlich auch zu den Aufgaben der Liquidatoren, die noch vorhandenen Wertpapiere einzulösen.[293]

D. Beteiligungsfähigkeit insbesondere an OHG und KG

I. Beteiligung der werbenden BGB-Gesellschaft

Dass die BGB-Gesellschaft Mitglied einer anderen BGB-Gesellschaft, einer Aktiengesellschaft, einer GmbH, auch Vor-GmbH und Genossenschaft sein kann, ist in der neuen Lehre[294] unstreitig und auch von der Rechtsprechung[295] inzwischen anerkannt. Streitig ist jedoch, ob gleiches für die Beteiligung an einer Personenhandelsgesellschaft gilt. Überwiegend wird die Beteiligungsfähigkeit der BGB-Gesellschaft insoweit unter Hinweis auf ihre fehlende Registrierung und die damit verbundenen Schwierigkeiten bei der Durchsetzung der Gesellschafterhaftung gemäß §§ 128, 171 HGB noch abgelehnt.[296] Bei den Personhandelsgesellschaften müsse für den Rechts-

---

290 Vgl *A. Hueck/Canaris*, Recht der Wertpapiere, S. 55.

291 RGZ 119, 198, 202; *Baumbach/Hefermehl*, Art. 1 WG, Rn. 14; vgl. auch OLG Düsseldorf WM 1992, 181, 182 f.

292 Zu den Folgen bei Verstößen vgl. Abschnitt V § 2 A. IV.

293 Vgl. zum Umfang der Vermögensumsetzung nach § 733 Abs. 3 BGB Abschnitt V § 2 A. II. 2.

294 Ausführlich *Beuthien/Ernst*, ZHR 156 (1992), 227 ff.; *Hartmann/Hartmann*, FS Werner, S. 217, 218 ff.; *Habersack*, BB 2001, 477, 479; MüKo-*Ulmer*, § 705 BGB, Rn. 67; *Grunewald*, GesR, 1. A., Rn. 104; *K. Schmidt*, GesR, § 60 II 6., S. 1783 f.; *H.P. Westermann*, NZG 2001, 289, 294.

295 BGHZ 116, 86, 88 für Genossenschaft; BGHZ 118, 83, 99 f. für AG; BGH NJW 1998, 376, 376; RGZ 136, 236, 240 beides für BGB-Gesellschaft; BGHZ 78, 311, 316 ff. für Vor-GmbH; OLG Hamm, NJW-RR 1996, 482, 483; OLG München, NZG 2001, 26, 26 f. beides für GmbH.

296 *K. Schmidt*, NJW 2001, 993, 1002; Soergel-*Hadding*, § 705 BGB, Rn. 24; Staudinger-*Keßler*, § 705 BGB, Rn. 46; Palandt-*Sprau*, § 705 BGB, Rn. 24; MüKo-*Ulmer*, § 705 BGB, Rn. 67; vgl. *dens.*, ZIP 2001, 585, 595 ff.; *Koller/Roth/Morck*, § 105 HGB, Rn. 19; *Baumbach/Hopt*, § 105 HGB, Rn. 29; BGHZ 46, 291, 296; BGH NJW-RR 1987, 416, 417; OLG Zweibrücken Z 1982, 155, 156; offen gelassen in BGH ZIP 1990, 505, 507.

verkehr der jeweilige Gesellschafterbestand ohne weiteres aus dem Handelsregister ersichtlich sein, was wegen deren Registerpflichtigkeit zwar bei OHG und KG, nicht aber bei der beteiligten BGB-Gesellschaft gewährleistet sei.
Eine zunehmende Zahl von Autoren geht jedoch davon aus, dass die BGB-Gesellschaft sich zumindest als Kommanditist sowie in dem Fall an einer Personenhandelsgesellschaft beteiligen kann, dass alle BGB-Gesellschafter ins Register eingetragen werden.[297] Bei Registrierung jeden einzelnen Gesellschafters sei eine Beeinträchtigung der Gläubigerinteressen nicht nur verhindert, es sei vielmehr für die Gesellschaftsgläubiger noch besser als im Fall der Beteiligung einer Personenhandelsgesellschaft erkennbar, wer hinter dem jeweiligen Gesellschafter stehe. Was die Mitgliedschaft als Kommanditist betrifft, hat sich unlängst auch der BGH ausdrücklich für die Beteiligungsfähigkeit der BGB-Gesellschaft ausgesprochen.[298]
Ob und inwieweit die BGB-Gesellschaft beteiligungsfähig ist, richtet sich allein nach Struktur und Organisation der aufnehmenden Gesellschaft. Wesen und Natur der BGB-Gesellschaft selbst stehen einer Gesellschaftsbeteiligung nicht entgegen. Als organisierte Rechtseinheit ist sie nach neuer Lehre zur einheitlichen Willensbildung und damit auch zur Ausübung jeden subjektiven Mitgliedschaftsrechtes fähig. Was OHG und KG betrifft, schließen auch hier Struktur und Ausgestaltung die Beteiligung einer BGB-Gesellschaft nicht aus. Der Umstand, dass die Gesellschafter ins Handelsregister einzutragen sind (§§ 106 Abs. 2 Nr. 1, 107, 162 Abs. 1 und 3 HGB), stellt kein Hindernis dar, denn auch die BGB-Gesellschaft kann „als solche" ins Register eingetragen werden. Ebenso wie sie selbst vermögens- und verpflichtungsfähig ist, kann sie selbst in öffentliche Register eingetragen werden. Ob die Eintragung formell unter Verwendung des eigenen Namens erfolgen darf, ist eine andere Frage. In materieller Hinsicht jedenfalls ist die BGB-Gesellschaft als überindividuelle rechtliche Wirkungseinheit ebenso eintragungsfähig wie eine OHG, KG oder GmbH.
Keine Bedenken bestehen zudem unter dem Aspekt, dass die Registerpublizität außenstehenden Dritten die Möglichkeit geben soll, sich über die Zusammensetzung der OHG oder KG zu informieren, um so unter Berücksichtigung der persönlichen Haftung (§§ 128, 171 ff. HGB) die Bonität der Gesellschaft abschätzen zu können. Die Gläubiger können davon ausgehen, dass die BGB-Gesellschaft wie jeder andere Gesellschafter unbeschränkt mit dem ganzen Vermögen in voller Höhe bzw. als Kommanditist in Höhe der eingetragenen Haftsumme (§ 171 HGB) und zusätzlich stets mit jedem Gesellschafter in gleicher Höhe analog § 128 HGB persönlich haftet, ohne dass diese persönliche Gesellschafterhaftung einseitig abbedungen werden kann. Ob und inwieweit die BGB-Gesellschaft einschließlich ihrer Gesellschafter *tatsächlich* haftungsfähig ist, sie also den Gesellschaftsgläubigern wirklich Sicherheit bieten kann, geht aus dem Registereintrag freilich selbst bei Eintragung aller Gesellschafter nicht hervor. Dies jedoch ist bei der Beteiligung einer OHG und KG nicht anders.

---

[297] *Grunewald*, GesR, 1. A., Rn. 104; *Klamroth*, BB 1983, 796, 799 ff.; Erman-*H.P. Westermann*, § 705 BGB, Rn. 21; *ders.*, NZG 2001, 289, 294; *Habersack*, JuS 1990, 179, 183, Fn. 71; *ders.*, BB 2001, 477, 479; für KG-Beteiligung *Hartmann/Hartmann*, FS Werner, S. 217, 219 ff.

[298] BGH, ZIP 2001, 1713 f. mit Anm. *Ulmer*, 1714 ff.; vgl. auch BayObLG NZG 2001, 123, 123 f. (Vorentscheidung); LG Nürnberg-Fürth, RPfleger 1992, 353, 353.

Ist die BGB-Gesellschaft im Register hinreichend individualisiert, sind weiter auch unverhältnismäßige Schwierigkeiten bei Realisierung der Haftung nach §§ 128, 171 HGB ausgeschlossen. Insoweit besteht kein Unterschied gegenüber der „verschachtelten" BGB-Gesellschaft, bei der man die Klärung der Beteiligungsverhältnisse und Durchsetzung der persönlichen Gesellschafterhaftung aufgrund der fehlenden Registrierung der Gesellschafter-Gesellschaft gemeinhin auch nicht für „unverhältnismäßig erschwert" hält.[299]

Eindeutig für die Beteiligungsfähigkeit der BGB-Gesellschaft spricht sogar, dass sich so die Probleme vermeiden lassen, die bei einem Rechtsformwechsel zwischen OHG oder KG und BGB-Gesellschaft auftreten können. Ist die BGB-Gesellschaft zur Beteiligung an einer Personenhandelsgesellschaft fähig, bleibt eine OHG oder KG auch dann Gesellschafter einer Handelsgesellschaft, wenn sich ihr Zweck nicht mehr auf einen vollkaufmännischen Geschäftsbetrieb richtet (§ 1 Abs. 2 HGB), und bleibt in einer verschachtelten BGB-Gesellschaft die beteiligte BGB-Gesellschaft auch dann Gesellschafter, wenn sich die aufnehmende Gesellschaft aufgrund veränderter Umstände in eine OHG umwandelt. Den Gläubigern haftet die beteiligte Gesellschaft einschließlich ihrer Gesellschafter so immer und unabhängig vom Rechtsformwechsel. Dies schafft Rechtssicherheit und befreit die Praxis von einer schwierigen und umfangreichen Beweisführung.

Berücksichtigt man letztlich, dass die Vereinigungsfreiheit neben der Vertragsfreiheit den wichtigsten Zugang zum Rechts- und Geschäftsverkehr bildet und dass die Beteiligungsfähigkeit der BGB-Gesellschaft an der einer OHG gleich strukturierten EWIV sogar positiv gesetzlich geregelt ist (Art. 4 Abs. 1 lit. a, 48 Abs. 2 EWIV-VO, § 2 Abs. 2 Nr. 4 EWIV-AG), scheint es richtig, der BGB-Gesellschaft auch hinsichtlich den Personenhandelsgesellschaften generell die Beteiligungsfähigkeit zuzuerkennen.

In formeller Hinsicht wird die Eintragung der BGB-Gesellschaft „als solcher", das heißt ihre Eintragung unter Verwendung des Gesellschaftsnamens ganz überwiegend verneint.[300] Einzutragen seien vielmehr nur die einzelnen Gesellschafter mit dem Zusatz „als Gesellschaft bürgerlichen Rechts". Es sollte jedoch, wenn die BGB-Gesellschaft einen bestimmten, sie eindeutig identifizierenden Namen führt, zumindest aber dann, wenn die Zusammensetzung der Gesellschaft dem Registeramt in anderer Weise mitgeteilt wird, etwa durch Einreichen einer Gesellschafterliste, die bei nachfolgenden Veränderungen ergänzt wird, auch insoweit eine Eintragung „der BGB-Gesellschaft" möglich sein. Es würde zum einen den Gläubigern die Realisierung der Gesellschafterhaftung erleichtern, zum anderen würde es die Aufgabe des Handelsregisters, schnell und einfach über die Gesellschaftsbeteiligungen Auskunft zu geben, und zudem die Funktionstüchtigkeit der Registergerichte auch in den Fällen gewährleisten, in denen die BGB-Gesellschaft über eine große Zahl von Gesellschaftern verfügt und die Gesellschafter häufig wechseln. Mag die Eintragung jeden einzelnen Gesellschafters auch im Gegensatz zum Scheckformular technisch möglich

---

[299] Vgl. MüKo-*Ulmer*, § 705 BGB, Rn. 67.

[300] *Ann*, JA 2001, 441, 443; *Grunewald*, GesR, 1. A., Rn. 104; Soergel-*Hadding*, § 718 BGB, Rn.6; Schlegelberger-*K. Schmidt*, § 105 HGB, Rn. 72; *ders.*, NJW 2001, 993, 1002; *Wiedemann*, WM 1994, SB Nr. 4, S. 8; *ders.*, JZ 2001, 661, 663; *Timm*, NJW 1995, 3209, 3214, Fn. 57.

sein – unpraktikabel und Gesellschafter und Gerichte stark belastend ist sie gleichwohl.

II. Beteiligungen der BGB-Gesellschaft in der Liquidation

Kraft ihres Fortbestandes als mit der werbenden identische Gesellschaft kann auch die BGB-Gesellschaft i.L. Gesellschafter einer anderen Gesellschaft sein. Was die Beteiligung an einer Handelsgesellschaft betrifft, sollte dabei formell auch der die Liquidation andeutende Zusatz in das Register eingetragen werden. Eine solche Pflicht besteht nicht ohne weiteres, da der Zusatz gerade keinen Bestandteil des Gesellschaftsnamens darstellt. Sie entspricht aber dem berechtigten Interesse des Rechtsverkehrs, dem Handelsregister auch den jeweiligen Status eines Gesellschafters entnehmen zu können.

Wichtige Folge der eigenen Beteiligungsfähigkeit der BGB-Gesellschaft ist es, dass auch die Beteiligung zum Gesellschaftsvermögen gehört. Es gehört sodann zu den Aufgaben der Liquidatoren, auch die Gesellschafterbeteiligung zu liquidieren, das heißt diese, soweit übertragbar, an Mitgesellschafter, Gesellschafter oder Dritte zu übertragen oder als Gesellschafter aus der Gesellschaft unter Abfindung auszuscheiden.

E. Parteifähigkeit

I. Werbende BGB-Gesellschaft im Prozess

1. Meinungsstand

a) Schrifttum

Die meisten Anhänger der neuen Lehre[301] vertreten im Einklang mit dem zivilprozessrechtlichen Schrifttum[302] noch die Auffassung, dass die BGB-Gesellschaft selbst nicht parteifähig ist. Der Gesetzgeber habe die Parteifähigkeit nur solchen Personenvereinigungen verliehen, deren Existenz öffentlich dokumentiert sei (vgl. § 50 ZPO). An dieser Wertentscheidung sei aufgrund des besonderen im Prozess bestehenden Bedürfnisses nach Formalisierung und Rechtssicherheit auch bei materiellrechtlicher Rechtsfähigkeit der BGB-Gesellschaft festzuhalten, zumal § 736 ZPO im Zusammenhang mit der Vollstreckung in das Gesellschaftsvermögen sogar ausdrücklich von einem Titel gegen „alle Gesellschafter" spreche.[303] An eine Parteifähigkeit der BGB-Gesellschaft lasse sich rechtsfortbildend allenfalls dort denken, wo die formale Publizität durch eine „natürliche Publizität" ersetzt sei. Grundsätzlich bestehe für sie jedoch kein Bedürfnis, denn das Instrument der Streitgenossenschaft (§§ 59 ff. ZPO)

---

[301] *Hennecke*, S. 126 f.; *Lüke*, ZGR 1994, 266, 278 ff.; *Müther*, MDR 1998, 626 ff.; MüKo-*Ulmer*, § 718 BGB, Rn. 42 f.; vgl. aber jetzt *dens.*, ZIP 2001, 585, 590 ff.; Erman-*H.P. Westermann*, § 718 BGB, Rn. 13; vgl. jetzt *dens.*, NZG 2001, 289, 292 f. Ablehnend als Vertreter der traditionellen Lehre auch *Alberts*, S. 147 ff.; *Rheinhardt/Schultz*, GesR, Rn. 86; *H. Westermann*, FS Baur, S. 723, 730; *Heil*, NZG 2001, 300, 302 ff.; *Peifer*, NZG 2001, 296, 300; tendenziell auch *Schemmann*, DNotZ 2001, 244 ff.

[302] *Baumbach/Lauterbach/Albers/Hartmann*, § 50 ZPO, Rn. 11 f.; Stein/Jonas-*Bork*, § 50 ZPO, Rn. 17; *Heller*, S. 56 ff.; 244 ff.; Thomas-*Putzo*, § 50, Rn. 4, 9; *Prütting*, ZIP 1997, 1725, 1727 ff.; *Rosenberg/Schwab/Gottwald*, § 43 II. 8. a); Zöller-*Vollkommer*, § 50, Rn. 26.

[303] Vgl. die amtl. Begründungen zu §§ 50, 736 ZPO, *Hahn/Mugdan*, Band VIII, S. 84.

gewährleistete ohne weiteres die prozessuale Durchsetzung auch der sich bei Rechtsfähigkeit der Gesamthand ergebenden Rechtsfolgen.

Partei im Gesellschaftsprozess sind damit nach bislang herrschender Meinung allein die Gesellschafter. Dabei besteht hinsichtlich von Aktivprozessen Einigkeit, dass die Gesellschafter notwendige Streitgenossen aus materiellrechtlichem Grund nach § 62 Abs. 1 2. Alt. ZPO sind, das heißt die Klage nur von allen Gesellschaftern gemeinschaftlich erhoben werden kann und das Urteil zwingend einheitlich ergehen muss.[304] Ob dies auch für Passivprozesse gilt, ist umstritten. Die zivilprozessrechtliche Lehre geht überwiegend unter Berufung auf § 425 BGB und § 736 ZPO, die ausdrücklich die Möglichkeit unterschiedlicher Urteile gegen die Gesamtschuldner bzw. mehrere Titel gegen die Gesellschafter zur Vollstreckung vorsehen, davon aus, dass die BGB-Gesellschafter eine nur einfache Streitgenossenschaft bilden, sie mithin nicht zwingend zusammen verklagt werden müssen und auch das Urteil nicht einheitlich ergehen muss;[305] anderes soll nur in dem Fall gelten, dass die eingeklagte Verbindlichkeit nur durch alle BGB-Gesellschafter gemeinsam erfüllt werden kann, zum Beispiel eine Leistung aus dem Gesamthandsvermögen zu erbringen ist.[306] Demgegenüber geht das gesellschaftsrechtliche Schrifttum weitgehend von einer notwendigen Streitgenossenschaft auch im Passivprozess aus.[307] Berücksichtige man die materiell gebotene Unterscheidung zwischen Gesellschaftsschulden und Gesellschafterschulden (vgl. § 425 BGB) auch im Prozess, folge daraus auch für den passiven Gesellschaftsprozess ohne weiteres das Eingreifen des § 62 ZPO; der Gesellschaftsschuld liege das Begehren einer Leistung zugrunde, die nur von allen Gesellschaftern gemeinschaftlich vorgenommen werden könne (§ 719 Abs. 1 BGB).

Es mehren sich insbesondere seit plötzlichem Umschwung des BGH jedoch die Stimmen, die der BGB-Gesellschaft, soweit diese materiellrechtlich rechtsfähig ist, auch die Parteifähigkeit zuerkennen.[308] Aus § 50 Abs. 1 ZPO folge, dass materielle und prozessuale Rechtsfähigkeit gleich geschaltet seien; die im Zuge der Rechtsfortbildung materiell verselbständigte BGB-Gesellschaft müsse damit auch prozessual

---

[304] *Baumbach/Lauterbach/Albers/Hartmann*, § 62 ZPO, Rn. 11; Stein/Jonas-*Bork*, § 62 ZPO, Rn. 18, 20 a; *Heller*, S. 60 ff.; Thomas-*Putzo*, § 62 ZPO, Rn. 13; *Beck*, S. 163; RGRK-*v. Gamm*, § 714 BGB, Rn. 10; MüKo-*Ulmer*, § 718 BGB, Rn. 45; Erman-*H.P. Westermann*, § 718 BGB, Rn. 14.

[305] *Baumbach/Lauterbach/Albers/Hartmann*, § 62 ZPO, Rn. 11; Stein/Jonas-*Münzberg*, § 736 ZPO, Rn. 3; Zöller-*Vollkommer*, § 62 ZPO, Rn. 17 f.; *Blomeyer*, JR 1971, 402, 403; Staudinger-*Keßler*, § 714 BGB, Rn. 20.

[306] Zöller-*Vollkommer*, § 62 ZPO, Rn. 17 f.

[307] RGRK-*v. Gamm*, § 714 BGB, Rn. 10; *Kornblum*, S. 61; *ders.*, BB 1970, 1449, 1454; MüKo-*Ulmer*, § 718 BGB, Rn. 47; *H. Westermann*, Rn. I 377; *ders.*, FS Baur, S. 723, 731; vgl. auch aus dem Prozessrecht Stein/Jonas-*Bork*, § 62 ZPO, Rn. 17; *Heller*, S. 76 f.

[308] *Breuninger*, S. 87 f.; *Flume*, Personengesellschaft, § 4 II., S. 57; Soergel-*Hadding*, § 714 BGB, Rn. 52; *Hüffer*, FS Stimpel, S. 165, 176 ff.; *K. Schmidt*, GesR, § 60 IV., S. 1805 ff.; *ders.*, NJW 2001, 993, 997 f.; *Timm* NJW 1995, 3209, 3214; *Wertenbruch*, S. 349 ff.; *ders.*, DB 2001, 419, 421 f.; *Wiedemann*, WM 1994, SB Nr. 4, S. 9 f.; *ders.*, JZ 2001, 661, 663; MüKo/ZPO-*Lindacher*, § 50 ZPO, Rn. 26 f.; *ders.*, ZZP 96 (1983), 486, 495 f. Im Anschluss an BGH, Urt.v. 29.01.2001, II ZR 331/00 auch *Habersack*, BB 2001, 477, 480 f; *Dauner-Lieb*, DStR 2001, 356, 358; *Goette*, DStR 2001, 315, 315; *Ulmer*, ZIP 2001, 585, 590 ff.; *H. P. Westermann*, NZG 2001, 289, 292 f.; *Timme/Hülk*, JuS 2001, 536, 539; *Römermann*, DB 2001, 428, 429.

parteifähig sein. Der Annahme ausschließlicher Parteifähigkeit der Gesellschafter wird zudem entgegengehalten, dass sie künstliche und wenig praktikable Ergebnisse erzeuge. Die Gesellschaftsgläubiger müssten jedem Gesellschafter einzeln „hinterherlaufen". Beim Gesellschafterwechsel seien sie zusätzlich der Gefahr ausgesetzt, keinen zur Zwangsvollstreckung tauglichen Titel zu erhalten; die §§ 239, 727 ZPO ließen sich insoweit nicht heranziehen, da ein Fall der Rechtsnachfolge nicht vorliege.[309] Problematisch sei auch die Umwandlung der BGB-Gesellschaft in andere und aus anderen Rechtsformen (§§ 191 Abs. 2 Nr. 1, 202 Abs. 1 Nr. 1 UmwG); selbst wenn man insoweit von einem gesetzlichen Parteiwechsel ausginge, könnte das Verfahren doch nach den §§ 239, 246 ZPO unterbrochen oder ausgesetzt werden.[310] Der Parteifähigkeit der BGB-Gesellschaft stehe schließlich § 736 ZPO nicht entgegen.[311] Die Vorschrift verfolge ähnlich § 719 BGB allein den Zweck, die gesamthänderische Bindung des Gesellschaftsvermögens zu schützen, das heißt das Gesellschaftsvermögen unmittelbar nur den Gesellschaftsgläubigern, nicht aber den Privatgläubigern einzelner Gesellschafter zugänglich zu machen. Dieser Schutzzweck sei auch mit einem Titel gegen die BGB-Gesellschaft voll, wenn nicht sogar noch besser erfüllt, denn bei einem Titel gegen die Gemeinschaft könne nie ein Gesellschafter fehlen und es müsse nicht geprüft werden, ob wirklich alle aktuellen Gesellschafter verklagt worden seien.

b) Rechtsprechung

Der BGH vertrat lange Zeit die Auffassung, dass die BGB-Gesellschaft nicht, und zwar weder im Aktiv- noch im Passivprozess parteifähig ist.[312] Obgleich materiellrechtlich auf die Linie der neuen Lehre eingeschwenkt, ging die Rechtsprechung prozessrechtlich weiterhin von der Nichtexistenz der BGB-Gesellschaft aus. Parteien im Gesellschaftsprozess waren als einfache oder notwendige Streitgenossen[313] allein die Gesellschafter. Dabei machte der BGH allerdings gewisse Einschränkungen. So ließ er im Passivprozess unter Verzicht auf eine vollständige namentliche Nennung aller Gesellschaft eine Parteibezeichnung „der Gesellschaft" genügen. Die Gesamthandsklage konnte, wenn der Kläger nur einen befugten Vertreter ausfindig gemacht hatte, gegen „die Gesellschafter der ABC-Gesellschaft, vertreten durch A" erhoben werden; alle im Zeitpunkt des Eintritts der Rechtshängigkeit vorhandenen Gesellschafter waren dann auch ohne Benennung wirksam mitverklagt und ebenso durch ein nachfolgendes Urteil mitverurteilt worden.[314] Wandten die solchermaßen

---

[309] *Wertenbruch*, S. 215 ff.

[310] *Wertenbruch*, S. 265 ff.

[311] *Wiedemann*, WM 1994, SB Nr. 4, S. 10; *Wertenbruch*, S. 122 ff., 130.

[312] BGHZ 80, 222, 227; BGH WM 1990, 1113, 1114; BGH WM 1963, 728, 729; vgl. auch BFH BB 1980, 823, 823; BFH NJW 1987, 1719, 1719; BGH NJW 1987, 1720, 1720; OLG München RPfleger 1991, 174, 174.

[313] Im Aktivprozess ging der BGH eindeutig von einer notwendigen Streitgenossenschaft aus; BGHZ 30, 195, 197; BGH WM 1963, 728, 729. Unklar war die Rechtslage im Passivprozess; für einfache Streitgenossenschaft bei der Miterbengemeinschaft RGZ 68, 221, 223; für die BGB-Gesellschaft offen gelassen in BGH WM 1990, 1113, 1114.

[314] BGH WM 1990, 1113, 1114.

verklagten Gesellschafter ein, nicht zutreffend benannt worden zu sein, so oblag es ihnen, die notwendigen Informationen beizubringen. Das Rubrum war dann entsprechend neu zu fassen bzw. zu berichtigen.[315] Es entbehrte zwar nicht einer gewissen Ironie, wenn so die Bezeichnung der BGB-Gesellschaft, die als solche keine Parteifähigkeit besaß, die Parteibezeichnung der Gesellschafter ersetzte, die ihrerseits wiederum nur dazu diente, die BGB-Gesellschaft zu repräsentieren. Es ließen sich jedoch nur so entsprechend der geltenden Vollstreckungspraxis, dass eine Vollstreckung in das Gesamthandsvermögen ein gegen alle Gesellschafter ergangenes Urteil voraussetzt (§ 736 ZPO), sinnvolle Ergebnisse erzielen.

Mit seiner Entscheidung vom 29.01.2001 hat der BGH diese Rechtsprechung ganz überraschend und entgegen dem bis dahin herrschenden Schrifttum aufgegeben und der BGB-Gesellschaft als Außengesellschaft mit Gesamthandsvermögen die aktive und passive Parteifähigkeit zuerkannt.[316] Wenn man der BGB-Gesellschaft materiellrechtlich die Rechtsfähigkeit zubillige, könne man ihr die damit gemäß § 50 Abs. 1 ZPO korrespondierende Parteifähigkeit nicht vorenthalten. Dies gelte umso mehr, als das Streitgenossenschaftsmodell (§§ 62 f. ZPO) in vielerlei Hinsicht unzulänglich sei. Die durch §§ 62 f ZPO begründete Verbindung der Streitgenossen sei nicht in der Lage eine den materiellrechtlichen Vertretungs- und Verfügungsbefugnissen der Gesellschafter adäquate Prozessführung zu gewährleisten. Als Streitgenosse betreibe jeder Gesellschafter seinen eigenen Prozess (§ 63 ZPO). Er könne für sein Prozessverhältnis unabhängig von den Streitgenossen Prozesshandlungen vornehmen, sich seinen eigenen Prozessbevollmächtigten bestellen und gesondert Rechtsmittel einlegen. Dies aber kontrastiere empfindlich mit der den Gesellschaftern grundsätzlich nur gemeinschaftlich zustehenden Vertretungs- und Verfügungsbefugnis (§§ 709, 714, 719 Abs. 1 BGB). Auch bei streitiger oder unklarer Mitgliedschaft bereite die Streitgenossenschaftslösung vor allem praktische Probleme. Die Beteiligten müssten, sei es im Aktiv-, sei es im Passivverfahren, vor einer Entscheidung in der Sache zunächst die vom konkreten Rechtsstreit völlig losgelöste Frage klären, inwiefern die fragliche Person Gesellschafter geworden ist bzw. wirksam aus der Gesellschaft ausgeschieden ist. Schwierigkeiten ergäben sich auch beim Gesellschafterwechsel. Die Gläubiger müssten sich ihren Titel analog § 727 ZPO umschreiben lassen und, soweit sie den Eintritt des Gesellschafters nicht in der erforderlichen Weise nachweisen könnten, erst Klage auf Klauselerteilung gemäß § 731 ZPO erheben. In den Fällen, in denen der Gesellschafterwechsel vor Klageerhebung stattgefunden habe, helfe aber selbst § 727 BGB nicht weiter, denn die Vorschrift sei auch analog nur auf solche Rechtsänderungen anwendbar, die nach Rechtshängigkeit eingetreten seien. Aus alldem folge die Parteifähigkeit der BGB-Gesellschaft; auch § 736 ZPO stehe dieser nicht entgegen, denn die Norm bezwecke allein die Verhinderung der Vollstreckung einzelner Privatgläubiger in das Gesellschaftsvermögen und setze als das vollstreckungsrechtliche Pendant zur § 719 Abs. 1 und 2 BGB eine ausschließliche Parteifähigkeit der Gesellschafter nicht voraus.

---

[315] BGH WM 1990, 1113, 1114.

[316] BGH BB 2001, 374, 376 ff.

2. Stellungnahme

Die der BGB-Gesellschaft die Parteifähigkeit zuerkennende Auffassung verdient Zustimmung. Allein sie wird dem materiellrechtlichen Verständnis der Gesellschaft als überindividueller rechtlicher Wirkungseinheit gerecht. Ist die BGB-Gesellschaft selbst Träger von Rechten und Pflichten, muss sie auch in der Lage sein, diese selbständig im Prozess geltend zu machen. § 50 und § 736 ZPO stehen dem nicht entgegen, denn § 50 setzt für die Parteifähigkeit einer Personenvereinigung zwar deren Rechtsfähigkeit voraus, nicht aber, dass diese positiv gesetzlich normiert ist, und § 736 ZPO will, wie *Wertenbruch* überzeugend dargelegt hat, als „§ 719 Abs. 3 BGB“ nur das Gesellschaftsvermögen für die Verfolgung des Gesellschaftszwecke sichern. Hinzu kommt, dass das Alternativmodell der notwendigen Streitgenossenschaft rechtlich wie praktisch wenig befriedigend ist. So ist es außerstande, eine dem materiellrechtlichen Gesellschaftsstatut adäquate Prozessführung zu bewirken, da die Prozessführung notwendiger Streitgenossen vollkommen anderen Regeln unterliegt. Es ließe sich allenfalls daran denken, die materiellrechtlichen Geschäftsbefugnisse auf die Prozessführungsbefugnis der Gesellschafter als Streitgenossen zu übertragen, die Streitgenossen also als „Gruppe“ zu behandeln und nur die von den geschäftsführenden Gesellschaftern vorgenommenen Prozesshandlungen als wirksam anzuerkennen. Damit würden aber die Grundprinzipien des Rechtsinstituts der Streitgenossenschaft Preis gegeben. Es kann dem einzelnen als Streitgenossen verklagten Gesellschafter nicht die Prozessführungsbefugnis in einem Prozess genommen werden, in dem er selbst Partei ist. Letztlich stellt ein derartiger Korrekturversuch nichts anderes als eine verschleierte Anerkennung der Parteifähigkeit der Gesellschaft hinaus. Geht man demgegenüber offen von der Parteifähigkeit der BGB-Gesellschaft aus, lässt sich die notwendige Übereinstimmung von Prozessführungs- und gesellschaftsrechtlicher Vertretungs- und Verfügungsstatuten ganz zwanglos und ohne Verletzung prozessualer Grundsätze erreichen. Es sind dann von vornherein nur diejenigen Prozesshandlungen wirksam, die in Übereinstimmung mit den gesellschaftsrechtlichen Vertretungsregeln erfolgen.

Auch was den Gesellschafterwechsel betrifft, erweist sich das Modell der Streitgenossenschaft als wenig überzeugend. Wenn sich die herrschende Lehre insoweit für einen gesetzlichen Parteiwechsel analog §§ 239, 241, 246 ZPO ausspricht,[317] ist dem entgegen zu halten, dass ein Fall der Gesamtrechtsnachfolge nicht vorliegt; der eintretende Gesellschafter erlangt seine Rechtsstellung nicht durch Rechtsnachfolge, sondern unmittelbar kraft Anwachsung (§ 738 BGB). Die Annahme eines gesetzlichen Parteiwechsels passt zudem nicht für den Fall, dass ein Gesellschafter ausscheidet, ohne dass jemand neues eintritt. Im übrigen ist zu berücksichtigen, dass die Regelung des § 239 ZPO aus der Natur der Sache folgt. Da die bisherige Partei gestorben ist, ist es unumgänglich, die Parteistellung auf eine andere Person zu übertragen. Liegt wie bei Fortsetzung des Prozesses durch die anderen Gesellschafter eine solche Notwendigkeit aber nicht vor, ist im Prinzip für eine Analogie zu § 239 ZPO kein Raum. Die gleichen Bedenken stehen auch einer Anwendung des § 727 ZPO im Fall des Gesellschafterwechsels erst nach Titelerlass entgegen. Auch hier ist die gemäß §

[317] Vgl. MüKo-*Ulmer*, § 718 BGB, Rn. 60 ff.; *Heller*, S. 200 f.

727 ZPO erforderliche Gesamtrechtsnachfolge nicht gegeben. Die Konstruktion einer Titelkorrektur (§ 727 BGB) ist zudem mehr noch als die der gesetzlichen Parteiänderung (vgl. § 246 ZPO) vor allem praktisch unzulänglich. So muss die Zwangsvollstreckung gegen die BGB-Gesellschaft eingestellt werden, wenn sich bei Vollstreckungsbeginn ein Gesellschafterwechsel herausstellt. Der Gerichtsvollzieher kann nicht pfänden, wenn die BGB-Gesellschaft ihm die Aufnahme eines nicht in der vollstreckbaren Ausfertigung aufgeführten Gesellschafters nachweist; eine schon vorgenommene Pfändung ist wirkungslos. Für den Vollstreckungsgläubiger stellt sich damit abgesehen von der erforderlichen Titelkorrektur die Frage, ob nach der notfalls im Klagewege erfolgten (§ 731 ZPO) Korrektur des Titels noch pfändbare Gegenstände vorhanden sind. Von einem Überraschungsangriff kann jedenfalls keine Rede mehr sein. Zudem gilt, dass eine beim Vollstreckungsgericht erreichte Titelkorrektur nicht unbedingt die Vollstreckbarkeit des angepassten Titels zur Folge hat, denn die Gesellschaft ist ungehindert, in der Zwischenzeit weitere Gesellschafter aufzunehmen. Es würden dann auch beim zweiten Versuch die Voraussetzungen des § 736 ZPO nicht vorliegen.

Was die Prozessbezeichnung der Gesellschaft betrifft, so scheint es richtig, dass die BGB-Gesellschaft, soweit sie einen eigenen unterscheidungskräftigen Namen besitzt, in dem sie am Rechtsverkehr teilnimmt und Verträge schließt, unter diesem zwar nicht klagen und verklagt werden muss, wohl aber kann. Wenn die Gesellschaft sich im Geschäftsverkehr in zulässiger Weise eines Gesamtnamens bedient, muss auch die Möglichkeit bestehen, diesen zur Bezeichnung im Prozess zu verwenden. Vor allem im Passivprozess würden sich anderenfalls, da Person und Name jeden Gesellschafters für Dritte nicht ohne weiteres erkennbar sind, erhebliche Probleme ergeben. Das Prozessrecht muss auch insoweit dem materiellen Recht folgen. Ein Unterschied gegenüber anderen Gesamthandsgesellschaften ist sachlich nicht gerechtfertigt (vgl. §§ 17 Abs. 2, 124 HGB, §§ 2, 7 Abs. 2 PartGG, § 1 EWIV-AG).

Der Grundsatz der Formstrenge des Zivilprozesses wird durch die Verwendung des Gesellschaftsnamens nicht berührt. Dieser erfordert lediglich, dass die Parteien „individuell bestimmt und bezeichnet" sind und so ihre Identität zwecks ordnungsgemäßem Verfahren sicher bestimmt werden kann.[318] Tritt die BGB-Gesellschaft unter einer bestimmten, unterscheidungskräftigen Bezeichnung auf und ist sie dem Rechts- und Geschäftsverkehr unter diesem bekannt, bestehen an der Identität der Gesellschaft bei Verwendung des Gesellschaftsnamens keine Zweifel. Wenn die Gesellschaft etwa als „Wirtschaftsprüfer- und Steuerberatergesellschaft Adam Riese bR", Goethestr. 10, Köln, am Rechtsverkehr teilnimmt, ist die Zustellung der Klage und die Anhörung der Gesellschaft als Partei gesichert und steht auch einer Vollstreckung in das Gesellschaftsvermögen nichts entgegen.

Auch die fehlende Registerpflichtigkeit der BGB-Gesellschaft ist insoweit unbedenklich. Denn während die Eintragung eines nicht registrierten Namens beispielsweise in das Grundbuch zur Ungewissheit über den Inhaber eines dinglichen Rechts führen kann, besteht im Prozess nur das Risiko, dass der Kläger auf eigene Kosten eine nicht zustellbare Klage erhebt oder einen nicht vollstreckbaren Titel erlangt (vgl. § 750

---

[318] *Rosenberg/Schwab/Gottwald*, S. 219.

ZPO). Ein öffentliches Interesse an der Angabe aller Gesellschafter ist im Zivilverfahren nicht gegeben.

II. BGB-Gesellschaft in Liquidation im Prozess

Die BGB-Gesellschaft i.L. kann als mit der werbenden identische BGB-Gesellschaft selbst Partei im Zivilprozess sein, wobei die Prozessführungsbefugnis den Liquidatoren zusteht.[319] Die BGB-Gesellschaft i.L. kann damit die von der werbenden BGB-Gesellschaft betriebenen Aktiv- und Passivprozesse fortführen und auch neue Prozesse beginnen. Letztes kommt indes nur in Betracht, wenn die Realisierung einer Forderung mittels Klage hinreichend wahrscheinlich ist. Die Liquidatoren dürfen nicht auf Kosten des Gesellschaftsvermögens und damit der Gesellschaftsgläubiger unnötige Prozessrisiken eingehen. Stets haben sie zudem die Prozessdauer und damit eine mögliche Verzögerung des Liquidationsverfahrens zu berücksichtigen. Im Einzelfall können sie so trotz Erfolgsaussicht verpflichtet sein, von einer Klage abzusehen und sich um eine außergerichtliche Einigung zu bemühen.
Für die Gläubiger der Gesellschaft freilich besteht bei eigener Parteifähigkeit der Gesellschaft die Gefahr, dass die Gesellschaft im Laufe des Verfahrens vollbeendet wird. Insbesondere im Passivprozess besteht das Risiko, dass die BGB-Gesellschaft zwischenzeitlich vollbeendet wird und ihre Klage damit unzulässig wird.[320] Eine Erledigung in der Hauptsache und Kostenentscheidung zu Lasten der Gesellschaft kommt insoweit nicht Betracht.[321] Wer rechtlich nicht mehr existiert, kann weder vor Gericht Erklärungen abgeben noch zur Kostenzahlung verurteilt werden.[322] Entschärfen lässt sich diese Gefahr allein dadurch, dass die Liquidatoren, und zwar auch im Rahmen eines schon anhängigen Prozesses, zur Offenbarung des Liquidationsstatus der Gesellschaft zu verpflichten sind.[323]

F. Grundbuchfähigkeit

I. Grundbucheintragung der werbenden BGB-Gesellschaft

Ob die BGB-Gesellschaft grundbuchfähig ist, wird von den Vertretern der neuen Lehre[324] und auch von der Rechtsprechung[325] unterschiedlich beurteilt. Dabei wird

---

319 Da diese wie die Geschäftsführer und Vertreter der werbenden BGB-Gesellschaft *Organe* (vgl. auch Abschnitt IV B. I. 1.) und nicht wie der Insolvenzverwalter und Testamentsvollstrecker „Partei kraft Amtes“ sind, kommt für sie ein Prozess im eigenen Namen nicht in Betracht.

320 Vgl. BGHZ 74, 212, 213 ff.; BGHZ 62, 131, 132 f.; BGH NJW 1982, 238, 238:

321 So aber BGH NJW 1982, 238, 238:

322 Vgl. *K. Schmidt*, GesR, § 11 V., S. 327.

323 Siehe allgemein zur Kennzeichnungspflicht Abschnitt V § 2 A. IV.

324 Grundsätzlich befürwortend *Flume*, Personengesellschaft, § 5, S. 70; *Habersack*, BB 2001, 477, 479; *Grunewald*, GesR, 1. A., Rn. 103; Soergel-*Hadding*, § 718 BGB, Rn. 4; *Timm*, NJW 1995, 3209, 3214; *Wertenbruch*, S. 168 ff.; MüKo-*Ulmer*, § 705 BGB, Rn. 131 f.; *ders.*, ZIP 2001, 585, 594 f. Prinzipiell ablehnend *K. Schmidt*, GesR, § 58 IV. 2. c), S. 1719; *ders.*, ZIP 1998, 2, 7; *ders.*, NJW 2001, 993, 1002; *Wiedemann*, WM 1994, SB Nr. 4, S. 7 f.; *ders.*, JZ 2001, 661, 663; aus traditioneller Sicht auch *Zöllner*, FS Kraft, S. 701, 702; *Heil*, NZG 2001, 300, 305; ablehnend auch das grundbuchrechtliche Schrifttum *Wenz*, MittRhNotK 1996, 377 ff.; *Eickmann*, RPfleger 1985, 85 ff.; *Demharter*, § 18 GBO, Rn. 108, § 47 GBO, Rn. 21; *ders.*, DNotZ 1997,

der Begriff Grundbuchfähigkeit ganz unterschiedlich interpretiert und es werden regelmäßig zwei Fragen miteinander vermengt. Zum einen geht es darum, *ob* die BGB-Gesellschaft als rechtsfähige Gemeinschaft ins Grundbuch eingetragen werden kann, und zum anderen um die Frage, *wie* die BGB-Gesellschaft als solche im Grundbuch zu bezeichnen ist.

Geht man mit den wohl meisten Vertretern der neuen Lehre[326] davon aus, dass Grundbuchfähigkeit die Möglichkeit zur Eintragung der Gesellschaft „als solcher" kennzeichnet, ist der BGB-Gesellschaft aufgrund eigener Vermögensträgerschaft die Grundbuchfähigkeit zuzuerkennen. Ist die Gesellschaft selbst Eigentümer oder dinglich Berechtigte an einem Grundstück, kann im Grundbuch nicht das Eigentum oder dingliche Recht der Gesellschafter,[327] sondern es muss das Eigentum und die Berechtigung der BGB-Gesellschaft selbst eingetragen werden,[328] oder anders herum: Könnte die BGB-Gesellschaft als solche nicht ins Grundbuch eingetragen werden, könnte sie auch kein Eigentum und keine dingliche Rechte an einem Grundstück erwerben, denn dieser Erwerb setzt gemäß § 873 BGB Auflassung und Eintragung voraus. Der Eintragung der Gesellschaft als solcher steht § 47 GBO nicht entgegen. Vielmehr unterstreicht die Vorschrift betreffend die Art und Weise der Eintragung gemeinschaftlicher Rechte mehrerer, dass die BGB-Gesellschaft als solche eingetragener Eigentümer oder dinglich Berechtigter sein kann. Wichtigste Konsequenz der Eintragung der BGB-Gesellschaft selbst ist, dass im Falle des Gesellschafterwechsels[329] und der identitätswahrenden Umwandlung[330] keine Grundbuchberichtigung (§ 22 GBO), sondern allenfalls eine Richtigstellung erforderlich ist.

Daneben stellt sich die Frage, ob die BGB-Gesellschaft auch in dem Sinne grundbuchfähig ist, dass sie unter ihrem eigenen Namen, also etwa als „ARGE Neumarkt Passage GbR" ins Grundbuch eingetragen werden kann. Sie wird von den Vertretern der neuen Lehre[331] im Einklang mit dem grundbuchrechtlichen Schrifttum[332] sowie

---

740, 741 f.; *Bauer/v. Oefele*, § 47 GBO, Rn. 35, 52 f.; *Meikel*, § 47 GBO, Rn. 53; *Schemmann*, DNotZ 2001, 244, 250 f.

325 BayObLG NZG 2001, 124, 125; LG Stuttgart NJW-RR 1999, 743, 744; BGH NJW 1998, 376, 377; OLG Düsseldorf NJW 1997, 1991, 1991 f.; BayObLG NJW-RR 1996, 486, 487; LG Wuppertal EWiR 1996, 1119, 1120; BayObLG RPfleger 1985, 353, 354; OLG Frankfurt RPfleger 1975, 177, 177; BGHZ 45, 338, 348; RGZ 127, 309, 311 f.

326 *Flume*, Personengesellschaft, § 5, S. 70; *Habersack*, BB 2001, 477, 479; *Grunewald*, GesR, 1. A., Rn. 103; *Timm*, NJW 1995, 3209, 3214; Soergel-*Hadding*, § 718 BGB, Rn. 4; *H.P. Westermann*, NZG 2001, 289, 293 f.

327 So noch BayObLG NJW-RR 1996, 486, 487; BGHZ 45, 338, 348; OLG Frankfurt RPfleger 1975, 177, 177; RGZ 127, 309, 311 f.; *Wenz*, MittRhNotK 1996, 377, 378 f.; *Eickmann*, RPfleger 1985, 85 ff.

328 MüKo-*Ulmer*, § 705 BGB, Rn. 132; *ders.*, ZIP 2001, 585, 594; Soergel-*Hadding*, § 718 BGB, Rn. 4.

329 So richtig *Grunewald*, GesR, 1. A., Rn. 103; *H.P. Westermann*, NZG 2001, 289, 294; aA *K. Schmidt*, GesR, § 58 IV. 2. c), S. 1719; BayObLG NZG 2001, 124, 125.

330 *Timm* NJW 1995, 3209, 3214; vgl. OLG Düsseldorf NJW 1997, 1991, 1991 f.; aA *Demharter*, DNotZ 1997, 740, 741 f.

331 *Ann*, JA 2001, 441, 443; Soergel-*Hadding*, § 718 BGB, Rn. 4; *K. Schmidt*, GesR, § 58 IV. 2. c), S. 1719; *ders.*, ZIP 1998, 2, 7; *ders.*, NJW 2001, 993, 1002; *Wertenbruch*, S. 168 ff., 261 ff.; *Wiedemann*, JZ 2001, 661, 663; *Timm*, NJW 1995, 3209, 3214; *Grunewald*, GesR, 1. A., Rn.

der Rechtsprechung[333] unter Hinweis auf die mangelnde Publizität der Gesellschaft und das besondere Sicherheitsbedürfnis im Grundstücksverkehr ganz überwiegend verneint. Ins Grundbuch einzutragen seien vielmehr die einzelnen Gesellschafter mit ihrem Namen und dem Zusatz „als Gesellschafter bürgerlichen Rechts" (vgl. § 47 GBO).

Gegen die Zulässigkeit der Eintragung als „BGB-Gesellschaft" sprechen zunächst die zentrale Funktion des Grundbuchs, zuverlässig über die privatrechtlichen Verhältnisse am Grundstück Auskunft zu erteilen, und die Regelungen der § 47 GBO i.V.m. § 15 Abs. 1 lit. b) GBV. Ein „gemeinschaftliches Recht mehrerer" soll demnach nur dann unter dem Namen oder der Firma der Gemeinschaft ins Grundbuch eingetragen werden, wenn Bestand und Zusammensetzung der Gemeinschaft schon anderweitig verlautbart ist. Im Grundbuchverfahren gelten insoweit gegenüber dem Prozessrecht andere Maßstäbe. Die fehlende Registerpublizität löst hier nicht nur die Unzustellbarkeit einer Klage oder fehlende Vollstreckbarkeit eines Titels aus, sondern führt zur Ungewissheit über den Inhaber einer dinglichen Rechtsposition. Es besteht mithin ein dringendes öffentliches Interesse an der Person der einzelnen Gesellschafter. Hinzu kommt, dass im Grundbuchverfahren im Gegensatz zum zivilrechtlichen Streitverfahren das formelle und materielle Konsensprinzip gilt. Die BGB-Gesellschaft kann als Inhaber oder Erwerber eines dinglichen Rechts im Grundbuchverfahren letztlich ohne Mühe für die erforderlichen Eintragungsbewilligungen ihrer Mitglieder sorgen.

Es ist aber nicht zu verkennen, dass die fehlende Grundbuchfähigkeit der BGB-Gesellschaft im genannten Sinne mit zunehmender Gesellschafterzahl in praktischer Hinsicht problematisch wird. Wohl ist die Eintragung aller Gesellschafter ins Grundbuch im Unterschied zum Scheck nicht schlechterdings unmöglich, sie ist aber, man denke an die 1 500 einzutragenden Gesellschafter in dem vom LG Stuttgart 1999 entschiedenen Fall,[334] weder den beteiligten Gesellschaften noch den Grundbuchämtern ernsthaft zuzumuten. Zumindest soweit die BGB-Gesellschaft einen unterscheidungskräftigen Namen führt, der ihre Identifikation sicherstellt, und die jeweilige Zusammensetzung des Gesellschafterkreises dem Grundbuchamt in anderer Weise - etwa aufgrund einer Liste - bekannt gemacht wird, sollten die § 47 GBO, § 15 Abs. 1 lit. b) GBV gelockert und die Eintragung der BGB-Gesellschaft selbst auch insoweit ermöglicht werden.

II. Grundbucheintragung der BGB-Gesellschaft in der Liquidation

Auch die BGB-Gesellschaft i.L. ist damit selbst und grundsätzlich im eigenen Namen grundbuchfähig. Eine Eintragung des Liquidationszusatzes für die Dauer des Verfah-

---

103; MüKo-*Ulmer*, § 705 BGB, Rn. 131; anders aber jetzt *ders.*, ZIP 2001, 585, 594 f.; offen *Habersack*, BB 2001, 477, 479, Fn. 38 sowie *Schemmann*, DNotZ 2001, 244, 250.

332 *Bengel/Bauer/Weidlich*, § 47 GBO, Rn. 5; *Bauer/v. Oefele*, § 47 GBO, Rn. 52; *Meikel*, § 47 GBO, Rn. 53; *Demharter*, § 47 GBO, Rn. 21; *ders.*, DNotZ 1997, 740, 741 f.; *Eickmann*, RPfleger 1985, 85, 88; *Wenz*, MittRhNotK 1996, 377, 378 f.

333 LG Stuttgart NJW-RR 1999, 743, 744; OLG Düsseldorf NJW 1997, 1991, 1991 f.; BayObLG NJW-RR 1996, 486, 487; OLG Frankfurt Rpfleger 1975, 177, 177; BGHZ 45, 338, 348; RGZ 129, 309, 311 f.; vgl. aber BayObLG RPfleger 1985, 353, 354.

334 LG Stuttgart NJW-RR 1999, 743 f.

rens scheint allerdings entbehrlich. Das Grundbuch dient im Gegensatz zum Handelsregister nicht dazu, über Identität und Bonität einer Person Auskunft zu geben. Es geht hier nur um die richtige und eindeutige Zuordnung von Grundeigentum. Diese Funktion kann das Grundbuch aber auch durch die Eintragung des Namens der werbenden BGB-Gesellschaft weiterhin erfüllen.
Wichtig ist die Grundbuchfähigkeit der BGB-Gesellschaft für die Liquidation vor allem insoweit, wie es so auch Aufgabe der Liquidatoren ist, sich um die eingetragenen dinglichen Rechte der BGB-Gesellschaft zu kümmern. Die Liquidatoren haben nicht nur alles Grundeigentum und alle dinglichen Rechte der BGB-Gesellschaft zu übertragen. Sie haben auch sämtliche Erklärungen der Gesellschaft gegenüber dem Grundbuchamt abzugeben und dafür Sorge zu tragen, dass alle Einträge „der BGB-Gesellschaft" gelöscht werden. Erst wenn die Gesellschaft auch bezogen auf das Grundbuchrechtlich keine Rechte und Verpflichtungen hat, kann sie als Rechtsträger erlöschen.[335]

G. Markenrechtsfähigkeit

I. Markeninhaberschaft der werbenden BGB-Gesellschaft

Die Frage, ob die BGB-Gesellschaft markenrechtsfähig ist, das heißt selbst Inhaber einer Marke sein kann (§ 7 Nr. 3 MarkenG), wird in der neueren gesellschaftsrechtlichen Lehre überwiegend bejaht,[336] im urheberrechtlichen Schrifttum[337] indes weitgehend verneint. Auch der BGH hat sich unlängst mit der Begründung, dass der Gesetzgeber mit § 7 Nr. 3 MarkenG an der alten Rechtslage nichts ändern wollte, ausdrücklich gegen die Markenrechtsfähigkeit der BGB-Gesellschaft ausgesprochen.[338]
In § 7 Nr. 3 MarkenG ist geregelt, dass eine Gesamthandsgesellschaft, die rechtsfähig ist, markenrechtsfähig ist. Geht man mit der neuen Lehre davon aus, dass die BGB-Gesellschaft selbst Träger von Rechten und Pflichten sein kann, sie mithin eigene Rechtsfähigkeit besitzt, folgt daraus ohne weiteres, dass die Gesellschaft auch markenrechtsfähig ist. Man kann nicht die BGB-Gesellschaft als überindividuelle rechtliche Wirkungseinheit anerkennen, ohne ihr zugleich die dann *gesetzlich* begründete Markenrechtsfähigkeit zuzusprechen.
An der Markenrechtsfähigkeit der BGB-Gesellschaft ändert auch der Umstand nichts, dass der Gesetzgeber bei Reform des Markengesetzes 1994 an der zur Zeit der Geltung des Warenzeichengesetzes bestehenden Rechtslage, nach der die BGB-Gesellschaft nicht Inhaber einer Marke sein konnte, ausdrücklich festhalten wollte.[339]

---

[335] Vgl. Abschnitt V § 1 C. II.

[336] *Grunewald*, GesR, 1. A., Rn. 106; *Ahrens*, FS Nirk, S. 1, 9 ff.; *H.P. Westermann*, NZG 2001, 289, 293; *Wertenbruch*, DB 2001, 419, 422; *Habersack*, BB 2001, 477, 479; *Ulmer*, ZIP 2001, 585, 588; *K. Schmidt*, NJW 2001, 993, 997 f.

[337] *Althammer/Ströbele*, § 7 MarkenG, Rn. 2; *Ingerl/Rohnke*, § 7 MarkenG, Rn. 9; aA aber *Fezer*, § 7 MarkenG, Rn. 35 ff.; *ders.*, FS Boujong, S. 123, 129.

[338] BGH NJW-RR 2001, 114, 116; dazu *Wertenbruch*, DB 2001, 419 ff.

[339] Bgr. RE BT-Dr. 12/6581, S. 69 „Zu den Personengesellschaften, die diese Voraussetzungen erfüllen, gehören insbesondere die offene Handelsgesellschaft und die Kommanditgesellschaft und künftig voraussichtlich auch die Partnerschaft (...). Demgegenüber können Gesellschaften bürgerlichen Rechts als solche nicht Inhaber von Marken sein."

Der Gesetzgeber ging bei Schaffung des § 7 Nr. 3 MarkenG offenbar davon aus, dass neben der juristischen Person nur solche Gesamthandsgesellschaften rechtsfähig sind, deren Rechtsfähigkeit ausdrücklich geregelt ist. Diese Auffassung ist zum einen nicht richtig, zum anderen – und das ist entscheidend, kommt sie im Gesetzeswortlaut nicht zum Ausdruck. Wenn der gesetzliche Tatbestand des § 7 Nr. 3 MarkenG erfüllt ist, können entgegenstehende Regierungsbegründungen die so gesetzlich statuierte Markenrechtsfähigkeit BGB-Gesellschaft nicht einfach aufheben. Auch spezielle Gesichtspunkte des Markenrechts stehen der Markeninhaberschaft der BGB-Gesellschaft nicht entgegen. Es liegt insoweit die gleiche Situation vor wie bei OHG, KG, Partnerschaft und EWIV vor. Erforderlich und zugleich ausreichend für die Inhaberschaft einer Marke ist nach Maßgabe des Markenrechts die Rechtsfähigkeit der Gesellschaft (§ 7 Nr. 3 MarkenG).

Für die Markenrechtsfähigkeit der BGB-Gesellschaft spricht zudem, dass sich so umständliche und wenig befriedigende Vertragskonstruktionen vermeiden lassen. Verneint man die Markenrechtsfähigkeit der Gesellschaft, besteht, wenn die BGB-Gesellschaft einen Geschäftsbetrieb führt, zu dem auch Marken gehören, neben der Gesellschaft, sozusagen ausgelagert, für jede Marke noch eine Bruchteilsgemeinschaft der Gesellschafter.[340] Die Marke gehört, obgleich wirtschaftlich der BGB-Gesellschaft zugeordnet, allein den Gesellschaftern. Um der BGB-Gesellschaft zumindest ein Verwertungsrecht an „ihrer" Marke zu verschaffen, muss man im Verhältnis von Gesellschaft und Gesellschaftern einen stillschweigenden Lizenzvertrag annehmen.[341] Dieser allerdings hilft auch dann nicht weiter, wenn die BGB-Gesellschaft bei Verletzung der Marke durch Dritte wegen Unterlassung oder Schadensersatz gerichtlich vorgehen will, denn dazu bedarf sie gemäß § 30 Abs. 3 MarkenG der Zustimmung der Markeninhaber und diese Zustimmung kann zwar schon mit dem Lizenzvertrag erteilt werden, ist aber nach herrschender Ansicht ohne ausdrückliche Vereinbarung im Vertrag nicht enthalten.[342] Soweit man nicht auch hier ausnahmsweise eine konkludente Vereinbarung annimmt, müssen die geschäftsführenden Gesellschafter also bei markenbezogenen Gesellschaftsprozessen die besondere Zustimmung jeden Gesellschafters einholen, was vor allem bei Gesellschaften mit großer Gesellschafterzahl viel Zeit und Geld kosten kann. Um vertragliche Konstruktionen kommt man bei Ablehnung eigener Markenrechtsfähigkeit auch im Fall des Gesellschafterwechsels nicht herum. Betreibt die Gesellschaft einen Geschäftsbetrieb, zu dem wirtschaftlich eine Marke gehört, muss jede auf Aufnahme bzw. Ausscheiden gerichtete Vereinbarung stillschweigend auch auf die neben der Gesellschaft bestehende Bruchteilsgemeinschaft erstreckt werden. Anderenfalls wäre ein hinzugetretener Gesellschafter am Geschäftszeichen des Geschäftsbetriebes, das vielleicht gerade erst aufgrund seines Könnens und Einsatzes Wert erlangt hat, vermögensmäßig nicht beteiligt und könnten beim Wechsel aller Gesellschafter die bisherigen Gesellschafter das Unternehmenszeichen unbehelligt weiterbenutzen.

---

340 So BGH NJW-RR 2001, 114, 116.

341 Vgl. *Wertenbruch*, DB 2001, 419, 419 f.

342 OLG München NJW-RR 1997, 1266; *Fezer*, § 30 MarkenG, Rn. 31.

Was die Eintragung der BGB-Gesellschaft in das beim deutschen Patentamt geführte Register betrifft, so sollte wiederum, wenn die Gesellschaft in einem eigenen unterscheidungskräftigen Namen, oftmals der Marke selbst, am Rechtsverkehr beteiligt ist und dadurch hinreichend identifiziert werden kann, zumindest aber dann, wenn Gesellschaftsakten eingereicht werden, aus denen sich der Mitgliederbestand ergibt und die beim Wechsel zu ergänzen sind, die Eintragung der Gesellschaft „als solche" möglich sein.

II. Markeninhaberschaft der BGB-Gesellschaft in der Liquidation

Auch der BGB-Gesellschaft in Liquidation steht so insbesondere eine eigens benutzte Marke selbst zu. Handelt es sich bei der Marke um eine Geschäftsbezeichnung, kommen ihr damit vor allem die Unterlassungs- und Schadensersatzansprüche gemäß §§ 5, 15 MarkenG zu Gute. Bedeutsam ist dies insbesondere für unternehmerische BGB-Gesellschaften, die ihre Geschäfte regelmäßig noch zeitweilig fortführen.
Die Markenrechtsfähigkeit hat zudem zur Folge, dass eine für die BGB-Gesellschaft eingetragene Marke unmittelbar Bestandteil des Vermögens der Liquidationsgesellschaft wird. Die Liquidatoren haben so im Abwicklungsverfahren auch eine von der BGB-Gesellschaft geführte Marke zu verwerten. Sie sind verpflichtet, die Marke möglichst gewinnbringend zu veräußern, wobei bei Veräußerung einer Geschäftsbezeichnung zusammen mit einem Geschäftsbetrieb gewisse Gewinneinbußen hinzunehmen sind, wenn nur so eine Veräußerung des Geschäfts als Ganzes möglich ist. Dies hat im Ergebnis zur Folge, dass auch der oftmals beträchtliche Wert von Marken und Geschäftsbezeichnungen den Gesellschaftsgläubigern zu Gute kommt (§ 733 Abs. 1 BGB). Die Markenrechtsfähigkeit der BGB-Gesellschaft trägt so maßgeblich dazu bei, dass das Risiko der Gläubiger, ihre Forderungen im Liquidationsverfahren nicht realisieren zu können, verringert wird.

H. Erbfähigkeit

I. Erbfähigkeit der werbenden BGB-Gesellschaft

Ob die BGB-Gesellschaft selbst Erbe sein kann, wird in der neuen Lehre unterschiedlich beurteilt. Einige Vertreter[343] lehnen im Einklang mit dem erbrechtlichen Schrifttum[344] die Erbfähigkeit der BGB-Gesellschaft selbst ab. Die erbrechtlichen Vorschriften seien auf Einzelpersonen und nicht auf Personengruppen zugeschnitten und die Erbstellung der BGB-Gesellschaft führe zu unerwünschten und unlösbaren Wertungswidersprüchen vor allem im Bereich der Haftung und der Anteilsübertragung (§§ 128, 159 HGB analog, §§ 1975 ff., 2058 ff., § 2034 BGB).[345] Zahlreiche Vertreter der neuen Lehre gehen indes davon aus, dass die BGB-Gesellschaft auch Erbe,

---

343 *Flume*, Personengesellschaft, § 7 III. 6., S. 107 f; MüKo-*Ulmer*, § 705 BGB, Rn. 132; anders *ders.*, § 718 BGB, Rn. 18; sowie *ders.*, ZIP 2001, 585, 596. Ablehnend auch Staudinger-*Keßler*, § 718 BGB, Rn. 6; RGRK-*v. Gamm*, § 718 BGB, Rn. 7; Palandt-*Edenhofer*, § 1923 BGB, Rn. 7; vgl. auch *Michalski*, NZG 2000, 355, 356.

344 *Lange/Kuchinke*, Lehrbuch des Erbrechts, § 4 III. 1, S. 75; Soergel-*Stein*, § 1923 BGB, Rn. 8; MüKo-*Leipold*, § 1923 BGB, Rn. 32; vgl. auch BayObLG FamRZ 1999, 170.

345 *Flume*, Personengesellschaft, § 7 III. 6., S. 107 f.

und zwar sowohl Allein- als auch Miterbe sein kann. Es bestehe insoweit kein Unterschied zu anderen Gesamthandsgesellschaften.[346]
Es trifft wohl zu, dass eine Reihe erbrechtlicher Vorschriften nur wenig auf eine Gesellschaft als Erbe passen und Gefahr besteht, dass durch entsprechende Erbeinsetzung zentrale Grundsätze des Erbrechts ausgehebelt werden. Probleme ergeben sich nicht nur bei Erbunwürdigkeit und Pflichtteilsrechten einzelner Gesellschafter. Auch hinsichtlich des Vorkaufsrechts der Miterben und der Bestimmung, dass Erbe nur sein kann, wer zur Zeit des Erbfalls lebt, stößt die Erbeinsetzung einer Gesellschaft auf Bedenken. Insoweit besteht jedoch im Fall der BGB-Gesellschaft keine Besonderheit; vor die gleichen Schwierigkeiten sieht man sich auch bei OHG und KG und zum Teil sogar bei zu Erben berufenen juristischen Personen gestellt. Lehnt man die Erbfähigkeit der BGB-Gesellschaft ab, stellt dies mithin keine sachgerechte, weil nicht durch Wesen und Natur der BGB-Gesellschaft begründete Lösung dar. Sie würde über das Ziel hinaus schießen und die Testierfreiheit des Erblassers unnötig einschränken. Richtig erscheint es daher, der BGB-Gesellschaft als rechtlicher Wirkungseinheit wie anderen rechtsfähigen Verbänden auch die Erbrechtsfähigkeit zuzuerkennen und nur hinsichtlich einzelner Regelungen konkret zu fragen, wie sie sich sachgerecht auf die (BGB-)Gesellschaft als Erbe anwenden lassen.

II. Erbfähigkeit der BGB-Gesellschaft in der Liquidation

Ist der Erbfall vor dem Liquidationsverfahren eingetreten, bedeutet dies, dass die Allein- oder Mitberechtigung am Nachlass zum Vermögen der BGB-Gesellschaft i.L. gehört und von den Liquidatoren abgewickelt gehört. Gleiches gilt, wenn es während der Liquidation zum Erbfall kommt; die BGB-Gesellschaft büßt als mit der werbenden identische Gesellschaft für die Dauer der Liquidation nichts von ihrer Erbfähigkeit ein. Schwierigkeiten können insoweit auftreten, wie, beispielsweise bei einem vererbten Unternehmen, vom Erblasser Dauertestamentsvollstreckung angeordnet worden ist. In diesem Fall sollte grundsätzlich die Erbschaft unter Fortsetzung der Vollstreckung auf die einzelnen Gesellschafter zu übertragen sein. Soweit jedoch die Liquidationsmasse nicht zur Befriedigung der Gesellschaftsgläubiger genügt, sollte die Testamentsvollstreckung aufgehoben werden, und zwar entweder durch Kündigung der Testamentsvollstrecker und etwaiger Ersatzmänner oder der Entlassung durch das Nachlassgericht, wenn sie auf Beibehaltung der Vollstreckung zum Nachteil der Gläubiger beharren (§§ 2224, 2226, 2227 BGB). Tritt der Erbfall nach Abschluss der Liquidation ein, wird schließlich weder die BGB-Gesellschaft noch die Gesellschafter Erben, wenn sich aus der Verfügung des Erblassers nicht etwas anderes ergibt.

---

[346] Grundlegend *Fabricius*, S. 236; *Habersack*, JuS 1990, 179, 184; *ders.*, BB 2001, 477, 479; Soergel-*Hadding*, § 718 BGB, Rn. 5, 13; MüKo-*Ulmer*, § 718 BGB, Rn. 18; *ders.*, ZIP 2001, 585, 596; Erman-*H.P. Westermann*, § 718 BGB, Rn. 7; für Beteiligung von OHG/KG siehe *Grunewald*, GesR, 1. B., Rn. 34; *Baumbach/Hopt*, § 124 HGB, Rn. 37.

Abschnitt III – Prinzip des Gläubigerschutzes in der Liquidation

Geht man davon aus, dass die BGB-Gesellschaft selbst rechtsfähig und damit vor allem verpflichtungsfähig ist, und stellt sich die Liquidation so als ein Verfahren dar, dass auf die Beendigung eines Schuldsubjekts gerichtet ist, können eigentlich keine Zweifel daran bestehen, dass in der Liquidation auch, wenn nicht sogar besonders die Interessen der Gesellschaftsgläubiger zu berücksichtigen sind.

A. Meinungsstand

I. Kein Gläubigerschutz im Liquidationsverfahren (herrschende Meinung)

Gleichwohl stehen die Vertreter der neuen Lehre auf dem Standpunkt, dass der Aspekt des Gläubigerschutzes bei der Liquidation der BGB-Gesellschaft keine Rolle spielt.[1] Sie stimmen insoweit nicht nur mit den Vertretern der traditionellen Ansicht,[2] sondern auch mit dem gesellschaftsrechtlichen Schrifttum zu OHG und KG überein, das dort für die Liquidation der Gesellschaften ein Prinzip des Gläubigerschutzes ebenfalls nicht anerkennt.[3] Man geht davon aus, dass im Liquidationsverfahren selbst der rechtsfähigen Gesamthand anders als in dem der juristischen Person und anders auch als im insolvenzrechtlichen Liquidationsverfahren der Gesamthandsgesellschaft (vgl. §§ 1, 11 Abs. 2 Nr. 1 InsO) auf die Gesellschaftsgläubiger, das heißt Dritte, keine Rücksicht zu nehmen ist. Im Liquidationsverfahren der Gesamthandsgesellschaft gehe es nur um die Vermögensinteressen der Gesellschafter. Die Liquidation diene einzig und allein dazu, den Gesellschaftern ihr auf nur begrenzte Zeit in die Gesellschaft eingebrachtes Vermögen wieder zur freien Verfügung zu stellen.

Diese Prämisse hat für die Gläubiger der BGB-Gesellschaft weitreichende Konsequenzen. So geht man davon aus, dass das Liquidationsrecht betreffend die BGB-Gesellschaft, auch soweit dies die Interessen der Gesellschaftsgläubiger berührt, allein im Innenverhältnis der Gesellschaft gilt und den Gesellschaftern uneingeschränkt zur Disposition steht (vgl. § 731 S. 1 BGB).[4] Dies hat zur Folge, dass die Gesellschafter der BGB-Gesellschaft auch ohne Zustimmung der Gläubiger schon vor Berichtigung der Gesellschaftsschulden das Gesellschaftsvermögen untereinander verteilen (vgl. §§ 733 Abs. 1 S. 1, 734 BGB) und von einem Verlustausgleich im Fall der Überschuldung der BGB-Gesellschaft (vgl. § 735 S. 1, 1. Alt. BGB) absehen

---

1 *Hüffer*, GesR, § 13 2., S. 111 f.; Soergel-*Hadding*, § 730 BGB, Rn. 10, § 735 BGB, Rn. 4; *Müller/Hoffmann*, § 11, Rn. 53; *Grunewald*, GesR, 1. A., Rn. 185 f.; *Klunzinger*, GesR, 2. Kapitel § 4 VIII. 2., S. 40; vorsichtiger MüKo-*Ulmer*, § 714 BGB, Rn. 59, Vor § 723 BGB, Rn. 23, § 730 BGB, Rn. 28 f.

2 *G. Hueck*, GesR, § 11 IV., S. 83; Staudinger-*Keßler*, § 730 BGB, Rn. 4, 18, § 733 BGB, Rn. 9, § 735 BGB, Rn. 4, im Widerspruch zu § 735 BGB, Rn. 1; RGRK-*v.Gamm*, § 730 BGB, Rn. 2, § 733 BGB, Rn. 3, § 735 BGB, Rn. 1; *Ensthaler*, S. 56 f., im Widerspruch zu S. 62 f.; *Hintzen*, S. 45 f., 64 ff.

3 Vgl. nur *Koller/Roth/Morck*, § 145 HGB, Rn. 4, § 155 HGB, Rn. 1; *Düringer/Hachenburg/Flechtheim*, Vor § 145 HGB, Anm. 6, § 145 HGB, Anm. 6, § 149 HGB, Anm. 15; siehe auch *Grunewald*, GesR, 1. B. 84 f.

4 *Hüffer*, GesR, § 13 2., S. 111; *Grunewald*, GesR, 1. A., Rn. 185 f.; *Klunzinger*, GesR, § 4 VIII. 2., S. 40; Soergel-*Hadding*, § 730 BGB, Rn. 8, § 731 BGB, Rn. 2; BGHZ 142, 315, 323; BGH ZIP 1999, 1173, 1174 f.; BGHZ 23, 307, 315.

können.[5] Die Gläubiger der BGB-Gesellschaft sind so weder in der Lage die Liquidation, noch ihre Durchführung gemäß den §§ 730 ff. BGB zu fordern. Nur im Ausnahmefall wird ihnen das Recht eingeräumt, sie benachteiligende Liquidationsmaßnahmen anzufechten (§§ 3 f. AnfG, §§ 129 ff. InsO)[6] oder durch Arrest oder einstweilige Verfügung zu verhindern (§§ 916 ff., 935 f. ZPO)[7]. Was einen persönlichen Schadensersatz gegen die Liquidatoren betrifft, wird den Gläubigern dieser im Rahmen des § 826 BGB nur ausnahmsweise gewährt.[8]

Ihre Ansicht, auf die Gläubiger der BGB-Gesellschaft sei bei Liquidation der Gesellschaft keine Rücksicht zu nehmen, begründet die Lehre in gleicher Weise, wie sie es für die Liquidation von OHG und KG macht, in erster Linie mit der *persönlichen Haftung* der Gesellschafter.[9] Die Gesellschafter hafteten für alle, einschließlich der erst nach Auflösung begründeten Verbindlichkeiten der BGB-Gesellschaft persönlich, so dass ein besonderer Schutz der Gesellschaftsgläubiger nicht notwendig sei, zumal, dies wäre zu ergänzen, das gesellschaftsrechtliche Liquidationsverfahren im Gegensatz zum insolvenzrechtlichen Verfahren (§ 93 InsO) das Recht zur persönlichen Inanspruchnahme der Gesellschafter gänzlich unberührt lässt. Zusätzlich verweist man auf die fortdauernde *Möglichkeit* der Gläubiger, in das Gesellschaftsvermögen der BGB-Gesellschaft *zu vollstrecken* (§ 736 ZPO).[10] Die Gesellschaftsgläubiger könnten auch nach Auflösung der BGB-Gesellschaft noch klagen und gegen diese die Zwangsvollstreckung betreiben und so mögliche Nachteile insbesondere durch die Auskehrung des Gesellschaftsvermögens vor Erfüllung ihrer Ansprüche abwenden, denn, dies wäre wieder hinzuzufügen, die gesellschaftsrechtliche Liquidation lässt im Gegensatz zum Insolvenzverfahren (§§ 103 ff. InsO) auch die Rechtsbeziehungen der Gläubiger zur BGB-Gesellschaft selbst unberührt. Schließlich beruft man sich auf § 731 S. 1 BGB, der im Übrigen in § 158 HGB auch für OHG und KG eine Entsprechung findet, wonach sich die Liquidation nur „in Ermangelung einer anderen Vereinbarung" nach den §§ 732-735 BGB richtet.[11] Mit dieser Regelung sei dem Grundsatz der Vertragsfreiheit im Liquidationsrecht ausdrücklich und gerade auch dort Geltung verschafft, wo es das Außenverhältnis der BGB-Gesellschaft berühre.[12] Selbst wenn man wollte, könne man den Gesellschaftern abweichende Maßnahmen zum Nachteil der Gläubiger so jedenfalls nicht verbieten.

---

5 *Grunewald*, GesR, 1. A., Rn. 185 f.; *Hüffer*, GesR, § 13 2. S. 111 f.

6 Vgl. für OHG und KG *Butzer*, Jura 1994, 628, 631; *Koller/Roth/Morck*, § 145 HGB, Rn. 4; RG JW 1919, 34, 34 f.

7 *Düringer/Hachenburg/Geiler*, Allg. Einl., Anm. 247, Anm. 272; so für OHG und KG *Düringer/Hachenburg/ Flechtheim*, § 145 HGB, Anm. 15; *A. Hueck*, oHG, § 31 III., S. 473, Fn. 13, § 32 VII. 1., S. 515, Fn. 103.

8 Vgl. betreffend OHG/KG *Koller/Roth/Morck*, § 149 HGB, Rn. 1, § 124 HGB, Rn. 5.

9 *Grunewald*, GesR, 1. A., Rn. 185; Soergel-*Hadding*, § 730 BGB, Rn. 10; *Hüffer*, GesR, § 13 2., S. 111 f.; RGRK-*v. Gamm*, § 730 BGB, Rn. 2, § 733 BGB, Rn. 3, § 735 BGB, Rn. 1; *Hintzen*, 65; *G. Hueck*, GesR, § 11 IV., S. 83; für OHG/KG *Butzer*, Jura 1994, 628, 631; RG JW 1919, 34, 34; siehe auch BGH ZIP 1999, 1173, 1174 f.

10 Staudinger-*Keßler*, § 730 BGB, Rn. 18; MüKo-*Ulmer*, § 733 BGB, Rn. 9.

11 MüKo-*Ulmer*, § 733 BGB, Rn. 9, § 734 BGB, Rn. 10, § 735 BGB, Rn. 2, § 731 BGB, Rn. 3; *Ensthaler*, S. 56 f., 84 f., anders aber S. 62 ff.

12 MüKo-*Ulmer*, § 731 BGB, Rn. 3, siehe aber § 705 BGB, Rn. 99, § 738 BGB, Rn. 37.

II. Ansicht von K. Schmidt (Neue Lehre)

Eine gegenläufige Meinung zum Verhältnis von Liquidation und dem Schutz der Gesellschaftsgläubiger findet sich vor allem bei *K. Schmidt.*[13] Seine Ausführungen gelten zwar unmittelbar nur für die Liquidation der handelsrechtlichen Gesamthandsgesellschaften OHG und KG, sie lassen sich jedoch, da zumindest die unternehmerische BGB-Gesellschaft seiner Ansicht nach ebenfalls rechtsfähig ist,[14] auf die Liquidation der BGB-Gesellschaft ohne weiteres übertragen. *K. Schmidt* geht davon aus, dass die Liquidation der Gesamthandsgesellschaft zentral vom Prinzip des Gläubigerschutzes geprägt ist, und begründet dies als Vertreter der neuen Lehre primär mit der infolge der Rechtsfähigkeit der Gesamthand veränderten *Verfahrensfunktion.*[15] Gehe man davon aus, dass die Gesamthandsgesellschaft nicht bloß ein Sondervermögen der allein rechtsfähigen Gesellschafter, sondern selbst Träger von Rechten und Pflichten, das heißt rechtsfähiges Subjekt sei, stelle ihre Liquidation ein der Liquidation der juristischen Person gleiches auf Beseitigung eines Rechtssubjekts, also eines Schuldners gerichtetes Verfahren dar, in dem folgerichtig ebenso wie in dem der juristischen Person oberstes Gebot der Schutz der Gesellschaftsgläubiger sein müsse. Wenn die herrschende Meinung das Moment des Gläubigerschutzes in der Liquidation verneine, verkenne sie Ziel und Zweck der Liquidation. Es werde nicht nur ein den Gesellschaftern gehörendes Sondervermögen auf diese unter Abzug der notwendigen Aufwendungen verteilt, sondern es werde ein Rechtssubjekt vollabgewickelt und den Gläubigern ihr Schuldner genommen. Entschieden fordert *K. Schmidt*: „Es gilt, die Gesamthandsgesellschaft als Rechtssubjekt auch im Stadium der Abwicklung endlich ernst zu nehmen!“[16]

Dass die Gesellschafter den Gläubigern persönlich haften, macht nach Ansicht von *K. Schmidt* einen Schutz der Gläubiger in der Liquidation nicht entbehrlich. Die persönliche Gesellschafterhaftung könne einen objektiven Gläubigerschutz, das heißt zwingende Vorschriften zur Aufbringung und Erhaltung des Gesellschaftsvermögens nicht ersetzen.[17] Der herrschenden Meinung sei vorzuwerfen, die *Kreditsicherungsfunktion* der persönlichen Haftung, also deren Gewähr für die Befriedigung der Gläubiger maßlos zu überschätzen. Sie vernachlässige den Umstand, dass jede die Privatvermögen der Gesellschafter vor Kapitalabfluss schützende Regelung fehlt. Die Gesellschafter seien in der Lage, jederzeit und unbeschränkt wesentliche Teile ihres Privatvermögens zu veräußern, ohne dem Vermögen den Gegenwert zuführen zu müssen. Halte man eine objektive Sicherung des Gesellschaftsvermögens nicht für notwendig, weil das Vermögen immer nur von einer haftenden Vermögensmasse in die andere

---

[13] *K. Schmidt*, ZHR 153 (1989), 270, 283 ff.; *ders.*, GesR, § 11 V. 3. b), S. 319, § 52 IV., S. 1518 ff., § 58 II. 4., S. 1702 ff.; *ders.*, Schlegelberger, § 149 HGB, Rn. 40, vgl. auch § 155 HGB, Rn. 50 f., § 145 HGB, Rn. 29. Ähnlich jetzt *Butzer*, Jura 1994, 628, 633.

[14] Vgl. nur *K. Schmidt*, NJW 2001, 993 ff.

[15] *K. Schmidt*, ZHR 153 (1989), 270, 283 ff.; *ders.*, GesR, § 11 V. 3. b), S. 319 f., § 52 IV. 1 b), S. 1519 f.

[16] *K. Schmidt*, ZHR 153 (1989), 270, 275; vgl. *dens.*, GesR, § 52 IV. 1 b), S. 1520.

[17] *K. Schmidt*, ZHR 153 (1989), 270, 284; *ders.* JZ 1985, 301, 302 f.; *ders.*, GesR, § 18 IV. 2. c), S. 541 f.; *ders.*, Wege zum Insolvenzrecht, S. 63 f., 81f., 93 f., 185 f.; vgl. auch *Flume*, Personengesellschaft, § 7 III., S. 105 f.

wandere, vergesse man, dass die Privatvermögen der Gesellschafter ihrerseits nicht gesichert sind. Wenn das aus der Gesamthand ungestraft abgezogene Geld „morgen beim Pferderennen verspielt werde“, sei dies eben nicht nur persönliches Pech der Gesellschafter, sondern auch der Gläubiger. Die Lehre sei sich der Problematik noch gar nicht richtig bewusst. Sie habe sich infolge der Diskussion um die Zulässigkeit der Haftungsbeschränkung insbesondere bei der GmbH immer nur die Frage gestellt, ob Kapital Haftung ersetzen kann, und darüber die umgekehrte Frage, ob persönliche Haftung Kapital ersetzen kann, weitgehend vernachlässigt.

Von seinem unterschiedlichen Ausgangspunkt gelangt *K. Schmidt* konsequent zu einer sich von der herrschenden Meinung grundlegend unterscheidenden Verfahrensstruktur. Er geht davon aus, dass die gesetzlichen Liquidationsvorschriften, soweit sie die Gläubiger betreffen, ebenso wie bei den juristischen Personen nicht nur im Innenverhältnis, sondern auch im Außenverhältnis gelten sowie zwingende Wirkung besitzen. Für die Liquidation der BGB-Gesellschaft, deren Vorschriften §§ 733, 734 BGB zudem den §§ 149 S. 1, 155 Abs. 1 HGB entsprechen und deren § 735 BGB über § 105 Abs. 3 HGB auch auf OHG und KG angewandt wird, bedeutet dies, dass das Vermögen der BGB-Gesellschaft gemäß §§ 733 Abs. 1, 734 BGB erst an die Gesellschafter verteilt werden darf, nachdem sämtliche Gesellschaftsschulden berichtigt sind,[18] und, soweit dies zur Schuldentilgung nicht genügt, von den Gesellschaftern gemäß § 735 BGB um den Fehlbetrag aufgestockt werden muss.[19] Kann der Ausgleichsbetrag gemäß § 735 BGB von den BGB-Gesellschaftern nicht beigetrieben werden, müssen die Liquidatoren der Auffassung von *K. Schmidt* entsprechend Insolvenzantrag stellen.[20] Soweit gegen diese Pflichten verstoßen wird, steht den Gläubigern zudem ein Schadensersatzanspruch gemäß § 823 Abs. 2 BGB zu.[21]

III. Ansicht von Hillers (Traditionelle Lehre)

Ein von der herrschenden Meinung abweichendes Verständnis von Gläubigerschutz und Liquidation findet sich auch bei *Hillers*.[22] Er sieht die Liquidation der BGB-Gesellschaft und auch der der Gesamthandsgesellschaften OHG und KG zentral vom Gläubigerschutz geprägt, gelangt zu dieser Ansicht aber im Gegensatz zu *K. Schmidt* unter der Prämisse der traditionellen Gesamthandslehre. Ausgangspunkt seiner Überlegungen ist das *gesetzliche Haftungsprivileg* der Gesellschaftsgläubiger, das heißt der Umstand, dass nach dem Gesetz das Gesamthandsvermögen den Gläubigern der BGB-Gesellschaft bzw. OHG und KG im Verhältnis zu den Privatgläubigern der Gesellschafter stets *vorrangig* als Haftungsfonds zur Verfügung steht (§§ 733, 734 BGB, § 736 ZPO, vgl. §§ 124 II, 161 II HGB).[23] Die Gesellschaftsgläubiger einer Gesamthandsgesellschaft könnten jederzeit und unmittelbar auf das Gesamthandsvermögen zugreifen. Einzige Voraussetzung sei das Vorliegen eines gegen alle Ge-

---

18 Vgl. *K. Schmidt*, ZHR 153 (1989), 270, 284; *ders.* GesR, § 52 IV. 2. a), S. 1521; *ders.*, Schlegelberger, § 155 HGB, Rn. 42.

19 Vgl. *K. Schmidt*, ZHR 153 (1989), 270, 295 f.; *ders.*, GesR, § 52 IV 2. b), S. 1521 f.

20 Vgl. Schlegelberger-*K. Schmidt*, § 149 HGB, Rn. 42; *dens.*, ZHR 153 (1989), 270, 285 f.

21 Vgl. *K. Schmidt*, ZHR 153 (1989), 270, 286; *dens.* Schlegelberger, 155 HGB, Rn. 42.

22 *Hillers*, S. 85 ff., 103 f., 141 ff.; zustimmend *Kellermann*, AcP 190 (1990), 657, 659 ff.

23 *Hillers*, S. 85 ff., 88 f.

sellschafter (§ 736 ZPO) bzw. gegen die OHG oder KG gerichteten Titels (§§ 124 II, 161 II HGB). Den Privatgläubigern dagegen hafte das Gesamthandsvermögen immer nur mittelbar und stets nur in der nach Abzug der Gesellschaftsverbindlichkeiten verbleibenden Höhe (vgl. §§ 725, 733, 734 BGB, §§ 135, 149, 155 Abs. 1, 161 Abs. 2 HGB). Wollten die Privatgläubiger auf das Gesamthandsvermögen zugreifen, sei dies dadurch bedingt, dass sie den Anteil des Gesellschafters oder dessen Anspruch auf das Auseinandersetzungsguthaben pfänden (vgl. § 859 Abs. 1 ZPO, § 717 BGB, § 851 ZPO) und die Gesellschaft kündigen und liquidieren (vgl. § 725 Abs. 1 BGB, §§ 135, 161 Abs. 2 HGB). Dabei erhielten sie immer nur das, was auch dem Gesellschafter in der Auseinandersetzung gebühren würde, nämlich den nach Berichtigung der Gesellschaftsverbindlichkeiten verbleibenden Überschuss (§§ 733 Abs. 1 S. 1, 734 BGB, §§ 135, 149, 155 Abs. 1, 161 Abs. 2 HGB).

Dass so die Gesellschaftsgläubiger der Gesamthandsgesellschaft bei Liquidation der Gesellschaft zu schützen sind, folgt für *Hillers* dann aus der einfachen Überlegung, dass mit dem Erreichen des Liquidationsziels, das heißt der Vollbeendigung der Gesellschaft, den Gläubigern ihr gesetzlich gewährtes Haftungsprivileg verloren geht. Dass die Gesellschafter den Gläubigern weiterhin persönlich hafteten, macht seiner Ansicht nach einen Schutz der Gläubiger nicht entbehrlich, denn dort sind diese gerade der gleichrangigen Konkurrenz der Privatgläubiger ausgesetzt.[24]

Ganz im Gegensatz zu *K. Schmidt* zieht *Hillers* jedoch aus seiner Feststellung, dass im Liquidationsverfahren auch, wenn nicht sogar primär die Interessen der Gesellschaftsgläubiger zu berücksichtigen sind, keine direkten Folgen, misst also auch betreffend die Liquidation der BGB-Gesellschaft den Vorschriften zur vorrangigen Gläubigerbefriedigung und Nachschusspflicht (§§ 733- 735 BGB) keine zwingende Geltung bei.[25] Dass den Interessen der Gläubiger in der Liquidation der Gesellschaft die erforderliche Aufmerksamkeit zukommt, das heißt ihre Ansprüche vor Verteilung des Gesellschaftsvermögens getilgt werden und das Vermögen um einen etwaigen Fehlbetrag aufgestockt wird, sieht *Hillers* vielmehr schon dadurch gewährt, dass jeder Gesellschafter zugleich persönlich verpflichtet ist. Das *Eigeninteresse* an der Vermeidung persönlicher Inanspruchnahme, also die Sorge des Gesellschafters vor dem Vollstreckungszugriff der Gesellschaftsgläubiger auf das Privatvermögen, lasse in der Liquidation jeden einzelnen Gesellschafter „zum Anwalt der Gläubiger“ werden. Jedes Abweichen von den gesetzlichen Vorschriften stehe unter der „scharfen Sanktion“ persönlicher Inanspruchnahme. Es werde sich daher kein vernünftiger Gesellschafter bei Liquidation der BGB-Gesellschaft auf Maßnahmen abweichend der §§ 730 ff. BGB einlassen, wenn nicht die Befriedigung der Gesellschaftsgläubiger anders sicher gestellt sei.

B. Stellungnahme

I. Auswirkungen der Liquidation

Ob in der Liquidation der BGB-Gesellschaft auf die Gesellschaftsgläubiger Rücksicht zu nehmen ist oder nicht, muss sich primär danach richten, welche konkreten Aus-

---

[24] *Hillers*, S. 103, 141 ff.

[25] *Hillers*, S. 143 ff.

wirkungen die Liquidation für diese hat. Geht man mit der neuen Lehre davon aus, dass die BGB-Gesellschaft selbst Träger von Rechten und Pflichten ist, führt die Liquidation zur Vollbeendigung eines Rechtsträgers und damit eines Schuldsubjekts. Abschluss der Liquidation bedeutet für die Gläubiger also *Verlust ihres Schuldners* und ersatzloses *Erlöschen ihrer Ansprüche.*[26] Insoweit kann gar kein Zweifel daran bestehen, dass die Gläubiger schutzbedürftig sind.

Ein Blick auf das Liquidationsrecht juristischer Personen bestätigt dies (§§ 49 ff. BGB, §§ 65 ff. GmbHG, §§ 267 ff. AktG, 82 ff. GenG). Dort, wo der Gesetzgeber die Rechtsfähigkeit der zu liquidierenden Gesellschaft und so die Auswirkungen der Liquidation klar vor Augen hatte, ist das Verfahren in ganz besonderer Weise auf die Interessen der Gesellschaftsgläubiger zugeschnitten. Beginn und Ende des Liquidationsverfahrens sind öffentlich bekannt zu geben (vgl. § 65 Abs. 1 GmbHG), die Gläubiger ein- bzw. dreimal zur Geltendmachung ihrer Forderungen aufzufordern und das Gesellschaftsvermögen darf erst an die Gesellschafter verteilt werden, wenn alle Schulden der Gesellschaft getilgt oder sicher gestellt sind und seit dem letzten Aufruf eine Frist von einem Jahr verstrichen ist (vgl. § 73 Abs. 1, 2 GmbHG).[27] Die Vorschriften sind zudem zwingendes Recht und können, und zwar zum Schutz der unbekannten Gläubiger selbst mit Zustimmung aller bekannten Gläubiger nicht ausgeschlossen oder beschränkt werden.[28]

Was die Auswirkungen der Liquidation betrifft, so besteht aber, wie *Hillers* überzeugend aufzeigt, selbst bei Zugrundelegung der traditionellen Lehre mittelbar ein Grund, die Gläubiger der Gesellschaft in der Liquidation zu schützen, denn die Liquidation bedeutet hier für die Gesellschaftsgläubiger der Fortfall *ihres gesetzlichen Haftungsprivilegs*. Der Gedanke des Haftungsprivilegs stößt sich zwar auf den ersten Blick an der auf den Wortlaut des § 736 ZPO gestützten, weit verbreiteten Ansicht, dass die Vollstreckung in das Gesamthandsvermögen auch wegen solcher Forderungen möglich ist, die einem Gläubiger gegen alle Gesellschafter gemeinschaftlich, jedoch ohne jeden Zusammenhang mit der BGB-Gesellschaft zustehen, also wegen gemeinsamer Privatschulden aller Gesellschafter.[29] Im Kern bleibt der Gedanke des Haftungsprivilegs jedoch auch bei derart weiter Auslegung des § 736 ZPO unberührt. Denn es kann der vollstreckungsrechtlichen Natur der Norm entsprechend den Privatgläubigern immer nur *formell* der Zugriff auf das Gesellschaftsvermögen gewährt werden.[30] *Materiellrechtlich* ist das Gesellschaftsvermögen auch in diesem Fall allein den Gesellschaftsgläubigern reserviert.[31] Soweit neben den titulierten Privatschulden der Gesellschafter eine Gesellschaftsschuld nicht vorliegt, kann die Gesamthand ana-

---

26 Zum Erlöschen der Forderungen bei Erlöschen des Schuldners RGZ 148, 65, 67; RGZ 153, 338, 343; KG WM 1955, 1388, 1390; BGHZ 74, 212, 213.

27 Zum Gläubigerschutz in der Liquidation der GmbH ausführlich *K. Schmidt*, ZIP 1981, 1 ff.

28 *Lutter/Hommelhoff*, § 73 GmbHG, Rn. 1; *K. Schmidt*, GesR, § 38 IV. 4. b), S. 1201; *ders.*, ZIP 1981, 1, 1 f.; *Hüffer*, AktG, § 272 AktG, Rn. 1; Palandt-*Heinrichs*, § 52 BGB, Rn.1.

29 MüKo-*Ulmer*, § 718 BGB, Rn. 54; Erman-*H.P. Westermann*, § 718 BGB, Rn. 12.

30 MüKo-*Ulmer*, § 718 BGB, Rn. 54; *Brehm*, KTS 1983, 21, 33 f.; Erman-*H.P. Westermann*, § 718 BGB, Rn. 12.

31 Erman-*H.P. Westermann*, § 718 BGB, Rn. 12; MüKo-*Ulmer*, § 718 BGB, Rn. 54 f.

log § 771 ZPO Drittwiderspruchsklage erheben.[32] Es bleibt damit festzuhalten, dass die mit der Vollbeendigung der Gesellschaft einher gehende Haftungsverschlechterung einen Schutz der Gläubiger im Liquidationsverfahren unentbehrlich macht.

II. Einwand der fortbestehenden Vollstreckungsmöglichkeit

Dies Schutzbedürfnis entfällt entgegen herrschender Meinung auch nicht schon dadurch, dass die Gesellschaftsgläubiger nach Auflösung noch in das Vermögen der BGB-Gesellschaft die Zwangsvollstreckung betreiben können. Denn die Vollstreckung setzt immer voraus, dass die Gläubiger einen entsprechenden Titel besitzen (vgl. § 736 ZPO). Dies wird in der Praxis jedoch nur selten der Fall sein.[33] Sollten die Gläubiger ausnahmsweise über einen Titel verfügen, so müssten sie sich, wollten sie Nachteile tatsächlich verhindern, zudem unmittelbar zur Vollstreckung veranlasst sehen. Sie dürften nicht, wie häufig, ein freiwilliges Leisten des dadurch weitere Kosten vermeidenden Schuldners abwarten, sondern müssten selbst die Initiative ergreifen und ohne zeitliche Verzögerung die Vollstreckung betreiben. Dies setzt indes voraus, dass sie sich der Gefahr, die mit einem Aufschub der Leistungserzwingung verbunden ist, bewusst sind, sie mit anderen Worten Kenntnis von der Auflösung und Liquidation der Gesellschaft besitzen. Dies wiederum wird jedenfalls dann regelmäßig nicht der Fall sein, wenn die Gesellschaft erst nach dem Prozess bzw. nach Titelerteilung in das Liquidationsstadium übergegangen ist. Zumindest dann, wenn die BGB-Gesellschaft das erforderliche Gesellschaftsvermögen nicht mehr besitzt oder von vorneherein nicht besaß, nützt aber auch die Kenntnis vom Liquidationsverfahren nichts. Die Zwangsvollstreckung geht ins Lehre und die Gläubiger müssen sich wegen ihrer Ansprüche unter Verlust des gesetzlichen Haftungsprivilegs an die Gesellschafter persönlich halten.

III. Einwand der persönlichen Gesellschafterhaftung

Auch was die persönliche Haftung der Gesellschafter betrifft, erscheint es zweifelhaft, dass sie allein die Gläubiger schützt. So verweist die herrschende Meinung zwar einhellig auf den „Schutz der persönlichen Gesellschafterhaftung“, weshalb und konkret wodurch sie die Gläubiger sichert, wird jedoch mit keiner Silbe erwähnt. Es ist bemerkenswert, dass die persönliche Haftung einerseits einen so hohen Stellenwert besitzt, anderseits genauere Ausführungen zu ihrem Wesen und ihrer Funktion kaum zu finden sind.

---

[32] MüKo-*Ulmer*, § 718 BGB, Rn. 54 f.; Erman-*H.P. Westermann*, § 718 BGB, Rn. 12.

[33] Was die Erhebung oder Fortsetzung einer Klage betrifft, so laufen die Gläubiger Gefahr, dass diese wegen Vollbeendigung der Gesellschaft *unzulässig* wird, vgl. zu KG/GmbH BGHZ 74, 212, 213 ff.; BGHZ 62, 131, 132 f.; BGH NJW 1982, 238, 238 mit allerdings dogmatisch kaum begründbarer Entschärfung der Rechtsfolgen: „Verlieren eine KG und ihre Komplementär-GmbH während des Rechtsstreits ihre Rechts- und Parteifähigkeit, so ist der Rechtsstreit, sofern die gegen sie gerichtete Klage bis dahin begründet war, in der Hauptsache erledigt. Trotz Verlusts der Rechts- und Parteifähigkeit können die erloschenen Gesellschaften im Prozess eine Erledigungserklärung abgeben und gegebenenfalls auch zur Tragung von Kosten verurteilt werden.“ Wer rechtlich nicht mehr existiert, kann weder Erklärungen abgeben noch zur Kostenzahlung (!) verpflichtet werden.

1. Funktion der persönlichen Haftung

Was nun die Funktion der Gesellschafterhaftung angeht, so lässt sie sich am besten umschreiben mit Verhaltenskontrolle, Leistungserzwingung und Kreditsicherung.[34]

a) Verhaltenskontrolle

Mit Verhaltenskontrolle ist gemeint, dass sich der Gesellschafter aus Sorge, selbst von den Gläubigern in Anspruch genommen zu werden, in einer ganz bestimmten Weise verhält,[35] das heißt positiv bestimmte Handlungen vornimmt oder negativ bestimmte Handlungen unterlässt. Es geht nicht um den materiellen Aspekt der persönlichen Haftung, also um die Leistung oder Bereitstellung einer konkreten Sach- oder Geldleistung, sondern um ihren Einsatz als Druckmittel.[36]

Im Hinblick auf das erwünschte Verhalten lässt sich nun differenzieren. Zum einen geht es um ein *rechtlich normiertes* Verhalten, das heißt, dass die Gesellschafter sich exakt so verhalten sollen, wie es das Gesetz vorschreibt, also beispielsweise in der Liquidation das Vermögen erst nach Schuldentilgung untereinander aufteilen (§§ 733 Abs. 1 S. 1, 734 BGB). Zum anderen wird mit der persönlichen Haftung ein *allgemeines (betriebs-)wirtschaftliches* Verhalten verfolgt. Die Gesellschafter sollen eine besonders sorgfältige und umsichtige Geschäftspolitik betreiben. Sie sollen pünktlich und vollständig zahlen und vor allem von risikoreichen Geschäften Abstand nehmen und die wirtschaftliche Situation der Gesellschaft genau kontrollieren, um so Überschuldung und Insolvenz zu verhindern bzw. frühzeitig zu erkennen.

Was die Gläubiger betrifft, so ist letztes freilich das Entscheidende. In der Liquidation beispielsweise ist die Pflicht zur Schuldenberichtigung vor Vermögensausschüttung das Papier, auf dem sie steht, nicht wert, wenn die BGB-Gesellschaft ein zur Deckung der Gesellschaftsschulden ausreichendes Vermögen nicht mehr besitzt, etwa weil die Gesellschafter sich auf risikoreiche Geschäfte eingelassen haben oder trotz rückläufiger Einnahmen in größerem Umfang Verbindlichkeiten eingegangen sind. Gerade was die Erzwingung eines bestimmten wirtschaftlichen Verhaltens angeht, unterliegt die persönliche Haftung jedoch engen Grenzen. Vor allem im Unternehmensbereich wird das Verhalten der Gesellschafter regelmäßig weniger durch die Sorge vor persönlicher Inanspruchnahme als vielmehr durch allgemeine Tendenzen und Bedingungen, mit anderen Worten die *Verhältnisse am Markt* bestimmt sein. Die Gesellschafter kleinerer, also typischerweise in der Rechtsform der BGB-Gesellschaft betriebenen Unternehmen werden dabei in besonderem Maße vom Vorgehen und Verhalten der Konkurrenz beeinflusst. Wollen sie im Geschäft bleiben, müssen sie sich regelmäßig auch auf unsichere und risikoreiche Unternehmungen einlassen. Die Sorge um den Erhalt des Betriebes, um die Wettbewerbsfähigkeit der Gesellschaft, dürfte hier häufig größer sein als die Sorge vor persönlicher Verantwortlichkeit.

Hinsichtlich der Erzwingung eines bestimmten Verhaltens ist aber noch ein zweiter Aspekt von Relevanz. Die persönliche Haftung kann immer nur insoweit taugliches

---

[34] *Wiedemann*, GesR, Band I, § 10 III. 1. a), S 536; *K. Schmidt*, GesR, § 18 IV. 2., S. 540; *ders.*, JZ 1985, 301, 302.

[35] *Wiedemann*, GesR, Band I, § 10 III. 1. a), S. 537 f., b), S. 539; *K. Schmidt*, GesR, § 18 IV. 2., S. 541; *ders.*, JZ 1985, 3101, 302.

[36] *Wiedemann*, GesR, Band I, § 10 III. 1. a), S. 537 f.

Druckmittel sein, wie der einzelne Gesellschafter Entscheidungen überhaupt treffen kann, das heißt, er die Maßnahmen der Geschäftführung selbst festlegen oder doch konkret mitbestimmen kann. Anders formuliert: Nur beim *Einklang von persönlicher Haftung und Leitungsmacht* kann die persönliche Haftung ein bestimmtes rechtlich normiertes oder allgemein (betriebs-)wirtschaftliches Verhalten tatsächlich bewirken. Geht man von der gängigen Praxis aus, die Geschäftsführung und Vertretung auf einen oder nur wenige Gesellschafter zu konzentrieren, wird so die Wirksamkeit der persönlichen Haftung als Mittel zur Verhaltenssteuerung stark gemindert. Gerade in der Liquidation, wo zwecks zeitlicher und organisatorischer Straffung des Verfahrens stets nur wenige Gesellschafter geschäftsführungsbefugt sind, ist so ein Schutz der Gläubiger allein durch die „Sorge vor persönlicher Inanspruchnahme" kaum gewährleistet. Der Ansicht, dass ein Schutz des Gläubiger im Fall der Liquidation entbehrlich ist, weil sich jeder einzelne Gesellschafter aus Angst vor persönlicher Inanspruchnahme zum „Anwalt der Gläubiger" aufschwingt, kann daher nicht beigepflichtet werden.

b) Leistungserzwingung

Ist im Zusammenhang mit der persönlichen Haftung von Leistungserzwingung die Rede, so kennzeichnet dies die zusätzliche Vollstreckungsmöglichkeit der Gläubiger.[37] Gemeint ist, dass die Gesellschaftsgläubiger eine weitere Möglichkeit erhalten, ihre Ansprüche zu realisieren, und sich so das Risiko des Ausfalls mindert. Die persönliche Haftung soll nicht beeinflussen und steuern, sondern eine ganz bestimmte Leistung, und zwar gegenwärtig zu Verfügung stellen.

Was die Sicherheit der Gesellschaftsgläubiger betrifft, so ist diese insoweit überhaupt nur geboten, wenn die Gesellschafter inhaltlich grundsätzlich auf das gleiche haften wie die Gesellschaft, das heißt auf *Erfüllung*. Folgt man der bisweilen vertretenen Ansicht, dass die Gesellschafter prinzipiell nur Geldersatz leisten müssen,[38] kann die persönliche Haftung den Anspruch gegen die Gesellschaft selbst kaum ersetzen. Gerade im Fall der Liquidation ist dann ein objektiver Schutz der Gläubiger, das heißt die zwingende Pflicht, das Gesellschaftsvermögen vorrangig und vor allem auch zur Erfüllung solcher Gläubigeransprüche zu verwenden, die nicht auf Geld gerichtet sind, unerlässlich. Aber selbst wenn man mit dem BGH[39] und der zunehmenden Lehre[40] davon ausgeht, dass die Gesellschafter grundsätzlich Erfüllung zu leisten haben, scheint unter dem Aspekt der zusätzlichen Vollstreckungsmöglichkeit ein ausreichender Schutz der Gläubiger zweifelhaft. Denn allein damit, *dass* das Privatvermögen der Gesellschafter haftet, ist den Gläubigern nicht gedient. Nicht schon der bloße Haftungs*anspruch* oder auch die Haftungs*bereitschaft*, sondern erst die Haftungs*fähigkeit* der Gesellschafter verschafft den Gläubigern Sicherheit. Insoweit ist aber zu

---

37 *Wiedemann*, GesR, Band I, § 10 III. 1. a), S. 537; *K. Schmidt*, GesR, § 18 IV. 2., S. 540; *ders.*, JZ 1985, 301, 302.

38 *John*, S. 250 ff., 267 ff.; ähnlich *Hadding*, ZGR 1981, 557, 581 f.

39 BGHZ 73, 217, 221 f.; BGH NJW 1987, 2367, 2369; ähnlich schon BGHZ 23, 302, 306.

40 *Flume*, Personengesellschaft, § 16 III. 3., S. 305; Soergel-*Hadding*, § 714 BGB, Rn. 35; *K. Schmidt*, GesR, § 49 III. 1. c), S. 1419 ff. jeweils nach der Akzessorietätstheorie; *Grunewald*, GesR, 1. B., Rn. 38 ff. aus Sicht der Doppelverpflichtungslehre.

berücksichtigen, dass für die Privatvermögen keinerlei Verfügungsbeschränkung gilt. Die Gesellschafter können, woran *K. Schmidt* zu Recht erinnert, jederzeit und uneingeschränkt wesentliche Teile ihres Vermögens veräußern, ohne diesem den Gegenwert zuführen zu müssen. Es erscheint daher auch unter dem Aspekt der Leistungserzwingung nicht überzeugend, die Gläubiger in der Liquidation allein auf die persönliche Haftung zu verweisen.

c) Kreditsicherung

Im untrennbaren Zusammenhang mit der Leistungserzwingung steht die wohl wichtigste Funktion der persönlichen Haftung, die Kreditsicherung. Gemeint ist, dass die persönliche Haftung der BGB-Gesellschaft eine finanzielle Grundlage verschaffen und den Gläubigern wie im Fall der Bürgschaft oder Bankgarantie Sicherheit bieten soll. Haftung als solche soll Schutz gewähren und ein Garantiekapital entbehrlich machen.[41] Es geht folglich nicht um die gegenwärtige Bereitstellung einer bestimmten Leistung, sondern einzig darum, eine spätere Leistungsbewirkung zu sichern. Die Kreditsicherung ist auf diese Weise die Vorstufe zur Leistungserzwingung.

aa) Keine adäquate Sicherung der Privatvermögen durch (Insolvenz-)Anfechtung

Auch insoweit bestehen Zweifel an der Ansicht der herrschenden Meinung, dass objektive Kapitalschutzvorschriften namentlich in der Liquidation entbehrlich sind. Gegen einen ausreichenden Schutz der Gläubiger durch die persönliche Finanzkraft der Gesellschafter spricht vor allem die Tatsache, dass die Gesellschafter über die Gegenstände ihres Privatvermögens jederzeit frei verfügen können. Soweit den Gläubigern das Recht zusteht, sie benachteiligende Handlungen nach §§ 3, 4 AnfG, §§ 129 ff. InsO anzufechten, stellt dies einen adäquaten Schutz nicht dar.[42] Denn die Anfechtung ist nicht nur an enge *zeitliche* und *sachliche Grenzen* gebunden, sondern sie bürdet den Gläubigern regelmäßig auch die *Beweislast* auf, und zwar für objektive und subjektive Voraussetzungen auf Seiten des Gesellschafters als auch des Erwerbers. So setzt die praktisch bedeutsame Anfechtung wegen absichtlicher Gläubigerbenachteiligung (§ 3 AnfG, § 133 InsO) etwa voraus, dass die Rechtshandlung zehn - statt bisher dreißig (§ 41 Abs. 1 S. 3 KO, § 12 Abs. 3 AnfG a.F.) - Jahre vor dem Anfechtungszeitpunkt bzw. im Fall der Insolvenz dem Eröffnungsantrag liegt. Sie ist weiter dadurch bedingt, dass der Schuldner den Vorsatz hatte, seine Gläubiger zu benachteiligen und der Erwerber diesen Vorsatz im Zeitpunkt der Handlung kannte. Darlegungs- und beweispflichtig sind in vollem Umfang die Gläubiger und Insolvenzverwalter.[43] Allein in dem Fall, dass eine nahestehende Person etwas erlangt hat (§ 3 Abs. 2 AnfG, §§ 133 Abs. 2 , 138 InsO) oder der Erwerber die Zahlungsunfähigkeit des Schuldners gekannt hat (§ 3 Abs. 1 S. 2 AnfG, § 133 Abs. 1 S. 2 InsO), wird die

---

41 *Wiedemann*, GesR, Band I, § 10 III. 1. a), S. 538, b), S. 539; *K. Schmidt*, GesR, § 18 IV. 2. c), S. 541 f.

42 So aber für die Liquidation bei OHG/KG etwa *Butzer*, Jura 1994, 628, 631; *A. Hueck*, oHG, § 31 III., S. 473, Fn. 13, § VII. 1., S. 515, Fn. 103; *Baumbach/Hopt*, § 145 HGB, Rn. 11; *Düringer/Hachenburg/Geiler*, Allgm. Einl., Anm. 247, 272; *Düringer/Hachenburg/Flechtheim*, § 145 HGB, Anm. 15.

43 FK-*Dauernheim*, § 133 InsO, Rn. 20; *Breuer*, InsR, F II., S. 100; *Bork*, InsR, § 20, Rn. 215.

Beweislast partiell umgekehrt. Nicht viel einfacher ist für die Gläubiger eine Anfechtung wegen unentgeltlicher Leistung (§ 4 AnfG, § 134 InsO). Sie betrifft nur solche Leistungen, die der Gesellschafter innerhalb der letzten vier Jahre vorgenommen hat. Zwar gilt, dass der Begriff Leistung weit auszulegen ist, das heißt, dass nicht nur Verfügungen, sondern auch verpflichtende Rechtsgeschäfte und sonstige Vermögensentäußerungen anfechtbar sind.[44] Unentgeltlichkeit wird aber beispielsweise schon dann nicht mehr angenommen, wenn der Gesellschafter eine Verpflichtung zur Leistung irrtümlich annimmt[45] oder wenn er eine fremde Schuld aufgrund einer von ihm übernommenen Verpflichtung tilgt.[46] Die Beweislast liegt abgesehen von Leistungen an nahe Angehörige wiederum in vollem Umfang bei den Gläubigern.[47] Noch schwieriger ist schließlich die ohnehin nur im Fall der Eröffnung des Insolvenzverfahrens mögliche Anfechtung wegen kongruenter oder inkongruenter Deckung (§§ 130, 131 InsO). Betroffen sind hier lediglich Handlungen, die drei Monate vor Verfahrenseröffnung erfolgt sind. Grund und damit auch Voraussetzung für die Anfechtung ist, dass der Erwerber die finanziellen Schwierigkeiten des Gesellschafters kannte oder doch hätte kennen müssen. Die Beweislast dafür trägt grundsätzlich wieder vollständig der Anfechtende (§§ 130 Abs. 3, 131 Abs. 2 S. 2 InsO).[48]

bb) Sicherheitsfaktor Gesellschafterzahl

Auch eine weitere Überlegung lässt die herrschende Auffassung, die Gläubiger seien durch die persönliche Haftung schon ausreichend gesichert, zweifelhaft erscheinen. So hängt grob vereinfacht das Maß von Sicherheit, das die persönliche Gesellschafterhaftung den Gläubigern einer Gesellschaft bietet, immer vom jeweiligen Verhältnis zwischen den Privatvermögen der Gesellschafter und den Schulden der Gesellschaft ab. Optimale Sicherheit besteht dann, wenn die Summe der Privatvermögen aller Gesellschafter die Summe aller Gesellschaftsschulden deckt. Ein entscheidender Faktor für die Sicherheit der Gesellschaftsgläubiger ist damit die Gesellschafterzahl. Was nun die BGB-Gesellschaft angeht, besitzt diese getreu dem gesetzlichen Leitbild eines *persönlichen* Zusammenschlusses in der Praxis regelmäßig nur wenige, bei den zahlreichen Ehegattenverbindungen sogar grundsätzlich nur zwei Gesellschafter. Dass die BGB-Gesellschaft als Publikums- oder Massegesellschaft betrieben wird,[49] man denke etwa an 1500 persönlich haftende Gesellschafter,[50] oder dass an der Gesellschaft eine andere BGB-Gesellschaft, eine OHG, KG, EWIV oder Partnerschaftsgesellschaft beteiligt ist, also auch deren Gesellschafter persönlich haften müssen, ist theoretisch wie praktisch die Ausnahme. Im Ergebnis spricht damit auch der Faktor

---

44 FK-*Dauernheim*, § 134 InsO, Rn., 6; *Bork*, InsR, § 20, Rn. 214.

45 BGHZ 71, 61, 69.

46 BGH WM 1964, 590, 590 f.

47 FK-*Dauernheim*, § 134 InsO, Rn. 34; *Bork*, InsR, § 20, Rn. 214; *Breuer*, InsR, F II. , S. 100.

48 FK-*Dauernheim*, § 130 InsO, Rn. 57, § 131 InsO, Rn. 29; *Bork*, InsR, § 20, Rn. 219 f.; *Breuer*, InsR, F II., S. 98 f.; vgl. BGH ZIP 1997, 513, 514; BGH WM 1969, 888, 890.

49 Zur Publikums-BGB-Gesellschaft siehe MüKo-*Ulmer*, § 705 BGB, Rn. 147 a; BGH NJW 1982, 877 ff.; OLG Köln, NJW-RR 1994, 491 ff.

50 Vgl. LG Stuttgart NJW-RR, 1999, 743 f., wo es freilich nur um die Grundbucheintragung ging.

der Gesellschafterzahl deutlich gegen die Annahme, dass die Gläubiger einer BGB-Gesellschaft in der Liquidation durch die persönliche Haftung allein geschützt sind.

cc) Sicherheitsfaktor Geschäftsumfang

Der zweite entscheidende Sicherheitsfaktor ist der Geschäftsumfang. Je geringer der Umfang der Gesellschaftsschulden, desto größer die Sicherheit, dass die Gläubiger bei Ausfall der BGB-Gesellschaft von den Gesellschaftern persönlich befriedigt werden. Auch insoweit scheint die persönliche Haftung als alleiniges Schutzinstrument in der Liquidation bedenklich. Jedenfalls ab einer gewissen Unternehmensgröße scheidet sie als Sicherungsmittel aus. In einer BGB-Gesellschaft mit mehreren Millionen Mark Jahresumsatz, etwa einer erfolgreichen Arzt-, Anwalts- oder Architektengemeinschaft oder einer zur Durchführung eines großen Bauprojekts angelegten ARGE, besteht für die Gläubiger keine realistische Aussicht, sich notfalls am Privatvermögen der Gesellschafter schadlos zu halten. Dass es bei intensiver geschäftlicher Tätigkeit der BGB-Gesellschaft und ihrer Gesellschafter zur Konzernbildung kommt, dass heißt, dass sich einer der Gesellschafter noch anderweitig maßgeblich unternehmerisch engagiert und dies andere Unternehmen als herrschendes Unternehmen analog §§ 302, 303 AktG mit seinem Vermögen für die Verbindlichkeiten der BGB-Gesellschaft mithaften muss,[51] dürfte wiederum rechtlich wie rechtstatsächlich die Ausnahme bleiben.

d) Zwischenergebnis

Die persönliche Haftung bietet den Gläubigern aufgrund der durch den allgemeinen Wettbewerb stark begrenzten Möglichkeit, ein wirtschaftlich opportunes Verhalten der Gesellschafter zu erzwingen, der regelmäßigen Übertragung der Leitungsmacht auf wenige Gesellschafter, also der begrenzten Möglichkeit jeden Gesellschafters, gläubigerfreundliche Maßnahmen zu veranlassen, der fehlenden Sicherung der Privatvermögen, vor allem der engen Grenzen einer Anfechtung, und der häufig durch einen großen Geschäftsumfang und eine kleine Gesellschafterzahl bedingten fehlenden Kongruenz zwischen der Summe der Gesamtverbindlichkeiten und der Summe der Privatvermögen immer nur einen sehr eingeschränkten Schutz. Der Ansicht der herrschenden Auffassung, die Gläubiger seien im Fall der Liquidation der BGB-Gesellschaft allein durch die persönliche Gesellschafterhaftung geschützt, kann daher nicht zugestimmt werden.

2. Zeitliche Beschränkung der persönlichen Haftung

Gegen die herrschende Annahme spricht ferner, dass die Gesellschafterhaftung im Fall der Liquidation einer besonderen zeitlichen Schranke unterliegt. Die Gesellschafter haften für die Verbindlichkeiten der BGB-Gesellschaft, wenn diese nicht einer noch kürzeren Verjährung unterliegen, entsprechend § 159 HGB nur für die Dauer von fünf Jahren, und zwar von dem Zeitpunkt an gerechnet, zu dem die Gläubiger von der Auflösung Kenntnis erhalten.[52] Diese Haftungsbegrenzung ergibt

---

[51] Zum Personengesellschaftskonzern *Emmerich/Sonnenschein*, KonzernR, §§ 26-28, S. 426 ff.; BGH ZIP 1994, 1690 ff.; BGH 119, 346 ff.

von der Auflösung Kenntnis erhalten.[52] Diese Haftungsbegrenzung ergibt sich zwar nicht unmittelbar aus dem Gesetz, denn auch § 736 Abs. 2 BGB, der für die BGB-Gesellschaft die für OHG und KG geltenden Regelungen zur „Begrenzung der Nachhaftung“ für analog anwendbar erklärt, erfasst vom Wortlaut sowie seiner systematischen Stellung im Kontext der Vorschriften über das Ausscheiden eines BGB-Gesellschafters nur § 160 HGB, das heißt die Norm zur Haftungsbegrenzung im Fall des Gesellschaftersausscheidens.[53] Sie folgt aber aus einer Analogie zu § 159 HGB, an der man aufgrund der gesetzgeberischen Wertentscheidung des § 736 Abs. 2 BGB, dass die Gesellschafter einer BGB-Gesellschaft und diejenigen einer OHG oder KG, was die Verjährung ihrer Haftung betrifft, gleich zu behandeln sind, sowie der prinzipiell identischen Interessenlage von Gesellschaftern und Gläubigern im Fall des Ausscheidens und der Auflösung der Gesellschaft auch zum Schutz der Gesellschaftsgläubiger in der Liquidation nicht herumkommt.[54]

IV. Zusammenfassung und die Folge zwingenden Außenrechts

Entgegen herrschender Ansicht sind im Liquidationsverfahren der BGB-Gesellschaft die Interessen der Gesellschaftsgläubiger zu berücksichtigen, was daraus folgt, dass mit Abschluss des Verfahrens die BGB-Gesellschaft und damit die gegen sie gerichteten Ansprüche ersatzlos erlöschen und weder die Vollstreckungsmöglichkeit trotz laufender Abwicklung noch die persönliche Haftung der Gesellschafter allein den Gläubigern Schutz bietet.

Dies bedeutet primär, dass den gesetzlichen Bestimmungen, soweit sie die Interessen der Gläubiger berühren (§§ 733 Abs. 1, 734, 735 BGB), in gleicher Weise wie den §§ 49 ff. BGB, §§ 65 ff. GmbHG, §§ 267 ff. AktG, 82 ff. GenG bei den juristischen Personen nicht nur Wirkung im *Außenverhältnis*, sondern vor allem auch *zwingende* Geltung beizumessen ist. Es kann und darf weder aus dem Gesellschaftsvermögen vor Tilgung aller Gesellschaftsschulden an die Gesellschafter geleistet (§§ 733 Abs. 1, 734 BGB) noch eine Nachschusspflicht bei Überschuldung der BGB-Gesellschaft (§ 735 S. 1. Alt. BGB) ausgeschlossen werden.

Diesem Ergebnis steht § 731 S. 1 BGB, mithin der vielfach betonte Grundsatz der Vertragsfreiheit nicht ernsthaft entgegen. Denn von diesem Grundsatz macht auch die herrschende Meinung und gerade auch für den Fall der Liquidation der BGB-Gesellschaft Einschränkungen. So ist es ganz unumstritten, dass die Gesellschafter nicht jede Form der Auseinandersetzung ausschließen können[55] und vor allem nicht für den Fall, dass die BGB-Gesellschaft durch Kündigung eines Privatgläubigers oder wegen Insolvenz eines Gesellschafters aufgelöst wird (§§ 725, 728 BGB), die Rechte der Privatgläubiger begrenzen, namentlich ihren Anspruch auf das Auseinanderset-

---

[52] Zum Fristbeginn MüKo-*Ulmer*, § 736 BGB, Rn. 23, 24.

[53] MüKo-*Ulmer*, § 736 BGB, Rn. 24; *Seibert*, DB 1994, 461, 463 f.; *K. Schmidt*, ZIP 1994, 243, 244.

[54] *Seibert* DB 1994, 461, 464; MüKo-*Ulmer*, § 736 BGB, Rn. 24. Für eine Analogie zu § 159 HGB a.F. schon BGHZ 117, 168, 179; BGH DStR 1994, 32, 32 zweite Revision in derselben Sache; Soergel-*Hadding*, § 714 BGB, Rn. 49; *Lindacher*, JuS 1982, 504, 507 f.; *Ulmer*, FS Fischer, S. 785, 807; aA *Flume*, Personengesellschaft, § 16 IV. 7., S. 344.

[55] BGHZ 1, 324, 329; Soergel-*Hadding*, § 730 BGB, Rn. 1.

zungsguthaben einschränken oder gänzlich ausschließen dürfen;[56] entsprechende Vereinbarungen der Gesellschafter werden als nichtig angesehen (§ 138 BGB) und die Anfechtungsvorschriften (§§ 3 ff. AnfG, §§ 129 ff. InsO) wegen der kurzen Fristen, und zu ergänzen wäre wegen der Beweislast, für unzureichend empfunden.[57] Wenn den Gesellschaftern aber schon Vereinbarungen zum Nachteil *einzelner Privatgläubiger* verboten sind, bestehen überhaupt keine Bedenken, ihnen auch Vereinbarungen zum *Nachteil aller Gesellschaftsgläubiger* zu untersagen.

---

[56] MüKo-*Ulmer*, § 705 BGB, Rn. 99, § 738 BGB, Rn. 37; *Grunewald*, GesR, 1. A., Rn. 176; BGHZ 65, 22, 28. Anders bei Einbeziehung auch der kündigungsbedingten Abfindung BGH NJW 1993, 2101, 2102.

[57] MüKo-*Ulmer*, § 738 BGB, Rn. 37, das „gesellschaftsrechtliche Gläubigerschutzprinzip" verdiene den Vorrang.

Abschnitt IV – Gesellschafter und Liquidatoren

Die zentralen Personen der Liquidation der BGB-Gesellschaft sind die Gesellschafter und Liquidatoren. Sie bestimmen und beeinflussen den Verlauf der Liquidation und sind so von entscheidender Bedeutung auch für die Gesellschaftsgläubiger.

§ 1 Rechte und Pflichten der Gesellschafter in der Liquidation

I. Allgemeine Pflichten in der Liquidation

Die Stellung der BGB-Gesellschafter in der Liquidation wird durch eine Reihe von Rechtssätzen geprägt. Zu ihnen zählen die allgemeine Gesellschaftertreuepflicht und die Pflicht zur Gleichbehandlung.

1. Gesellschaftertreuepflicht

a) Grundsatz

Die gesellschafterliche Treuepflicht ist ein zentraler Rechtssatz des gesamten Gesellschaftsrechts.[1] Sie findet für die BGB-Gesellschaft wie für alle übrigen Verbände ihre Grundlage im Gesellschaftsvertrag. Auf die in der Lehre umstrittene Frage, ob die Gesellschaftertreuepflicht eine besondere Verdichtung des allgemeinen Grundsatzes von Treu und Glauben (§ 242 BGB) bildet,[2] oder ob sie sich als selbständiger Inhalt des Schuldverhältnisses erweist,[3] kommt es angesichts der Übereinstimmung über ihre vertragliche Wurzel nicht an. Insbesondere kann auch der Grundsatz von Treu und Glauben nicht isoliert vom jeweiligen Schuldverhältnis betrachtet werden; er ist nicht etwa darauf beschränkt, die Art und Weise der Leistungsbewirkung zu bestimmen.[4]
In ihrem Anwendungsbereich ist die Gesellschaftertreuepflicht weit. Sie umfasst auch bei der BGB-Gesellschaft nicht nur das Verhältnis zwischen Gesellschaftern und Gesellschaft, sondern erstreckt sich entsprechend ihrer vertraglichen Grundlage auch auf die Beziehungen unter den Gesellschaftern.[5] Inhaltlich kann sie je nach den Umständen des Einzelfalls Handlungs-, Duldungs- sowie Unterlassungspflichten der Gesellschafter hervorrufen. An derartige Pflichten ist vor allem dort zu denken, wo es um die Förderung des gemeinsamen Gesellschaftszwecks, das heißt die Geschäftsführertätigkeit geht. Unter dem Gesichtspunkt der Treuepflicht kommt dort dem Interesse der Gesellschaft grundsätzlich der Vorrang vor den Interessen jeden einzelnen Gesellschafters zu.[6] Soweit die Ausübung von eigennützigen, den Gesellschaftern im eigenen Interesse verliehenen Gesellschafterrechten, das heißt insbesondere Vermögensrechten in Frage steht, hat die Treuepflicht demgegenüber in erster Linie Schrankenfunktion. Sie verpflichtet die Gesellschafter zum Ergreifen des schonendsten Mittels und kann bei rücksichtslosem Vorgehen zum Missbrauchseinwand führen.

---

1 Grundlegend *A. Hueck*, Treuegedanke, insbes. S. 12 f., 18 f; MüKo-*Ulmer*, § 705 BGB, Rn. 181 ff.; Soergel-*Hadding*, § 705 BGB, Rn. 58 ff.; RGZ 158, 302, 310; RGZ 163, 35, 38; BGHZ 71, 53, 59; BGH NJW 1995, 1739, 1741 f.

2 Erman-*H.P. Westermann*, § 705 BGB, Rn. 47; MüKo-*Roth*, § 242 BGB, Rn. 120.

3 *A. Hueck*, Treuegedanke, S. 18 f.; Soergel-*Hadding*, § 705 BGB, Rn. 58.

4 Anders Soergel-Hadding, § 705, Rn. 58; dagegen MüKo-*Roth*, § 242 BGB, Rn. 109 ff., 124 ff.

5 MüKo-*Ulmer*, § 705 BGB, Rn. 183; *Grunewald*, GesR, 1. A., Rn. 17.

6 Soergel-*Hadding*, § 705 BGB, Rn. 60.

b) Gesellschaftertreuepflicht in der Liquidation

Die Gesellschaftertreuepflicht endet auch in der BGB-Gesellschaft nicht etwa mit Auflösung der Gesellschaft, sondern besteht für die Dauer der Liquidation fort.[7] Dies ergibt sich daraus, dass auch der Gesellschaftsvertrag, der ja die Grundlage der Treuepflicht bildet, trotz Auflösung der BGB-Gesellschaft fortbesteht. Allerdings bleibt die Liquidation nicht ohne jede Auswirkung. Vor allem der Inhalt der Gesellschaftertreuepflicht wird durch die Auflösung stark modifiziert. Es werden nunmehr Handlungs- und Unterlassungspflichten auch insoweit erzeugt, wie es um die Herbeiführung der Vollbeendigung der Gesellschaft geht. In der BGB-Gesellschaft ist so jeder Gesellschafter qua Gesellschaftertreuepflicht verpflichtet, positiv die Liquidation der BGB-Gesellschaft nach besten Kräften zu fördern und zur raschen Beendigung der Gesellschaft beizutragen, sowie negativ alles zu unterlassen, was das Verfahren erschweren und verzögern könnte. Einfluss hat die Auflösung zudem auf die Intensität der Treuepflicht. Je weiter die Liquidation voranschreitet, desto schwächer wird die Gesellschaftertreuepflicht;[8] mit dem fortschreitenden Abbau der Gesellschaft als Organisation nehmen auch deren eigene schutzwürdige Interessen ab. So kann beispielsweise der Gesellschafter der BGB-Gesellschaft, wenn diese ein von ihr betriebenes Geschäft weitgehend eingestellt hat oder an einen Dritten als Ganzes veräußert hat, eine unternehmerische Konkurrenztätigkeit aufnehmen, ohne aufgrund seiner Gesellschaftertreuepflicht zum Unterlassen von Wettbewerb verpflichtet zu sein.[9] Ein solches Verbot kann sich bei einer Veräußerung des Geschäfts im Ganzen allenfalls daraus ergeben, dass sich die Gesellschafter gegenüber dem Erwerber auch persönlich zur Unterlassung von Wettbewerb verpflichtet haben.

2. Gleichbehandlungsgrundsatz

a) Grundsatz

Wie die Treuepflicht gehört auch der Grundsatz der gleichmäßigen Behandlung der Gesellschafter zu den zentralen Rechtssätzen des Gesellschaftsrechts;[10] er hat für die BGB-Gesellschaft in zahlreichen Vorschriften gesetzlich Niederschlag gefunden (vgl. §§ 706 Abs. 1, 709, 722 Abs. 1 BGB). Sein Geltungsbereich ist jedoch nicht auf diese Fälle beschränkt. Vielmehr beherrscht er die mitgliedschaftliche Stellung der einzelnen BGB-Gesellschafter und die daraus resultierenden Rechte und Pflichten in grundsätzlich jeder Beziehung.[11] Die Frage, ob der Gleichbehandlungsgrundsatz als überpositiver, unmittelbar aus der Gerechtigkeitsidee abzuleitender Rechtssatz im Zivilrecht generell oder doch jedenfalls bei allen Gemeinschaftsverhältnissen gilt,[12] kann offen bleiben. Für die BGB-Gesellschaft ergibt er sich wie für jede andere Ge-

---

[7] BGH WM 1971, 412, 414 (zur KG); vgl. BGH ZIP 1997, 2120, 2121; MüKo-*Ulmer*, § 730 BGB, Rn. 22; *Hillers*, S. 55 f.; *Ensthaler*, S. 8 ff.

[8] BGH WM 1971, 412, 414 (KG); MüKo-*Ulmer*, § 730 BGB, Rn. 22; enger BGHZ 1, 324, 332 (zur OHG).

[9] BGH WM 1971, 412, 414 (KG).

[10] Grundlegend *G. Hueck*, Gleichbehandlung, S. 35 ff., 278 ff.; MüKo-*Ulmer*, § 705 BGB, Rn. 199 ff.; RGRK-*v. Gamm*, § 705 BGB, Rn. 18; BGHZ 16, 59, 70. Vgl. § 53 a AktG.

[11] Soergel-*Hadding*, § 705 BGB, Rn. 66.

[12] *G. Hueck*, Gleichbehandlung, S. 128 ff., 153, 169.

sellschaft bereits daraus, dass die Gesellschafter sich vertraglich auf der Grundlage des Gleichrangs zur Interessengemeinschaft zusammengeschlossen haben.[13] Damit findet der Gleichbehandlungsgrundsatz ebenso wie die Gesellschaftertreuepflicht seine Rechtsgrundlage unmittelbar im Gesellschaftsvertrag.
Inhaltlich ist der Grundsatz zur Gleichbehandlung auch in der BGB-Gesellschaft nicht etwa auf die schematische oder formale Gleichstellung aller Gesellschafter gerichtet. Vielmehr schließt er nur eine willkürliche, das heißt nicht durch sachliche Gründe gerechtfertigte Ungleichbehandlung der Gesellschafter aus.[14] Dass Art und Umfang gesellschaftsvertraglicher Rechte und Pflichten im Einzelfall je nach wirtschaftlicher Beteiligung, sonstigen Leistungen, übernommener Haftung und Dauer der Gesellschaftszugehörigkeit unter den Gesellschaftern überaus verschieden gestaltet ist, ist daher unter dem Gesichtspunkt des Gleichbehandlungsgrundsatzes unbedenklich, wenn nicht wegen des dem Grundsatz innewohnenden Gerechtigkeitsgedanken sogar geboten.

b) Gleichbehandlung in der Liquidation

Wie die Gesellschaftertreuepflicht besteht auch die Pflicht zur Gleichbehandlung während der Liquidation der BGB-Gesellschaft fort. Dies folgt wiederum daraus, dass schon der Gesellschaftsvertrag als rechtliche Grundlage der Pflicht trotz Auflösung der BGB-Gesellschaft fortexistiert. Gerade in der Liquidation besteht auch ein erhebliches Bedürfnis für die Geltung dieses Grundsatzes. Denn die Liquidationsgesellschaft ist von ganz unterschiedlichen insbesondere vermögensrechtlichen Interessen der einzelnen Gesellschafter geprägt und nur die konsequente Pflicht zur Gleichbehandlung kann in dieser durch die Interessendivergenzen angespannten Situation ein gerechtes und faires Verfahren bewirken und zu einem allseits akzeptablen Liquidationsergebnis führen.

II. Recht und Pflicht zur Auflösung und Liquidation

Die Stellung der Gesellschafter in der Liquidation ist aber nicht nur durch die allgemeine Gesellschaftertreuepflicht und die Pflicht zur Gleichbehandlung, sondern auch durch spezifisch liquidationsrechtliche Rechte und Pflichten, und zwar untereinander als auch im Verhältnis zu Dritten geprägt.

1. Auflösung der BGB-Gesellschaft durch die Gesellschafter

a) Recht schon des einzelnen Gesellschafters auf Auflösung

Kennzeichnend für die Rechtsstellung der Gesellschafter ist, dass diese es selbst in der Hand haben, die BGB-Gesellschaft aufzulösen, und zwar gemeinschaftlich durch Vertrag und Beschluss sowie einzeln durch ordentliche und außerordentliche Kündigung.
Besonders hervorzuheben ist, dass gerade im Fall wirtschaftlicher Schwierigkeiten schon der einzelne Gesellschafter die Möglichkeit besitzt, die BGB-Gesellschaft auf-

---

[13] MüKo-*Ulmer*, § 705 BGB, Rn. 199; ähnlich Staudinger-*Keßler*, Vor § 705 BGB, Rn. 59.

[14] *G. Hueck*, Gleichbehandlung, S. 179 ff, 182 ff.; *K. Schmidt*, GesR, § 16 II. 4. b) dd), S. 470; BGH WM 1965, 1284, 1286.

zulösen. Gerät die Gesellschaft in eine auf absehbare Zeit nicht behebbare wirtschaftliche Krise, erfordert es der Schutz der vermögensrechtlichen Komponente der Mitgliedschaft, also des wirtschaftlichen Werts der Beteiligung, dass der einzelne Gesellschafter die BGB-Gesellschaft notfalls auch gegen den Willen der Mehrheit auflösen kann.[15] Wenn auch in Zukunft nicht mit einem Erfolg der gesellschaftlichen Tätigkeit zu rechnen ist, muss jeder einzelne Gesellschafter in der Lage sein, den weiteren sinnlosen Verbrauch des Gesellschaftsvermögens zu verhindern. Es kann ihm in diesem Fall nicht zugemutet werden abzuwarten, bis die Eröffnung des Insolvenzverfahrens der aktiven Tätigkeit der Gesellschaft ein Ende setzt. Vielmehr muss er imstande sein, die BGB-Gesellschaft so frühzeitig aufzulösen, dass durch Verwertung des noch vorhandenen Gesellschaftsvermögens im Rahmen der Liquidation der Wert seiner Beteiligung optimal erhalten und realisiert wird.

Herbeiführen kann der Gesellschafter die Auflösung in diesem Fall grundsätzlich durch fristlose Kündigung (§ 723 Abs. 1 S. 2 BGB). Wenn die Gesellschaft unrentabel wird oder nicht die erhofften und zur Fortführung benötigten Gewinne erwirtschaftet, stellt dies nach unumstrittener Auffassung einen Grund zur außerordentlichen Kündigung dar. Selbst wenn die Kapitalbasis der BGB-Gesellschaft im Wesentlichen zwar noch vorhanden sei, sie aber durch deren Fortsetzung ernsthaft und in einem über das bei Gründung in Kauf genommene Risiko deutlich hinausgehenden Maß gefährdet sei, könne jeder Gesellschafter die Gesellschaft fristlos kündigen; es sei keinem Gesellschafter zuzumuten, unter Einsatz von Vermögen und Arbeitskraft am Vertrag festzuhalten.[16]

Im Einzelfall kann dem Gesellschafter unter dem Gesichtspunkt der Gesellschaftertreuepflicht aber auch ein Anspruch auf einverständliche Auflösung zustehen.[17] In Betracht kommt ein solcher Anspruch vor allem dort, wo die Gesellschafter für den Fall der Kündigung die Fortsetzung der BGB-Gesellschaft unter den übrigen Gesellschaftern vereinbart haben und ein bloßes Austrittsrecht bei Fortsetzung der Gesellschaft durch die anderen, auf den wirtschaftlichen Erfolg vertrauenden Gesellschafter dem Sicherungsinteresse des Einzelnen nicht gerecht wird. Zu denken ist vor allem an den Fall, dass die Risiken zwischen den Gesellschaftern ungleich verteilt sind, beispielsweise die übrigen Gesellschafter ihre persönliche Haftung im Außenverhältnis ausgeschlossen haben. Hier ist dem einzelnen Gesellschafter mit einem bloßen Austrittsrecht nicht gedient, denn gemäß § 736 Abs. 2 BGB, § 160 HGB würde er den Gläubigern weiterhin für die Gesellschaftsschulden haften, ohne dass ihm für seinen Regressanspruch gegen die BGB-Gesellschaft (§§ 713 i.V.m. 670 BGB) ein Haftungsfonds sicher zur Verfügung stünde.

Eben dieser Umstand, dass bei wirtschaftlicher Krise schon jeder einzelne Gesellschafter ohne weiteres die Auflösung der BGB-Gesellschaft herbeiführen kann, bestätigt die Annahme einer zum Schutz der Gläubiger zwingenden Geltung der §§ 733-735 BGB. Steckt die Gesellschaft in finanziellen Schwierigkeiten, kann und wird es

---

15 Zum Schutz der Mitgliedschaft im Innenverhältnis ausführlich *Habersack*, Mitgliedschaft, S. 187 ff.; vgl. dazu auch BGHZ 110, 323, 327f., 334.

16 Soergel-*Hadding*, § 723 BGB, Rn. 19; MüKo-*Ulmer*, § 723 BGB, Rn. 25; RGRK-*v.Gamm*, § 723 BGB, Rn. 18; BGH NJW 1960, 434, 434 f.; RG JW 1927, 1684, 1684.

17 BGH WM 1960, 105, 106 für KG; BGH WM 1986, 68, 69 für OHG.

so besonders häufig zur Auflösung und damit Liquidation der Gesellschaft kommen. Die Gesellschafter werden gerade in diesem Fall indes ein besonders geringes Interesse an der Einhaltung der gesetzlichen Regeln haben. Sie werden ein noch vorhandenes Vermögen möglichst schnell aus der keine Gewinne mehr abwerfenden BGB-Gesellschaft abziehen und keine weiteres Geld in die Gesellschaft einbringen wollen. Dass das Gesellschaftsvermögen bis zur Tilgung sämtlicher Gesellschaftsschulden in der BGB-Gesellschaft bleibt (§§ 733 Abs. 1, 734 BGB) und gegebenenfalls um den erforderlichen Fehlbetrag aufgestockt wird (§ 735 BGB), kann nur durch zwingende Geltung der Vorschriften sicher gestellt werden.

b) Pflicht der Gesellschafter zur Auflösung im Verhältnis zu Dritten?

Es ist wohl anerkannt, dass die Gesellschafter untereinander qua gesellschafterlicher Treuepflicht zur Auflösung der BGB-Gesellschaft verpflichtet sein können, die Frage, ob eine solche Pflicht auch im Verhältnis zu Dritten besteht, hat man bislang jedoch noch nicht gestellt. Gerade dort, wo anhaltende Verluste der BGB-Gesellschaft das Gesellschaftsvermögen aufzehren und so die Realisierung der Forderungen der Gläubiger gegenüber der Gesellschaft gefährden, scheint eine Auflösungspflicht auch im Verhältnis zu Dritten indes durchaus sinnvoll. Die Fortsetzung einer schwere wirtschaftliche Verluste erleidenden Gesellschaft ließe sich nicht nur als berechtigten Verzicht auf Schutz der eigenen Mitgliedschaft, sondern auch als unberechtigte Verfügung über Ansprüche Dritter qualifizieren. Bedenken bestehen jedoch unter dem Gesichtspunkt, dass der Gesetzgeber sich im Zuge der Insolvenzrechtsreform erneut dagegen entschieden hat, für die Gesamthandsgesellschaften, in denen mindestens ein persönlich haftender Gesellschafter eine natürliche Person ist, die Überschuldung als Insolvenzgrund sowie eine Insolvenzantragspflicht zu statuieren. Würde man die Gesellschafter der BGB-Gesellschaft bei Bedrohung der Finanzgrundlage der Gesellschaft zur Auflösung und gesellschaftsrechtlichen Liquidation verpflichten, würde man diese gesetzgeberische Wertentscheidung missachten. Es wird daher im Ergebnis eine Auflösungspflicht gegenüber und zum Schutze Dritter abzulehnen sein sein, was insoweit akzeptabel scheint, als die BGB-Gesellschaft zumindest bei schweren finanziellen Verlusten wegen Unmöglichkeit nach § 726 BGB, und sogar unmittelbar kraft Gesetz aufgelöst wird.

2. Liquidation der BGB-Gesellschaft durch die Gesellschafter

a) Recht jeden Gesellschafters auf Durchführung der Liquidation

Jeder einzelne Gesellschafter hat aber nicht nur ein Anspruch auf Auflösung, sondern auch einen Anspruch auf Durchführung der Liquidation.[18] Der Schutz der vermögensrechtlichen Komponente der Gesellschaftsbeteiligung erfordert es, dass der einzelne Gesellschafter auch die Liquidation beanspruchen kann, denn erst diese führt zur Erhaltung und Realisierung der ihm gebührenden Werte. Das Recht auf Liquida-

[18] Soergel-*Hadding*, Vor § 730 BGB, Rn. 1, § 730 BGB, Rn. 2; Staudinger-*Keßler*, § 730 BGB, Rn. 1, 6; Erman-*H.P. Westermann*, § 730 BGB, Rn. 2; MüKo-*Ulmer*, § 730 BGB, Rn. 22; *Müller/Hoff-mann*, § 11, Rn. 55; BGH WM 1965, 793, 794; BGH NJW 1981, 749, 750; vgl. für die OHG auch *Koller/Roth/Morck*, § 145 HGB, Rn. 1 f.; BGHZ 1, 324, 327 ff.

tion ist so eng mit dem Recht auf Auflösung verknüpft und kann daher dem einzelnen Gesellschafter ebenso wenig dieses (§ 723 Abs. 3 BGB) entzogen werden. Eine gesellschaftsvertragliche Bestimmung, die den Anspruch der Gesellschafter auf Liquidation ausschließt oder beschränkt, ist nichtig, wenn nicht zugleich eine andere Art der Auseinandersetzung vereinbart wird.[19] Die Gesellschafter können zwar die Liquidation für gewisse Zeit aufschieben, der Aufschub darf jedoch nicht faktisch zum Ausschluss der Liquidation führen.[20] Es dürften insoweit die zu § 723 BGB entwickelten Grundsätze[21] heranzuziehen sein, das heißt, dass die Zulässigkeit des Aufschubs im jeweiligen Einzelfall unter Berücksichtigung der Struktur und dem Ausmaß der Rechte und Pflichten der Gesellschaft durch Abwägung der schutzwürdigen Interessen des einzelnen Gesellschafters an unmittelbarer Liquidation gegen die seiner Mitgesellschafter an einer späteren Liquidation zu ermitteln sein wird.

Was den Inhalt des Anspruchs betrifft, so besteht dieser in der erforderlichen Mitwirkung an der Auseinandersetzung, das heißt in generell jedem Handeln, Dulden oder Unterlassen, das erforderlich sowie geeignet ist, den Fortgang der Liquidation zu fördern.[22] In Betracht kommen das Einholen und Erteilen von Auskünften, das Abgeben von Willenserklärungen sowie die Herausgabe von Gegenständen. Daraus ergibt sich zugleich, dass, geht man von der Rechtsfähigkeit der BGB-Gesellschaft aus, sich der Anspruch nicht nur gegen die Mitgesellschafter, sondern auch gegen die BGB-Gesellschaft selbst richten kann. Denn sind beispielsweise Erklärungen gegenüber Gläubigern oder dem Grundbuchamt oder Finanzamt abzugeben oder ist der Besitz an Gegenständen zwecks Veräußerung an Dritte (vgl. § 733 Abs. 3 BGB) aufzugeben, so ist es rechtlich immer die Gesellschaft als solche, die erklären oder den Besitz aufgeben muss.

Verfolgen können die Gesellschafter den Anspruch gegen die Mitgesellschafter und auch die Gesellschaft selbst im Wege der Feststellungsklage sowie der Leistungsklage.[23] Vorzugswürdig ist allerdings die Leistungsklage, denn sie ermöglicht eine Vollstreckung. Insoweit ist darauf zu achten, dass die erforderliche Liquidationshandlung, etwa das Herausgeben eines bestimmten Gegenstandes, im Klageantrag genau benannt wird, denn ein bloß auf Mitwirkung bei der Auseinandersetzung lautendes Urteil ist zu unbestimmt und nicht vollstreckungsfähig.[24]

b) Pflicht der Gesellschafter zur Liquidation im Verhältnis zu Dritten?

Wie bei der Auflösung stellt sich wiederum die Frage, ob die Gesellschafter nicht auch im Verhältnis zu Dritten zur Liquidation verpflichtet sind. Eine solche Liquida-

---

[19] BGHZ 1, 324, 329 (zur OHG); Erman-*H.P. Westermann*, § 730 BGB, Rn. 2. Zur anderen Art der Auseinandersetzung vgl. MüKo-*Ulmer*, § 730 BGB, Rn. 49 ff.

[20] Erman-*H.P. Westermann*, § 730 BGB, Rn. 2; BGHZ 1, 324, 327 ff. (zur OHG).

[21] MüKo-*Ulmer*, § 723 BGB, Rn. 45 ff.

[22] MüKo-*Ulmer*, § 730 BGB, Rn. 22; Soergel-*Hadding*, Vor § 730 BGB, Rn. 1, § 730 BGB, Rn. 2; Erman-*H.P. Westermann*, § 730 BGB, Rn. 6; vgl. BGH ZIP 1994, 1846, 1846 f.; auch BGH WM 1978, 13, 14 (OHG); BGH WM 1969, 591, 592 (KG); BGH WM 1965, 793, 794.

[23] Soergel-*Hadding*, § 730 BGB, Rn. 2; BGH ZIP 1994, 1846, 1846; BGH NJW 1981, 749, 749; OLG Hamm BB 1983, 1304, 1304; BGH WM 1969, 591, 592 (KG).

[24] OLG Hamm BB 1983, 1304, 1304.

tionspflicht muss jedenfalls dort bejaht werden, wo schon der Auflösungsgrund dem Schutz Dritter dient. Es wäre dem Rechtsverkehr wenig damit gedient, wenn eine BGB-Gesellschaft, deren Gesellschaftsvermögen stark angegriffen ist, zwar aufgelöst wird (§ 726 BGB, § 26 InsO), eine Pflicht zum Betreiben der Liquidation aber nicht besteht. Die Gesellschaft könnte sich, da uneingeschränkt rechtsfähig, weiterhin am Geschäftsverkehr beteiligen und so Dritte täuschen und zu Leistungen veranlassen. Das Restvermögen würde weiter aufgezehrt und die Chancen der Altgläubiger auf Befriedigung weiter vermindert. Lehnen die Gesellschafter die notwendige Aufstockung des Gesellschaftsvermögens ab, kann allein die Liquidation, also die verfahrensmäßige Vollbeendigung Gesellschaft unter vorrangiger Befriedigung der Gesellschaftsgläubiger, verhindern, dass die Gesellschaft sich auch fortan als Subjekt am Rechtsverkehr beteiligt und das restliche Vermögen weiter sinnlos verwirtschaftet. Es scheint daher im Ergebnis erforderlich und geboten, die Gesellschafter insoweit auch im Verhältnis zu Dritten zur Durchführung der Liquidation zu verpflichten.

c) Recht jeden Gesellschafters auf Einhaltung der gesetzlichen Vorschriften

Der einzelne Gesellschafter hat aber nicht nur einen Anspruch auf Durchführung der Liquidation, sondern auch darauf, dass sich diese in Übereinstimmung mit dem Gesetz vollzieht.[25] Jeder Gesellschafter kann von den Mitgesellschaftern verlangen, dass die BGB-Gesellschaft im Einklang mit den §§ 730 ff. BGB liquidiert wird. Es ist so jeder Gesellschafter berechtigt, die Schuldentilgung und Einlagenrückerstattung vor Vermögensverteilung und die Leistung von Nachschüssen bei Überschuldung der Gesellschaft zu fordern.

d) Pflicht zur Einhaltung der gesetzlichen Vorschriften im Verhältnis zu Dritten?

Was das Verhältnis zu Dritten angeht, besteht nach herrschender Ansicht eine entsprechende Pflicht nicht.[26] Es könne zwar gesellschaftsintern jeder einzelne Gesellschafter die Einhaltung der §§ 733-735 BGB verlangen, den Gläubigern selbst stehe ein entsprechendes Recht jedoch nicht zu.

Diese Ansicht verdient keine Zustimmung. Ihr liegt die unrichtige Auffassung zu Grunde, dass die Liquidation alleinige Sache der Gesellschafter ist und eine Rücksichtnahme auf die Gläubiger nicht erforderlich ist. Ist die BGB-Gesellschaft selbständiges Rechtssubjekt, im Verhältnis zu Dritten also auch selbst verpflichteter Schuldner, werden durch die Liquidation die Interessen der Gesellschaftsgläubiger nachhaltig berührt. Die mit der Vollbeendigung der BGB-Gesellschaft einhergehende Haftungsverschlechterung und der nur begrenzte Schutz, den eine persönliche Haftung bieten kann, erfordern es, im Verfahren auch auf die Gläubiger Rücksicht zu nehmen.

Allein dadurch dass gesellschaftsintern jeder einzelne Gesellschafter Einhaltung der §§ 733 Abs. 1, 734, 735 BGB beanspruchen kann, sind die Gläubiger nicht hinrei-

---

25 Soergel-*Hadding*, Vor § 730 BGB, Rn. 1, § 730 BGB, Rn. 8, 15, Rn. 733 BGB, Rn. 1; *Hillers*, S. 46 ff.; Staudinger-Keßler, § 730 BGB, Rn. 21, § 733 BGB, Rn. 7; Palandt-*Sprau*, § 730 BGB, Rn. 3; Erman-*H.P. Westermann*, § 733 BGB, Rn. 4.

26 Soergel-*Hadding*, § 730 BGB, Rn.10; § 733 BGB, Rn. 1, § 735 BGB, Rn. 1; MüKo-*Ulmer*, § 733 BGB, Rn. 9 f.; § 735 BGB, Rn. 2.

chend geschützt.[27] Denn schon die Möglichkeiten des einzelnen Gesellschafters, seinen Anspruch und damit den Schutz der Gläubiger durchzusetzen, sind eng begrenzt. So steht dem Anspruch in materieller Hinsicht, ist die Mehrheit der Gesellschafter für ein abweichendes Liquidationsprogramm, regelmäßig die Gesellschaftertreuepflicht entgegen. Die Weigerung eines oder einzelner Gesellschafter hinsichtlich mehrheitlich bestimmter Maßnahmen würde das Verfahren verzögern und damit die vermögensrechtlichen Interessen der Mitgesellschafter erheblich beeinträchtigen; die Gesellschaftermehrheit muss es insoweit unter dem Gesichtspunkt der Treuepflicht nicht hinnehmen, dass die Liquidation wegen Interessen eines Einzelnen auf Kosten des wirtschaftlichen Wertes ihrer Beteiligung aufgeschoben wird. Vor allem, was die formelle Durchsetzung des Anspruchs auf Einhaltung der §§ 733 ff. BGB betrifft, bestehen enge Grenzen. Ist ein Gesellschafter zugleich Liquidator, das heißt geschäftsführungs- und vertretungsberechtigtes Organ der aufgelösten BGB-Gesellschaft, und gilt Einzelgeschäftsführung und –vertretung, kann er den abweichenden Maßnahmen eines Mitliquidators zwar nach § 711 BGB widersprechen. Er hat nicht nur das Recht, über das außerplanmäßige Liquidationsgeschäft informiert zu werden, sondern auch dazu, diesem mit der Folge, dass es unterbleiben muss, zu widersprechen. Die Wirkung seines Widerspruchs beschränkt sich jedoch auf das Innenverhältnis der Gesellschafter.[28] Nach außen bleibt die Wirksamkeit der nicht genehmigten Maßnahmen unberührt. Ist der Gesellschafter von der Geschäftsführung ausgeschlossen, das heißt nicht selbst Liquidator, steht ihm weder ein Widerspruchsrecht noch sonst ein formelles Sicherungsrecht zur Verfügung. Insbesondere ist es ihm nicht möglich, Liquidationsmaßnahmen im Wege der Klage oder des einstweiligen Rechtsschutzes durchzusetzen oder zu verhindern, denn zum Schutz der Organisation und Zuständigkeitsverteilung ist die gerichtliche Geltendmachung von Geschäftsführungsmaßnahmen prinzipiell ausgeschlossen.[29] Hinzu kommt, dass die Gesellschafter im Regelfall ein äußerst geringes Interesse an der Realisierung ihres Anspruchs haben. Sie werden gerade dann, wenn die BGB-Gesellschaft geschäftlich tätig war und diese Tätigkeit im Rahmen der Liquidation eingestellt wurde, ihr Vermögen möglichst schnell aus der Gesellschaft abziehen und es anderweitig gewinnbringend investieren wollen. An der Einhaltung der gesetzlichen Vorschriften wird ihnen kaum gelegen sein. Im Ergebnis ist mithin davon auszugehen, dass die Gesellschafter auch im unmittelbaren Verhältnis zu Dritten zur Einhaltung der §§ 733-735 BGB verpflichtet sind.

III. Gesellschaftsvertragliche Ansprüche in der Liquidation

Die Auflösung der BGB-Gesellschaft begründet aber nicht nur das Recht und die Pflicht der Gesellschafter zur Liquidation, sondern nimmt auch auf ihre gesellschaftsvertraglichen Ansprüche grundlegend Einfluss.

---

27 So aber *Hillers*, S. 141 ff.; MüKo-*Ulmer*, § 733 BGB, Rn. 10.

28 Grundlegend BGHZ 16, 394, 398 f.; *Flume*, Personengesellschaft, § 15 II. 4., S. 270 ff.; MüKo-*Ulmer*, § 711 BGB, Rn. 14; Soergel-*Hadding*, § 711 BGB, Rn. 6.

29 BGHZ 76, 160, 168; MüKo-Ulmer, § 705 BGB, Rn. 169; Erman-*H.P. Westerman*, § 705 BGB, Rn. 55.

1. Grundsatz der Liquidationsbefangenheit

Lehre[30] und Rechtsprechung[31] gehen für die BGB-Gesellschaft in gleicher Weise wie für OHG und KG seit langem vom Grundsatz aus, dass die aus dem Gesellschaftsverhältnis resultierenden Ansprüche zwischen der Gesellschaft und den Gesellschaftern von dem Moment der Auflösung an ihre rechtliche Selbständigkeit verlieren und zu nur noch „unselbständigen Rechnungsposten" der Schlussabrechnung herabsinken, das heißt der Rechnung am Ende der Auseinandersetzung, aus der sich der positive oder negative „Liquidationsanteil" jeden Gesellschafters ergibt, also das, was der einzelne Gesellschafter insgesamt noch fordern kann bzw. nachzahlen muss. Sie können für die Dauer der Liquidation nicht mehr selbständig im Wege der Leistungsklage geltend gemacht werden; dies folgt unmittelbar daraus, dass die Ansprüche zum bloß rechnerischen Bestandteil der positiven und negativen Liquidationsanteile werden, die selbst grundsätzlich erst am Ende der Liquidation fällig sind.

2. Entwicklung des Grundsatzes

Dieser Grundsatz der Liquidationsbefangenheit ist vor allem eine Entwicklung des Bundesgerichtshofs.[32] Aber schon das Reichsgericht[33] hatte in einer frühen Entscheidung die Klage eines Gesellschafters gegen seine Gesellschaft auf Zahlung von Aufwendungsersatz während der Dauer der Liquidation zurückgewiesen. Es ging davon aus, dass der Gesellschafter zwar an sich berechtigt sei, von der Gesamthand Ersatz für seine Aufwendungen zu verlangen. Ein Sozius als Gläubiger stehe der Gesellschaft grundsätzlich nicht anders als jeder andere Gläubiger gegenüber und könne daher während des Bestehens der Gesellschaft wie jeder andere Gläubiger und im Gleichrang mit diesem Befriedigung aus dem Gesellschaftsvermögen verlangen.[34] Diese Rechtslage sah das RG durch die Auflösung jedoch grundlegend geändert. Die Gesellschaft bestehe zwar fort und könne daher als Liquidationsgesellschaft, vertreten durch die Liquidatoren, von Gesellschaftsgläubigern in Anspruch genommen werden. Soweit jedoch ein Gesellschaftergläubiger Forderungen geltend mache, sei dies durch die Zwecke der Liquidation, die laufenden Geschäfte zu beendigen und die Verpflichtungen der aufgelösten Gesellschaft zu erfüllen, beschränkt. Der Gesell-

---

[30] *Ensthaler*, S. 15 ff.; *Grunewald*, GesR, 1. A., Rn. 184; Soergel-*Hadding*, § 730 BGB, Rn. 3; *Hillers*, S. 137 ff.; *Hüffer*, GesR, § 13 1., S. 110; *Messer*, FS Stimpel, S. 205, 210 ff.; *K. Schmidt*, GesR, § 52 IV. 1. c), S. 1520; *ders.*, ZHR 153 (1989), 270, 293 f.; MüKo-Ulmer, § 730 BGB, Rn. 40; für OHG/KG *Butzer*, Jura 1994, 628, 632; *Kellermann* AcP 190 (1990), 657, 659; *Koller/Roth/Morck*, § 145 HGB, Rn. 3.

[31] BGH ZIP 1999, 1526, 1527; BGH ZIP 1998, 509, 510; BGH ZIP 1997, 2120, 2121; BGH ZIP 1995, 1085, 1085 f.; BGH ZIP 1994, 1846, 1846; BGH ZIP 1993, 919, 920; BGH ZIP 1993, 1307, 1309; BGH NJW 1992, 2757, 2758; BGH ZIP 1992, 245, 246; BGH NJW-RR 1991, 1049, 1049; BGHZ 103, 72, 77; BGH WM 1978, 89, 90; BGH WM 1971, 931, 931; OLG Hamm WM 1985, 644 ff.; OLG Hamburg BB 1984, 14, 15; für OHG/KG BGHZ 37, 299, 304; BGH NJW 1984, 435, 435; BGH ZIP 1981, 864, 865; BGH WM 1979, 937, 939; BGH NJW 1978, 2154, 2154; BGH WM 1970, 280, 281; BGH WM 1968, 697, 699; RGZ 29, 15 f.

[32] Grundlegend BGHZ 37, 299, 304 (bzgl. des Ausscheidens eines OHG-Gesellschafters)

[33] RGZ 29, 15 f. (zur OHG).

[34] RGZ 29, 15.

schafter könne nur Zahlung verlangen, wenn und soweit genügend Gesellschaftsvermögen zur Erfüllung aller Verbindlichkeiten vorhanden sei.[35]
Schon diese frühe Entscheidung des RG bringt die zentrale Wirkung des Grundsatzes der Liquidationsbefangenheit deutlich zum Ausdruck. Wenn die Gesellschafter ihre gesellschaftsvertraglichen Forderungen während der Dauer der Liquidation nicht mehr verfolgen können, geschieht dies zum unmittelbaren Vorteil der Gesellschaftsgläubiger, das heißt Dritter. Das Gesellschaftsvermögen wird durch die Liquidationsbefangenheit der Gesellschafterforderungen in seinem Bestand geschützt und bleibt für die vorrangige Befriedigung Dritter reserviert. Im Ergebnis wird so schon in dieser Entscheidung das Prinzip des Gläubigerschutzes, das heißt des Schutzes Dritter in der Liquidation anerkannt. Wenn die Gesellschafter nur insoweit zur Geltendmachung ihrer Forderungen berechtigt sind, wie „alle Verbindlichkeiten" erfüllt werden können, heißt dies nichts anderes, als wie die Interessen Dritter nicht beeinträchtigt werden.
In einer späteren Entscheidung setzte das RG diese Rechtsprechung fort.[36] Die dortigen Formulierungen weisen bereits eine deutliche Nähe zur heutigen Qualifikation der gesellschaftsvertraglichen Ansprüche als unselbständige Rechnungsposten der Schlussbilanz auf. So führte das RG in der Entscheidung aus, dass „diese Schuld der Gesellschaft gegenüber einem Gesellschafter nur als ein Faktor bei der Berechnung dessen, was schließlich als Vermögen der aufgelösten Gesellschaft übrig bleibt und als Anteil der einzelnen Gesellschafter an diesem Vermögen anzuerkennen ist, in Betracht" komme.
Der BGH griff diese reichsgerichtliche Rechtsprechung später auf und entwickelte sie zunächst für den Fall des Ausscheidens eines Gesellschafters[37] und kurz darauf für die Auflösung und Liquidation der Gesellschaft[38] zum heute geltenden Grundsatz fort, dass gesellschaftsvertragliche Ansprüche im Verhältnis von Gesellschaft und Gesellschaftern vom Zeitpunkt der Auflösung an grundsätzlich nur noch unselbständige Rechnungsposten der Auseinandersetzungsbilanz bilden und während der Dauer der Liquidation nicht mehr isoliert geltend gemacht werden können.
In der Lehre stieß die Rechtsprechung zunächst auf wenig Zustimmung. Die aus heutiger Sicht richtungweisende erste Entscheidung des RG wurde vom damaligen Schrifttum überwiegend abgelehnt.[39] Man ging davon aus, dass die Gesellschafter während der Dauer der Liquidation wie jeder Dritte von der Gesellschaft Erfüllung ihrer gesellschaftsvertraglichen Ansprüche verlangen konnten. Zur Begründung wurde zum einen auf den Gesetzeswortlaut verwiesen, der zwischen Gesellschaftern und Dritten als Gläubigern nicht differenziert (§ 733 Abs. 1 BGB, §§ 149, 155 Abs. 1 HGB), zum anderen geltend gemacht, dass die Liquidation nicht als gläubigerschützendes Verfahren ausgestaltet sei. Damit unterschätzte die Lehre nicht nur die

---

35 RGZ 29, 15 f.
36 RGZ 31, 139 ff. (zur OHG)
37 BGHZ 37, 299, 304 (OHG).
38 BGH WM 1965, 793, 794; BGH WM 1971, 931, 931 f.; BGH WM 1978, 89, 90; vgl. weitere Nachweise in Fn. 31.
39 *Sammeck*, Individualansprüche, S. 85 f.; *Düringer/Hachenburg/Flechtheim*, § 110 HGB, Anm. 12.

Schutzbedürftigkeit der Gesellschaftsgläubiger, sondern schenkte auch dem zweiten zentralen Aspekt des Grundsatzes der Liquidationsbefangenheit, der Verhinderung unnötiger Hin- und Herzahlungen, nicht die gebotene Aufmerksamkeit. Entsprechend gelangte die damalige Lehre zu wenig sinnvollen Ergebnissen. Ein Gesellschafter konnte selbst dann einen gesellschaftsvertraglichen Anspruch einfordern, wenn positiv feststand, dass er später ausgleichspflichtig war, das heißt, er das jetzt Eingeforderte am Ende der Liquidation wieder zurückzuzahlen hatte.[40]
Erst nach und nach und meist ohne nähere Begründung, schwenkte das Schrifttum auf die Linie der Rechtsprechung ein. Heute ist der Grundsatz der Liquidationsbefangenheit, die rechnerische Einstellung gesellschaftsvertraglicher Ansprüche in die Schlussbilanz und das Verbot ihrer isolierten Geltendmachung, auch in der Lehre unbestritten.

3. Dogmatik des Grundsatzes der Liquidationsbefangenheit
Der Grundsatz der Liquidationsbefangenheit gesellschaftsvertraglicher Ansprüche ist ein Rechtsinstitut *sui generis*. Es lässt sich am besten mit dem zivilrechtlichen Kontokorrent vergleichen (vgl. § 355 HGB).[41]

a) Rechnungseinstellung, Verrechnung und Saldenfeststellung
Wie beim Kontokorrent lassen sich beim Rechtsinstitut der Liquidationsbefangenheit drei verschiedene Rechtsvorgänge unterscheiden: die Einstellung der gesellschaftsvertraglichen Forderungen in die Liquidationsrechnung, die Verrechnung zum jeweiligen einheitlichen Saldo, das heißt dem positiven oder negativen Liquidationsanteil jeden Gesellschafters, und die Feststellung, also das rechtliche Anerkenntnis der jeweiligen Anteile.[42] Soweit beim Kontokorrent viertens ein Geschäftsvertrag, also ein schuldrechtlicher Vertrag über die Verpflichtung und Berechtigung zur Verrechnung geschlossen wird,[43] ist dieser im Rahmen der Liquidation entbehrlich. Dass die Forderungen und Verbindlichkeiten in die Liquidationsrechnung eingestellt, verrechnet und später anerkannt werden, folgt bereits ohne weiteres aus dem rechtlichen Tatbestand der Auflösung; eine besondere (gesellschafts-)vertragliche Vereinbarung ist insoweit nicht erforderlich

aa) In Rechnung Stellen
Die rechtliche Bedeutung der Rechnungseinstellung erschließt sich vor allem aus ihren Rechtswirkungen. Zwar führt das bloße Inrechnungstellen in der Liquidation ebenso wenig wie beim Kontokorrent zum Erlöschen oder zur inhaltlichen Änderung, etwa zur Fälligkeit der Ansprüche. Die Auflösung der BGB-Gesellschaft und die Einstellung der gesellschaftsvertraglichen Ansprüche in die Liquidationsrechnung lässt

---
[40] *Sammeck*, Individualansprüche, S. 85 f.
[41] *Hillers*, S. 163 ff.; *Stötter*, DB 1972, 271 ff.
[42] Für das Kontokorrent *Oetker*, HandelsR, § 7 D IV, S. 163 ff.; *Canaris*, HandelsR, § 25 I. 2., S. 374 f.
[43] *Oetker*, HandelsR, § 7 D IV, 1. S. 164.

die Existenz und Rechtsnatur der Ansprüche unberührt.[44] Anderenfalls wäre es auch nur schwer zu erklären, wie die Ansprüche der Gesellschafter sowie der Gesellschaft auch nach Auflösung noch durch Feststellungsklage[45] und im Ausnahmefall sogar durch Leistungsklage[46] gerichtlich geltend gemacht werden können. Das Inrechnungstellen führt jedoch dazu, dass die wechselseitigen Ansprüche ihre rechtliche Selbständigkeit verlieren. Es ist nicht mehr möglich, die im Gesellschaftsverhältnis begründeten Forderungen einzeln durchzusetzen. Sie sind kontokorrentlich gesprochen „gelähmt". Einer Leistungsklage kann nach Auflösung der Gesellschaft und Einstellung der Ansprüche in die Liquidationsrechnung der Grundsatz der Liquidationsbefangenheit als Einrede entgegen gehalten werden.[47]

Daraus ergeben sich weitere zentrale Rechtsfolgen. Die Einrede bewirkt, dass auch eine einseitige Aufrechnung nicht mehr möglich ist; § 390 S. 1 BGB schließt die Aufrechnung mit einer einredebehafteten Forderung ausdrücklich aus.[48] Ebenso verhindert die Einrede den Verzug.[49] In gleicher Weise wird analog § 202 BGB bis zur endgültigen Verrechnung die Verjährung der Ansprüche gehemmt.[50] Die Verjährungsfrist allerdings ändert sich nicht. Dies ist jedoch nur insoweit bedeutsam, wie die Forderung ausnahmsweise schon vor Feststellung der Schlussabrechnung geltend gemacht wird. Wird sie in den Liquidationssaldo einbezogen, kann der Liquidationsanteil der Gesellschafter nur einheitlich geltend gemacht werden; für die Verjährung der liquidationsbefangenen Ansprüche gilt dann entsprechend eine einheitliche Verjährungsfrist.

Die gesellschaftsvertraglichen Ansprüche können schließlich auch nicht mehr abgetreten oder gepfändet werden.[51] Zwar führt das Inrechnungstellen nicht dazu, dass die Forderungsinhaberschaft von Gesellschaftern oder Gesellschaft verloren geht. Jedoch folgt sowohl aus der Funktion des Grundsatzes der Liquidationsbefangenheit, das Vermögen zur Befriedigung der Gesellschaftsgläubiger zu wahren, als auch aus dessen Zweck, das Verfahren zu rationalisieren, dass im Verhältnis zu Dritten eine Abtretung entsprechend § 399 BGB ausgeschlossen ist.[52] Dies würde zwar nach § 851 Abs. 2 ZPO eine Pfändung im Wege der Zwangsvollstreckung nicht ausschließen. In-

---

44 *Hillers*, S. 163; aA *Messer*, FS Stimpel, S. 205, 212 für die Beitragspflicht; vgl. auch BGH WM 1966, 639, 640, wo vom „Erlöschen mit Auflösung" die Rede ist. Wie hier für das Kontokorrent *Koller/Roth/Morck*, § 355 HGB, Rn. 6; *Oetker*, HandelsR, § 7 C 2. a), S. 164 f.

45 MüKo-*Ulmer*, § 730 BGB, Rn. 39; BGH ZIP 1994, 1846, 1846; BGH NJW 1984, 435, 435; aA Erman-*H.P. Westermann*, § 730 BGB, Rn. 13; vgl. auch zu den Voraussetzungen eines Grundurteils bei Liquidation der BGB-Gesellschaft BGH NZG 2001, 25, 26.

46 Vgl. BGH ZIP 1997, 2120, 2121; BGH ZIP 1993, 919, 920 f.

47 Für das Kontokorrent BGH WM 1970, 184, 186; *Baumbach/Hopt*, § 355 HGB, Rn. 7.

48 *Hillers*, S. 167; BGH WM 1964, 1052, 1053. Für das Kontokorrent *Canaris*, HandelsR, § 25 II. 1. a), S. 375; BGH WM 1991, 1468, 1469.

49 *Hillers*, S. 168; Schlegelberger-*K. Schmidt*, § 155 HGB, Rn. 20. Für das Kontokorrent *Koller/Roth/Morck*, § 355 HGB, Rn. 6; *Oetker*, HandelsR, § 7 D. IV. 2. a), S. 165.

50 *Hillers*, S. 167; Schlegelberger-*K. Schmidt*, § 155 HGB, Rn. 20. So für das Kontokorrent auch *Oetker*, HandelsR, § 7 D. IV. 2. a), S. 165; BGHZ 49, 24, 27; BGHZ 51, 346, 347.

51 *Hillers*, S. 169 ff. Zum Kontokorrent siehe *Canaris*, HandelsR, § 24 I. 4. e), S. 365.

52 Vgl. *Hillers*, S. 169 f. Für das Kontokorrent BGHZ 70, 86, 92 f.; *Koller/Roth/Morck*, § 355 HGB, Rn. 6.

soweit muss jedoch der Gedanke des § 357 HGB, der für das Kontokorrent ausdrücklich nur die Pfändung des Zwischensaldos regelt, auch für die gesellschaftsvertraglichen Ansprüche in der Liquidation für maßgeblich erachtet werden.[53]

bb) Verrechnung

Von der Einbeziehung der Ansprüche in die Liquidationsrechnung, dem Inrechnungstellen, ist die Verrechnung, die rechtliche Verschmelzung der wechselseitigen Ansprüche zum Liquidationsanteil jeden Gesellschafters, zu unterscheiden. Sie stellt jenen notwendigen rechtlichen Zwischenschritt dar, damit aufgrund des rechnerisch ermittelten Saldos eine rechtlich einheitliche Forderung des Gesellschafters gegen die Gesellschaft im Fall des positiven Liquidationsanteils des Gesellschafters und der Gesellschaft gegen den Gesellschafter im Fall dessen negativen Anteils entsteht. Die zentrale rechtliche Bedeutung der Verrechnung besteht mithin darin, die gegenseitigen Ansprüche, soweit sie sich der Höhe nach decken, zu tilgen. Getilgt werden die Forderungen vollständig und in der nach §§ 366 f., 396 BGB zu bestimmenden Reihenfolge; für eine verhältnismäßige Gesamttilgung ist wegen der dabei entstehenden praktischen und rechtlichen Schwierigkeiten hinsichtlich Verjährung, Erfüllungsort und Gerichtsstand ebenso wie beim Kontokorrent kein Raum.[54] Vergleichen lässt sich die Verrechnung am besten mit der Aufrechnung. Da der Grundsatz der Liquidationsbefangenheit unmittelbar kraft Auflösung der Gesellschaft gilt, ist ein entsprechender (antizipierter) Verfügungsvertrag freilich nicht erforderlich.

Grundsätzlich findet die Verrechnung nur einmal, und zwar am Ende der Liquidation statt. Dauert die Liquidation länger, können Verrechnungen jedoch auch zwischenzeitlich vorgenommen werden. Sie erleichtern den Liquidatoren die weitere Planung des Verfahrens und geben den Gesellschafter bereits erste Anhaltspunkte über die zu erwartenden Gewinn- und Verlustansprüche.

cc) Saldofeststellung

Wie beim Kontokorrent bildet jedoch nicht schon die Ermittlung des Saldos, das heißt des Liquidationsanteils jeden Gesellschafters den Abschluss der Rechnungsführung, sondern erst deren Feststellung. Die alleinige Errechnung eines Liquidationsanteils würde den zentralen Aspekt der Verfahrens- und Zahlungsvereinfachung nur unvollständig verwirklichen, denn es entstünden lediglich „kausale" Liquidationsforderungen und –verpflichtungen der Gesellschafter. Es entspricht vielmehr dem Zweck der Liquidationserleichterung als auch dem Ziel einer klaren und endgültigen Auseinandersetzung der Gesellschafter, dem ermittelten Saldo eine rechtliche Selbständigkeit zu verleihen, ihn als positiven oder negativen Liquidationsanteil „abstrakt" anzuerkennen. Dabei ist es ist jedoch weder erforderlich noch geboten, in der Feststellung der Liquidationsanteile eine Novation, also eine Schuldumwandlung dergestalt zu erblicken, dass alle bisherigen Forderungen erlöschen und durch eine

---

[53] Vgl. für das Kontokorrent *Canaris*, HandelsR, § 25 II. 1. b), S. 376; *Oetker*, HandelsR, § 7 IV D. 2., S. 165.

[54] Vgl. für das Kontokorrent *K. Schmidt*, HandelsR, § 21 IV. 2., S. 636 f.; *Canaris*, HandelsR, § 25 III. 2. a), S. 379 ff.; aA *Koller/Roth/Morck*, § 355 HGB, Rn. 9; BGHZ 117, 135, 141.

neue abstrakte Schuld ersetzt wird.[55] Durch sie würden zum einen auch die unstreitigen und im Verfahren nur „vergessenen“ gesellschaftsvertraglichen Ansprüche sowie akzessorische Sicherungsrechte untergehen, zum anderen könnten forderungsbezogene Einreden nicht mehr geltend gemacht werden. Für derart weite, über den Zweck der Liquidation hinausgehende Rechtsfolgen ist ein vernünftiger Grund indes nicht erkennbar. Auch die Vorschrift des § 364 Abs. 2 BGB, wonach eine zum Zwecke der Befriedigung neu eingegangene Verbindlichkeit im Zweifel nur Leistung an Erfüllung statt ist, spricht insoweit eindeutig gegen die Novationswirkung. Ausreichend und zudem gerechter erscheint es, die Feststellung des jeweiligen Liquidationsanteils zwar als abstraktes Schuldanerkenntnis im Sinne des § 781 BGB, das heißt als eine einheitliche abstrakte Forderung, die gemäß § 195 BGB einheitlich in 30 Jahren verjährt und einen einheitlichen Gerichtsstand und Erfüllungsanspruch aufweist (§ 269 BGB, §§ 12 ff. ZPO), anzusehen, zugleich aber davon auszugehen, dass die kausale Saldoforderung, also die im jeweiligen Liquidationsanteil verrechneten Ansprüche zwischen Gesellschaft und Gesellschaftern, soweit sie nicht durch Tilgung erloschen sind (vgl. §§ 366 f., 396 BGB), daneben fortbestehen zu lassen; dadurch wird dem Bedürfnis nach Verselbständigung der Liquidationsanteile Rechnung getragen, ohne zugleich die neu entstandene Forderung vollständig von Einwendungen abzuschirmen.

b) Kreis der liquidationsbefangenen Ansprüche

Von entscheidender Bedeutung ist mithin die inhaltliche Reichweite des Grundsatzes der Liquidationsbefangenheit, das heißt der Kreis der Forderungen, die in die Liquidationsrechnung einbezogen werden und die letztlich zum Liquidationsanteil jeden Gesellschafters verschmelzen.

aa) Ansprüche der Gesellschafter gegen die BGB-Gesellschaft

aaa) Allgemeine Ansprüche

Zum Kreis der liquidationsbefangenen Forderungen gehören in der BGB-Gesellschaft seitens der Gesellschafter zunächst alle die gesellschaftsvertraglichen Ansprüche, die schon vor Auflösung der BGB-Gesellschaft entstanden waren, und zwar auch soweit sie bis dahin selbständig durchgesetzt werden konnten.[56] Erfasst sind der Gewinnanspruch aus dem laufenden Geschäftsjahr sowie aus früheren Jahren (vgl. § 721 Abs. 2 BGB), selbst wenn die anderen Gesellschafter ihre Gewinnanteile, auch überhöht entnommen hatten,[57] der aus Pflichtverletzung resultierende Schadensersatzanspruch,[58] der Anspruch auf Ersatz von im Rahmen der Geschäftsführung getätigten

---

[55] So auch für das Kontokorrent *Canaris*, HandelsR, § 25 IV. 1. a), S. 383, *Oetker*, HandelsR, § 7 C. 4. b), S. 168 f.; aA BGHZ 93, 307, 313; RGZ 82, 400, 404; RGZ 18, 246, 248 f.

[56] BGH ZIP 1997, 2120, 2121; BGHZ 103, 72, 77 f.; *Ensthaler*, S. 15 ff.; *Hillers*, S. 303 ff.; MüKo-*Ulmer*, § 730 BGB, Rn. 41; *Kellermann*, AcP 190 (1990), 657, 659 ff.

[57] BGH ZIP 1999, 1526, 1527; BGH ZIP 1995, 1085, 1985 f.; BGH WM 1964, 740, 741 (KG); BGH WM 1968, 697, 698 (OHG); *Messer*, FS Stimpel, S. 205, 206; MüKo-*Ulmer*, § 730 BGB, Rn. 41.

[58] BGH WM 1969, 591, 591 f. (KG); RGZ 158, 302, 314; MüKo-*Ulmer*, § 730 BGB, Rn. 41 aE; Soergel-*Hadding*, § 730 BGB, Rn. 3; Erman-*H.P. Westermann*, § 730 BGB, Rn. 11.

Aufwendungen (§§ 713, 670 BGB)[59] sowie der Regressanspruch analog § 110 HGB bei persönlicher Inanspruchnahme durch Gesellschaftsgläubiger.[60] Soweit ein Gesellschafter persönlich in Anspruch genommen wurde, gehen der BGH[61] und Teile des Schrifttums[62] zu Recht davon aus, dass auch der auf den Gesellschafter gemäß § 426 Abs. 2 BGB übergeleitete Anspruch des Gesellschaftsgläubigers liquidationsbefangen wird; anders ließe sich die Liquidationsbefangenheit des gesellschaftsvertraglichen Regressanspruchs selbst nicht realisieren.
Unberührt bleiben hingegen nach herrschender Auffassung die Drittgläubigeransprüche der Gesellschafter, das heißt solche Ansprüche, die ihre Grundlage nicht im Gesellschaftsverhältnis, sondern in einem davon außerhalb liegenden Rechtsgeschäft finden, einschließlich von Schadensersatzansprüchen aus unerlaubter Handlung und Geschäftsführung ohne Auftrag.[63] Die Ausnahme von Drittforderungen erscheint nur logisch und konsequent; die Parteien haben in diesem Fall vereinbart, sich wie Dritte gegenüberzustehen, und für eine abweichende Beurteilung des Rechtsverhältnisses vom Zeitpunkt der Auflösung an liegt ein sachlicher Grund nicht vor.

bbb) Liquidationsrechtliche Ansprüche

Zu den liquidationsbefangenen Forderungen zählen aber auch die gesellschaftsvertraglichen Forderungen der Gesellschafter, die erst mit Auflösung der BGB-Gesellschaft oder im Laufe ihrer Abwicklung entstehen.[64] Dies sind zum einen der Anspruch auf Rückerstattung der Einlagen (§ 733 Abs. 2 BGB), das heißt der an die Gesellschaft aufgrund gesellschaftsvertraglicher Verpflichtung zur Förderung des gemeinsamen Zwecks geleisteten Beiträge, zum anderen der Anspruch auf Auszahlung des anteiligen Liquidationserlöses (§ 734 BGB), also des dem einzelnen Gesellschafter in Höhe seiner Gewinnbeteiligung gebührenden Anteils an dem nach Abzug aller Verbindlichkeiten verbleibenden Endvermögen der Gesellschaft.

---

59 BGH ZIP 1997, 2120, 2121; Soergel-*Hadding*, § 730 BGB, Rn. 3.

60 BGHZ 37, 299, 305; *Messer*, FS Stimpel, S. 205, 206.

61 BGHZ 103, 72, 77 f.

62 *Messer*, FS Stimpel, S. 205, 206; kritisch Erman-*H.P. Westermann*, § 730 BGB, Rn. 11; offen gelassen MüKo-*Ulmer*, § 730 BGB, Rn. 41.

63 *Hillers*, S. 146 ff.; *Kellermann*, AcP 190 (1990), 657, 660; MüKo-*Ulmer*, § 730 BGB, Rn. 42; Soergel-*Hadding*, § 730 BGB, Rn.5; Staudinger-*Keßler*, § 730 BGB, Rn. 10, § 718 BGB, Rn. 16; aA *Messer*, FS Stimpel, S. 205, 206 f. unter unrichtigem Hinweis auf die ständige Rechtsprechung. Auch der BGH beschränkt die Liquidationsbefangenheit ausdrücklich auf „die auf dem Gesellschaftsverhältnis beruhenden Ansprüche" (Leitsatz BGH ZIP 1997, 2120 ff.). Die häufig abweichend zitierten Entscheidungen BGH WM 1971, 931, 931 f.; BGH WM 1970, 280, 281 (OHG/KG) betreffen nur persönliche Ansprüche zwischen den Gesellschaftern. Allein in BGH WM 1978, 89, 90 wurde ein Drittgläubigeranspruch eines Gesellschafters gegen die Gesellschaft als liquidationsbefangen qualifiziert; diese Entscheidung dürfte mithin nach heutigem Verständnis nicht richtig sein.

64 BGH ZIP 1998, 956, 957, BGH ZIP 1995, 1085, 1085 f.; *Hillers*, S. 303 ff.; Palandt-*Sprau*, § 730 BGB, Rn. 7; MüKo-*Ulmer*, § 730 BGB, Rn. 41.

(1) Einlage quoad dominium

Die Gesellschafter können Sachen und Rechte auf verschiedene Weise in die BGB-Gesellschaft einbringen. Den häufigsten Fall bildet die Einlage zu Eigentum oder *quoad dominium* der Gesellschaft (§ 706 Abs. 2 BGB). Bei ihr erfolgt eine Übertragung der Gegenstände nach Maßgabe der allgemeinen Vorschriften;[65] die BGB-Gesellschaft, das heißt nach neuer Lehre die Gesellschaft selbst wird Inhaber der Sache oder des eingebrachten Rechts.

Im Fall der Liquidation kann der Gesellschafter, soweit im Gesellschaftsvertrag nichts Abweichendes bestimmt ist, gemäß § 733 Abs. 2 BGB immer nur den Wert der Einlage beanspruchen. Eine Rückgabe in Natur scheidet hinsichtlich der zu Eigentum eingebrachten Sachen nach der gesetzlichen Regelung aus. Wertmäßig maßgeblich ist prinzipiell der Einbringungszeitpunkt (§ 733 Abs. 2 S. 2 BGB); spätere Wertverluste treffen damit nicht den einbringenden Gesellschafter, sondern die Gesellschaft, während umgekehrt Wertsteigerungen der BGB-Gesellschaft zugute kommen. Haben die Gesellschafter sich jedoch bei Einbringung auf einen bestimmten Wert geeinigt und danach beispielsweise, was ihnen auch in der BGB-Gesellschaft frei steht, Kapitalanteile eingerichtet, das heißt, die Beteiligung des einzelnen Gesellschafters am Gesellschaftsvermögen bestimmt,[66] so ist diese Wertfeststellung im Zweifel auch für die Rückerstattung verbindlich.[67] Gleiches ist für den Fall anzunehmen, dass die BGB-Gesellschafter eine Sache oder ein Recht zum Buchwert eingebracht haben. Der bisweilen vertretenen Auffassung,[68] die meist steuerlich motivierte Einbringung zum Buchwerte reiche für sich nicht aus, um daraus auf einen entsprechenden Bewertungswillen der Gesellschafter zu schließen, kann nicht zugestimmt werden; eine Auslegung des Gesellschaftsvertrages dahingehend, dass etwas gleichzeitig als „steuerrechtlich gewollt" und „zivilrechtlich nicht gewollt" ist, ist nicht möglich.

(2) Einlage quoad sortem

Der Einbringung zu Eigentum kommt die Einbringung zum Werte (*quoad sortem*) im Ergebnis sehr nahe. Sie richtet sich darauf, der BGB-Gesellschaft ohne formelle Rechtsänderung den wirtschaftlichen Wert einer Sache oder eines Rechts zur Verfügung zu stellen. Der Gegenstand wird zwar im Innenverhältnis wertemäßig umfassend wie Gesellschaftsvermögen behandelt, dinglich Berechtigter ist jedoch stets allein der einbringende Gesellschafter.[69] Grund für die Wahl der Einbringung *quoad sortem* ist regelmäßig das Einsparen von Steuern und Übertragungskosten sowie das Interesse des einbringenden Gesellschafters am Erhalt seiner formalen Eigentümerposition und damit seinem Mitspracherecht bei Verfügungen.

---

65 Soergel-*Hadding*, § 706 BGB, Rn. 15.

66 *Koller/Roth/Morck*, § 120 HGB, Rn. 4 ff.; MüKo-*Ulmer*, § 722 BGB, Rn. 4.

67 *Ensthaler*, S. 19; MüKo-*Ulmer*, § 733 BGB, Rn. 12; weitergehend, für feste Bindung an die bei Vertragsschluss fixierten Werte Staudinger-*Keßler*, § 733 BGB, Rn. 14.

68 MüKo-*Ulmer*, § 733 BGB, Rn. 12; Erman-*H.P. Westermann*, § 733 BGB, Rn. 5; BGH WM 1967, 682, 683 (zur KG); anders *Ensthaler*, S. 21; BGH WM 1972, 213, 214 (KG).

69 *Berninger*, insbes. S. 42 ff.; Soergel-*Hadding*, § 706 BGB, Rn. 23.

Was die Liquidation betrifft, so stellt die bisher herrschende Meinung[70] die zum Werte eingebrachten Sachen und Rechte den *quoad dominium* eingebrachten Gegenständen gleich. Der einbringende Gesellschafter soll, wenn gesellschaftsvertraglich nichts anderes vereinbart ist, entsprechend § 733 Abs. 2 S. 2 BGB Ersatz des Wertes zum Zeitpunkt der Einbringung fordern können, zugleich aber verpflichtet sein, sein Eigentum an die BGB-Gesellschaft zu übertragen. Es wird jedoch zunehmend die Auffassung vertreten,[71] dass für die *quoad sortem* eingebrachten Gegenstände stattdessen § 732 S. 1 BGB, das heißt die Norm über die Rückgabe von den der BGB-Gesellschaft zur bloßen Nutzung (*quoad usum*) überlassenen Sachen mit der Maßgabe Anwendung findet, dass der einbringende Gesellschafter die Sache zurückerhält, der Wert im Rückgabezeitpunkt jedoch der BGB-Gesellschaft dadurch verbleibt, dass er dem Gesellschafter vom Liquidationsguthaben abgezogen wird. In dem Fall, dass der Wert das übrige Liquidationsguthaben des einbringenden Gesellschafters übersteigt, der Liquidationsanteil des Gesellschafters mithin negativ ist und dieser der BGB-Gesellschaft ausgleichspflichtig ist, soll der Gesellschafter kraft gesellschafterlicher Treuepflicht verlangen können, statt Rückgabe und Anrechung des verbleibenden Wertes den Gegenstand der BGB-Gesellschaft zu belassen und das Eigentum auf sie zu übertragen.[72]

Da sich weder § 732 S. 1 BGB noch § 733 Abs. 2 S. 2 BGB mit dem Sonderfall der Einbringung *quoad sortem* befasst, tragen die genannten Vorschriften zur Lösung der Streitfrage selbst nicht bei. Macht man aber Ernst mit der Einbringung nur dem Werte nach, spricht mehr für die neuere Ansicht. Die Beteiligten haben sich darauf verständigt, der BGB-Gesellschaft nur schuldrechtlich den Wert der Sache einschließlich etwaiger Veränderungen zukommen zu lassen. Die dingliche Berechtigung an der Sache selbst soll wie bei der Einbringung *quoad usum* beim einbringenden Gesellschafter verbleiben. Ein Grund, warum diese Entscheidung ausgerechnet in der Liquidation eine Korrektur erfahren soll, ist nicht erkennbar. Auch die genannten Motive für die Wahl der Einbringung *quoad sortem* sprechen eher dafür, dass die eingebrachte Sache weiterhin im Eigentum des Gesellschafters bleibt. Da andererseits dem Umstand Rechnung zu tragen ist, dass der *quoad sortem* einbringende Gesellschafter anders als bei der Einbringung zum Gebrauch den wirtschaftlichen Wert der Sachen und Rechte verbindlich der BGB-Gesellschaft zugeschrieben hat, erscheint es insgesamt richtig und konsequent, für die *quoad sortem* eingebrachten Gegenstände § 732 S. 1 BGB mit der Maßgabe anzuwenden, dass der Wert zur Zeit der Rückgabe dem Gesellschafter vom Liquidationsanteil abgezogen, mithin als Negativposten in seine Auseinandersetzungsbilanz eingestellt wird.

---

[70] Soergel-*Hadding*, § 706 BGB, Rn. 23; Erman-*H.P. Westermann*, § 732 BGB, Rn. 1; Staudinger-*Keßler*, § 706 BGB, Rn. 29, § 732 BGB, Rn. 1, § 733 BGB, Rn. 10; RGRK-*v. Gamm*, § 732 BGB, Rn. 5.

[71] *Berninger*, S. 136 ff.; Palandt-*Sprau*, § 732 BGB, Rn. 1; MüKo-*Ulmer*, § 732 BGB, Rn. 7; *K. Schmidt*, GesR, § 20 II 2. d), S. 570 f.; FG Schleswig-Holstein BB 1988, 1217, 1221; vgl. BGH ZIP 1998, 956, 957.

[72] *Berninger*, S. 142.

(3) Geleistete Dienste

In § 733 Abs. 2 S. 3 BGB ist bestimmt, dass die Gesellschafter nach Auflösung der BGB-Gesellschaft für geleistete Dienste keine Erstattung beanspruchen können. Die herrschende Auffassung[73] versteht den Begriff „Dienste" weit und geht entsprechend davon aus, dass die Gesellschafter für jede Art geleisteter Tätigkeit im Zuge der Liquidation Ersatz nur verlangen können, wenn dies im Gesellschaftsvertrag ausdrücklich oder stillschweigend vereinbart worden ist. Zur Begründung wird angeführt, dass die Leistung von Diensten nicht zu einem fest umrissenen und messbaren Vermögenswert führe und die Einbeziehung ihres Ersatzes in die Rückerstattung erhebliche Bewertungsschwierigkeiten mit sich bringe.[74] Die fehlende Erstattungspflicht für geleistete Dienste sei im Ergebnis aber unbedenklich, denn die erbrachten Dienstleistungen, insbesondere Geschäftsführertätigkeiten kämen regelmäßig schon durch eine erhöhte Beteiligung entweder am laufenden Gewinn oder aber am Liquidationsgewinn (§§ 721 Abs. 1, 734 BGB) in Ansatz.[75]

Demgegenüber versteht *Ensthaler*[76] den Dienstbegriff des § 733 Abs. 2 S. 3 BGB enger und erkennt einen Anspruch auf Wertersatz für solche Tätigkeiten an, die unmittelbar dem Gesellschaftszweck dienen, das heißt über die bloße Verwaltung und Geschäftsführung der Gesellschaft hinausgehen, wenn der Gesellschafter nicht schon anderweitig, etwa durch erhöhte Gewinnbeteiligung, für sein Vermögensopfer Ausgleich erlangt hat. Ausgeschlossen seien durch § 733 Abs. 2 S. 3 BGB nur solche dem Gesellschaftszweck lediglich mittelbar dienenden Leistungen wie Geschäftsführungs- und Verwaltungstätigkeiten, beispielsweise Buchführung, Schriftwechsel und das Tätigen von Rechtsgeschäften. Diese Maßnahmen seien erforderlich, da die aus einer Vielzahl von Personen bestehende Gesellschaft als solche nicht handlungsfähig sei. Mit ihnen sei die Gesellschafterstellung von vorneherein belastet; sie stellten keine zur Förderung des Zwecks erforderliche und damit rückerstattungspflichtige Beitragsleistung dar. Anderes gelte für alle weitergehenden, den Zweck der Gemeinschaft fördernden Handlungen. Bei ihnen handele es sich um echte Beiträge und für diese könnten die Gesellschafter wie für jeden anderen Beitrag Ersatz beanspruchen.

Die herrschende Ansicht erscheint zweifelhaft. Es könnte so beispielsweise ein Architekt einer gemeinsamen BGB-Gesellschaft für seine Leistungen, im Regelfall Werkleistungen, Erstattung beanspruchen, während der als Makler werbend tätige Mitgesellschafter, der sich um den Verkauf der vom Architekten geplanten und gebauten Häuser bemüht, für seine Leistungen keinen Ersatz erhielte. Das gleiche Schicksal würde einem geschickten und tatkräftigen Manager widerfahren, der als Gesellschafter für die BGB-Gesellschaft den Vertrieb von Kunstobjekten übernimmt, die andere Gesellschafter herstellen, und der vielleicht in erster Linie für den Geschäftserfolg der Gemeinschaft verantwortlich ist.

Mit Bewertungsschwierigkeiten lässt sich die fehlende Erstattungsfähigkeit von Dienstleistungen nicht begründen. Die Annahme, dass sich die Tätigkeit des Dienst-

[73] MüKo-*Ulmer*, § 733 BGB, Rn. 13; Staudinger-*Keßler*, § 733 BGB, Rn. 16; Soergel-*Hadding*, § 733 BGB, Rn. 8; ähnlich BGH NJW 1980, 1744.

[74] MüKo-*Ulmer*, § 733 BGB, Rn. 13; Soergel-*Hadding*, § 733 BGB, Rn. 8.

[75] Soergel-*Hadding*, § 733 BGB, Rn. 8.

[76] *Ensthaler*, S. 29 ff.

leistenden, also des Maklers oder Managers nicht bewerten lässt, ist nicht stichhaltig. Sie wird durch § 612 Abs. 2 BGB klar widerlegt. Auch ist ein allgemeines gesellschaftsrechtliches Prinzip, dass Leistungen nur insoweit erstattungsfähig sind, wie sie im Zeitpunkt der Auseinandersetzung einfach und sicher bewertet werden können, nicht erkennbar. Es wären den Gesellschaftern immer auch dann Sachen und Gegenstände nicht zu erstatten, wenn diese nur „einfach", das heißt unbewertet in die Gesellschaft eingebracht worden sind. Da in der BGB-Gesellschaft die unbewertete Einlage die gesetzliche Regel ist (vgl. § 120 HGB), wären die § 733 Abs. 2 S. 1 und 2 BGB im Ergebnis bedeutungslos. Zudem zeigt auch § 738 Abs. 2 BGB, dass die Ansicht, Einlagen seien nur bei sicherer Bewertungsfähigkeit erstattungsfähig, nicht richtig sein kann. Die Norm bestimmt für den Fall des Ausscheidens des Gesellschafters ausdrücklich, dass der Wert des Gesellschaftsvermögens, soweit zur Feststellung des Abfindungsguthabens erforderlich, „im Wege der Schätzung zu ermitteln" ist.
Überzeugender erscheint die Ansicht von *Ensthaler*. Versteht man den Dienstbegriff des § 733 Abs. 2 S. 3 BGB im Sinne nur mittelbar den Gesellschaftszweck fördernder Leistungen, so verhindert die Vorschrift, dass der einzelne Gesellschafter in der Liquidation Erstattung für jede selbst unbedeutsame Verwaltungsleistung verlangen kann, das Verfahren mithin durch eine Vielzahl von Gesellschafteransprüchen belastet wird. Zugleich stellt sie aber sicher, dass die Gesellschafter, die ihre besonderen Kenntnisse und Fähigkeiten in die BGB-Gesellschaft einbringen, auch dann Ersatz für ihre Leistungen erhalten, wenn dies nicht im Gesellschaftsvertrag besonders vereinbart war; der stillschweigenden Vergütungsabrede oder der ergänzenden Vertragslegung bedarf es insoweit nicht. Eine derartige Interpretation des Dienstbegriffs wird zugleich dem Grundsatz der Gleichbehandlung gerecht; der „in Person" leistende Gesellschafter kann in gleicher Weise wie die *quoad dominium*, *quoad sortem* und *quoad usum* einbringenden Gesellschafter für sein Vermögensopfer Wertersatz verlangen. Dass der Begriff Dienste in § 733 Abs. 2 S. 3 BGB so abweichend vom allgemeinen Dienstvertragsrecht (§ 611 BGB) bestimmt wird, entspricht letztlich auch dessen systematischer Stellung im BGB-Gesellschaftsrecht. Im Ergebnis ist damit mit *Ensthaler* den Gesellschaftern in der Liquidation ein Wertersatz auch für Tätigkeiten zu gewähren, vorausgesetzt, diese gehen über eine bloße Geschäftsführung und Verwaltung hinaus und die Gesellschafter haben nicht schon anderweitig einen Ausgleich für ihr Vermögensopfer erlangt.

(4) Liquidationsgewinn

Zu den nach Auflösung entstehenden gesellschaftsvertraglichen Forderungen der Gesellschafter zählt schließlich noch der Anspruch auf den Liquidationsgewinn, das heißt auf die Beteiligung an dem Liquidationsüberschuss der BGB-Gesellschaft (§§ 734, 722 BGB).[77] Ein Überschuss im Sinne des § 734 BGB liegt vor, wenn und soweit das Aktivvermögen, das der BGB-Gesellschaft nach Tilgung der Schulden gegenüber Dritten verbleibt, die noch offenen, in der Liquidationsbilanz als Passivposten zu berücksichtigenden Gesellschafterforderungen einschließlich der Ansprüche

[77] BGH ZIP 2001, 69, 69; MüKo-*Ulmer*, § 734 BGB, Rn. 6; Soergel-*Hadding*, § 734 BGB, Rn. 1; *Hillers*, 303 ff., 331.

auf Rückerstattung des Wertes der Einlagen übersteigt.[78] Zum Aktivvermögen zählen neben stillen Reserven auch gesellschaftsvertraglich begründete Schadensersatzansprüche der BGB-Gesellschaft gegen die Gesellschafter. Bei Auflösung noch ausstehende, für die Liquidation jedoch nicht mehr benötigte Beiträge sowie übermäßige Gewinnentnahmen sind demgegenüber nur im Rahmen der Rückerstattungsansprüche zu berücksichtigen.[79]

Der Anspruch auf den Liquidationsgewinn ist gleichzeitig der letzte Anspruch in der Auseinandersetzung. Seine Entstehung setzt in der Regel den Abschluss der Abwicklungsbilanz durch die Liquidatoren und deren Genehmigung durch alle Gesellschafter voraus.[80] Erst wenn ermittelt ist, ob und in welcher Höhe ein Überschuss erwirtschaftet worden ist, lässt sich dieser auf die Gesellschafter umlegen. Zu verteilen ist der Überschuss, soweit der Gesellschaftsvertrag nichts anderes bestimmt, schließlich zu gleichen Teilen (vgl. § 722 BGB); haben die Gesellschafter für die laufenden Gewinne Abweichendes vereinbart, ist für den Liquidationsgewinn im Zweifel dasselbe anzunehmen.

bb) Ansprüche der BGB-Gesellschaft gegen die Gesellschafter

Liquidationsbefangen sind umgekehrt auch die Ansprüche der BGB-Gesellschaft gegen die Gesellschafter, vorausgesetzt nur, sie finden ihre rechtliche Grundlage im Gesellschaftsverhältnis und nicht in einem davon zu unterscheidenden Drittgeschäft.[81]

aaa) Allgemeine Ansprüche

Zu ihnen zählen zunächst wieder alle die Ansprüche der BGB-Gesellschaft, die schon vor Auflösung begründet waren, also namentlich Beitragsleistungen (§ 706 BGB),[82] Schadensersatzansprüche[83] und Rückerstattungsansprüche wegen überhöhter Gewinnentnahmen.[84]

bbb) Liquidationsrechtlicher Verlustausgleichsanspruch

(1) Allgemeines

Zum Kreis der liquidationsbefangenen Forderungen rechnet aber vor allem der erst nach Auflösung der BGB-Gesellschaft entstehende Anspruch auf Verlustausgleich (§ 735 BGB).[85] Die Gesellschafter sind zwar in der werbenden Gesellschaft zum Ausgleich von Verlusten nicht verpflichtet (§ 707 BGB), nach Auflösung der Gesellschaft müssen sie jedoch nach § 735 BGB Fehlbeträge persönlich ausgleichen; § 735

---

78 MüKo-*Ulmer*, § 734 BGB, Rn. 3; Soergel-*Hadding*, § 734 BGB, Rn. 1.

79 MüKo-*Ulmer*, § 734 BGB, Rn. 3; Staudinger-*Keßler*, § 734 BGB, Rn. 1.

80 BGH ZIP 2001, 69, 69; MüKo-*Ulmer*, § 734 BGB, Rn. 1.

81 *Hillers*, S. 239 ff.; MüKo-*Ulmer*, § 730 BGB, Rn. 21; *Grunewald*, GesR, 1. A., Rn. 184; BGH WM 1966, 639, 640; BGH WM 1978, 13, 14 (OHG/KG); BGH WM 1978, 898, 899 (KG); OLG Köln ZIP 1983, 310, 311 (KG).

82 MüKo-*Ulmer*, § 730 BGB, Rn. 23; BGH WM 1960, 105, 106 (OHG/KG).

83 Soergel-*Hadding*, § 730 BGB, Rn. 1; BGH ZIP 1992, 245, 246; BGH WM 1977, 617, 618 (KG).

84 *Messer*, FS Stimpel, S. 205, 207.

85 BGH ZIP 1997, 919, 920; BGH ZIP 1995, 1085, 1085 f.; *Hillers*, S. 309 ff., 331.

BGB ist insoweit gegenüber §707 BGB *lex specialis.*[86] Erstattungspflichtig ist nach § 735 BGB der Betrag, um den die noch offenen Gesellschaftsverbindlichkeiten einschließlich derjenigen gegenüber den Gesellschaftern das verbleibende Aktivvermögen der BGB-Gesellschaft übersteigen.[87] § 735 BGB stellt so die Gegenvorschrift zu § 734 BGB dar; Überschuss und Fehlbetrag schließen sich gegenseitig aus. Sofern der Gesellschaftsvertrag nichts anderes bestimmt, haben die Gesellschafter den Verlust zu gleichen Teilen zu tragen. Ein für die Gewinne vereinbarter Verteilungsschlüssel gilt im Zweifel auch für die Gesellschaftsverluste (§ 722 Abs. 2 BGB).

(2) Verlustausgleich und Drittgläubiger

§ 735 BGB verpflichtet die Gesellschafter damit vor allem zu solchen Zahlungen an die BGB-Gesellschaft, die notwendig sind, um die Schulden gegenüber Dritten zu tilgen (S. 1 1. Alt. BGB). Für die Gesellschaftsgläubiger ist diese Vorschrift damit die zentrale Bestimmung. Sie stellt sicher, dass diese im Rahmen der Liquidation ihre Ansprüche erfüllt erhalten, bewahrt die Gläubiger namentlich davor, den unsicheren Weg der persönlichen Inanspruchnahme der Gesellschafter beschreiten und sich dabei der gleichrangigen Konkurrenz deren Privatgläubiger aussetzen zu müssen. Da sie zum Schutz der Gläubiger unerlässlich ist, ist ihr zwingende Geltung sowie Wirkung auch im Verhältnis zu Dritten beizumessen.[88] Auf diese Weise ist jeder einzelne Gesellschafter jedem Gläubiger unmittelbar kraft Gesetz intern zum Ausgleich von Gesellschaftsverlusten verpflichtet.

Es steht wohl dem einzelnen Gläubiger frei, auf diesen gesetzlichen Schutz zu verzichten. Ebenso wie von der persönlichen Haftung analog § 128 HGB im Außenverhältnis kann der Gläubiger vertraglich von der persönlichen Ausgleichspflicht nach § 735 BGB, also im Innenverhältnis der BGB-Gesellschaft, absehen. Ein solcher Verzicht auf die interne Ausgleichspflicht sollte jedoch nicht schon ohne weiteres im Ausschluss der persönlichen Haftung analog § 128 HGB gesehen werden. Gerade wenn den Gläubigern allein das Gesellschaftsvermögen haftet, haben diese ein besonderes Interesse daran, dass die darauf bezogenen gesellschaftsinternen Schutzvorschriften eingehalten werden. Es sollte daher nur bei konkreten Anhaltspunkten von einem gleichzeitigen Ausschluss des § 735 BGB ausgegangen werden.

(3) Einlagenverlustausgleich

Von zentraler Bedeutung für die Gesellschafter selbst ist demgegenüber die Regelung des § 735 S. 1 2. Alt. BGB. Sie bestimmt, dass die Gesellschafter auch insoweit ausgleichspflichtig sind, wie es um die Rückerstattung der Einlagen geht.

Zweck der Regelung ist es, den Grundsatz des § 722 BGB, dass Gesellschaftsverluste von allen Gesellschaftern in Höhe des geltenden Verlustbeteiligungsschlüssels, im Zweifel also zu gleichen Teilen, zu tragen sind, auf den Verlust von Einlagen zu erstrecken. Die Gesellschafter sollen Einlagenverluste nicht in Höhe ihrer Einlagen,

---

86 MüKo-*Ulmer*, § 735 BGB, Rn. 1; RGZ 166, 65, 68 f.

87 MüKo-*Ulmer*, § 735 BGB, Rn. 3 f.

88 Vgl. Abschnitt III B. IV.; so im Ergebnis auch Staudinger-*Keßler*, § 735 BGB, Rn. 1; *Ensthaler*, S. 62 ff.; *Beck*, S. 160 f.; *Leuthe*, S. 172 ff.; für OHG/KG auch *K. Schmidt*, ZHR 153 (1989), 270, 283 f., 294 ff.

sondern ebenso wie alle anderen Verluste nur in Höhe ihrer jeweiligen Verlustbeteiligung hinnehmen müssen.[89] Regelungstechnisch geschieht dies dadurch, dass die zu erstattende Einlage in Höhe des nach § 733 Abs. 2 BGB ermittelten Wertes wie eine Gesellschaftsverbindlichkeit von den vorhandenen Aktiva abgezogen und damit das Maß des von allen Gesellschaftern anteilig zu tragenden Verlusts gemäß § 735 BGB erhöht wird.[90]

Beispiel: Wenn die Gesellschafter A DM 7 000 und B DM 1 000 eingebracht haben und die BGB-Gesellschaft bei Liquidation nach Tilgung der Gesellschaftsschulden noch DM 4 000 besitzt, so ist ein Gesamtverlust in Höhe von DM 4 000 entstanden. Geht man vom gesetzlichen Verteilungsschlüssel (§ 722 BGB) aus, so haben A und B den Verlust jeweils in Höhe von DM 2 000 zu tragen. Da der Verlust den B bislang nur mit den eingebrachten DM 1000 trifft, ist dieser verpflichtet, DM 1000 nachzuzahlen, während A seinen Verlust bereits in voller Höhe getragen hat und nun Ausgleich für seinen höheren Einlagenverlust verlangen kann (DM 5 000). Regelungstechnisch geschieht dies dadurch, dass den Gesellschaftern die Einlagen in Höhe von DM 7 000 bzw. DM 1 000 als positive Forderungen (§ 733 Abs. 2 BGB) und zugleich die anteiligen Verlustausgleiche als Negativposten (§ 735 S. 1 2. Alt. BGB) in die Liquidationsrechnung eingestellt werden, so dass sich für A ein positiver Anteil in Höhe von DM 5 000 [DM 7 000 (+) gemäß § 733 Abs. 2 BGB, DM 2 000 (-) gemäß § 735 S. 1 2. Alt. BGB] und sich für B ein negativer Anteil in Höhe von DM 1 000 [DM 1 000 (+) nach § 733 Abs. 2 BGB, DM 2 000 (-) gemäß § 735 S. 1 2. Alt. BGB] ergibt. § 735 S. 1 2. Alt. BGB ermöglicht also erst, dass für Einlagenverluste ein Ausgleich überhaupt verlangt werden kann.

Das Beispiel verdeutlicht zugleich das Risiko desjenigen Gesellschafters, der sich mit einer verhältnismäßig geringen Einlage an einer Gesellschaft beteiligt. Sind die Verluste der BGB-Gesellschaft so hoch, dass seine Einlage nicht ausreicht, den auf ihn entfallenden Verlust aufzufangen, lebt er bereits auf „fremden Kosten". Während des Bestehens der BGB-Gesellschaft, wirkt sich dies regelmäßig nicht nachteilig aus, denn nach § 707 BGB ist er zum Nachschuss nicht verpflichtet. Die „Überraschung" kommt für ihn erst in der Liquidation. Er muss dann gemäß §§ 735 S. 1 2. Alt., 733 Abs. 2 BGB den Einlagenverlust des höher beteiligten Gesellschafters ausgleichen. Die Zahlung, zu der er vielleicht bei Gründung der BGB-Gesellschaft nicht in der Lage war und weshalb er vielleicht gerade den finanzstarken Partner suchte, wird nun fällig.

Trotz des Risikos und der Tatsache, dass sich ein Gesellschafter der Folgen einer geringeren Einlagenleistung regelmäßig nicht bewusst sein wird, ist im Einklang mit der Rechtsprechung[91] und herrschenden Lehre[92] im Leisten unterschiedlich hoher Einlagen allein eine stillschweigende Abrede über eine entsprechende Verlustbeteiligung oder eine Minderung oder einen Ausschluss der Verlustausgleichspflicht betref-

---

89 Protokolle II, S. 2462 f. = *Mugdan*, Band. II, S. 998 f.

90 *Hillers*, S. 252.

91 BGHZ 17, 299, 302; BGH WM 1967, 346, 347; BGH WM 1980, 402, 403, BGH NJW 1982, 2816, 2817; BGH NJW-RR 1990, 736, 737.

92 *Ensthaler*, S 41 f.; MüKo-*Ulmer*, § 722 BGB, Rn. 1, 5; Soergel-*Hadding*, § 722 BGB, Rn 1, 3; zum Teil allerdings mit Einschränkungen bei unternehmerischen Zusammenschlüssen.

fend den Verlust von Einlagen nicht zu sehen. Es ist zu vielmehr zu berücksichtigen, dass nach der gesetzlichen Regelung die Beteiligung der Gesellschafter an Gewinnen und Verlusten der BGB-Gesellschaft grundsätzlich gleich ist (§ 722 Abs. 2 BGB) und das Gesetz eine Unterscheidung von Verlusten, nämlich Einlagenverluste und sonstige Verluste, nicht trifft. Zudem führt der Umstand, dass ein Gesellschafter bereit ist, eine höhere Einlage zu leisten, bei diesem zu keinem unmittelbar wirtschaftlichen Vorteil. Seine Beteiligung am Gewinn erhöht sich durch seine höhere Einlageleistung nicht. Es nimmt indes umgekehrt der Gesellschafter einer geringeren Einlage unmittelbar an den wirtschaftlichen Vorteilen einer vermögenderen Gesellschaft teil. Er partizipiert in gleicher Weise wie der Gesellschafter einer höheren Einlage an den mit den höheren Einlagen erwirtschafteten Gewinnen. Dann scheint es aber richtig, dass er auch das Risiko von Einlagenverlusten in gleicher Weise mitträgt. Da § 735 S. 1 2. Alt. BGB lediglich den Interessen der Gesellschafter dient, steht es diesen zwar anders als bei § 735 S. 1 1. Alt. BGB grundsätzlich frei, abweichende Vereinbarungen zu treffen, für sie bedarf es damit aber selbst bei unterschiedlich hohen Einlageleistungen einer eindeutigen Abrede.

(4) Ausfallshaftung der Mitgesellschafter

§ 735 S. 2 BGB bestimmt eine erneute Verlustverteilung für den Fall, dass von einem Gesellschafter der von ihm nach § 735 S. 1 BGB zu erstattende Betrag nicht erlangt werden kann. Der Fehlbetrag ist von den Mitgesellschaftern entsprechend ihrer Verlustbeteiligung, im Zweifel also wieder zu gleichen Teilen, zu übernehmen. Die Regelung ist logisch und konsequent. Der Ausfall des Verlustausgleichs der BGB-Gesellschaft (§ 735 S. 1 BGB) erhöht den Gesamtverlust der BGB-Gesellschaft, so dass auch die Ausgleichsansprüche gegen die (restlichen) Gesellschafter, die sich ja am Gesamtverlust orientieren, entsprechend zu erhöhen sind. Da der Gesamtverlust der BGB-Gesellschaft aber auch dann steigt, wenn einzelne Gesellschafter zwar nicht mit ihrem Verlustausgleich im engeren Sinne, wohl aber mit sonstigen gesellschaftsvertraglich begründeten Ansprüchen etwa auf Leistung von Schadensersatz oder Erstattung überhöhter Gewinnentnahmen ausfallen, ist es nur richtig, wenn die herrschende Meinung die Ausfallhaftung nach § 735 S. 2 BGB auf *jeden* Fall der Uneinbringlichkeit der gegen einen Gesellschafter gerichteten gesellschaftsvertraglichen Forderungen ausdehnt.[93]

c) Liquidationsanteile der Gesellschafter

Die Verrechnung und saldomäßige Feststellung sämtlicher gesellschaftsvertraglichen Ansprüche im Verhältnis zwischen BGB-Gesellschaft und Gesellschaftern ergibt schließlich den Liquidationsanteil jeden Gesellschafters. Er erteilt darüber Auskunft, was jeder einzelne Gesellschafter am Ende der Liquidation von der BGB-Gesellschaft zu fordern berechtigt oder an diese zu leisten verpflichtet ist und umschreibt so die Liquidationsgewinne (§ 734 BGB) und Liquidationsverluste (§ 735 BGB) im weiten Sinne.

---

[93] MüKo-*Ulmer*, § 735 BGB, Rn. 7; Soergel-Hadding, § 735 BGB, Rn. 3; Staudinger-*Keßler*, § 735 BGB, Rn. 2; *Hillers*, S. 267 f.; vgl. auch BGH WM 1975, 268, 269.

Beispiel: Eine kleine betriebliche BGB-Gesellschaft, an der A mit einer Einlage von DM 5 000, B von DM 1 000 und C in Höhe von DM 500 beteiligt sind, hat nach Auflösung und Versilberung noch ein Barvermögen im Wert von DM 2 500. Ihren Geschäftspartnern X und Y schuldet sie noch DM 1 000 und DM 2 000, umgekehrt kann sie von Z noch DM 2 500 verlangen. Gegen ihren Geschäftsführer B steht ihr ein Anspruch wegen Schadensersatz in Höhe von DM 3 500 zu; der wiederum kann aufgrund seiner Geschäftsführertätigkeit noch DM 1 000 Aufwendungsersatz beanspruchen. Der Gesellschafter C wurde von einem Gesellschaftsgläubiger persönlich in Anspruch genommen und verlangt von der Gesellschaft Ersatz der geleisteten DM 3 000. A hatte anfangs gemeint, ihm stünden aufgrund seiner höheren Einlage auch höhere Gewinne zu und einmalig DM 4 000 zu viel entnommen. Als handwerklich besonders geschickter Gesellschafter hat er zudem das betriebliche KFZ gewartet; der Wert seiner Arbeit liegt bei DM 2000. Damit ergibt sich für die Gesellschaft ein Gesamtverlust von DM 3 000, der ohne vertraglich vereinbarten Verteilungsschlüssel von A, B und C mit jeweils von DM 1 000 zu tragen ist. Dies führt dann bei A zu einem positiven Liquidationsanteil von DM 2 000 [DM 7 000 (+) gemäß § 733 Abs. 2 BGB, DM 4 000 (-) nach § 812 Abs. 1 S. 1 1. Alt. BGB und DM 1 000 (-) nach § 735 S. 1 BGB], bei B zu einem negativen Liquidationsanteil von DM 2 500 [DM 1000 (+) nach § 733 Abs. 2 BGB, DM 1000 (+) gemäß §§ 713, 670 BGB, DM 3 500 (-) gemäß § 823 Abs. 1 BGB und DM 1000 (-) gemäß § 735 S. 1 BGB] sowie zu einem positiven Liquidationsanteil des C von DM 2 500 [DM 500 (+) gemäß § 733 Abs. 2 BGB, DM 3 000 (+) analog § 110 HGB und DM 1000 (-) nach § 735 S. 1 BGB]. Kann von B der auf ihn entfallende Betrag nicht erlangt werden, erhöht sich der Gesamtverlust auf DM 5 500 und mindern sich die Liquidationsanteile von A und C nach § 735 S. 2 auf DM 750 und DM 1 250.

4. Begründung des Grundsatzes der Liquidationsbefangenheit

a) Vermeidung unnötiger Hin- und Herzahlungen

Begründet wird der Grundsatz der Liquidationsbefangenheit in Lehre[94] und Rechtsprechung[95] für die BGB-Gesellschaft in gleicher Weise wie für OHG und KG vor allem damit, dass von einem Gesellschafter und umgekehrt der Gesellschaft nicht „im Vorgriff“ etwas verlangt werden könne, was später wieder zurückzugeben sei. Der Grundsatz von Treu und Glauben gebiete es, unnötige Hin- und Herzahlungen zwischen Gesellschaft und Gesellschaftern zu verhindern. Eine gesellschaftsvertragliche Forderung könne daher nach Auflösung erst realisiert werden, wenn durch eine abgeschlossene Auseinandersetzungsrechnung festgestellt sei, ob und in welcher Höhe dem Gesellschafter bzw. der Gesellschaft im Ergebnis ein Anspruch tatsächlich verbleibe.

Die Auffassung, dass im Liquidationsverfahren überflüssige Hin- und Herzahlungen vermieden zu vermeiden sind und der Zahlungsanspruch einer Partei daher, bevor nicht feststeht, was ihr endgültig gebührt, durch den Grundsatz von Treu und Glauben in seiner Durchsetzung gehindert sein soll, ist zumindest auf den ersten Blick Plausibilität zu bescheinigen. Eine hinreichende theoretische Begründung des gewünschten Ergebnisses kann sie jedoch nicht liefern. So hat der Gedanke, dass einer

---

94 *Ensthaler*, S. 17 ff.; Soergel-*Hadding*, § 733 BGB, Rn. 3; RGRK-*v. Gamm*, § 730 BGB, Rn. 9; MüKo-*Ulmer*, § 730 BGB, Rn. 43; zur OHG/KG *Koller/Roth/Morck*, § 145 HGB, Rn. 3.

95 BGH ZIP 1999, 1526, 1527; für OHG/KG BGH NJW 1981, 2802, 2802; BGH WM 1970, 280, 281; BGH WM 1969, 591, 592.

nicht fordern darf, was er alsbald zurückerstatten muss, rechtlich zum einen in den gesetzlichen Gegenrechten der Aufrechnung und des allgemeinen sowie handelsrechtlichen Zurückbehaltungsrechts (§ 273 BGB, §§ 369, 370 HGB), zum anderen, soweit diese nicht unmittelbar anzuwenden sind, im so genannten *dolo-petit*-Einwand[96] Ausdruck gefunden. Die Anwendbarkeit dieser Rechtsinstitute setzt regelmäßig einen fälligen, zumindest dem Grund und der Höhe nach feststehenden Gegenanspruch voraus. Ist die Gegenforderung nicht fällig, lässt § 370 HGB ein außerordentliches Zurückbehaltungsrecht nur zu, wenn ihre Erfüllung aus dem Vermögen des Schuldners höchst gefährdet ist. Auch der *dolo-petit*-Einwand erfordert stets die feststehende Pflicht zur alsbaldigen Rückgewähr des Verlangten. Wer sich also im gewöhnlichen Rechtsverkehr außerhalb gesellschaftsrechtlicher Verbindungen seinem Gläubiger darauf berufen wollte, ihm stehe zu einem späteren, noch nicht vorhersehbaren Termin womöglich ein ebenso hoher oder vielleicht noch höherer Anspruch zu, würde damit nicht gehört. Er müsste schon das Ergebnis der Abrechnung vortragen und, wenn es bestritten wird, beweisen können. Für die Auffassung, dass im Verhältnis von Gesellschaft und Gesellschaftern weniger strenge Maßstäbe, und zwar hinsichtlich der Bestimmtheit als auch der zeitlichen Nähe des Gegenanspruchs zur Anwendung zu bringen sind, fehlt jeder gesetzliche Anhaltspunkt. Sie wird schließlich auch für die werbende Gesellschaft bislang nicht vertreten.
Im Ergebnis ist es mithin bedenklich, den Grundsatz der Liquidationsbefangenheit allein auf den Gedanken des Verbots unnötiger Hin- und Herzahlungen zu stützen; die Voraussetzungen, die nach allgemeinem zivilrechtlichen Regeln Hin- und Herzahlungen verbieten, liegen im Fall der Liquidation nicht ohne weiteres vor.

b) Einheitlichkeit der Liquidation

Häufig wird in Lehre[97] und Rechtsprechung[98] der Grundsatz der Liquidationsbefangenheit auch auf die „Einheitlichkeit der Liquidation“, und zwar zum einen in einem verfahrensbezogenen, zum anderen in einem rechnerischen Sinne, gestützt. Auch diese Begründung ist zweifelhaft. Für die Annahme, dass in der Liquidation alle gesellschaftsvertraglichen Ansprüche „verfahrensmäßig einheitlich“ zu erfüllen seien, fehlt im Gesetz jeder Anhaltspunkt. Vielmehr weisen die Vorschriften der §§ 732 ff. BGB deutlich auf eine Mehrstufigkeit des Verfahrens gerade auch in Bezug auf das Innenverhältnis der BGB-Gesellschaft hin. Es sind demnach den Gesellschaftern zuerst die *quoad usum* eingebrachten Einlagen (§ 732 BGB) zurückzugeben, danach die gesellschaftsvertraglichen Ansprüche zu tilgen, insbesondere solche, die schon vor Auflösung begründet waren (§ 733 Abs. 1 BGB), anschließend die *quoad dominium* und *quoad sortem* geleisteten Einlagen ihrem Wert nach zu ersetzen (§ 733 Abs. 2 BGB) und erst zum Schluss die Liquidationsgewinne und –verluste auszuzahlen bzw. geltend zu machen (§§ 734, 735 BGB).[99]

---

[96] Vgl. Palandt-*Heinrichs*, § 242 BGB, Rn. 38 ff.
[97] MüKo-*Ulmer*, § 730 BGB, Rn. 40; RGRK-*v. Gamm*, § 730 BGB, Rn. 9.
[98] BGH WM 1961, 574, 575; vgl. auch BGH WM 1981, 1126, 1126 (KG); BGH WM 1981, 487, 487 (KG); BGH WM 1979, 937, 938 (KG).
[99] Vgl. *Hillers*, S. 129; auch MüKo-*Ulmer*, § 735 BGB, Rn. 8.

Auch mit der „rechnerischen Einheitlichkeit" der Liquidation lässt sich der Grundsatz der Liquidationsbefangenheit nicht überzeugend begründen. Zwar ist es richtig, dass erst am Ende der Auseinandersetzung zahlenmäßig feststeht, ob und in welchem Umfang die BGB-Gesellschaft Gewinne bzw. Verluste erwirtschaftet hat. Dies kann aber die Liquidationsbefangenheit nur insoweit rechtfertigen, wie es um die Geltendmachung des Liquidationsgewinns und Verlustausgleichs im engeren Sinne geht (§§ 734, 735 BGB); erst wenn endgültig bestimmt ist, in welcher Höhe ein Überschuss oder Fehlbetrag der BGB-Gesellschaft vorliegt, kann dieser anteilig auf die Gesellschafter umgelegt und als Anspruch seitens der Gesellschafter oder der BGB-Gesellschaft geltend gemacht werden. Darüber hinaus lässt sich die Sperrung gesellschaftsvertraglicher Ansprüche mit der Einheitlichkeit der Liquidationsrechnung aber nur begründen, wenn das rechnerische Gesamtergebnis unmittelbaren Einfluss auf die übrigen gesellschaftsvertraglichen Ansprüche hat. Ob und in welchem Umfang ein Gesellschafter etwa Ersatz für getätigte Aufwendungen oder Regressanspruch wegen persönlicher Inanspruchnahme verlangen kann, ist jedoch vom Ergebnis der Liquidationsabschlussrechnung völlig unabhängig.

c) Schutz der Gesellschaftsgläubiger

Weitaus überzeugender ist es daher, wenn demgegenüber *Hillers*[100] und *K. Schmidt*[101] den Grundsatz der Liquidationsbefangenheit mit dem Gläubigerschutz begründen. Die Liquidationsbefangenheit der Ansprüche der Gesellschafter gegen die Gesamthand führt zum Erhalt des Gesellschaftsvermögens und damit zur Verbesserung der Befriedigungschancen der Gesellschaftsgläubiger; können die Gesellschafter Ansprüche gegen die BGB-Gesellschaft nicht vor Abschluss der Liquidation geltend machen, hat dies unmittelbar gläubigersichernde Wirkung. Geht man davon aus, dass in der Liquidation generell auf die Gläubiger Rücksicht zu nehmen ist, erkennt also ein allgemeines Prinzip des Gläubigerschutzes in der Liquidation der BGB-Gesellschaft an, ist es nur richtig, dieses Prinzip auch als primären Begründungssatz heranzuziehen.

Der Aspekt des Gläubigerschutzes schließt freilich eine Begründung *auch* mit dem Verbot unnötiger Hin- und Herzahlungen nicht aus. Im Gegenteil: Wird das Gesellschaftsvermögen zur Tilgung der Gesellschaftsschulden gegenüber Dritten reserviert, verhindert dies zugleich eine persönliche Inanspruchnahme einzelner Gesellschafter und damit auch deren Regress bei der BGB-Gesellschaft. Mit der Sicherung des Vermögens für die Gesellschaftsgläubiger wird so bereits dem Entstehen einer Vielzahl von Ausgleichsansprüchen zwischen Gesellschaft und Gesellschaftern entgegengewirkt.

---

[100] *Hillers*, S. 137 ff.; zustimmend *Kellermann*, AcP 190 (1990), 657, 659.

[101] *K. Schmidt*, ZHR 153 (1989), 270, 293 f.; *ders.*, Schlegelberger, § 155 HGB, Rn. 17 (betreffend OHG/KG).

5. Ausnahmen vom Grundsatz der Liquidationsbefangenheit

a) Einforderung von Ansprüchen der Gesellschaft zwecks Gläubigerbefriedigung

Die Begründung des Grundsatzes der Liquidationsbefangenheit mit dem Gläubigerschutz erklärt vor allem auch dessen wichtigste Ausnahme. So gehen Rechtsprechung[102] und Lehre[103] einstimmig davon aus, dass die BGB-Gesellschaft ihre gesellschaftsvertraglichen Ansprüche gegen die Gesellschafter, etwa Beiträge oder Schadensersatzansprüche, dann in der Liquidation selbständig geltend machen kann, wenn sie diese Leistungen zur Befriedigung der Gesellschaftsgläubiger benötigt, und zwar selbst in dem Fall, dass der Liquidationsanteil des in Anspruch genommenen Gesellschafters aller Voraussicht nach positiv sein wird, er also das jetzt Eingeforderte nach Abschluss der Auseinandersetzung zurückverlangen können wird. Dass die Ansprüche der BGB-Gesellschaft in diesem Fall nicht in die Liquidationsrechnung einzustellen, sondern weiterhin selbständig durchzusetzen sind, lässt sich allein dadurch plausibel erklären, dass die Rechnungseinstellung und das Verbot isolierter Geltendmachung selbst primär zum Schutz der Gläubiger geschieht.

b) Einforderung von Ansprüchen der Gesellschafter positiver Liquidationsanteile

Demgegenüber ist eine zweite wesentliche Ausnahme vom Grundsatz der Liquidationsbefangenheit mehr vom Gedanken von Treu und Glauben geprägt. So gestattet der BGH[104] und ihm folgend das Schrifttum[105] den Gesellschaftern die Einforderung gesellschaftsvertraglicher Ansprüche, beispielsweise auf Ersatz notwendiger Aufwendungen, auch in dem Fall, dass schon vor Abschluss der Liquidation sicher feststeht, dass der Gesellschafter über einen positiven Liquidationsanteil, und zwar in der Höhe des geltend gemachten Anspruchs oder noch höher, verfügen wird. Kann ein Gesellschafter nachweisen, dass er in nächster Zeit in bestimmtem Umfang von der Gesellschaft Zahlung verlangen kann,[106] wäre es treuwidrig, ihm die Geltendmachung seiner Ansprüche zu versagen. Gleichwohl ist auch im Rahmen dieser Ausnahme der Aspekt des Gläubigerschutzes von Relevanz. So können die Gesellschafter nach herrschender Meinung ihre Ansprüche immer nur geltend machen, wenn die Gesellschaft die Leistungen zur Befriedigung der Gesellschaftsgläubiger nicht benötigt werden, das heißt, über andere ausreichende Mittel verfügt.[107]

---

[102] BGH 1966, 639, 640; RGZ 100, 165, 166; BGH WM 1978, 898 (KG); OLG Köln, ZIP 1983, 310 (KG); BGH NJW 1981, 2802, 2802 (OHG).

[103] Soergel-*Hadding*, § 730 BGB, Rn. 1; MüKo-*Ulmer*, § 730 BGB, Rn. 23, 25; *Messer*, FS Stimpel, S. 205, 209; *Müller/Hoffmann*, § 11, Rn. 61.

[104] BGH ZIP 1999, 1526, 1527; BGH ZIP 1998, 509, 510; BGH ZIP 1997, 2120, 2121; BGH ZIP 1995, 1085, 1085 f.; BGH ZIP 1994, 1846, 1846 f.; BGH ZIP 1993, 1307, 1309; BGH ZIP 1993, 919, 920; BGH ZIP 1992, 245, 246; BGHZ 37, 299, 304; RGZ 40, 29, 31.

[105] MüKo-*Ulmer*, § 730 BGB, Rn. 43; *Ensthaler*, S. 49 ff.; Soergel-*Hadding*, § 730 BGB, Rn. 4; *Messer*, FS Stimpel, S. 205, 209; für OHG/KG vgl. *K. Schmidt*, ZHR 153 (1989), 270, 293.

[106] Zur Beweislast vgl. MüKo-*Ulmer*, § 730 BGB, Rn. 24; BGH NJW 1984, 435, 435; BGH NJW 1978, 2154, 2154.

[107] MüKo-*Ulmer*, § 730 BGB, Rn. 43; *Messer*, FS Stimpel, S. 205, 209; RGZ 40, 29, 31.

§ 2 Amt und Aufgaben der Liquidatoren

I. Amt der Liquidatoren

1. Liquidatoren als Organe der aufgelösten Gesellschaft

Unter den Liquidatoren versteht man die geschäftsführungs- und vertretungsberechtigten Personen der aufgelösten BGB-Gesellschaft, das heißt unter der Prämisse der neuen Lehre ihre Organe. Sie treten an die Stelle der bisherigen Gesellschaftsorgane (§ 730 Abs. 2 S. 2 HS 1 BGB) und sind verantwortlich für die Durchführung der Liquidation (§ 730 Abs. 2 S. 1 BGB).

2. Kreis der Liquidatoren

a) Geborene Liquidatoren

Gemäß § 730 Abs. 2 S. 2 HS 2 steht das Liquidatorenamt grundsätzlich allen BGB-Gesellschaftern gemeinschaftlich zu. Man spricht insoweit von „geborenen" Liquidatoren. Zu ihnen zählen neben dem nicht voll Geschäftsfähigen[108] auch diejenigen Gesellschafter, die bislang von der Geschäftsführung und Vertretung der BGB-Gesellschaft ausgeschlossen waren; derartige Vereinbarungen erstrecken sich grundsätzlich nicht auf die Liquidationsgesellschaft.[109] Wegen der durch die Auflösung entfallenden Gemeinsamkeit der Interessen geht der Wille der Beteiligten für das Abwicklungsstadium im Zweifel dahin, die Auseinandersetzung gemeinsam vorzunehmen und sich dabei gegenseitig zu kontrollieren.[110] Ebenfalls zu den geborenen Liquidatoren gehören der Insolvenzverwalter[111] bei Auflösung der Gesamthand nach § 728 Abs. 2 BGB und der Erbe[112] bzw. bei mehreren Erben der Erbenvertreter[113] im Falle des § 727 BGB. Gleiches muss bei Auflösung der BGB-Gesellschaft gemäß § 725 BGB für den Privatgläubiger gelten.[114] Geht man richtigerweise davon aus, dass sich die Pfändung eines Gesellschaftsanteils nicht allein auf die Werterechte, das heißt, die besonderen Vermögensrechte der Gesellschaftsbeteiligung, sondern umfassend auf die Mitgliedschaft als solche, also auf vermögens- wie auch verwaltungsbezogene Rechte bezieht,[115] ist es folgerichtig, dem Pfandgläubiger auch die Stellung als Liquidator zuzuerkennen. Auch der BGH hat inzwischen dem Privatgläubiger das Recht zugebilligt, nach kündigungsbedingter Auflösung den Anspruch des Gesellschafter-Schuldners auf Durchführung der Auseinandersetzung auszuüben; dann bestehen aber keine Bedenken, ihm auch die Geltendmachung der sonstigen für die Realisierung seines Anspruchs erforderlichen Verwaltungsrechte, wie namentlich das Informations- und Kontrollrecht und das Recht auf Rechnungslegung, zu gestatten.

---

[108] Vertreten durch seinen gesetzlichen Vertreter; vgl. für OHG/KG *Koller/Roth/Morck*, § 146 HGB, Rn. 4.

[109] OLG Köln, WM 1995, 1881, 1882.; aA *K. Schmidt*, ZHR 153 (1989), 270, 278.

[110] RGZ 100, 165, 166.

[111] Soergel-*Hadding*, § 730 BGB, Rn. 7.

[112] Staudinger-*Keßler*, § 730 BGB, Rn. 15; MüKo-*Ulmer*, § 730 BGB, Rn. 32; § 727 BGB, Rn. 9.

[113] MüKo-*Ulmer*, § 727 BGB, Rn. 10, 16; für OHG/KG vgl. *Koller/Roth/Morck*, § 146 HGB, Rn. 4; aA (Erben persönlich) Soergel-*Hadding*, § 730 BGB, Rn. 7; RGRK-*v. Gamm*, § 730 BGB, Rn. 6, § 727 BGB, Rn. 5.

[114] MüKo-*Ulmer*, § 730 BGB, Rn. 32, § 725 BGB, Rn. 16 f.; aA (der Gesellschafter-Schuldner) Soergel-*Hadding*, § 730 BGB, Rn. 7, § 725 BGB, Rn. 6; RGZ 95, 231, 233.

[115] MüKo-*Ulmer*, § 725 BGB, Rn. 8.

Schließlich steht auch der Vorbehalt des § 725 Abs. 2 BGB der Amtsinhaberschaft des Privatgläubigers nicht entgegen, wenn man ihn teleologisch auf die Verwaltungsrechte in der aktiven BGB-Gesellschaft reduziert und zugleich berücksichtigt, dass sich das Element der persönlichen Verbundenheit der Gesellschafter als Schranke für den Außeneinfluss infolge der Auflösung ohnehin verflüchtigt hat.

b) Gekorene Liquidatoren

Da die Frage, wer Liquidator ist, für die Gläubiger keine Bedeutung besitzt, besteht kein Grund, die Gesellschafter an der Regelung des § 730 Abs. 2 S. 2 HS 2 BGB festzuhalten. Es ist ihnen vielmehr zu gestatten (vgl. § 731 S. 1 BGB), kraft Gesellschaftsvertrag oder grundsätzlich einstimmigen Gesellschafterbeschluss die Geschäftsführung in der Liquidationsgesellschaft zu übertragen, und zwar an einen oder einzelne Gesellschafter als auch an außenstehende Dritte; der Grundsatz der Selbstorganschaft gilt in der Phase der Auseinandersetzung unstreitig nicht fort (vgl. § 146 Abs. 2 S. 1 HGB).[116] Dabei ist in den Fällen der § 725, 727, 728 Abs. 2 BGB ist zu berücksichtigen, dass die Gesellschafter, wollen sie nach Auflösung von § 730 Abs. 2 BGB abweichen, der Zustimmung auch des Insolvenzverwalters, Privatgläubigers und Erbens bzw. Erbenvertreters bedürfen. Auch soweit sie schon vor Auflösung die Geschäftsführung der aufgelösten BGB-Gesellschaft abweichend bestimmt haben, entfaltet ihre Vereinbarung nur Wirkung, wenn sie der Verwirklichung der Rechte der nach §§ 725, 727, 728 Abs. 2 BGB Beteiligten nicht entgegen steht.[117]

II. Übergangsregelungen

Da die Auflösung häufig plötzlich und unerwartet und oftmals auch unbemerkt (vgl. § 726 BGB) erfolgt, sieht das Gesetz zu Recht Übergangsregelungen vor. So gilt gemäß § 729 BGB die einem Gesellschafter durch Gesellschaftsvertrag übertragene Befugnis zur Geschäftsführung so lange als fortbestehend, wie er von der Auflösung keine Kenntnis hat oder haben muss; er kann für organschaftliches Handeln weder im Innenverhältnis als Geschäftsführer ohne Auftrag in Anspruch genommen noch im Außenverhältnis als *falsus procurator* (§ 179 BGB) haftbar gemacht werden. Ähnlich § 674 BGB im Auftragsrecht schützt § 729 BGB so den gutgläubigen geschäftsführenden Gesellschafter und bei Anwendung der Auslegungsregel des § 714 BGB zugleich Dritte. Dabei setzt die Vorschrift des § 729 BGB ihrem Wortlaut nach die Auflösung in anderer Weise als durch Kündigung (§§ 723, 725 BGB) voraus. Da sie aber entsprechend auch dann anzuwenden ist, wenn nur einzelne Gesellschafter zum Empfang von Kündigungserklärungen zuständig sind,[118] ist sie im Ergebnis für alle vertraglich und gesetzlichen Auflösungstatbestände von Bedeutung.
Eine Sonderregelung trifft das Gesetz für den Fall, dass die Gesellschaft durch den Tod oder das Insolvenzverfahrens über das Vermögen eines Gesellschafters aufgelöst wird. Gemäß §§ 727 Abs. 2 S. 2, 728 Abs. 2 S. 2 BGB besteht eine an die Mitgesell-

---

116 Staudinger-*Keßler*, § 730 BGB, Rn. 17; Soergel-*Hadding*, § 730 BGB, Rn. 8; MüKo-*Ulmer*, § 730 BGB, Rn. 38.

117 Vgl. für OHG/KG *Butzer*, Jura 1994, 628, 630; Schlegelberger-*K. Schmidt*, § 145 HGB, Rn. 49 ff.

118 Soergel-*Hadding*, § 729 BGB, Rn. 1.

schafter übertragene Geschäftsführungs- und Vertretungsbefugnis (§ 714 BGB) in einem durch den Gesichtspunkt der Gefahrenabwehr begrenzten Umfang zeitweilig fort. Umgekehrt sind auch die Erben eines geschäftsführenden Gesellschafters übergangsweise zur Geschäftsführung, und über § 714 BGB zur Vertretung der BGB-Gesellschaft bestellt (§ 727 Abs. 2 S. 1 BGB), wenn mit dem Aufschub der Geschäftsführung eine Gefahr für das Gesellschaftsvermögen verbunden ist; nur im Rahmen eines solchen Fürsorgebedürfnisses steht ihnen die Ausübung der dem Erblasser übertragenen Rechte und Pflichten zu.[119] Zeitlich ist die Geschäftsführung der Erben zudem auf denjenigen Zeitraum beschränkt, der für die Umstellung der BGB-Gesellschaft auf die Abwicklung unter Berücksichtigung der in § 730 Abs. 2 S. 2 BGB angeordneten Gesamtgeschäftsführung erforderlich ist.[120] Darauf, ob die Beteiligten die Umstellung tatsächlich in dieser Zeit bewirken, kommt es nicht an; die Erbengeschäftsführung wird bei Untätigkeit der Mitgesellschafter nicht verlängert.

III. Rechte und Pflichten der Liquidatoren
1. Allgemeine Rechte und Pflichten
a) Pflicht zur persönlichen Aufgabenerfüllung

Die Rechte und Pflichten der Liquidatoren ergeben sich vor allem aus ihrer Eigenschaft als geschäftsführungs- und vertretungsberechtigte Organe der BGB-Liquidationsgesellschaft. Ihre Rechtsstellung ist wie jede organschaftliche Stellung höchstpersönlicher Natur. Die Liquidatoren können zwar Gehilfen in Anspruch nehmen und Vollmachten erteilen, sie können ihre Zuständigkeit jedoch nicht delegieren.[121]

b) Anspruch auf Vergütung

Da die Gesellschafter zur Liquidationstätigkeit ebenso wie zur Geschäftsführung in der werbenden BGB-Gesellschaft aufgrund ihrer Beteiligung an der Gesellschaft verpflichtet sind, können die Gesellschafterliquidatoren, einschließlich der nach §§ 725, 727, 728 Abs. 2 BGB Bestellten eine Vergütung nur verlangen, wenn diese zumindest stillschweigend vertraglich vereinbart worden ist.[122] Allein der Umstand, dass nur einzelne Gesellschafter mit der Durchführung der Liquidation beschäftigt sind, reicht für die Annahme einer Vergütungsabrede nicht aus.[123] Ebenfalls nicht ausreichend ist es, wenn der Gesellschaftsvertrag für die Zeit der werbenden BGB-Gesellschaft eine Geschäftsführervergütung vorsieht; derartige Klauseln lassen sich wegen der unterschiedlichen Ausgestaltung der Geschäftsführung auf das Liquidationsstadium nicht erstrecken.[124] Je nach Lage des Einzelfalls können die nicht oder nicht in gleichem Maße an der Liquidation beteiligten Mitgesellschafter aber wie in der werbenden BGB-Gesellschaft aufgrund ihrer gesellschafterlichen Treuepflicht

---

[119] MüKo-*Ulmer*, § 727 BGB, Rn. 12; Staudinger-*Keßler*, § 727 BGB, Rn. 7.
[120] Soergel-*Hadding*, § 727 BGB, Rn. 10.
[121] Soergel-*Hadding*, § 709 BGB, Rn. 8; MüKo-*Ulmer*, § 709 BGB, Rn. 29.
[122] Staudinger-*Keßler*, § 730 BGB, Rn. 17; RGRK-*v. Gamm*, § 730 BGB, Rn. 6; vgl. auch LG München ZIP 1995, 764, 764.
[123] OLG Koblenz WM 1986, 590, 591.
[124] MüKo-*Ulmer*, § 730 BGB, Rn. 33.

gehalten sein, den Liquidatoren ihre Tätigkeit zu vergüten bzw. einer solchen Vergütung zuzustimmen.
Demgegenüber sind Dritte grundsätzlich nur dann zur Durchführung der Liquidation verpflichtet, wenn sie mit der noch werbenden oder bereits aufgelösten BGB-Gesellschaft, vertreten durch ihre geschäftführungs- und vertretungsberechtigten Gesellschafter, einen Dienstvertrag im Sinne des § 611 BGB schließen. Treten sie das Amt an, so können sie aus dem das organschaftliche Rechtsverhältnis ergänzenden Dienstvertragsverhältnis zwischen sich und der Gesellschaft im Zweifel gemäß § 612 BGB auch eine Vergütung verlangen.

c) Gesellschaftertreuepflicht

Die Gesellschaftertreuepflicht prägt vor allem den Geschäftsführungsbereich und damit auch die Stellung der Gesellschafterliquidatoren. Diese haben bei Abwicklungsmaßnahmen dem durch das gemeinsame Interesse aller Gesellschafter definierten Gesellschaftsinteresse den absoluten Vorrang einzuräumen. Verletzen sie ihre Pflicht, machen sie sich schadensersatzpflichtig.
Auf die als Liquidatoren berufenen Dritten findet der Grundsatz der Gesellschaftertreuepflicht hingegen keine Anwendung. Der ihrer organschaftlichen Bestellung zugrunde liegende Dienstvertrag verpflichtet sie aber in grundsätzlich gleicher Weise zur Rücksichtnahme auf die vorrangigen Interessen der BGB-Gesellschaft. Verletzt ein Drittliquidator seine dienstvertragliche Pflicht, ist er ebenso wie ein Gesellschafterliquidator zum Ersatz des daraus entstandenen Schadens verpflichtet.

d) Gleichbehandlungspflicht

Auch die Pflicht zur Gleichbehandlung bestimmt den Bereich der Geschäftsführung. Gesellschafter- als auch Drittliquidatoren sind kraft Gesellschaftsbeteiligung bzw. Dienstvertrag angehalten, nicht ungerechtfertigt zwischen den Gesellschaftern zu differenzieren sowie dort, wo ein sachlicher Grund vorliegt, aufgrund des dem Gleichbehandlungsgrundsatz immanenten Gerechtigkeitsgedankens den gebotenen Unterschied zu machen. Gegen den Gleichheitssatz verstoßende Vereinbarungen und Beschlüsse der Liquidatoren sind ohne Zustimmung der benachteiligten Gesellschafter unwirksam; soweit Maßnahmen schon getroffen wurden sind, können die übergangenen Gesellschafter entstandenen Schaden von den Liquidatoren ersetzt verlangen.[125]

2. Besondere Liquidationsrechte und -pflichten

a) Pflicht zur Liquidation

Zentrale Pflicht der Liquidatoren ist die Pflicht zur Liquidation, das heißt, zur Durchführung des auf Vollbeendigung der BGB-Gesellschaft gerichteten Verfahrens, und zwar, soweit es Rechte Dritter betrifft, richtigerweise unter strikter Einhaltung der gesetzlichen Vorschriften.[126] Der Ansicht der herrschenden Meinung, dass die Liquidatoren aufgrund von Weisungen der Gesellschafter auch zu Abwicklungsmaßnahmen

---

[125] Siehe MüKo-*Ulmer*, § 705 BGB, Rn. 207.

[126] Vgl. oben A. II. 2. d), Abschnitt III B IV.; für OHG/KG so auch *K. Schmidt*, ZHR 153 (1989), 270, 294 ff.

abweichend der §§ 733 Abs. 1, 734, 735 BGB verpflichtet werden können,[127] kann im Hinblick auf die Verfahrensfunktion, Vollabwicklung eines Schuldsubjekts, und damit fehlende Dispositivität der Vorschriften nicht zugestimmt werden. Die §§ 733, 734, 735 BGB sind auch für die Liquidatoren unmittelbar zwingendes Recht. Entgegenstehende Vereinbarungen und Weisungen der Gesellschafter sind für sie unbeachtlich und lösen bei Nichtbefolgung keinerlei Sanktionen aus, während umgekehrt die Befolgung abweichender Anweisungen zur Schadensersatzpflicht der Liquidatoren führen kann (§ 823 Abs. 2 BGB i.V.m. §§ 733-735 BGB).[128]

b) Pflicht zum Insolvenzantrag

Die Liquidatoren sind mithin verpflichtet, das vorhandene Vermögen der BGB-Gesellschaft zunächst auf die Befriedigung der Gesellschaftsgläubiger zu verwenden (§ 733 Abs. 1, 734 BGB) und bei Überschuldung die zur Gläubigerbefriedigung erforderlichen Fehlbeträge von den Gesellschaftern einzufordern (§ 735 BGB). Können sie die nach § 735 BGB geschuldeten Beträge nicht erlangen, muss für sie gleiches gelten wie für die Abwickler der überschuldeten juristischen Person: Es ist Insolvenzantrag zu stellen und durch Überleitung in das besonders gläubigerschützende und staatlich überwachte Insolvenzverfahren die Befriedigung der Gläubiger bestmöglich zu garantieren.[129] Dass für die BGB-Gesellschaft der Insolvenzgrund der Überschuldung und auch eine Insolvenzantragspflicht gesetzlich nicht vorgesehen ist, ist insoweit unbedenklich. Grund dafür ist, dass selbst die rechnerisch überschuldete BGB-Gesellschaft wegen der bilanziell nicht dargestellten persönlichen Gesellschafterhaftung oftmals noch leistungsfähig ist;[130] bei Nichtrealisierbarkeit der persönlichen Nachschusspflicht der Gesellschafter trifft diese Vermutung aber gerade nicht mehr zu. Soweit die Liquidatoren dieser Pflicht nicht nachkommen, ist wiederum von einer Schadensersatzpflicht unmittelbar gegenüber den Gläubigern auszugehen (§ 823 Abs. 2 BGB i.V.m. § 64 Abs. 1 GmbHG analog).

c) Pflicht zur bestmöglichen Vermögensverwertung

Da die Liquidation zur vollständigen Erfüllung aller Gesellschaftsverbindlichkeiten und auch zu möglichst hohen Liquidationsgewinnen der Gesellschafter führen soll, müssen die Liquidatoren das Vermögen bestmöglich verwerten.[131] Sie sind verpflichtet, das Gesellschaftsvermögen zu angemessenem Preis, angemessener Zeit und auf angemessenem Weg so günstig wie möglich umzusetzen. Welches die günstigste Verwertungsart ist, kann freilich immer nur für den konkreten Einzelfall bestimmt werden. Die Pflicht zur bestmöglichen Vermögensverwertung bedeutet damit generell nur die Pflicht, sich einen genauen Überblick über die Lage der BGB-Gesellschaft zu verschaffen, um sodann ein Liquidationskonzept zu entwickeln, des-

---

[127] BGHZ 1, 324, 329 (OHG); RGRK-*v. Gamm*, § 730 BGB, Rn. 1; MüKo-*Ulmer*, § 730 BGB, Rn. 37.

[128] Vgl. für OHG/KG *K. Schmidt*, ZHR 153 (1989), 270, 284; *dens.*, Schlegelberger, § 155 HGB, Rn. 50.

[129] So für OHG/KG Schlegelberger-*K. Schmidt*, § 149 HGB, Rn. 42; *Butzer*, Jura 1994, 628, 633.

[130] *Bork*, InsR, § 10, Rn. 91.

[131] Vgl. *Hillers*, S. 60 ff.; siehe für die Insolvenzverwalter auch *Bork*, InsR, § 26, Rn. 290 ff.

sen Ziel die alsbaldige Beendigung der Gesellschaft bei möglichst günstigen Liquidationsergebnissen ist. Erkennt man die Abhängigkeit der erforderlichen Maßnahmen vom jeweiligen Einzelfall, ist zugleich klar, dass den Liquidatoren ebenso wie den Geschäftsführern der werbenden BGB-Gesellschaft konkrete Handlungsanweisungen (gesetzlich) nicht vorgeschrieben werden können. Alle Maßnahmen, die innerhalb eines sorgfältigen, die Umstände des Einzelfalls berücksichtigenden Liquidationskonzepts vertretbar erscheinen, sind zulässig. Da die Entscheidung über die konkrete Verwertungsart häufig von unsicheren Prognosen über den zu erzielenden Verwertungserlös abhängen und sich insbesondere der Erlös im Rahmen der Zwangsverwertung nicht sicher vorhersagen lässt, sind an eine zum Schadensersatz verpflichtende Pflichtverletzung hohe Anforderungen zu stellen. Sie kommt vor allem dort in Betracht, wo der Zeitaspekt zu kurz oder zu lang gesehen wird, was zum einen zur Verschleuderung von Werten, zum anderen zu unnötigen Liquidationskosten führen kann.

d) Pflicht zur Gleichbehandlung der Gläubiger

Im Hinblick auf die gesellschafterliche Gleichbehandlungspflicht zum einen und die Pflicht zum Gläubigerschutz zum anderen, fragt es sich, ob die Liquidatoren auch zur Gleichbehandlung der Gesellschaftsgläubiger verpflichtet sind. Da das Liquidationsverfahren im Gegensatz zum Insolvenzverfahren auf vollständige Tilgung aller Gesellschaftsverbindlichkeiten angelegt ist, und zwar über § 735 BGB auch insoweit, wie ein zur Befriedigung aller Gläubiger ausreichendes Vermögen fehlt, besteht zumindest für eine entsprechende Anwendung des insolvenzrechtlichen Grundsatzes *par conditio creditorum*, das heißt der Pflicht zur gleichmäßigen Befriedigung aller Gläubiger (vgl. §§ 89 ff. InsO), kein Raum;[132] soweit eine umfassende Gläubigerbefriedigung nicht möglich ist, werden die Gläubiger durch automatische Abgabe ins insolvenzrechtliche Abwicklungsverfahren geschützt. Auch können die Liquidatoren, etwa im Hinblick auf eine zur Abwicklung eines letzten Auftrages dringend benötigte Gegenleistung, ein durchaus im Gesamtinteresse aller Gläubiger liegendes Interesse an der vorrangigen Befriedigung eines bestimmten Gläubigers haben. Man wird die Liquidatoren aber jedenfalls insoweit zur Gleichbehandlung verpflichten müssen, wie es um die Information und Aufklärung über Auflösung und Liquidation der BGB-Gesellschaft geht. Jeder Gesellschaftsgläubiger muss in gleicher Weise über die bevorstehende Beendigung der BGB-Gesellschaft in Kenntnis gesetzt werden, und so die gleiche Möglichkeit erhalten, seine Ansprüche gegen die BGB-Gesellschaft mit der gleichen Aussicht auf Erfolg geltend zu machen.

3. Umfang der Geschäftsführungs- und Vertretungsbefugnis in der Liquidation

Nach bislang herrschender Ansicht[133] steht den Liquidatoren die Befugnis zur Geschäftsführung und auch zur Vertretung nur in einem durch den Liquidationszweck beschränkten Umfang zu. Geschäfte, die durch den Zweck der Abwicklung nicht ge-

---

[132] Vgl. auch *Hillers*, S. 229 ff.; sowie für die GmbH *Lutter/Hommelhoff*, § 70 GmbHG, Rn. 9.

[133] MüKo-*Ulmer*, § 730, Rn. 34; Erman-*H.P. Westermann*, § 730 BGB, Rn. 8; *Ballerstedt*, JuS 1963, 253, 257; RGZ 146, 376, 378.

deckt sind und deren Vornahme auch nicht auf einem Einvernehmen aller Gesellschafter beruht, sollen die Gesellschaft nach außen nicht wirksam verpflichten und allenfalls nach Rechtsscheingrundsätzen haftbar machen. Zunehmend wird jedoch die Auffassung vertreten,[134] dass die Liquidatoren zwar intern an den Liquidationszweck gebunden und bei Überschreitung der Gesellschaft und gegebenenfalls auch den Gesellschaftern persönlich zum Schadensersatz verpflichtet seien, ihr Verhältnis zu Dritten durch den Liquidationszweck jedoch unberührt bleibe. Nur bei evidentem Missbrauch könne sich die Gesellschaft Dritten gegenüber auf eine fehlende Vertretungsmacht der Liquidatoren berufen.

Zustimmung verdient die neuere Auffassung. Die Ansicht, die Geschäftsführungs- und Vertretungsbefugnisse der Liquidatoren beschränkten sich auf die Liquidationszwecke, beruht auf der unrichtigen Vorstellung, dass die aufgelöste Gesellschaft nur zum und mit dem Zwecke der Liquidation fortexistiert. Geht man davon aus, dass die Gesellschaft unbegrenzt und mit dem ursprünglich vereinbarten Gesellschaftszweck fortbesteht, folgt daraus ohne weiteres, dass sie unbeschränkt im Außenverhältnis verpflichtbar ist und auch die Befugnisse ihrer Organe nicht auf die Abwicklung beschränkt sind. Soweit die Liquidatoren freilich zur Liquidation der Gesellschaft verpflichtet sind, ihre Rechte mithin durch den Zweck des Abwicklungsverfahrens beeinflusst werden, erscheint es richtig, diese Wirkung auf das Innenverhältnis zu begrenzen. Eine Beschränkung der Vertretungsmacht im Außenverhältnis würde den Rechtsverkehr mit unvertretbaren Risiken belasten; die Feststellung, ob ein Geschäft dem Zweck der Abwicklung dienen kann oder soll, kann häufig und erst Recht von Dritten nur schwer getroffen werden. Die Liquidatoren könnten sich jederzeit auf den Liquidationszweck berufen und sich von unliebsamen Geschäften lösen. Auch die herrschende Auffassung hält die Liquidationsgesellschaft zum Schutz von Dritten über Rechtsscheinsgesichtspunkte im Ergebnis am Handeln der Organe fest. Offener und vorzugswürdiger ist es, die Vertretungsmacht der Liquidatoren von vorneherein nicht auf die Zwecke der Liquidation zu beschränken.

[134] Soergel-*Hadding*, § 730 BGB, Rn.7; *K. Schmidt*, GesR, § 8 V. 2., S. 221 ff., § 11 V. 4. d), S. 322 f.; *ders.* AcP 184 (1984), 529, 534, 538 für OHG/KG; vgl. auch für die GmbH *Lutter/Hommelhoff*, § 68 GmbHG, Rn. 5.

Abschnitt V – Verlauf der Liquidation

§ 1 Auflösung und Vollbeendigung der BGB-Gesellschaft

Offen ist noch der genaue Verlauf der Liquidation. Insoweit fragt sich zunächst, unter welchen Voraussetzungen die Liquidation beginnt und endet und ob und wie das Liquidationsverfahren abgebrochen oder wieder aufgenommen werden kann. Es geht dabei um die Auflösung und Vollbeendigung der BGB-Gesellschaft, ihre Fortsetzung und die so genannte Nachtragsliquidation.

A. Unterschied zwischen Auflösung und Vollbeendigung

Bei der Beendigung der BGB-Gesellschaft sind zwei Momente streng zu unterscheiden, und zwar die *Auflösung* und die *Vollbeendigung*. Auflösung der BGB-Gesellschaft bedeutet Eintritt der Auflösungsursache und Beginn der Liquidation.[1] Die Auflösung "löst" das Band, das bisher Personen und Sachen im Interesse der gemeinschaftlichen Zweckverfolgung zusammenhielt und führt dazu, dass die Gesellschafter, die einst im Hinblick auf den gemeinsamen Zweck zusammentraten, sich auseinandersetzen. Vollbeendigung hingegen ist der Schlussstein der Liquidation und bedeutet das endgültige Erlöschen der Gesellschaft.[2] Sie tritt ein, wenn alle Verpflichtungen der Gesellschaft erfüllt und alle entstandenen Verknüpfungen gelöst sind. Erst nachdem sämtliche Geschäfte abgewickelt sind und das gesamte zur Verfolgung des gemeinschaftlichen Zwecks gebildete Vermögen an die Gesellschafter oder Dritte übertragen ist, erlischt die BGB-Gesellschaft, ist sie „voll beendet".

B. Auflösungsgründe

I. Gesetzliche Auflösungsgründe

Das Gesetz regelt in den §§ 723-728 BGB insgesamt sechs Auflösungsgründe: die Kündigung durch Gesellschafter sowie ihre Privatgläubiger, das Erreichen und Unmöglichwerden des Gesellschaftszwecks, den Tod eines Gesellschafters sowie die Eröffnung des Insolvenzverfahrens. Dabei setzen die ersten beiden Gründe die Ausübung eines Gestaltungsrechts, die Kündung, voraus. Die Auflösung tritt erst ein, wenn die Kündigungserklärung allen Gesellschaftern zugegangen ist. Demgegenüber bildet die Auflösung in den Fällen der §§ 726-728 BGB die unmittelbare Folge des Eintritts einer der dort genannten Umstände.[3] Auf die Kenntnis oder die Möglichkeit zur Kenntnisnahme der Gesellschafter kommt es dort nicht an.

---

1 Staudinger-*Keßler*, § 723 BGB, Rn. 2; *Hintzen*, S. 26; Soergel-*Hadding*, vor § 723, Rn. 1; *Müller/Hoffmann*, § 11, Rn. 48; MüKo-*Ulmer*, Vor § 723 BGB, Rn. 6; vgl. auch *Grunewald*, GesR, 1. A., Rn. 182; *K. Schmidt*, GesR, § 11 V. 3., S. 316.

2 Soergel-*Hadding*, Vor § 723 BGB, Rn. 1, Vor § 730 BGB, Rn. 1; *Grunewald*, GesR, 1. A., Rn. 188; *Hintzen*, S. 26; *Müller/Hoffmann*, § 11, Rn. 48; *Hüffer*, GesR, § 13, 1., S. 110; MüKo-*Ulmer*, Vor § 723 BGB, Rn. 5; für OHG/KG vgl. auch *K. Schmidt*, GesR, § 11 V. 3. c), S. 320; *dens.*, ZHR 153 (1989), 270, 274; *Butzer*, Jura 1994, 628, 635. Zur Vollbeendigung ohne Liquidation siehe *Ensthaler*, S. 85 ff.; MüKo-*Ulmer*, § 730 BGB, Rn. 49 ff.; *K. Schmidt*, GesR, § 11 V. 3. a), S. 316 ff.; bezogen auf OHG/KG auch *Butzer*, Jura 1994, 628, 632.

3 *Hintzen*, S. 26 ff.; MüKo-*Ulmer*, Vor § 723 BGB, Rn. 5.

1. Kündigung durch einen Gesellschafter

Hauptursache für die Auflösung der Gesellschaft ist die in § 723 BGB normierte Kündigung durch einen Gesellschafter. Die Kündigung selbst erfolgt durch einseitige empfangsbedürftige Willenserklärung.[4] Sie ist grundsätzlich formfrei und kann von den Gesellschaftern auch konkludent erklärt werden.[5] Da die Kündigung die gesellschaftsvertragliche Grundlage betrifft, ist sie an alle Gesellschafter zu richten. Eine Erklärung allein gegenüber den geschäftsführungs- und vertretungsberechtigten Gesellschaftern genügt nicht, es sei denn diese sind durch Gesellschaftsvertrag oder Beschluss zur Entgegennahme ermächtigt.[6]

Was die Voraussetzungen der Kündigung betrifft, so ist die auf unbestimmte Zeit, das heißt ohne festen Endtermin, und auf Lebenszeit eines Gesellschafters (§ 724 BGB) eingegangene BGB-Gesellschaft grundsätzlich jederzeit und ohne Grund kündbar (§ 723 Abs. 1 S. 1 BGB). Die in § 723 Abs. 2 BGB vorgesehene zeitliche Einschränkung betrifft nicht die Zulässigkeit der Kündigung, sondern begründet lediglich eine Schadensersatzpflicht.[7] Da die Auflösung der Gesellschaft aber keineswegs auch von den anderen Gesellschafter gewollt sein muss und diese in eine schwierige Lage bringen kann, werden in der Praxis vielfach Kündigungsfristen vereinbart. Derartige Vertragsklauseln sind nach ganz herrschender Auffassung zulässig, soweit sie nur den einzelnen Gesellschafter nicht überlang an die Gesellschaft binden und damit sein Kündigungsrecht faktisch ausschließen (vgl. § 723 Abs. 3 BGB); zeitlich sind jeweils die konkreten Umstände des Einzelfalls entscheidend.[8]

Demgegenüber kann die befristete, also auf bestimmte Zeit eingegangene BGB-Gesellschaft nur außerordentlich, das heißt nur aus wichtigem Grund gekündigt werden (§ 723 Abs. 1 S. 2 BGB). Wann dieser vorliegt, wird im Gesetz beispielhaft aufgezählt: Er ist gegeben, wenn ein anderer Gesellschafter eine ihm nach dem Gesellschaftsvertrag obliegende wesentliche Verpflichtung vorsätzlich oder grob fahrlässig verletzt oder wenn die Erfüllung einer solchen Verpflichtung unmöglich wird. Weiterhin liegt ein wichtiger Grund vor, wenn ein Gesellschafter das 18. Lebensjahr vollendet hat (§ 723 Abs. 1 S. 3 BGB); das Gesetz räumt dem Gesellschafter auf diese Weise die Möglichkeit ein, eigenständig über seine Gesellschafterstellung und das damit verbundene Risiko zu entscheiden. Allgemein lässt sich sagen, dass ein wichtiger Grund immer dann gegeben ist, wenn dem Gesellschafter die Fortsetzung der Gesellschaft bis zum Vertragsende oder dem nächsten vertraglichen Kündigungstermin nicht zugemutet werden kann, weil das Vertrauensverhältnis zerstört ist oder ein gedeihliches Zusammenwirken aus sonstigen Gründen nicht mehr möglich ist.[9] Das

---

4 Soergel-*Hadding*, § 723 BGB, Rn. 1; Staudinger-*Keßler*, § 723 BGB, Rn. 28.

5 Staudinger-*Keßler*, § 723 BGB, Rn. 28 f.

6 BGH NJW 1993, 1002, 1002; RGZ 21, 93, 95; Erman-*H.P. Westermann*, § 723 BGB, Rn. 9.

7 *K. Schmidt*, GesR, § 59 V. 1. f) aa), S. 1762; MüKo-*Ulmer*, § 723 BGB, Rn. 14.

8 Vgl. nur MüKo-*Ulmer*, § 723 BGB, 15-17, 42 ff.; *Grunewald*, GesR, 1.A., Rn. 173; weitergehend, § 132 HGB analog, *K. Schmidt*, GesR, § 59 V. 1. f) cc), S. 1745. In zeitlicher Hinsicht gilt als Richtschnur eine Dauer von 30 Jahren; BGH WM 1967, 315, 316; BGHZ 10, 91, 98; BGHZ 50, 316, 320 ff. Zur Abfindungsproblematik siehe etwa *Dauner-Lieb* ZHR 158 (1994), 271 ff.

9 BGH ZIP 1996, 1434, 1434; BGH WM 1966, 29, 31; BGHZ 4, 108, 113; RGZ 65, 37, 38; RGZ 162, 388, 392; MüKo-*Ulmer*, § 723 BGB, Rn. 18; Soergel-*Hadding*, § 723 BGB, Rn. 14.

Recht zur außerordentlichen Kündigung kann gemäß § 723 Abs. 3 BGB weder ausgeschlossen noch beschränkt werden. Was jedoch kurze Kündigungsfristen zur Erleichterung der Liquidation betrifft, so sind diese für zulässig zu erachten.[10] Gleiches gilt für Bestimmungen, nach denen der kündigende Gesellschafter unter Erhalt einer vollwertigen Abfindung aus der Gesellschaft auszuscheiden hat (§ 736 BGB).[11] Sie tragen dem Interesse des einzelnen Gesellschafters, sein persönliches Engagement in der Gesellschaft zu beenden, hinreichend Rechnung.
Für die auf bestimmte Zeit oder auf Lebenszeit eines Gesellschafters geschlossene BGB-Gesellschaft fehlt eine § 723 Abs. 1 S. 2 BGB vergleichbare Regelung. Sie schien dem Gesetzgeber entbehrlich, da diese Gesellschaften gemäß § 723 Abs. 1 S. 1 BGB jederzeit und grundlos gekündigt werden können. Sind diese Gesellschaften auf eine Mindestdauer eingegangen oder sind Kündigungsfristen vereinbart, ist den Gesellschaftern dort jedoch in gleicher Weise das Recht zur außerordentlichen Kündigung einzuräumen (vgl. § 723 Abs. 1 S. 4 BGB).[12]

2. Kündigung durch einen Privatgläubiger

Gemäß § 725 Abs. 1 BGB kann die BGB-Gesellschaft auch durch einen Privatgläubiger eines Gesellschafters jederzeit fristlos gekündigt werden. Zweck der Vorschrift ist es, den Privatgläubigern, die nicht gleichzeitig eine Forderung gegen die Gesellschaft haben und daher nicht gemäß § 736 ZPO in das Gesellschaftsvermögen vollstrecken können, den Zugriff auf das in der Gesellschaftsbeteiligung gebundene Gesellschaftsvermögen zu verschaffen. Voraussetzung der Kündigung ist, dass der Gläubiger einen nicht nur vorläufig vollstreckbaren Schuldtitel gegen den Gesellschafter besitzt und dessen Beteiligung, das heißt die Summe aller zur Mitgliedschaft gehörenden Vermögensrechte,[13] gepfändet hat (§§ 857, 859 Abs. 1 ZPO). Zwar setzt die Verwertung des Pfandrechts, das heißt die Einziehung der mit der Mitgliedschaft verbundenen vermögensrechtlichen Ansprüche auch die Überweisung nach §§ 835 Abs. 1, 857 Abs. 1 ZPO voraus, die Kündigung der Gesellschaft ist aber auch schon vor Überweisung zulässig.[14] Die Auflösung der Gesellschaft erfolgt dann durch Erklärung der Kündigung gegenüber allen Gesellschaftern, und zwar, da der Gläubiger ein eigenes Kündigungsrecht ausübt und nicht das des Schuldners, auch gegenüber dem betroffenen Gesellschafter selbst.[15] Zu beachten ist letztlich, dass § 725 Abs. 1 BGB zum Schutz der Privatgläubiger zwingendes Recht ist.[16] Die Gesellschafter können zwar die Fortsetzung der Gesellschaft unter Ausschluss nur des betroffenen

---

[10] AA RGZ 162, 388, 393

[11] Vgl. MüKo-*Ulmer*, § 723 BGB, Rn. 54.

[12] BGH ZIP 1996, 1434 ff.

[13] BGHZ 116, 222, 229; BGHZ 97, 392, 394; RGZ 95, 231, 233; grundlegend *Huber*, Vermögensanteil, S. 148 ff.; *Wertenbruch*, S. 483 ff.

[14] MüKo-*Ulmer*, § 725 BGB, Rn. 10 auch zur früher abweichenden Meinung; Stein/Jonas-*Brehm*, § 859 ZPO, Rn. 5.

[15] Staudinger-*Keßler*, § 725 BGB, Rn. 10; BGHZ 97, 392, 395; BGH WM, 1957, 163, 163; offen gelassen in BGH NJW 1993, 1002, 1002.

[16] MüKo-*Ulmer*, § 723 BGB, Rn. 5, § 705 BGB, Rn. 99.

Gesellschafters vereinbaren (vgl. § 736 BGB), sie können den Zugriff des Gläubigers auf den Anteilswert aber weder ausschließen noch beschränken.

3. Tod eines Gesellschafters

Ist im Gesellschaftsvertrag nichts anderes bestimmt ist, führt auch der Tod eines Gesellschafters zur Auflösung (§ 727 Abs. 1 BGB). Handelt es sich bei einem Gesellschafter um eine juristische Person oder eine Gesamthandsgesellschaft, so steht dem nicht schon die Auflösung, sondern erst die Vollbeendigung gleich.[17] Da diese aber die vollständige Liquidation des Gesellschaftsvermögens voraussetzt und daher erst eintritt, wenn auch die Gesellschaftsbeteiligung neu zugewiesen ist, greift der Auflösungsgrund des § 727 BGB bei juristischen Personen und Gesamthandsgesellschaften als Gesellschaftern regelmäßig nicht ein.[18] Gleiches gilt grundsätzlich für den Fall, dass die beteiligte Gesellschaft umgewandelt wird, denn auch dadurch fällt sie nicht ersatzlos weg. Unter Geltung des alten Umwandlungsgesetzes wurde zwar für den Fall, dass eine Kapitalgesellschaft in eine natürliche Person umgewandelt wird, wegen des damit verbundenen, dem Erbfall vergleichbaren Gesellschafterwechsels eine Analogie zu § 727 BGB befürwortet.[19] Im neuen Umwandlungsrecht hat dieser Fall jedoch insoweit an Bedeutung eingebüßt, als wie die damit vergleichbare Vermögensübertragung gemäß § 174 UmwG nur noch in Ausnahmefällen möglich ist.

4. Insolvenz eines Gesellschafters

Ein weiterer Auflösungsgrund ist gemäß § 728 Abs. 2 BGB die Eröffnung des Insolvenzverfahrens über das Vermögen eines Gesellschafters. Wie § 725 BGB dient die Vorschrift dem Zweck, den Privatgläubigern eines Gesellschafters den Zugriff auf dessen in der Beteiligung gebundenes Vermögen zu verschaffen, verzichtet im Unterschied zu § 725 BGB aber auf Anteilspfändung, Schuldtitel und Kündigung. Da der Zweck des Insolvenzverfahrens in der Verwertung des Schuldnervermögens (§ 35 InsO) besteht und hiervon auch die Beteiligung an der BGB-Gesellschaft erfasst wird,[20] ist die gesetzlich angeordnete Eröffnung der Gesellschafterinsolvenz als unmittelbar wirkender Auflösungsgrund für die BGB-Gesellschaft nur logisch und konsequent. Zu berücksichtigen ist, dass auch § 728 Abs. 2 BGB zwingendes Recht ist. Wie bei § 725 BGB können die Gesellschafter zwar die Fortsetzung der Gesellschaft bei Ausscheiden des betroffenen Gesellschafters vereinbaren, nicht aber den Zugriff des Gläubigers auf den Anteilswert ausschließen oder einschränken.[21]

---

17 BGH DStR 1993, 1227, 1228; BGHZ 96, 151, 154; BGHZ 75, 178, 181; Staudinger-*Keßler*, § 727 BGB, Rn. 34; MüKo-*Ulmer*, § 727 BGB, Rn. 5; weiter, auch bei Vollbeendigung keine Auflösung der BGB-Gesellschaft *Grunewald*, GesR, 1. A., Rn. 179; ähnlich Erman-*H.P. Westermann*, § 727 BGB, Rn. 2; aA Auflösung schon bei Auflösung der Gesellschafter-Gesellschaft jedenfalls für OHG/KG *K. Schmidt*, ZHR 153 (1989), 270, 279 f.

18 *Grunewald*, GesR, 1.A., Rn. 179, Fn. 15.

19 Soergel-*Hadding*, § 727 BGB, Rn. 3; vgl. *Felix*, BB 1987, 1265 ff

20 MüKo-*Ulmer*, § 728 BGB, Rn. 7; *Bork*, InsR, § 14, Rn. 115 ff.

21 Staudinger-*Keßler*, § 728 BGB, Rn. 6; Soergel-*Hadding*, § 728 BGB, Rn. 8.

5. Erreichen und Unmöglichwerden des Gesellschaftszwecks

In § 726 BGB sind zwei im Hinblick auf den gemeinsamen Zweck besonders wesentliche Umstände als unmittelbar wirkende Auflösungsgründe normiert: das Erreichen und das Unmöglichwerden des Gesellschaftszwecks.[22] Die Auflösung der BGB-Gesellschaft wegen Zweckerreichung (§ 726 1. Alt. BGB) kommt nur dort in Betracht, wo der Gesellschaftszweck in einem *bestimmten Erfolg* besteht. Beispiele hierfür bilden die Ausnutzung eines befristeten gewerblichen Schutzrechts oder einer Konzession durch die BGB-Gesellschaft, die Ausbeutung begrenzter Rohstoffvorkommen und die Durchführung eines konkreten Projekts, etwa die Bebauung eines Grundstücks.[23] Ist die BGB-Gesellschaft hingegen zum Zwecke einer *fortgesetzten Tätigkeit*, namentlich zum Betreiben eines unternehmerischen Geschäfts gegründet, ist für eine Auflösung wegen Zweckerreichung kein Raum. Der Gesellschaftszweck wird hier nie „erreicht“ werden, mögen die Gesellschafter ihn noch so lange verfolgen.

Die einschneidendere, weil nicht vorausgeplante Alternative des § 726 BGB ist freilich die Auflösung wegen Unmöglichwerdens des Gesellschaftszwecks. Der Begriff der Unmöglichkeit ist hier im Sinne objektiver und, da andernfalls bereits § 306 BGB eingreift, nachträglicher Unmöglichkeit zu verstehen. Da die Auflösung einen gravierenden Eingriff in die Gesellschaftsstruktur bedeutet, stellt die herrschende Meinung an die Unmöglichkeit zu Recht hohe Anforderungen. Es muss sich um eine *dauernde und offenbare Unmöglichkeit* handeln; eine bloß vorübergehende und durch organisatorische Änderungen einschließlich der Zufuhr weiteren Kapitals behebbare Unmöglichkeit reicht nicht aus.[24]

Praktisch bedeutsam ist der Auflösungstatbestand des § 726 2. Alt. BGB vor allem dort, wo die BGB-Gesellschaft sich unternehmerisch betätigt. Zwar begründet nicht bereits die bloße Unrentabilität eines von ihr betriebenen Geschäfts Unmöglichkeit im Sinne des § 726 BGB,[25] und zwar schon deshalb nicht, weil sich der Gesellschaftszweck nicht nur auf die Gewinnerzielung, sondern allgemein auf das erwerbswirtschaftliche Betreiben des Geschäfts richtet. Wenn aber die BGB-Gesellschaft auch langfristig mit Einnahmen nicht mehr rechnen kann und damit die Möglichkeit eines unternehmerischen Tätigseins auf Dauer entfällt oder wenn das Gesellschaftskapital durch Verluste stark angegriffen wird, die Gesellschafter es aber ablehnen, die unerlässlichen Sanierungsmaßnahmen, beispielsweise Nachzahlungen oder Beitragserhöhungen durchzuführen, liegt Unmöglichkeit gemäß § 726 2. Alt. BGB vor.[26]

Die Regelung des § 726 2. Alt. BGB trägt so in erheblicher Weise zum Schutz des Rechtsverkehrs bei. Denn sie bewirkt, dass gerade auch die unternehmerisch tätige

---

[22] Der Wortlaut, „endigt“, ist insoweit missverständlich; die Gesellschaft wird nur aufgelöst.

[23] MüKo-*Ulmer*, § 726 BGB, Rn. 3; BGH NJW 1981, 749, 749; vgl. BGH WM 1962, 880, 881; RG SeuffA 85 (1931), Nr. 190.

[24] MüKo-*Ulmer*, § 726 BGB, Rn. 3; RGRK-*v. Gamm*, § 726 BGB, Rn. 3; Staudinger-*Keßler*, § 726 BGB, Rn. 5; *Grunewald*, GesR, 1. A., Rn. 178; BGHZ 84, 379, 381; BGHZ 24, 279, 293.

[25] Staudinger-*Keßler*, § 726 BGB, Rn. 2; MüKo-*Ulmer*, § 726 BGB, Rn. 5.

[26] Soergel-*Hadding*, § 726 BGB, Rn. 3; RGRK-*v. Gamm*, § 726 BGB, Rn. 3; MüKo-*Ulmer*, § 726 BGB, Rn. 5; vgl. RG JW 1930, 1183, 1183; RG JW 1938, 1522, 1522 f.

stark *unterkapitalisierte* BGB-Gesellschaft zwingend aufgelöst wird.[27] Beseitigen die Gesellschafter den Auflösungsgrund nicht, das heißt, unterlassen sie es, das erforderliche Kapital nachzuzahlen, muss die Gesellschaft liquidiert, also bei Verpflichtung zur vorrangigen Gläubigerbefriedigung verfahrensmäßig beendet werden. § 726 2. Alt. BGB stellt auf diese Weise sicher, dass die wirtschaftlich erheblich angeschlagene BGB-Gesellschaft mittelfristig aus dem Rechtsverkehr scheidet. Bedeutsam ist dies insoweit, als wie das Gesetz für die BGB-Gesellschaft im Gegensatz zu den Kapitalgesellschaften (vgl. §§ 17 ff. InsO, § 64 GmbHG, § 92 AktG) weder den Insolvenzgrund der Überschuldung noch eine Insolvenzantragspflicht vorsieht. Erst durch § 726 BGB in Verbindung mit der Pflicht zur Liquidation wird damit sichergestellt, dass auch die BGB-Gesellschaft, wenn sie ein ausreichendes Vermögen nicht mehr besitzt, den Rechtsverkehr nicht länger belastet und ihr noch vorhandenes Vermögen für die bisherigen Gläubiger erhalten bleibt.

II. Sonstige Auflösungsgründe

Die gesetzlichen Auflösungstatbestände sind nicht abschließender Natur. Dies zeigt schon der Vergleich mit § 131 Abs. 1 HGB, dessen erste zwei Ziffern, Zeitablauf und Gesellschafterbeschluß, für die BGB-Gesellschaft ebenso von Bedeutung sind. Der Verzicht des Gesetzgebers auf ihre ausdrückliche Regelung für die BGB-Gesellschaft lässt sich nur damit erklären, dass sich die fraglichen Gründe nach seiner damaligen Sicht von der Gesellschaft als reinem Schuldverhältnis der Gesellschafter untereinander schon aus allgemeinem Vertragsrecht ergaben.

1. Gesellschafterbeschluss

Von praktischer Bedeutung ist vor allem die Auflösung der BGB-Gesellschaft durch Beschluss. Die Gesellschafter können als Herren der Gesellschaft jederzeit die Gesellschaftsgrundlagen ändern und damit auch eine auf bestimmte Zeit eingegangene Gesellschaft durch grundsätzlich einstimmig zu fassenden Gesellschafterbeschluss vorzeitig auflösen.[28] An Mehrheitsklauseln sind wegen des mit der Auflösung verbundenen gravierenden Eingriffs in die Rechtsstellung des einzelnen Gesellschafters verschärfte Anforderungen zu stellen. Eine Klausel, die allgemein Vertragsänderungen durch Mehrheitsbeschluß zuläßt, reicht nicht aus, vielmehr ist es nach der heute herrschenden Kernbereichslehre erforderlich, dass sich eine derartige Vertragsklausel eindeutig auf die Auflösung der Gesellschaft durch einfachen oder qualifizierten Mehrheitsbeschluss bezieht. Was den Beschluss selbst betrifft, kann dieser auch konkludent erfolgen, etwa indem sich die Gesellschafter dazu entscheiden, den Geschäftsbetrieb oder das wesentliche Vermögen zu veräußern und den Erlös untereinander zu verteilen.[29] Sollte sich später herausstellen, dass der Beschluss fehlerhaft, das heißt nichtig oder anfechtbar war, kommen die Grundsätze zur faktischen Gesell-

---

[27] Zur zwingenden Geltung des § 726 BGB MüKo-*Ulmer*, § 726 BGB, Rn. 8.

[28] *Hüffer*, GesR, § 13 1., S. 111; *Hintzen*, S. 28 f.; *Grunewald*, GesR, 1. A., Rn. 177; *Müller/Hoffmann*, § 11, Rn. 23.

[29] BGH ZIP 2001, 69, 69; BGH WM 1958, 1105, 1106 f.; Staudinger-*Keßler*, § 723 BGB, Rn. 21; *Müller/Hoffmann*, § 11, Rn. 23; MüKo-*Ulmer*, Vor § 723 BGB, Rn. 19; vgl. aber KG NJW-RR 1996, 103, 103 f.

schaft entsprechend zur Anwendung. Ist mit der Liquidation begonnen, die fehlerhafte Auflösung mithin in Vollzug gesetzt worden, so kann der Auflösungsbeschluss nicht mehr beseitigt werden; die Gesellschafter sind nicht mehr berechtigt, sich nachträglich auf die Mangelhaftigkeit des Beschlusses zu berufen.[30] Anders als bei fehlerhafter Gründung kommt ein einseitiges Gestaltungsrecht dahingehend, die Gesellschaft wieder in eine werbende zurückzuverwandeln, nicht in Betracht; die Verhältnisse bei der Auflösung unterscheiden sich so wesentlich von denjenigen bei der Gründung, dass nicht einfach das Recht des § 723 Abs. 1 S. 2 BGB auf diesen Fall übertragen werden kann.[31]

2. Zeitablauf

Der Auflösungsgrund des Zeitablaufs ergibt sich aus § 723 Abs. 1 S. 1 BGB. Die Vorschrift betreffend die Kündigung auf unbestimmte Zeit geschlossener Gesellschaften setzt einen solchen Auflösungsgrund als Gegensatz voraus. Ob eine BGB-Gesellschaft auf eine bestimmte Zeit geschlossen ist, kann sich aus den Umständen und dem Zweck der Gesellschaft und, sogar ausdrücklich mit fester Zeitangabe aus dem Gesellschaftsvertrag ergeben.[32] Dabei steht der Auflösungsgrund des Zeitablaufs mit demjenigen der Zweckerreichung (§ 726 BGB) im engen sachlichen Zusammenhang. Vor allem bei Gelegenheitsgesellschaften, wo regelmäßig vom Gesellschaftszweck auf die konkludente Vereinbarung einer Höchst- oder Festdauer geschlossen werden kann,[33] werden sich Zweckerreichung und Zeitablauf als Auflösungsgründe oft überlagern.

3. Auflösende Bedingung

Obwohl weder im BGB noch im HGB erwähnt, ist auch die auflösende Bedingung, das heißt der Eintritt eines künftigen, ungewissen Ereignisses als Auflösungsgrund für die BGB-Gesellschaft anerkannt.[34] Es gilt allerdings, dass die Gesellschaft nur mit Wirkung für die Zukunft aufgelöst wird. Die durch das Bestehen und die Tätigkeit der BGB-Gesellschaft hervorgerufenen mannigfachen Rechtsbeziehungen lassen für eine Rückwirkung der Auflösung gemäß § 158 Abs. 2 BGB kein Raum.

4. Ablehnung der Insolvenzverfahrenseröffnung mangels Masse?

Für OHG und KG wird seit je her die Auffassung vertreten, dass die Ablehnung der Eröffnung des Konkurses bzw. des Insolvenzverfahrens mangels Masse (§ 107 KO, § 26 InsO) nicht zur Auflösung der Gesellschaft führt.[35] Fraglich ist, ob dem für die

---

30 Erman-*H.P. Westermann*, § 705 BGB, Rn. 80; MüKo-*Ulmer*, Vor § 723, Rn. 20.

31 MüKo-*Ulmer*, § 705 BGB, Rn. 280.

32 Soergel-*Hadding*, Vor § 723 BGB, Rn. 6; BGHZ 10, 91, 98. Zur Vereinbarung derartiger Klauseln mit § 723 Abs. 3 BGB MüKo-*Ulmer*, § 723 BGB, Rn. 45 ff.

33 Soergel-*Hadding*, § 723 BGB, Rn. 10; BGH WM 1967, 315, 316; BGH WM 1962, 880, 881.

34 Soergel-*Hadding*, Vor § 723 BGB, Rn. 7; Staudinger-*Keßler*, § 723 BGB, Rn. 18; Erman-*H.P. Westermann*, Vor § 723 BGB, Rn. 4; MüKo-*Ulmer*, Vor § 723 BGB, Rn. 7, 21.

35 *Grunewald*, GesR, 1. B., Rn. 76; *Koller/Roth/Morck*, § 131 HGB, Rn. 5; BGHZ 75, 178, 179 ff.; aA nur *K. Schmidt*, GesR, § 52 III. 3. c), S. 1504 f.

BGB-Gesellschaft zuzustimmen ist, die seit Inkrafttreten der Insolvenzordnung gemäß § 11 Abs. 2 Nr. 1 InsO ebenfalls insolvenzrechtsfähig ist.
Auf den ersten Blick ist es wenig sinnvoll, die Ablehnung der Verfahrenseröffnung mangels Masse als Auflösungsgrund anzuerkennen. Denn besitzt eine Gesellschaft kein Vermögen mehr, ist sie, wie sich im Umkehrschluss aus § 141 a FGG ergibt, automatisch vollbeendet. Für eine Liquidation, also ein auf Vollbeendigung der Gesellschaft gerichtetes Abwicklungsverfahren, ist bei schon eingetretener Vollbeendigung kein Raum, eine Auflösung, die Einleitung des Abwicklungsverfahrens ist überflüssig.
Dass diese Betrachtung nicht richtig ist, zeigen jedoch die § 60 Abs. 1 Nr. 4 GmbHG, § 262 Abs. 1 Nr. 2 AktG, § 81 a Nr. 1 GenG, § 131 Abs. 2 Nr. 1 HGB. Sie sehen für die Kapitalgesellschaften, die GmbH & Co. KG und jetzt auch für die OHG und KG, bei der kein Gesellschafter eine natürliche Person ist, die Ablehnung der Verfahrenseröffnung mangels Masse ausdrücklich als Auflösungsgrund vor. Der springende Punkt ist der, dass zwischen dem Tatbestand der Masselosigkeit und dem der Vermögenslosigkeit ein Unterschied besteht. Eine Gesellschaft ist *vermögenslos*, wenn sie keinerlei verwertbares Aktivvermögen mehr besitzt.[36] Eine Auflösung und Liquidation der Gesellschaft ist in diesem Fall nicht nur entbehrlich, sondern, da die Gesellschaft aufgrund Vermögenslosigkeit erloschen ist (vgl. 141 a FGG) und damit nicht mehr existiert, auch gar nicht mehr möglich. Anderes gilt bei *Masselosigkeit.* Hier besitzt die Gesellschaft noch Vermögen, nur reicht dieses Vermögen eben zum Bestreiten des Insolvenzverfahrens nicht aus (vgl. §§ 26, 207 InsO).[37] In diesem Fall ist es durchaus möglich, die Gesellschaft, die ja fortexistiert, noch verfahrensmäßig abzuwickeln, also zunächst einmal auch aufzulösen.
Dafür dass eine Gesellschaft bei Ablehnung der Verfahrenseröffnung aufgelöst wird, besteht auch ein dringendes Bedürfnis. Nur so ist sicherzustellen, dass die zwar nicht vermögenslose, wohl aber masselose Gesellschaft liquidiert und vollbeendet, also aus dem Rechtsverkehr ausgeschieden wird. Einer Gesellschaft, die nicht einmal genügend Vermögen zum Bestreiten des Insolvenzverfahrens besitzt, darf es nicht erlaubt sein, sich weiterhin als (werbende!) Gesellschaft am Rechtsverkehr zu beteiligen.
Dass der Rechtsverkehr im Fall der masselosen BGB-Gesellschaft weniger schutzwürdig ist als im Fall masseloser Kapitalgesellschaften, ist nicht ersichtlich. Hier wie dort vertrauen Vertragspartner auf ein gewisses Grundvermögen der Gesellschaft und setzen sich bei Geschäften mit der masselosen Gesellschaft unbewusst hohen Risiken aus. In beiden Fällen verringert zudem die Fortsetzung der unwirtschaftlichen Geschäftstätigkeit das noch vorhandene Gesellschaftsvermögen und damit die Haftungschancen der Altgläubiger. Es scheint daher im Ergebnis notwendig und geboten, auch für die BGB-Gesellschaft die Ablehnung der Insolvenzverfahrenseröffnung mangels Masse (§ 26 InsO) als gesetzlichen Auflösungsgrund anzuerkennen.

---

36 *K. Schmidt*, GesR, § 11 VI. 5. a), S. 339 f.
37 *K. Schmidt*, GesR, § 11 VI. 5. b), S. 340 f.

5. Ausscheiden des vorletzten Gesellschafters?

Scheidet aus einer Aktiengesellschaft oder GmbH der vorletzte Gesellschafter aus, so wird die Gesellschaft weder aufgelöst noch vollbeendet. Vielmehr besteht sie als Einmann-Gesellschaft unverändert fort. Fraglich ist, was für BGB-Gesellschaft gilt, die nach neuer Lehre ebenfalls rechtsfähig ist und ein von den einzelnen Gesellschaftern zu unterscheidendes Subjekt bildet.

a) Meinungsstand

aa) Auflösung und gleichzeitige Vollbeendigung der BGB-Gesellschaft (herrschende Meinung)

Die herrschende Meinung[38] ist der Auffassung, dass eine BGB-Gesellschaft nicht mit nur einem Gesellschafter existieren kann. Nicht nur die Vertreter der traditionellen Lehre,[39] sondern auch die meisten Anhänger der neuen Lehre[40] lehnen, und zwar in Übereinstimmung mit Rechtsprechung und überwiegendem Schrifttum zu den Personenhandelsgesellschaften,[41] den Fortbestand der BGB-Gesellschaft als Einmann-BGB-Gesellschaft generell ab. Man geht davon aus, dass die BGB-Gesellschaft in gleicher Weise wie eine OHG oder KG im Zeitpunkt des Ausscheidens des vorletzten Gesellschafters aufgelöst und, ausnahmsweise gleichzeitig, das heißt *ohne Liquidation* vollbeendet wird. Zur Begründung wird primär auf die rechtsgeschäftliche Gesellschaftsgrundlage verwiesen.[42] Wenn nur noch eine Person beteiligt sei, fehle es an dem von § 705 BGB vorausgesetzten, auf die gemeinschaftliche Zweckverfolgung gerichteten Vertrag und damit an der rechtsgeschäftlichen Basis der Gesellschaft. Der Gesellschaftsvertrag setze mangels anderweitiger Regelung wie jeder andere Vertrag zwingend das Vorhandensein mindestens zweier Personen voraus. Wenn nur noch ein Gesellschafter übrig sei, falle der Vertrag und damit die BGB-Gesellschaft in sich zusammen. Zusätzlich wird das Wesen der Gesamthand angeführt.[43] Die Gesamthand sei zwar als rechtsfähige Gruppe ein von der Person des einzelnen Gesellschafters zu unterscheidendes Rechtssubjekt. Sie sei aber anders als die juristische Peron nicht

---

38 *Flume,* Personengesellschaft, § 7 III. 3., S. 98 f., 4., S. 99 ff., § 11 II. 1., S. 149 f.; MüKo-*Ulmer*, Vor § 723 BGB, Rn. 17; *ders*., JuS 1986, 856, 857 f. (zur OHG); Soergel-*Hadding*, Vor § 723 BGB, Rn. 9; *Hüffer*, GesR, § 13 1., S. 111; *K. Schmidt*, GesR, § 59 V. 3., S. 1765; *ders*., NJW 1980, 1769, 1775; *Wiedemann*, JZ 2001, 661, 663; aus traditioneller Sicht auch Staudinger-*Keßler*, § 723 BGB, Rn. 24; *Hillers*, S. 19; *Huber*, Vermögensanteil, S. 104 ff.; *G. Hueck*, GesR, § 11 II. 6; BGH ZIP 1999, 1526, 1527; BGH NJW-RR 1993, 1443, 1444; für OHG/KG *Koller/Roth/Morck*, § 131 HGB, Rn. 1, § 140 HGB, Rn. 4; BGHZ 65, 79, 82 f. (OHG); BGHZ 113, 132, 133 (KG); OLG Düsseldorf DB 1997, 1710, 1710 (KG).

39 Staudinger-*Keßler*, § 723 BGB, Rn. 24; *Hillers*, S. 19; *Huber*, Vermögensanteil, S. 104 ff.; *G. Hueck*, GesR, § 11 II. 6.

40 Vgl. nur *Flume,* Personengesellschaft, § 7 III. 3., S. 98 f., 4., S. 99 ff., § 11 II. 1., S. 149 f.; MüKo-*Ulmer*, Vor § 723 BGB, Rn. 17; vgl. Fn. 38.

41 *Koller/Roth/Morck*, § 131 HGB, Rn. 1, § 140 HGB, Rn. 4; BGHZ 65, 79, 82 f. (OHG); BGHZ 113, 132, 133 (KG); OLG Düsseldorf DB 1997, 1710, 1710 (KG).

42 *Hüffer*, GesR, § 13 1., S. 111; MüKo-*Ulmer*, § 705 BGB, Rn. 1, 53; *ders*., JuS 1986, 856, 857 f. (zur OHG).

43 MüKo-*Ulmer*, JuS 1986, 856, 857 f., Fn. 18; aA *K. Schmidt*, GesR, § 8 IV. 2. b), S. 216 f.

von den Gesellschaftern losgelöst oder diesen gegenüber verabsolutiert, sondern bestehe gerade aus den Gesellschaftern.

bb) Forbestand der BGB-Gesellschaft bei Rechten Dritter (neuere Ansicht)

Es mehren sich jedoch in der neuen Lehre die Stimmen, die zumindest in dem Fall vom Fortbestand der BGB-Gesellschaft mit nur einem einzigen Gesellschafter ausgehen, in dem ein Dritter Rechte am Anteil entweder des ausscheidenden oder des verbleibenden Gesellschafters besitzt; die BGB-Gesellschaft soll insoweit nicht aufgelöst und vollbeendet werden, sondern als Einmann-BGB-Gesellschaft fortexistieren.[44] Am intensivsten diskutiert wird dabei der Fall, dass in einer Zwei-Personen-Gesellschaft ein Gesellschafter den anderen beerbt und der verstorbene Gesellschafter für seinen Gesellschaftsanteil Vor- und Nacherbschaft angeordnet hat.[45] Hier haben schon vor langer Zeit *Baur/Grunsky*[46] die Ansicht vertreten, dass der verbleibende Gesellschafter Inhaber von zwei getrennt zu verwaltenden Gesellschaftsanteilen ist und die Gesellschaft für die Dauer der Vorerbschaft als Einmann-Gesellschaft bestehen bleibt. Sie haben dies vor allem damit begründet, dass nach Erlöschen der Gesellschaft durch die Vorerbschaft mit Eintritt des Nacherbfalls nicht mehr feststellbar sei, wie groß der dem Nacherben gebührende Anteil an der Gesellschaft sei. Gesellschaftsanteile könnten sich unterschiedlich entwickeln, insbesondere könne der Kapitalanteil durch Entnehmen oder Stehenlassen des Gewinns schwanken.[47] Zudem, so die Autoren, gingen die Vorschriften über das Verhältnis zwischen Vor- und Nacherben an mehreren Stellen von der Verwaltung der Erbschaft durch den Vorerben aus und knüpften daran unterschiedliche Rechtsfolgen. Ein nicht vorhandener Gegenstand könne jedoch schlechterdings nicht verwaltet werden.[48]

Zusätzlich verweist man zur Begründung auf das Wesen der Gesamthand. Die Gesamthandsgesellschaft sei nach neuerer Ansicht ebenso rechtsfähig wie die juristische Person. Ein dogmatischer Grund, warum die Gesamthand im Gegensatz zu dieser nicht als Einmann-Gesellschaft existieren könne, sei nicht erkennbar.[49] Dass die Einmann-Gesamthand möglich sei, ergebe sich sogar mittelbar aus dem Gesetz. Wenn gemäß § 1 GmbHG, § 2 AktG eine Einmann-GmbH und –AG errichtet werden kann, so setze dies Möglichkeit einer Einmann-Vorgesellschaft und damit, da die Vorgesellschaft Gesamthandsgesellschaft sei, die der Einmann-Gesamthandsgesellschaft voraus.[50]

---

44 *T. Schmidt,* S. 70 ff.; *Grunewald*, GesR, 1. A., Rn. 2, 181; *Wiedemann*, FS Zöllner, S. 635, 650; *Baur/Grunsky*, ZHR 133 (1970), 209 ff. zu OHG/KG; BGHZ 98, 48, 57 (OHG). Weiter, ganz unabhängig von Rechten Dritter *Weimar* ZIP 1997, 1769, 1771 ff.; *Raiser*, AcP 194 (1994) 495, 509 f.; *ders.*, FS Zöllner, S. 469, 484 f.

45 *Baur/Grunsky*, ZHR 133 (1970), 209 ff.; *Grunewald*, GesR, 1. A., Rn. 2, 181; BGHZ 98, 48, 57. Ausführlich zum Ganzen jetzt *T. Schmidt*, S. 47 ff., 70 ff.

46 *Baur/Grunsky*, ZHR 133 (1970), 209 ff. (für OHG/KG).

47 *Baur/Grunsky*, ZHR 133 (1970), 209, 221. Zur Vereinbarung von Kapitalanteilen in der BGB-Gesellschaft siehe MüKo-*Ulmer*, § 722 BGB, Rn. 4.

48 *Baur/Grunsky*, ZHR 133 (1970), 209, 220 f.

49 *Raiser*, AcP 194 (1994), 495, 509; *ders.*, FS Zöllner, S. 469, 484 f.

50 *Weimar*, ZIP 1997, 1769, 1772.

b) Stellungnahme

aa) Kritik an den bestehenden Auffassungen

Weder die herrschende Meinung noch die neuere Ansicht können überzeugen, und zwar weder in ihren Begründungen noch in den Ergebnissen.

So ist es zwar, was die herrschende Auffassung betrifft, richtig, dass die BGB-Gesellschaft einer rechtsgeschäftlichen Grundlage, das heißt eines Gesellschaftsvertrages bedarf, und richtig ist wohl auch, dass dieser Vertrag nur von zwei Personen, also Gesellschaftern geschlossen werden kann. Denn während § 1 GmbHG, § 2 AktG seit 1980 und 1994 für die GmbH und AG ausdrücklich die Möglichkeit normieren, den Gesellschaftsvertrag durch nur eine einzige Person zu schließen, besser „zu erklären", fehlt für die BGB-Gesellschaft eine entsprechende Regelung. Der Wortlaut des § 705 BGB, „durch den Gesellschaftsvertrag verpflichten sich *die Gesellschafter*", spricht deutlich für den Vertragsschluss durch mindestens zwei Gesellschafter. Hieraus ergibt sich aber nur die Unzulässigkeit der *originären* Einmann-BGB-Gesellschaft, also der Gründung einer solchen Gesellschaft, nicht auch die Unzulässigkeit der *durch Zeitablauf* entstandenen Einmann-BGB-Gesellschaft und damit das automatische Erlöschen der Gesellschaft im Zeitpunkt des Ausscheidens des vorletzten Gesellschafters. Dass die Unmöglichkeit der Errichtung einer Einmann-Gesellschaft nicht zwingend die Unmöglichkeit der Fortsetzung als Einmann-Gesellschaft bedeutet, entspricht auch dem früheren Kapitalgesellschaftsrecht. Dort galt in Rechtsprechung und Lehre schon vor Änderung der § 1 GmbHG, § 2 AktG der Grundsatz, dass eine bereits errich- tete GmbH und AG als solche fortbestand, wenn alle Gesellschafter bis auf einen einzigen Gesellschafter ausschieden.[51] Durch die § 1 GmbHG, § 2 AktG sah man nur die Möglichkeit einer originären Gründung einer Einmann-Gesellschaft geschaffen. Dass es eine Einmann-GmbH und –AG grundsätzlich gab, war der Sache nach bereits unstreitig. Allein dass die BGB-Gesellschaft nicht durch einen Gesellschafter errichtet werden kann, heißt also noch lange nicht, dass sie nicht auch mit nur einem Gesellschafter fortexistieren kann.

Auch soweit die herrschende Meinung die Unmöglichkeit der Einmann-BGB-Gesellschaft mit dem Wesen der Gesamthand begründet, kann dies nicht überzeugen. Schon die traditionelle Gesamthandslehre bietet für die Einmann-BGB-Gesellschaft einen guten Ansatz. So ist der Weg vom gesamthänderisch gebundenen Sondervermögen zum „einfachen Sondervermögen" nicht weit.[52] Die Abstufung ist aus dem Erbrecht seit langem bekannt. Mehrere Erben einer Erbschaft bilden als Erbengemeinschaft eine Gesamthandsgemeinschaft (§§ 2032 ff. BGB), während die Erbschaft, die nur einem einzigen Erben zusteht, ein einfaches Sondervermögen bildet, wenn die Erbschaft nicht im Privatvermögen des Erben aufgeht. Der Erbe kann die Haftung für Nachlassverbindlichkeiten auf den Nachlass beschränken (§§ 1975 ff., 1990 f. BGB) und damit die Vermögenssonderung aufrecht erhalten.[53] Aus Sicht der traditionellen Lehre ist es also durchaus denkbar, dass die BGB-Gesellschaft mit nur einem Gesellschafter als „einfaches Sondervermögen" fortbesteht. Auch die *Flu-*

[51] BGHZ 21, 378, 383 f.; BGHZ 31, 258, 263 ff.; *G. Hueck*, GesR, § 31 I. 4., S. 305 f.

[52] Zum Begriff des Sondervermögens *Dauner-Lieb*, Sondervermögen, S. 37 ff.

[53] Dazu *Dauner-Lieb,* Sondervermögen, 65 ff.; Staudinger-*Marotzke*, § 1975 BGB, Rn. 2 ff.

me'sche Gruppenlehre schließt die Möglichkeit einer Einmann-BGB-Gesellschaft nicht unmittelbar aus. Die Vorstellung, dass *eine* Person eine Gruppe bildet, erscheint zwar bizarr und widersinnig. Eine Gruppe setzt eben sprachlich wie soziologisch mindestens zwei Personen voraus. Derartige Bedenken resultieren aber nicht aus Wesen und Natur insbesondere der BGB-Gesamthandsgesellschaft. Sie bestehen vielmehr bei jeder Form von Einmann-Gesellschaften, das heißt „Personenvereinigungen" mit nur einer einzigen Person.[54] Entscheidend ist, dass die Gesamthand auch nach neuerer Gruppenlehre wie die juristische Person *eine* rechtliche Wirkungseinheit bildet. Auch wenn sie von ihren Mitgliedern nicht losgelöst ist, handelt es sich bei ihr doch um ein vom einzelnen Gesellschafter zu unterscheidendes Subjekt. Dessen Fortbestand ist aber grundsätzlich auch bei nur einem Gesellschafter vorstellbar.
Die Argumentation der Gegenansicht ist nicht viel überzeugender. Insbesondere gegen *Bau/Grunksy* lässt sich einwenden, dass sie allein zum Zwecke der Berechnung des Anspruches des Nacherbens gegen den Vorerben eine Außengesellschaft aufrechterhalten, obwohl zur Berechnung der Anteile noch nicht einmal eine Innengesellschaft erforderlich ist. Vielmehr reicht es aus, dass der Vorerbe die Anteile buchungsmäßig trennt, das heißt im Verhältnis zum Nacherben so Rechnung führt, als ob die Gesellschaft noch besteht. Die Pflicht dazu lässt sich ohne weiteres unmittelbar aus dem gesetzlichen Schuldverhältnis zwischen Vor- und Nacherben ableiten. Die rechtliche Trennung der Anteile und damit der Fortbestand der Gesellschaft kann im Fall der Vor- und Nacherbschaft allenfalls daraus folgen, dass die Rechtsstellung des Vorerbens auch im Verhältnis zu Dritten verschiedene Gesellschaftsanteile voraussetzt. Insoweit sind die Regelungen §§ 2113 Abs. 2 und 2115 BGB zu berücksichtigen, wonach eine unentgeltliche Verfügung des Vorerbens über den Erbschaftsgegenstand bzw. eine Zwangsverfügung dessen Privatgläubiger in diesen Gegenstand mit Eintritt des Nacherbfalls unwirksam wird. Beide Vorschriften sind auch anwendbar, wenn der Erbschaftsgegenstand ein Gesellschaftsanteil ist.[55] Auch diese Regelungen erfordern jedoch nicht den Fortbestand der Gesellschaft. Mit § 2113 Abs. 2 BGB ist für den Nacherben nicht viel gewonnen, denn lehnt man den Fortbestand des Anteils ab, kommt auch eine unentgeltliche Verfügung des Vorerbens über diesen nicht in Frage. § 2115 BGB kann den Nacherben ebenfalls nicht schützen, denn ein Privatgläubiger kann anstatt in den ererbten Anteil ebenso in den privaten Anteil des Vorerbens vollstrecken und so die Kündigung der Gesellschaft herbeiführen. Dem Nacherben bleibt im Verhältnis zu den Privatgläubigern damit stets nur der auf den Vorerbenanteil entfallende schuldrechtliche Auseinandersetzungsanspruch.
Sehr zweifelhaft erscheint zudem die Annahme, dass die Einmann-Gesamthand über das Rechtsinstitut der Vor-Gesellschaft mit den § 1 GmbHG, § 2 AktG quasi ausdrücklich gesetzlich geregelt sei. Denn bei der Vor-Gesellschaft handelt es sich nicht um eine Gesamthandsgesellschaft, sondern um eine Gesellschaft *sui generis*, die als notwendiges Durchgangsstadium auf dem Wege zur juristischen Person bereits wie

---

54 Zur Einmann-GmbH vgl. BGHZ 21, 378, 383, „begriffliche Bedenken".
55 BGHZ 69, 47, 50 f.; BGHZ 78, 177, 183 f.; MüKo-*Ulmer*, § 727 BGB, Rn. 53.

diese *körperschaftlich* strukturiert ist.[56] Die Vor-Gesellschaft existiert allein zum Zwecke der Errichtung der juristischen Person. Sie ermöglicht die Aufbringung eines Vermögens und schützt dieses vor dem Zugriff der Mitglieder, denn erst wenn ein bestimmtes Vermögen aufgebracht ist, kann die Gesellschaft ins Register eingetragen werden (§§ 5, 7 Abs. 2, 9 c GmbHG, §§ 9, 36 AktG) und als juristische Person überhaupt entstehen (§ 11 Abs. 1 GmbHG, § 41 Abs. 1 S. 1 AktG). Eine Aussage zur Einmann-Gesamthand enthält die gesetzlich eingeräumte Möglichkeit einer Einmann-Vor-GmbH und –AG nicht.

Zweifelhaft sind auch die Ergebnisse. So berücksichtigt weder die eine noch die andere Ansicht die Interessen der Gesellschaftsgläubiger. Wenn die herrschende Meinung davon ausgeht, dass die BGB-Gesellschaft im Zeitpunkt des Ausscheidens des vorletzten Gesellschafters nicht nur aufgelöst, sondern ohne Liquidation auch zugleich vollbeendet wird, verkennt sie, dass für die Gläubiger mit der Vollbeendigung der Gesellschaft der Verlust des Vertragspartners einhergeht. Die persönliche Haftung des verbleibenden und selbst des ausscheidenden Gesellschafters können die Gesellschaftsgläubiger nicht ausreichend schützen, da die Privatvermögen der Gesellschafter vor Vermögensabfluss nicht geschützt sind und die Gesellschaftsgläubiger insoweit zudem mit den Privatgläubigern konkurrieren müssen; zudem ist die persönliche Haftung stets zeitlich eng begrenzt (§ 736 Abs. BGB i.V.m. § 159 HGB). Es ist gerade Sinn und Zweck der Liquidation, diese Benachteiligung der Gesellschaftsgläubiger dadurch abzufangen, dass aus dem Gesellschaftsvermögen erst alle Ansprüche der Gläubiger erfüllt oder sichergestellt werden und das Vermögen erst danach in die Privatvermögen der Gesellschafter überführt wird (§§ 733 Abs. 1, 734 BGB). Soweit das Gesellschaftsvermögen zur Gläubigerbefriedigung nicht genügt, sind die Gesellschafter verpflichtet, den erforderlichen Fehlbetrag nachzuzahlen (§ 735 BGB).

Der gleiche Einwand besteht im Prinzip gegen die neuere Ansicht. Sie geht vom Fortbestand der Gesellschaft und damit des Schuld- und Haftungssubjekts der Gläubiger allein in dem Fall aus, dass ein Gesellschafter einem Dritten, sei es durch Testament, sei es durch Vereinbarung, ein Recht an seinem Gesellschaftsanteil eingeräumt hat; in den übrigen Fällen kommt es wie nach herrschender Meinung zum liquidationslosen Erlöschen der Gesellschaft. Das Haftungsprivileg bleibt den Gläubigern damit rein zufällig und allein in dem Fall erhalten bleibt, dass ein Gesellschafter bestimmte private Verpflichtungen eingegangen ist.

bb) Eigene Auffassung: Liquidation der BGB-Gesellschaft

Richtiger erscheint es, die BGB-Gesellschaft mit Ausscheiden des vorletzten Gesellschafters *grundsätzlich* aufzulösen *und* gemäß §§ 730 ff. BGB zu liquidieren.

Diese Lösung wird zwei Gesichtspunkten gerecht, und zwar zum einen dem, dass die Gesellschaftsgläubiger mit dem Erlöschen der BGB-Gesellschaft ihren Schuldner bzw. ihr gesetzliches Haftungsprivileg verlieren, denn diese werden so im Rahmen der Liquidation, und zwar selbst bei unzureichendem Gesellschaftsvermögen befrie-

---

[56] *K. Schmidt*, GesR, § 11 IV 2. b, S. S. 310; *Lutter/Hommelhoff*, § 11 GmbHG, Rn. 3; *Rittner*, S. 142 ff., 331 ff.; aA *Hüffer*, GesR, § 33 1. a), S. 315.

digt (§ 733 Abs. 1, 735 BGB), zum anderen dem Umstand, dass eine Gesamthandsgesellschaft in Übereinstimmung mit der herrschenden Meinung nicht auf Dauer als Einmann-Gesellschaft existieren kann. Denn auch bei Anerkennung ihrer Rechtsfähigkeit ist die Gesamthand im Unterschied zur juristischen Person kein von den verbundenen Gesellschaftern verschiedenes Rechtssubjekt. Sie ist zwar ein von der Person des einzelnen Gesellschafters, nicht aber von der Gemeinschaft der Gesellschafter zu unterscheidendes Subjekt. Sie stellt keine neben den Gesellschaftern bestehende dritte Wesenheit, sondern eine gerade aus der Gruppe der Gesellschafter existierende rechtliche Einheit dar. In der Einmann-Gesellschaft fehlt das, was die Gesamthand ausmacht, nämlich die Gruppe der verbundenen Gesellschafter, die Gemeinschaft der Gesamthänder als Zuordnungssubjekt.

aaa) Recht der EWIV

Diese Lösung, Liquidation der BGB-Gesellschaft bei nur einem verbleibenden Gesellschafter, sieht sich bekräftigt durch das Recht der EWIV, also der auf europäischer Ebene geschaffenen Gesellschaftsform, die, soweit sie ihren Sitz in Deutschland hat, gemäß § 1 EWIV-AG i.V.m. §§ 105 ff. HGB ebenfalls Gesamthandsgesellschaft ist.[57] Was zunächst die Gründung der EWIW angeht, bestimmt Art. 4 Abs. 2 EWIV-VO, dass mindestens zwei Gesellschafter verschiedener Nationalität erforderlich sind. Insoweit besteht keine Besonderheit gegenüber anderen Gesamthandsgesellschaften (§ 705 BGB), wenngleich hervorzuheben ist, dass die primäre Forderung dieser Bestimmung nicht die Mehrzahl, sondern die Verschiedenstaatlichkeit der Gesellschafter ist, die nötig ist, um den internationalen Charakter der Vereinigung zu wahren.[58] Hinsichtlich des Wegfalls des vorletzten Gesellschafters gilt für die EWIV jedoch eine im Hinblick auf die herrschende Gesellschaftsrechtslehre bemerkenswerte Regelung. Gemäß Art. 31 Abs. 3 EWIV-VO wird eine EWIV durch Beschluss „des verbleibenden Mitgliedes" aufgelöst, wenn die Bedingungen des Art. 4 Abs. 2 EWIV-VO nicht mehr erfüllt sind, das heißt, wenn nicht mehr zwei Mitglieder aus zwei verschiedenen EU-Staaten vorhanden sind. Daraus ergibt sich, dass eine EWIV, auch wenn sie nur noch einen Gesellschafter hat, nicht automatisch aufgelöst und vollbeendet wird, sondern als werbende Einmann-Gesamthandsgesellschaft fortbesteht.[59] Dies allerdings soll nach der Konzeption des Gesetzes kein dauerhafter Rechtszustand sein, vielmehr ist der verbleibende Gesellschafter gemäß Art. 31 Abs. 3 EWIV-VO zur Fassung eines Auflösungsbeschlusses verpflichtet. Fasst er diesen Beschluß nicht, wird die EWIV durch das Gericht aufgelöst (Art. 32 Abs. 1 EWIV-VO). Im einen wie im anderen Fall führt die Auflösung zur Liquidation, das heißt zur verfahrensmäßigen Vollbeendigung der EWIV, die sich gemäß Art. 35 Abs. 2 EWIV-VO nach einzelstaatlichem Recht, das heißt gemäß §§ 1, 10 EWIV-AG nach den Vorschriften über die OHG richtet (§§ 145 ff. HGB).[60]

57 Vgl. *Lentner*, S. 43; *K. Schmidt*, GesR, § 66 II. 3. a), S. 1906; Bgr. BT-Drs. 11/352, S. 7.

58 Begründung zum ersten Kommissions-Entwurf der Verordnung (Doc COM 73/2046), Bulletin der EG, Beilage 1/74, S. 22.

59 *Lentner*, S. 143 f.; *K. Schmidt*, GesR, § 66 II. 4. a), S. 1908.

60 Ausführlich *Lentner*, S. 144 ff.; *K. Schmidt*, GesR, § 66 II. 4. b), S. 1908.

Will man hierin einen allgemeinen Grundsatz erkennen, so lautet dieser, dass eine Gesamthandsgesellschaft als Einmann-Gesellschaft unzulässig und daher bei Wegfall des vorletzten Gesellschafters zu beenden ist, wobei die Vollbeendigung nicht automatisch eintritt, sondern in einem gesetzlich geordneten Verfahren, der Liquidation, allmählich herbeizuführen ist.

Nun liegt der Versuch nahe, die Einmann-EWIV und ihre Auflösung und Liquidation in einen anderen, nämlich den europäischen Rechtskreis abzuschieben. Dagegen ist aber folgendes einzuwenden: Die EWIV mit Sitz in Deutschland ist eine Gesellschaft deutschen Rechts. Die EWIV-VO stellt eine unmittelbar anwendbare Rechtsquelle dar (Art. 43 EWIV-VO, Art. 189 Abs. 2 EG-Vertrag).[61] Das EWIV-AG, das die subsidiäre Anwendung des OHG-Rechts anordnet und damit die Regelung zur Liquidation der Einmann-Gesamthand überhaupt erst schafft, ist schließlich ohnehin originär deutsches Recht.

Müller-Gugenberger[62] hat zu Recht darauf hingewiesen, dass die EWIV als Rechtsform europäischen Rechts alle Rechtsbereiche bis hin zum Strafrecht berühre und sich daraus Anpassungstendenzen ergäben. Die Folge sei, dass die divergierenden dogmatischen Konzepte der nationalen Rechtsordnungen auf Dauer gezwungen seien, sich einer kritischen und vergleichenden Prüfung zu unterziehen und sich anzupassen. Es erscheint so im Ergebnis richtig, das die EWIV prägende Prinzip von Auflösung und Liquidation im Fall eines verbleibenden Mitgliedes im deutschen Personengesellschaftsrecht insgesamt zur Geltung zu bringen. Es gibt keine nationalen Rechtssätze, die dem zwingend entgegenstehen.

bbb) Referentenentwurf zum PartGG

Die hier vertretene Lösung wird zum zweiten durch Überlegungen des Bundesjustizministeriums zur Partnerschaftsgesellschaft bekräftigt. Auch die Partnerschaftsgesellschaft ist keine juristische Person, sondern als Mischung aus BGB-Gesellschaft und OHG Gesamthandsgesellschaft.[63] Was den Verbleib nur eines Gesellschafters betrifft, enthält der Regelungsvorschlag des § 20 Abs. 2 RefE PartGG[64] die wiederum im Hinblick auf die tradierte Ansicht im Gesellschaftsrecht, dass eine Gesamthandsgesellschaft mit nur einem Gesellschafter nicht existieren kann, bemerkenswerte Regelung, dass die Partnerschaftsgesellschaft in diesem Fall nicht automatisch beendet wird, sondern zunächst für die Dauer eines Jahres fortbesteht. Während dieser „Überlegungsfrist" sollte der verbleibende Partner die Möglichkeit haben, sich einen oder mehrere neue Partner zu suchen, um mit ihnen die Partnerschaftsgesellschaft fortzusetzen. Ist die Frist abgelaufen, ohne dass ein neuer Partner beim Partnerschaftsregister angemeldet wurde, sollte die Partnerschaft nicht ohne weiteres erlöschen, sondern aufgelöst und liquidiert werden (§ 22 RefE PartGG). Der Referentenentwurf zum PartGG beinhaltet also letztlich den gleichen Gedanken wie die Art. 31 Abs. 3, 32 Abs. 1 EWIV-VO, §§ 1, 10 EWIV-AG: Eine Gesamthandsgesellschaft kann nicht auf

---

[61] *K. Schmidt*, GesR, § 66 I. 3., S. 1901; *Grunewald*, GesR, 1. E., Rn. 1.
[62] *Müller-Gugenberger/Schlotthöfer*, Die EWIV in Europa, S. 211 ff.
[63] MüKo-*Ulmer*, § 1 PartGG, Rn. 7; vgl. Bgr. RE BT-Drs. 12/6152, S. 8.
[64] BMJ-Drs. 7050/2 = ZIP 1993, 153 ff.

Dauer mit nur einem Gesellschafter existieren und ist im Rahmen eines ordentlichen Verfahrens, der Liquidation, planmäßig zu beendigen.
§ 20 Abs. 2 RefE PartGG ist nicht in den Regierungsentwurf und damit auch nicht in das PartGG aufgenommen worden. Vielmehr ist das Ausscheiden eines Partners und die Auflösung der Partnerschaftsgesellschaft nun in § 9 PartGG geregelt, der die Regelungen der OHG für entsprechend anwendbar erklärt. Dass das PartGG in Abweichung von § 20 Abs. 2 RefE PartGG das Prinzip von Auflösung und Liquidation nicht institutionalisiert hat, steht der hier vertretenen Auffassung aber nicht entgegen. Vielmehr kommt dadurch, dass das Prinzip in dieser Ausprägung sogar in einen Referentenentwurf des Bundesjustizministeriums Eingang gefunden hatte, auch das zutreffend eingeschätzte Bedürfnis der Praxis zum Ausdruck, eine Gesellschaft im Falle des Herabsinken des Mitgliederbestandes nicht automatisch „zusammenfallen" zu lassen, sondern dem verbleibenden Gesellschaft zunächst die Gelegenheit zur Fortsetzung der Gesellschaft zu geben. Erst wenn dieser keine neuen Gesellschafter zwecks Fortsetzung der Gesellschaft findet, ist es erforderlich und geboten, die Partnerschaft zu beendigen, allerdings nicht abrupt und ohne Rücksicht auf Dritte, sondern in einem geordneten und die Interessen der Gläubiger berücksichtigenden Verfahren. In diesem Sinne signalisiert der Entwurf eine rechtspolitische Tendenz und greift implizite Vorwirkungen einer Rechtsfortschreibung zu einem Grundsatzproblem des Gesellschaftsrechts auf, das sich einer konsequenten Dogmatik längst hätte erschließen dürfen.

ccc) Gesellschafterlose juristische Person

Schließlich kann noch auf die Problematik der gesellschafterlosen juristischen Personen insbesondere GmbH verwiesen werden. So ist eine GmbH zwar als Einmann-Gesellschaft, nach § 1 GmbHG sogar ausdrücklich zulässig, sie kann aber nach ganz herrschender Meinung[65] nicht ohne jeden Gesellschafter als so genannte „Keinmann-Gesellschaft" existieren, und zwar deshalb nicht, weil die Verfassung der Gesellschaft einschließlich der dazugehörigen Kontrollmechanismen nur funktioniert, wenn ein von der Gesellschaft verschiedenes Rechtssubjekt die mitgliedschaftlichen Rechte ausübt. Um nun den Bestand von Keinmann-Gesellschaften zu verhindern, geht ein Teil der Lehre[66] davon aus, dass der Erwerb eigener Geschäftsanteile unwirksam ist, wenn nach dem Erwerb kein weiterer Gesellschafter mehr vorhanden ist. Die meisten Autoren[67] vertreten jedoch die Ansicht, dass die Gesellschaft im Falle keines verbleibenden Gesellschafters *aufgelöst* und *liquidiert* wird, was damit begründet wird, dass nur so auch die Fälle erfasst sind, in denen die Keinmann-Gesellschaft kraft Gesetzes entsteht (vgl. § 27 Abs. 3 GmbHG) und der Gesellschaft zudem kurzfristig ein berechtigtes Interesse zuzuerkennen sei, alle Anteile zu besitzen. Geht man von der herrschenden Lehre aus, bietet sich also wieder das vertraute Bild: Eine Gesellschaftsform wird wegen Rückgangs der Gesellschafterzahl unzulässig und ist daher,

---

[65] *Flume*, Juristische Person, § 6 II., S. 184 ff.; *Lutter/Hommelhoff*, § 60 GmbHG, Rn. 24; *K. Schmidt*, GesR, § 33 V. 2. b), S. 994 f.; aA *Kreutz*, FS Stimpel, S. 379 ff.

[66] *Oldenburg*, S. 120 ff.

[67] *Flume*, Juristische Person, § 6 II, S. 184 ff.; *K. Schmidt*, GesR, § 33 V. 2. b), S. 994 f.; *Lutter/Hommelhoff*, § 60 GmbHG, Rn. 24.

wenn nicht neue Gesellschafter aufgenommen werden, im Wege der Liquidation verfahrensmäßig zu beendigen.

ddd) Auflösung kraft Gesetz?

Steht damit im Ergebnis fest, dass die BGB-Gesellschaft bei Verbleib nur eines Gesellschafters aufzulösen und verfahrensmäßig zu beendigen ist, bleibt noch die Frage, ob die Einmann-BGB-Gesellschaft, wie es die herrschende Meinung für die gesellschafterlose juristische Person annimmt, unmittelbar kraft Gesetz[68] oder, wie es Art. 31 Abs. 3 EWIV-VO für die Einmann-EWIV vorsieht, durch Beschluss des letzten Gesellschafters aufgelöst wird. Vorzugswürdig ist eine Auflösung kraft Gesetz. Sie ist klarer und eindeutiger und schafft so mehr Rechtssicherheit. Sie wird zudem dem Umstand gerecht, dass die BGB-Gesellschaft nicht registriert ist, es also schwierig sein dürfte, die Auflösung der BGB-Gesellschaft, falls der letzte Gesellschafter den erforderlichen Beschluss nicht fasst, durch Dritte zu bewirken (vgl. Art. 32 Abs. 1 EWIV-VO).

c) Ergebnis

Auch das Ausscheiden des vorletzten Gesellschafters aus der BGB-Gesellschaft ist ein unmittelbar wirkender gesetzlicher Auflösungsgrund, der entgegen herrschender Meinung gleich allen anderen Auflösungstatbeständen nicht nur zur Auflösung, sondern auch zur Liquidation der BGB-Gesellschaft führt.

III. Streit über die Auflösung

Soweit unter den Gesellschaftern Streit über den Eintritt der Auflösung besteht, ist dieser regelmäßig unter den Gesellschaftern, und zwar im Wege der Feststellungsklage auszutragen.[69] Da die BGB-Gesellschaft selbst den Gegenstand der Auflösung bildet, stehen ihr stehen Dispositionsbefugnisse hierüber nicht zu,[70] so dass trotz der ihr zukommenden Parteifähigkeit eine Klage der Gesellschafter gegen sie nicht in Betracht kommt, es sei denn, dass der Gesellschaftsvertrag die Geltendmachung der Auflösung gegenüber der BGB-Gesellschaft ausdrücklich vorsieht.[71]

C. Vollbeendigung der BGB-Gesellschaft

I. Verfahrensziel der Vollbeendigung

Während die Auflösung lediglich dazu führt, dass die BGB-Gesellschaft sich in eine Abwicklungsgesellschaft umwandelt, steht am Ende der Liquidation das eigentliche Ziel, die Vollbeendigung der Gesellschaft. Die Vollbeendigung der BGB-Gesellschaft bedeutet das vollständige Erlöschen der Gesellschaft.[72] Die BGB-

---

[68] *K. Schmidt*, GesR, § 33 V. 2 b), S. 994 f.; *Lutter/Hommelhoff*, § 60 GmbHG, Rn. 22.

[69] MüKo-*Ulmer*, Vor § 723 BGB, Rn. 24.

[70] BGHZ 85, 350, 353; BGHZ 81, 263, 264 f.; BGHZ 48, 175, 176 f.

[71] BGHZ 85, 350, 353.

[72] Staudinger-*Keßler*, § 723 BGB, Rn. 2; *K. Schmidt*, GesR, § 11 V. 3. c), S. 320; *Grunewald*, GesR, 1. A., Rn. 188; *Hüffer*, GesR, § 13, 1., S. 110; MüKo-*Ulmer*, Vor § 723 BGB, Rn. 5; vgl. für OHG/KG *K. Schmidt*, ZHR 153 (1989), 270, 274; *Butzer*, Jura 1994, 628, 635.

Gesellschaft ist rechtlich, das heißt nach neuer Lehre als Träger eigener Rechten und Pflichten nicht mehr existent.

II. Eintritt der Vollbeendigung

Insoweit findet sich in Rechtsprechung und Lehre, und zwar jeweils entsprechend den Personenhandelsgesellschaften,[73] regelmäßig die Aussage, dass Vollbeendigung der BGB-Gesellschaft eintrete, wenn die Gesellschaft kein Vermögen mehr besitze.[74] Dies ist wohl nicht unrichtig, doch aber unpräzise. Denn nach neuerer Gesamthandslehre, nach der die Gesamthandsgesellschaft selbständiger Zurechnungspunkt von Rechten und Pflichten ist, liegt eine Vollbeendigung der BGB-Gesellschaft, und in gleicher Weise eine von OHG und KG, grundsätzlich erst vor, wenn alle Rechtsbeziehungen im Innen- und Außenverhältnis der Gesellschaft umfassend abgewickelt sind.

Dies bedeutet für die BGB-Gesellschaft zunächst in *vermögensrechtlicher* Hinsicht, dass alles Vermögen der Gesellschaft an Gesellschafter oder Dritte übertragen sein muss und alle Forderungen eingezogen und alle Schulden getilgt sein müssen. Nur ausnahmsweise tritt trotz fehlender Schuldenberichtigung die Vollbeendigung der Gesellschaft ein, und zwar insoweit in Übereinstimmung mit den Ausführungen der herrschenden Meinung bei Vermögenslosigkeit. Besitzt die Gesellschaft keine Vermögenswerte mehr, ist der Fortbestand als BGB-(Liquidations-)Gesellschaft sinnlos und für den Rechtsverkehr sogar gefährlich (arg. § 141 a FGG).

Von zentraler Bedeutung für die Vollbeendigung der BGB-Gesellschaft ist damit der Tatbestand der *Vermögenslosigkeit*. Er ist immer dann erfüllt, wenn die Gesellschaft kein verwertbares Aktivvermögen mehr besitzt.[75] Insoweit ist der herrschenden Meinung nun wiederum Ungenauigkeit vorzuwerfen. Sie geht regelmäßig davon aus, dass die BGB-Gesellschaft schon dann vermögenslos ist, wenn die vorhandenen Vermögenswerte, das heißt die gegenwärtigen liquiden Mittel der Gesellschaft verbraucht sind. Sie reduziert so den Begriff des Aktivvermögens auf den des *aktiven Reinvermögens*. Nicht das *verwertbare*, sondern allein das gegenwärtig *verwendbare* Aktivvermögen ist nach ihrer Ansicht ausschlaggebend. So heißt es, maßgeblich sei, „dass überhaupt noch Gesellschaftsvermögen vorhanden ist“. Der Existenz von Schulden und dem Erfordernis eines so genanten Ausgleichs zwischen den Gesellschaftern wird grundsätzlich keine Bedeutung beigemessen; diese rechtfertigten weder die Annahme eines Fortbestehens noch das Wiederaufleben der Liquidationsge-

---

[73] Vgl. BGHZ 24, 91, 93 (OHG); *Koller/Roth/Morck*, § 155 HGB, Rn. 2; *Butzer*, Jura 1994, 628, 635.

[74] *Grunewald*, GesR, 1. A. Rn. 188; MüKo-*Ulmer*, Vor § 723 BGB, Rn. 5; § 730 BGB, Rn. 1, 3, 9, 30 f.; *Ensthaler*, S. 4 f., 61 ff.; *Kübler*, GesR, § 6 IV, 1. b) S. 58, 3., S. 60 f.; BGH ZIP 1993, 1307, 1309.

[75] *K. Schmidt*, GesR, § 11 VI 5. b), S. 340 f. Vgl. OLG Frankfurt OLGZ 1978, 48, 49; OLG Frankfurt WM 1983, 281, 281 f. (beide zur GmbH); sowie die amtliche Begründung zum LöschG vom 09.10.1934, Reichsanzeiger Nr. 243/1934, aufgehoben mit Gesetz vom 18.10.1994 zum 01.01.1999, siehe aber § 141 a FGG.

sellschaft.[76] Dabei wird jedoch nicht ausreichend berücksichtigt, dass die BGB-Gesellschaft sowohl in dem Fall, dass sie noch Schulden hat, als auch in dem Fall, dass noch ein Ausgleich „zwischen den Gesellschaftern" erforderlich ist, grundsätzlich noch verwertbares Aktivvermögen besitzt. So stehen der BGB-Gesellschaft, soweit das vorhandene Vermögen zur Berichtigung der Schulden gegenüber Dritten nicht langt, in entsprechender Höhe Ausgleichsansprüche gegen die einzelnen Gesellschafter gemäß § 735 S. 1 1. Alt. BGB zu. Jeder Gesellschafter hat der BGB-Gesellschaft den Fehlbetrag anteilig, das heißt im Zweifel zu gleichen Teilen (vgl. § 722 BGB) zu erstatten und, soweit von einem Gesellschafter der auf ihn entfallende Anteil nicht erlangt werden kann, auch diesen Betrag anteilsmäßig beizubringen (§ 735 S. 2 BGB). Die BGB-Gesellschaft besitzt also im gleichen Umfang, wie sie Passivvermögen hat, grundsätzlich immer auch noch Aktivvermögen. Von Vermögenslosigkeit kann erst die Rede sein, wenn auch die Ausgleichsansprüche gegen die einzelnen Gesellschafter, einschließlich der subsidiären Ausgleichsforderungen gemäß § 735 S. 2 BGB nicht verwertbar, also realisierbar sind. Sie bilden dann mangels wirtschaftlichem Wert auch im Rechtssinne kein Vermögen mehr. Gleiches gilt grundsätzlich, wenn noch der so genannte Ausgleich zwischen den Gesellschaftern aussteht. Es geht dabei um den Fall, dass einigen Gesellschaftern nach Verrechnung aller Ansprüche im Verhältnis zur BGB-Gesellschaft ein positiver, anderen hingegen ein negativer Liquidationsanteil verbleibt, und diese Anteile nun auszugleichen sind. Auch hier verfügt die BGB-Gesellschaft noch über Aktivvermögen, denn die im negativen Anteil eines Gesellschafters verschmolzenen Ansprüche stehen nicht den anderen Gesellschaftern, sondern nach neuer Lehre der Gesamthand selbst zu; ein Ausgleich „zwischen den Gesellschaftern" findet bei eigener Rechts- und Pflichtträgerschaft der BGB-Gesellschaft überhaupt nicht mehr statt. Wiederum ist von Vermögenslosigkeit erst zu sprechen, wenn die BGB-Gesellschaft von den *ihr* gegenüber ausgleichspflichtigen Gesellschaftern die an *sie* zu leistenden und von *ihr* an die *ihr* gegenüber ausgleichsberechtigten Gesellschafter zu zahlenden Beträge nicht eintreiben kann.

Geht man vom Liquidationszweck der Vollabwicklung aus, setzt die Vollbeendigung zusätzlich voraus, dass die BGB-Gesellschaft auch *keine sonstigen Rechtshandlungen* mehr vornehmen muss.[77] Beispiele für solche Handlungen sind das Erteilen von Arbeitszeugnissen, das Abgeben von Erklärungen gegenüber Dritten, einschließlich Behörden wie dem Finanzamt oder Grundbuchamt und Warn- und Rückrufpflichten etwa beim Inverkehrbringen fehlerhafter Produkte (§ 823 Abs. 1 BGB). Es reicht insoweit nicht aus, dass irgendwelche Personen, ehemalige Gesellschafter oder Liquidatoren, etwas für die – erloschene ! – BGB-Gesellschaft erklären.[78]

---

[76] Soergel-*Hadding*, § 730 BGB, Rn. 14; MüKo-*Ulmer*, § 730 BGB, Rn. 30; Staudinger-*Keßler*, § 730 BGB, Rn. 18; BGH ZIP 1993, 1307, 1309; BGHZ 24, 91, 93 (OHG).

[77] BFH DB 1987, 2503, 2504 f., die BGB-Gesellschaft „ist grundsätzlich erst dann vollbeendet, wenn das Rechtsverhältnis zwischen ihr und dem Finanzamt abgewickelt ist."; BFH DB 1971, 1751, 1752. Zur GmbH siehe OLG Hamm NJW-RR 1997, 32, 33; OLG Hamm NJW-RR 1990, 1371, 1372; OLG Karlsruhe NJW-RR 1990, 100, 100 f.; OLG München ZIP 1988, 575, 577; OLG Frankfurt OLGZ 1978, 48, 49 f.

[78] So aber *K. Schmidt*, GesR, § 11 V. 6., S. 325 f.

Sind schließlich alle vermögensbezogenen und sonstigen Rechtsbeziehungen der BGB-Gesellschaft gegenüber Dritten wie auch den Gesellschaftern abgewickelt, ist die BGB-Gesellschaft endgültig beendet. Sie kann nun allein durch Neugründung wieder als Träger eigener Rechten und Pflichten hergestellt werden.

D. Fortsetzung der aufgelösten Gesellschaft

Allerdings führt die Liquidation nicht immer zwangsweise zur Vollbeendigung, sondern es kann die aufgelöste BGB-Gesellschaft auch fortgesetzt, das heißt wieder als werbende Gesellschaft betrieben werden.[79] Die Auflösung versetzt die BGB-Gesellschaft nur in einen auf Vollbeendigung zielenden Verfahrenszustand und dieser kann von den Gesellschaftern grundsätzlich wieder aufgehoben werden. Voraussetzung für die Fortsetzung ist dabei dreierlei: Zunächst muss eine fortsetzungsfähige BGB-Gesellschaft vorliegen, was der Fall ist, wenn die Gesellschaft aufgelöst, aber noch nicht vollbeendet ist. Ist die BGB-Gesellschaft etwa aufgrund Vermögenslosigkeit vollbeendet, müssen sich die Gesellschafter anstelle einer Fortsetzung auf eine Neugründung der Gesellschaft verständigen.[80] Zweitens muss dort, wo nicht schon der Fortsetzungswille der Gesellschafter den Auflösungsgrund behebt, wie bei Kündigung nach § 723 BGB, der Auflösungsgrund beseitigt werden.[81] So müssen die Gesellschafter bei Auflösung der BGB-Gesellschaft infolge Kapitalmangels (§ 726 BGB, § 26 InsO) die erforderlichen Sanierungsmaßnahmen durchführen, also die Beiträge erhöhen, Nachschusspflichten vereinbaren oder neue zahlungskräftige Mitglieder aufnehmen. Dritte und entscheidende Voraussetzung ist schließlich, dass die Gesellschafter einen entsprechenden Gesellschafterbeschluss fassen. Dieser kann grundsätzlich auch konkludent, etwa durch einvernehmliche Geschäftsführung erfolgen,[82] setzt aber regelmäßig Einstimmigkeit voraus, wenn nicht der Gesellschaftsvertrag mit hinreichender Deutlichkeit eine Mehrheitsentscheidung für zulässig erklärt. Zu denken ist insoweit an die Vereinbarung, dass im Falle der Auflösung der BGB-Gesellschaft durch die Person eines Gesellschafters, die übrigen Gesellschafter die Gesellschaft bei Abfindung des Betroffenen durch Beschluss fortsetzen können. Was den Beginn der Vermögensverteilung betrifft, so schließt dieser nach zutreffender herrschender Meinung die Fortsetzung der BGB-Gesellschaft schließlich nicht aus.[83] Die Gegenansicht,[84] nach der die Gesellschafter zur Verhinderung von Rechtsmissbräuchen mit Beginn der Vermögensverteilung an der Auflösung festhalten sind, überzeugt nicht. Es ist zum einen nicht recht klar, worin ein solcher Missbrauch bestehen soll. Zum anderen ist es wenig sachgerecht, den Gesellschaftern schon so früh die

---

79 *Grunewald*, GesR, 1. A., Rn. 187; Soergel-*Hadding*, § 730 BGB, Rn. 24; BGH ZIP 1995, 1412, 1412; vgl. auch BGH NJW 1953, 102, 103 (OHG); BGHZ 1, 324, 327 (OHG); RGZ 106, 63, 66 (KG).

80 MüKo-*Ulmer*, Vor § 723 BGB, Rn. 11, § 730 BGB, Rn. 20.

81 *K. Schmidt*, GesR, § 11 V. 5., S. 323 f.; Soergel-*Hadding*, § 730 BGB, Rn. 24.

82 BGH ZIP 1995, 1413, 1412, im konkreten Fall verneint; Staudinger-*Keßler*, § 723 BGB, Rn. 11.

83 Staudinger-*Keßler*, § 723 BGB, Rn. 8, 11; *Müller/Hoffmann*, § 11, Rn. 51; MüKo-*Ulmer*, Vor § 723 BGB, Rn. 11; *Hüffer*, GesR, § 13 1., S. 110; für die OHG/KG auch *Butzer*, Jura 1994, 628, 630.

84 *K. Schmidt*, GesR, § 11 V. 5., S. 324; *ders.*, ZHR 153 (1989), 270, 281 (für OHG/KG).

Möglichkeit zu verschließen, die BGB-Gesellschaft als werbende fortzusetzen. Man denke nur an den Fall, dass die BGB-Gesellschaft infolge Kapitalmangels aufgelöst wird (§ 726 BGB) und sich erst in „letzter Minute" ein neuer Gesellschafter findet, der mit seiner Finanzkraft einspringt und die Überschuldung beseitigt. Die Gesellschafter hier an ihrem Entschluss festzuhalten, heißt nicht nur, sie persönlich zur Hinnahme von Verlusten zu zwingen, sondern auch, da die Gesellschaftsverbindlichkeiten auf eine neu gegründete, mit der aufgelösten nicht mehr identische BGB-Gesellschaft nicht übergingen, zugleich auch den Gläubigern die Möglichkeit zu nehmen, sich wegen ihrer Forderungen bei der BGB-Gesellschaft schadlos zu halten. Es erscheint daher richtiger, in Korrespondenz zum Erlöschen der Gesellschaft mit Eintritt der Vermögenslosigkeit, erst im Abschluss der Vermögensverteilung und nicht schon im Beginn der Verteilung einen irreversiblen Rechtszustand geschaffen zu sehen.

Haben die Gesellschafter den Fortsetzungsbeschluss gefasst, wandelt sich die aufgelöste BGB-Gesellschaft unmittelbar in eine werbende BGB-Gesellschaft zurück. Wiederaufgelebte und aufgelöste BGB-Gesellschaft sind identisch, so dass eine Übertragung der Aktiva und Übernahme der Passiva entbehrlich und die wiederbelebte BGB-Gesellschaft in gleicher Weise wie die aufgelöste und werbende Gesellschaft Träger des Gesellschaftsvermögens und Schuldner und Gläubiger aller bisherigen Gesellschaftsgeschäfte ist.[85] Allerdings müssen die Gesellschafter die wiederhergestellte nicht als mit der bisherigen BGB-Gesellschaft vollständig gleiche Gesellschaft konstituieren. So können sie etwa vereinbaren, dass die schon ausgeschütteten Teile des Vermögens den Gesellschaftern überlassen bleiben, und stattdessen neue Einlagen bestimmen.[86]

E. Nachtragsliquidation

Während die Gesellschafter beim Fortsetzungsbeschluss die Liquidation gezielt abbrechen und so bewusst die Vollbeendigung der BGB-Gesellschaft verhindern, ist es auch möglich, dass die Gesellschafter die Liquidation planmäßig durchführen und später überrascht feststellen müssen, dass das eigentliche Ziel nicht eingetreten ist. Dazu kann es kommen, wenn in der Liquidation Gesellschaftsvermögen oder notwendige Rechtshandlungen übersehen wurden. In diesem Fall war das Liquidationsverfahren über die BGB-Gesellschaft nur scheinbar abgeschlossen. Es bedarf dann der Nachtragsliquidation, das heißt der *Fortsetzung* der allgemeinen Liquidation.[87] Diese richtet sich als bloße Fortführung des einst begonnenen Verfahrens nach den allgemeinen gesetzlichen Bestimmungen (§§ 730 ff. BGB). Zu berücksichtigen ist allerdings, dass nicht jeder vergessene Vermögensgegenstand Grund zur Nachtragsliquidation ist. Ein im Schrank gebliebener Aktenkoffer rechtfertigt die Fortsetzung des Verfahrens beispielsweise nicht (vgl. § 959 BGB).

---

85 Staudinger-*Keßler*, § 723 BGB, Rn. 11; Soergel-*Hadding*, § 730 BGB, Rn. 24.

86 Soergel-*Hadding*, § 730 BGB, Rn. 24.

87 MüKo-*Ulmer*, § 730 BGB, Rn. 31; *K. Schmidt*, GesR, § 11 V. 6. S. 324 ff.; BGH NJW 1979, 1987, 1987 f. (OHG).

Was die Liquidatoren betrifft, so ist zudem zu berücksichtigen, dass das Amt der bisherigen Liquidatoren für das nachträgliche Abwicklungsverfahren nicht ohne weiteres fortbesteht. Denn diese haben mit der Ausschüttung des Gesellschaftsvermögens an die Gesellschafter am vermeintlichen Ende der Liquidation konkludent die Beendigung ihres Amtes erklärt. In der Nachtragsliquidation sind so grundsätzlich wieder die ursprünglichen „geborenen" Abwickler zuständig (vgl. § 730 Abs. 2 S. 2 BGB).[88]
Was letztlich den Status der BGB-Gesellschaft in Nachtragsliquidation betrifft, so folgt daraus, dass die Nachtragsliquidation nur Fortsetzung der zunächst begonnenen Liquidation ist, dass auch die BGB-Gesellschaft i. NL. als rechtsfähiges Subjekt real fortbesteht. Sie ist mit der werbenden sowie aufgelösten Gesellschaft identisch und in ihrer Existenz und Rechtsfähigkeit weder durch den Zweck der Liquidation noch den der Nachtragsliquidation begrenzt. Erst wenn im Wege der Nachtragsliquidation alle Vermögensbeziehungen der BGB-Gesellschaft erledigt, alle Rechtshandlungen vorgenommen sind, ist die BGB-Gesellschaft als Rechtssubjekt erloschen.

§ 2 Einzelne Liquidationsschritte

Die einzelnen im BGB genannten Liquidationsvorgänge sind nicht vollständig. Sie sind nicht nur durch die Umstände des Einzelfalls, sondern auch durch die allgemeinen, das Verfahren prägenden Rechtssätze zu ergänzen. Im Wesentlichen ergeben sich dann folgende Schritte.

A. Allgemeine Verwaltungsmaßnahmen

I. Vermögensbilanz

1. Erstellung einer Vermögensbilanz

Die aus dem Gläubigerschutzprinzip resultierende Pflicht zur bestmöglichen Vermögensverwertung zwingt die Liquidatoren zunächst, sich einen genauen Überblick darüber zu verschaffen, was an Vermögen, das heißt an Aktiva und Passiva der aufgelösten BGB-Gesellschaft vorhanden ist. Allein eine solche Vermögensübersicht gestattet eine sinnvolle Planung des Liquidationsverfahrens. Besonderes Augenmerk ist dabei bereits auf die Liquidität und Liquidierbarkeit der Aktiva sowie die Fälligkeit und Fristigkeit der Verbindlichkeiten zu richten.
Um das Vermögen vollständig zu erfassen, schreiben § 154 HGB für die Personenhandelsgesellschaften und § 71 Abs. 1 GmbHG, § 270 Abs. 1 AktG, § 89 GenG für die Kapitalgesellschaften die Errichtung einer Liquidationseröffnungsbilanz vor. Nichts anderes aber kann für die BGB-Gesellschaft gelten, und zwar unabhängig davon, ob in der Gesellschaft aufgrund dauerhafter, namentlich unternehmerischer Tätigkeit ein den Handelsgesellschaften gleiches Rechnungssystem mit periodengebundener Gewinn- und Verlustverteilung gilt (vgl. § 721 Abs. 2 BGB).[89] Denn die Liqui-

---

88 AA MüKo-*Ulmer*, § 730 BGB, Rn. 31, BGH NJW 1979, 1987, 1897. Für Amtsbendigung bei der GmbH *Lutter/Hommelhoff*, § 74 GmbHG, Rn. 21; BGHZ 53, 264, 266; BayObLG ZIP 2001, 568, 569.

89 Mit dieser Einschränkung aber Staudinger-*Keßler*, § 731 BGB, Rn. 3; *Müller/Hoffmann*, § 11, Rn. 81; *Hintzen*, S. 48 f., die auf steuerliche Gründe verweist. Zur entsprechenden Anwendung der §§ 238 ff. HGB für die Dauergesellschaft vgl. MüKo-*Ulmer*, § 721 BGB, Rn. 6.

dationseröffnungsbilanz ist – wie die Insolvenzeröffnungsbilanz (§ 151 InsO) – nicht Erfolgsbilanz, das heißt dynamische Bilanz, sondern Wertfeststellungs- oder Vermögensbilanz, das heißt statische Bilanz. Sie dient nicht etwa dazu, das Geschäftsergebnis für die Zeit vom letzten Rechnungsschluss bis zur Auflösung zu ermitteln, sondern allein zur Klärung des Standes der verwertbaren Aktiva und Passiva, um so ein ordentliches Liquidationskonzept zu entwickeln.[90] Es ist daher auch in der BGB-Gesellschaft stets eine zumindest einfache Liquidationseröffnungsbilanz anzufertigen. In sie sind alle Vermögensgegenstände, einschließlich der Forderungen gegen die Gesellschafter selbst nach Maßgabe der voraussichtlichen Verwertungsmodalität mit ihrem tatsächlichen Verkaufs- bzw. Realisierungswert einzusetzen; die allgemeinen handelsrechtlichen Ansatz- und Bewertungs- und Ausweisregeln (§§ 239 ff. HGB) finden auch in der bilanzierenden BGB-Gesellschaft keine Anwendung.[91] Betreibt die Gesellschaft ein Unternehmen, sind nicht nur die stillen Reserven, sondern ist auch der *Goodwill*, der Geschäftswert des Unternehmens, in die Bilanz einzustellen.[92]

2. Erstellung einer Erfolgsbilanz

Handelt es sich um eine auf Dauer eingegangene und damit im Zweifel gleich den Handelsgesellschaften mit periodischem Rechnungsabschluss bilanzierende BGB-Gesellschaft (§ 721 Abs. 2 BGB), müssen die Liquidatoren zusätzlich eine Erfolgsbilanz anfertigen.[93] Aus ihr ist vor allem der Gewinn der letzten Rumpfgeschäftsperiode zu ermitteln, der entsprechend der Vereinbarung über die Gewinnbeteiligung in der werbenden Gesellschaft, im Zweifel gemäß § 722 Abs. 1 BGB zu gleichen Teilen, auf die BGB-Gesellschafter zu verteilen, das heißt im Regelfall als unselbständiger Rechnungsposten in die Schlussabrechnung einzustellen ist. Diese Liquidationseröffnungserfolgsbilanz muss, soweit die Gesellschafter ein entsprechendes Rechnungssystem vereinbart haben, den Ansatz-, Bewertungs- und Ausweisregeln der §§ 239 ff. HGB grundsätzlich entsprechen.

3. Fortführung der Bilanzen

a) Einfache Liquidationsrechnung

Die Liquidationseröffnungsbilanz haben die Liquidatoren als Liquidationsrechnung, das heißt als interne, laufende Rechnung über alle vermögenswerten Verfahrensvorgänge fortzusetzen.[94] Diese bildet dann die Grundlage der Vermögensschlussbilanz, also der Rechnung am Ende der Liquidation, aus welcher die Liquidatoren den Überschuss bzw. Fehlbetrag der BGB-Gesellschaft ermitteln (§§ 734, 735 BGB) und so schließlich die jeweiligen Liquidationsanteile der Gesellschafter festlegen können.

---

[90] Staudinger-*Keßler*, § 731 BGB, Rn. 3; *Koller/Roth/Morck*, § 154 HGB, Rn. 2; *Ensthaler*, S. 97, vgl. auch *dens.*, S. 95 f. zur früheren Gegenansicht.

[91] Staudinger-*Keßler*, § 731 BGB, Rn. 3; *Müller/Hoffmann*, § 11, Rn. 81; vgl. für die Vermögensbilanz in OHG/KG auch *Koller/Roth/Morck*, § 154 HGB, Rn. 2.

[92] Staudinger-*Keßler*, § 731 BGB, Rn. 3.

[93] *Müller/Hoffmann*, § 11, Rn. 80; vgl. für OHG/KG auch *Koller/Roth/Morck*, § 154 HGB, Rn. 2; aA Schlegelberger-*K. Schmidt*, § 154 HGB, Rn. 13 (erst am Ende der Liquidation).

[94] Vgl. *Müller/Hoffmann*, § 11, Rn. 81.

b) Liquidationsrechnung der bilanzierenden Gesellschaft

Soweit die BGB-Gesellschaft buchführungs- und rechnungslegungspflichtig ist (§ 721 Abs. 2 BGB), bleibt sie dies auch nach Auflösung.[95] Bei länger anhaltenden Abwicklungen sind die Liquidatoren zudem gehalten, Zwischenbilanzen zu erstellen.[96] Sind die Liquidatoren fortdauernd bilanzierungspflichtig, ist konsequent davon auszugehen, dass sie am Ende der Liquidation eine Abschlussbilanz, das heißt eine Bilanz im Sinne des § 242 HGB zu erstellen haben.[97] Als Grundlage der Gewinn- und Verlustberechnung (§§ 734, 735 BGB) hat damit im Fall der bilanzierenden BGB-Gesellschaft allein diese Geschäftsbilanz, das heißt, die Differenz zwischen der Erfolgsbilanz zu Beginn der Auflösung und der Schlussbilanz im Zeitpunkt der letzten Schuldenberichtigung, zu gelten.

II. Erstellung eines Liquidationskonzepts

1. Optimales Liquidationskonzept

Sobald die Liquidatoren der BGB-Gesellschaft wissen, welche Aktiva und Passiva zum Gesellschaftsvermögen gehören, haben sie in gleicher Weise wie die Liquidatoren von OHG und KG und auch die der juristischen Personen ein Liquidationskonzept zu erstellen, dessen Ziel es sein muss, die Gesellschaft bei möglichst hohen Liquidationsgewinnen so rasch wie möglich zu beenden. Um nicht nur die Art der Vermögensverwertung, sondern auch den Zeitpunkt der Veräußerung von Sachen und Rechten sowie der Einforderung von Verbindlichkeiten optimal zu bestimmen, sind sie angehalten, sich umfassend über Marktlage, Preisentwicklungen und Schuldnerbonitäten zu informieren.

2. Umfang des umzusetzenden Vermögens

Dabei ist zu beachten, dass gemäß § 733 Abs. 3 BGB das Gesellschaftsvermögen nur in dem Umfang in Geld umzusetzen ist, wie dies zur Schuldentilgung und Einlagenrückerstattung erforderlich ist. Im Gegensatz zu allen anderen Gesellschaften (§ 149 HGB, § 70 GmbHG, § 268 AktG) sieht das Gesetz für die BGB-Gesellschaft hinsichtlich der Verteilung eines Restvermögens (§ 734 BGB) die Teilung in Natur vor (§§ 731 S. 2, 752 BGB); anderes gilt nach der gesetzlichen Regelung nur in dem Fall, dass die Art der Vermögensgegenstände eine Realteilung ausschließt (§§ 752 S. 1, 753 BGB) oder die Beteiligten sich auf eine vollständige Umsetzung geeinigt haben (§ 731 S. 1 BGB).

Die gesetzliche Regelung ist indes fraglich. Sie lässt sich zum einen nur schwer mit dem Rechtsinstitut der Liquidationsbefangenheit in Einklang bringen, also dem allgemeinen Grundsatz, der besagt, dass die Ansprüche im Verhältnis von Gesellschaft und Gesellschaftern mit Eintritt der Auflösung ihre rechtliche Selbständigkeit verlieren und später zu einer einheitlichen Forderung oder Verbindlichkeit verrechnet werden. Stellt der Schlusssaldo, der Liquidationsanteil eines jeden Gesellschafters, nur

---

95 So für OHG/KG *Roth/Koller/Morck*, § 154 HGB, Rn. 3; *Müller/Hoffmann*, § 11, Rn. 80; str.

96 Vgl. zu OHG/KG *Koller/Roth/Morck*, § 155 HGB, Rn. 3.

97 So auch *Koller/Roth/Morck*, § 155 HGB, Rn. 2 für OHG/KG; str.; ausführlich dazu *Ensthaler*, S. 94 ff.

einen rechtlichen Anspruch, das heißt eine Forderung oder Verbindlichkeit des Gesellschafters dar (§ 781 BGB), lässt sich die tatbestandliche Voraussetzung des § 733 Abs. 1-2 BGB bzw. § 734 BGB, also die isolierte Feststellung dessen, was die Gesellschaft dem Gesellschafter als Einlage oder Sozialverbindlichkeit und was als Überschuss schuldet, überhaupt nicht mehr treffen. Zum anderen gilt, dass die Regelung wenig praxisgerecht ist. Die Liquidatoren könnten die Abwicklung nicht sinnvoll planen. In welchem Umfang Gegenstände zur Schuldentilgung und Einlagenrückerstattung umzusetzen sind, lässt sich im Voraus nur schwer bestimmen. Der Veräußerungserlös kann lediglich vage vorhergesagt werden und es ist noch nicht absehbar, ob und in welcher Höhe sich die Geldforderungen, die der Gesellschaft gegen Dritte zustehen, realisieren lassen. Zudem ist es möglich, dass sich während der Liquidation noch neue Gesellschaftsgläubiger melden. Richtig erscheint es daher, auch für die BGB-Gesellschaft davon auszugehen, dass grundsätzlich alles Vermögen in Geld umzusetzen ist.[98]

III. Gläubigerbenachrichtigung

1. Bekanntmachung und Gläubigeraufruf

Damit in der Liquidation auch tatsächlich alle Gesellschaftsverbindlichkeiten getilgt werden, schreiben die § 65 Abs. 2 GmbHG, § 267 AktG, § 82 GenG, § 50 Abs. 1 BGB für die juristischen Personen vor, dass die Liquidatoren die Auflösung öffentlich bekannt zu machen und die Gläubiger zur Anmeldung ihrer Forderungen aufzufordern haben, und zwar im Verein und der Genossenschaft einmal und in GmbH und AG dreimal.[99] Ähnliches gilt gemäß §§ 9, 28, 30 InsO im Insolvenzverfahren; auch hier wird die Durchführung des Verfahrens öffentlich be kannt gegeben und werden die Gläubiger zur Anmeldung ihrer Forderungen angehalten. Geht man aufgrund der Rechtsfähigkeit der Gesamthand davon aus, dass auch die Liquidation der BGB-Gesellschaft auf vollständige Tilgung der Gesellschaftsverbindlichkeiten angelegt ist (vgl. §§ 733 Abs. 1, 735 BGB), erscheint es nur richtig, die Liquidatoren hier, soweit die BGB-Gesellschaft im nennenswerten Umfang am Rechtsverkehr teilnahm, in grundsätzlich gleicher Weise zu verpflichten. Ein sachlicher Grund, warum die Gläubiger einer insbesondere unternehmerisch tätigen BGB-Gesellschaft nicht über die Auflösung informiert und damit die Möglichkeit erhalten sollten, ihre Ansprüche - nach Rechtsgrund, Inhalt, Höhe und Fälligkeit bestimmt - zur Liquidation anzumelden, ist nicht erkennbar. Die fehlende Registerpflichtigkeit der BGB-Gesellschaft steht einer den § 65 Abs. 2 GmbHG, § 267 AktG, § 82 GenG, § 50 Abs. 1 BGB entsprechenden Bekanntmachungspflicht nicht entgegen. Die Pflicht zur Bekanntmachung durch die Liquidatoren hat mit der Registereintragung der juristischen Person nichts zu tun. Ist die Gesellschaft registriert, hat dies nur zur Folge, dass zusätzlich auch noch eine Bekanntmachung an das Registergericht erfolgen muss (vgl. § 65 Abs. 1 GmbHG).[100]

---

98 So im Ergebnis für die unternehmerische BGB-Gesellschaft auch Staudinger-*Keßler*, § 734 BGB, Rn. 5; vgl. auch MüKo-*Ulmer*, § 730 BGB, Rn. 8.

99 Siehe dazu *Lutter/Hommelhoff*, § 65 GmbHG, Rn. 8 f.; *Hüffer*, AktG, § 267 AktG, Rn. 1 ff.

100 Vgl. für die GmbH *Lutter/Hommelhoff*, § 65 GmbHG, Rn. 6, 8.

Publikationsorgan für die Liquidation der BGB-Gesellschaft kann dann grundsätzlich jedes regionale und überregionale Blatt sein; für eine Eintragung im Bundesanzeiger (vgl. § 10 HGB) ist bei der BGB-Gesellschaft kein Raum. Auch dürfte im Regelfall schon eine einmalige Veröffentlichung ausreichend und angemessen sein. Nur wenn die BGB-Gesellschaft sich langjährig, überörtlich und in großem Umfang, etwa als große Baugesellschaft am Rechtsverkehr beteiligte, sollten die Liquidatoren ohne Zwischenfrist entsprechend § 65 Abs. 2 GmbHG, § 267 AktG zwei weitere Aufrufe vornehmen müssen.[101] Inhaltlich muss die Bekanntmachung wie bei den anderen Gesellschaften die Auflösung mitteilen und die Aufforderung der Gläubiger zur Meldung bei der BGB-Gesellschaft enthalten. Zweckmäßig ist beispielsweise:

> BGB-Anwaltsgesellschaft Müller und Partner
>
> Die Gesellschaft ist aufgelöst. Die Gläubiger der Gesellschaft werden hiermit aufgefordert, sich unter Angabe des Grundes und der Höhe ihres Anspruchs bei der Gesellschaft zu melden.
>
> Köln, den 01.07.2001 Die Liquidatoren

Eine Pflicht zur Meldung entsteht dabei nicht. Eine Meldung verschafft einem Gläubiger aber den Nachweis, dass sein Anspruch den Liquidatoren bekannt gewesen ist und ist daher wegen möglicher Schadensersatzansprüche nach § 823 Abs. 2 i.V.m. §§ 733 ff. BGB geboten.

2. Persönliche Benachrichtigung

Sind die Gläubiger mindest einmal öffentlich über die Auflösung benachrichtigt und zur Geltendmachung ihrer Ansprüche aufgefordert worden, ist eine Pflicht zur persönlichen Benachrichtigung der bekannten Gläubiger abzulehnen. Nur im Einzelfall kann sich aus dem Inhalt des Schuldverhältnisses oder der besonderen Beziehung zum Vertragspartner, zum Beispiel langjähriger Zusammenarbeit, nach allgemeinen Regeln eine Pflicht auch zur persönlichen Aufklärung ergeben (§ 242 BGB).

IV. Bezeichnung der Gesellschaft im Rechtsverkehr

Um den Rechtsverkehr über Auflösung und Liquidation weitreichend zu informieren, sieht § 153 HGB (i.V.m. § 10 Abs. 1 PartGG, § 1 EWIV-AG) für OHG, KG, Partnerschaft und EWIV vor, dass die Liquidatoren die Firma als Liquidationsfirma zu bezeichnen und dieser ihren eigenen Namen beizufügen haben. Gleiches gilt nach § 68 Abs. 2 GmbHG, § 269 Abs. 6, AktG, § 85 Abs. 3 GenG für die Abwicklung juristischer Personen.

Da der Rechtsverkehr bei der BGB-Gesellschaft ebenfalls an Information über Auflösung und Liquidation interessiert ist, erscheint es richtig, die Liquidatoren hier analog § 153 HGB in gleicher Weise zu verpflichten. Geht man von der Rechtsfähigkeit der BGB-Gesellschaft aus, führt die Liquidation auch in diesem Fall zur Beseitigung eines Rechtssubjekts, so dass alte Gläubiger zur Geltendmachung ihrer Ansprüche an-

---

[101] Zur Terminfolge vgl. *Hüffer*, AktG, § 267 AktG, Rn. 3 (zur AG).

gehalten und neue Gläubiger gewarnt werden müssen. Dem kann mit der Bezeichnung der BGB-Gesellschaft als Liquidationsgesellschaft und dem Beifügen der Liquidatorennamen, also der Nennung der für das Verfahren verantwortlichen Personen, in der gebotenen Art und Weise Rechnung getragen werden. Als Namenszusätze kommen dabei „in Liquidation“, „i. Liqu.“, „i.L.“ oder „in Abwicklung“,[102] nicht aber „i.A.“ in Betracht.[103] Letztes steht in der Regel für „im Auftrag“ oder könnte irrig auch als „im Aufbau“ verstanden werden. Während der Namenszusatz auch maschinell erstellt sein kann, muss die nach § 153 HGB zusätzlich erforderliche und für die BGB-Liquidationsgesellschaft ebenfalls gebotene Namenszeichnung der Liquidatoren stets eigenhändig erfolgen. Für sie genügt es in der Regel allerdings, dass die Liquidatoren mit ihrem Familiennamen unterzeichnen.[104]
Verstoßen die Liquidatoren gegen die Bezeichnungspflicht, lässt dies die Wirksamkeit der Rechtsgeschäfte unmittelbar unberührt. Materiell entscheidend ist zunächst allein die Frage der Zurechnung des Handelns der Liquidatoren zur BGB-Liquidationsgesellschaft und damit das Ergebnis allgemeiner Auslegungs- und Vertretungsregeln. Wird der klärende Namenszusatz nicht geführt, kommt für die Vertragspartner jedoch eine Anfechtung gemäß § 119 Abs. 2 BGB und im Einzelfall auch eine Haftung aus c.i.c. oder § 823 Abs. 2 BGB in Betracht.[105]

B. Aussonderung fremden Vermögens

Da allein das Vermögen der BGB-Gesellschaft den Gläubigern haftet bzw. allein sein Erlös den Gesellschaftern gebührt, haben die Liquidatoren fremdes Vermögen auszusondern. Dies können Gegenstände eines Dritten oder Sachen und Rechte eines Gesellschafters sein, die dieser kraft Gesellschaftsvertrag zur Nutzung (*quoad usum*) oder aufgrund eines Drittgeschäfts in die BGB-Gesellschaft eingebracht hat. Der Rechtsgrund der Rückgabepflicht ist dabei für die *quoad usum* überlassenen Gegenstände § 732 BGB, in den beiden anderen Fällen sind es die allgemeinen Regeln. Da die Liquidation selbst die vertraglichen Beziehungen zu Dritten unberührt lässt, besteht kein Grund, § 732 BGB zu einer allgemeinen Rückgaberegelung zu erweitern.[106] Was den Zeitpunkt der Rückgabe angeht, so sind die zur Nutzung eingebrachten Sachen sofort mit Eintritt der Auflösung zurückzugewähren, es sei denn, dass sie im Rahmen der Liquidation noch benötigt werden.[107] In diesem Fall ist es unter dem Gesichtspunkt des Gläubigerschutzes gerechtfertigt, die Rückgabe für begrenzte Zeit aufzuschieben. Steht allerdings schon fest, dass der betreffende Gesellschafter am

---

102 Vgl. für OHG und KG Schlegelberger-*K. Schmidt*, § 153 HGB, Rn. 4; für die GmbH *Lutter/Hommelhoff*, § 68 GmbHG, Rn. 6; für die AG *Hüffer*, AktG, § 268 AktG, Rn. 8.

103 So aber für GmbH *Lutter/Hommelhoff*, § 68 GmbHG, Rn. 6; *Baumbach-Hueck*, § 68 GmbHG, Rn.

104 Vgl. für OHG/KG Heymann-*Sonnenschein/Weitemeyer*, § 153 HGB, Rn. 3.

105 So betreffend OHG/KG *Koller/Roth/Morck*, § 153 HGB, Rn. 1; Schlegelberger-*K. Schmidt*, § 153 HGB, Rn. 5; aA (für GmbHG) *Lutter/Hommelhoff*, § 68 GmbHG, Rn. 6, der mangels Schutznormqualität nur eine Haftung aus § 823 BGB i.V.m. § 263 StGB in Betracht zieht.

106 So aber Erman-*H.P. Westermann*, § 730 BGB, Rn. 4; Staudinger-*Keßler*, § 732 BGB, Rn. 1; wie hier MüKo-*Ulmer*, § 732 BGB, Rn. 1; *Hillers*, S. 33.

107 Soergel-*Hadding*, § 732 BGB, Rn. 1; *Hintzen*, S. 50; so im Ergebnis auch MüKo-*Ulmer*, § 732, Rn. 2; *Ensthaler*, S. 23; BGH WM 1981, 1126, 1126 (KG).

Ende der Liquidation zum Nachschuss verpflichtet sein wird, entfällt die Rückgabepflicht ganz. Der BGB-Gesellschaft steht in diesem Fall ein Zurückbehaltungsrecht zu,[108] das mangels Fälligkeit der Nachzahlungspflicht zwar nicht aus § 273 BGB,[109] wohl aber aus dem allgemeinen Grundsatz der Liquidationsbefangenheit folgt. Zu welchem Zeitpunkt Gegenstände an Dritte und an Gesellschafter als Drittgläubiger zurückzugewähren sind, richtet sich demgegenüber allein nach den vertraglichen Vereinbarungen. Entscheidend sind damit vor allem die vertraglichen Kündigungsfristen; im Einzelfall kann die BGB-Gesellschaft infolge der Auflösung aber auch zur außerordentlichen Kündigung berechtigt sein.

C. Umsetzung des Vermögens in Geld

Anschließend haben die Liquidatoren das Gesellschaftsvermögen in Geld umzusetzen. Was die Art der Umsetzung betrifft, so soll diese nach früher verbreiteter Ansicht nicht nach den Grundsätzen des Pfandverkaufs (§ 753 i.V.m. §§ 1235 ff. BGB) und bei Grundstücken durch Zwangsversteigerung (§ 753 BGB i.V.m. §§ 180 ff. ZVG) erfolgen, sondern nach der Verkehrssitte; die Vorschrift des § 753 BGB sei nicht anwendbar.[110] Mit der heute wohl überwiegenden Lehre [111] kann dies jedoch angesichts der in § 731 S. 2 BGB enthaltenen Verweisung auf das Gemeinschaftsrecht - beachte auch § 755 Abs. 3 BGB! - nur insoweit als richtig angesehen werden, als wie sich von der Verkehrssitte (§ 157 BGB) auf eine von § 753 BGB abweichende Vertragsvereinbarung schließen lässt.[112] Ansonsten bleibt es grundsätzlich bei der Maßgeblichkeit der §§ 1235 ff. BGB für die Veräußerung beweglicher Sachen und sonstiger Gegenstände und den §§ 180 ff. ZVG für Immobiliarrechte. Dadurch dass gemäß § 1246 BGB jedem Beteiligten das Recht zusteht, eine nach billigem Ermessen geeignete Art der Umsetzung verlangen zu können, wird die erforderliche Flexibilität auch unter Geltung des § 753 BGB gewahrt.

D. Abwicklung im Außenverhältnis

I. Beendigung der schwebenden Geschäfte

Im Zentrum der Liquidation steht die Abwicklung der Außenbeziehungen der BGB-Gesellschaft. Gemäß § 730 Abs. 2 S. 1 BGB trifft die Liquidatoren insoweit zunächst die Pflicht, die schwebenden Geschäfte zu beendigen, das heißt solche Geschäfte, die bereits zustande gekommen oder doch so weit vorgedrungen sind, dass eine Bindung gegenüber dem Vertragspartner eingetreten ist, und deren Erfüllung oder anderweitige Beendigung noch aussteht.[113] Ein Recht zur vorzeitigen Vertragsbeendigung steht

---

[108] Soergel-*Hadding*, § 732 BGB, Rn. 2; MüKo-*Ulmer*, § 732 BGB, Rn. 3.

[109] So aber Staudinger-*Keßler*, § 732 BGB, Rn. 5.

[110] RGRK-*v. Gamm*, § 733 BGB, Rn. 12; Staudinger-*Keßler*, § 733 BGB, Rn. 19.

[111] Soergel-*Hadding*, § 733 BGB, Rn. 9; *Hintzen*, S. 53; MüKo-*Ulmer*, § 733 BGB, Rn. 16; Erman-*Westermann*, § 733 BGB, Rn. 7; Palandt-*Thomas*, § 733 BGB, Rn. 11.

[112] So auch Soergel-*Hadding*, § 733 BGB, Rn. 9.

[113] RGZ 171, 129, 133; MüKo-*Ulmer*, § 730 BGB, Rn. 35; *Hintzen*, S. 49 f.; Staudinger-*Keßler*, § 730 BGB, Rn. 2. Enger im Rahmen des § 740 BGB, vgl. MüKo-*Ulmer*, § 740 BGB, Rn. 4; weiter – auch tatsächliche Handlungen – für § 149 HGB („laufende Geschäfte") Schlegelberger-*K. Schmidt*, § 149 HGB, Rn. 3.

den Liquidatoren - anders als den Verwaltern im Insolvenzverfahren (§ 103 ff. InsO) – nicht zu.[114] Auch Dauerschuldverhältnisse können erst zum nächsten - vertraglich oder gesetzlich- zulässigen Termin gekündigt werden; nur im Ausnahmefall kann sich die BGB-Gesellschaft auf die Auflösung als wichtigen Grund zur Kündigung berufen.[115] Soweit allerdings ein Geschäft das Verfahren stark zu behindern droht, sind die Liquidatoren verpflichtet, sich um die Aufhebung des Vertrages bemühen. Sie müssen dann Handlungsgeschick beweisen und versuchen, den Vertragspartner durch finanzielle Anreize oder Beschaffung eines neuen Geschäftspartners zu veranlassen, das Geschäft zu stornieren.

Soweit dies zur Abwicklung der laufenden Geschäfte dient, können die Liquidatoren gemäß § 730 Abs. 2 S. 1 BGB auch neue Geschäfte tätigen. Dabei legen Rechtsprechung[116] und Lehre[117] die Vorschrift zu Recht weit aus. Auch können die Liquidatoren Prozesse fortsetzen und beginnen; insoweit ist allerdings stets zu prüfen, ob nicht aus Zeit- und Kostengründen ein Vergleich oder die Beilegung des Rechtsstreits sinnvoller sind.

II. Befriedigung der Gesellschaftsgläubiger

Gemäß § 733 Abs. 1 BGB sind die Liquidatoren anschließend verpflichtet, die Gesellschaftsverbindlichkeiten zu berichtigen. Sie müssen dabei sorgfältig prüfen, ob und inwieweit die Forderungen der Gläubiger begründet sind und gegebenenfalls Einwendungen und Einreden erheben und entscheiden, ob sie einen Rechtsstreit führen wollen. Wann und in welcher Reihenfolge sie die (Dritt-)Gläubiger befriedigen, ist gleichgültig, solange sie nur alle Ansprüche fristgerecht erfüllen; die Liquidatoren müssen weder das Prioritätsprinzip noch den Grundsatz der *par conditio creditorum* beachten. Ist eine Schuld streitig oder noch nicht fällig, ist das zur Berichtigung Erforderliche nach §§ 372 ff. BGB zu hinterlegen (vgl. § 733 Abs. 1 S. 2 BGB).

Geht man richtigerweise davon aus, dass die in §§ 733 Abs. 1, 734 BGB enthaltene Regelung, Verteilung des Gesellschaftsvermögens *nach* Tilgung der Gesellschaftsschulden, zum Schutz der Gläubiger zwingendes Recht ist, sind abweichende Vereinbarungen und Weisungen für die Liquidatoren nicht bindend.[118] Sie dürfen zum Schutz der Gesellschaftsgläubiger nichts aus dem Gesellschaftsvermögen vorab an die Gesellschafter leisten, und zwar weder zur Erfüllung des Anspruchs auf Liquidationsgewinn (§ 734 BGB) noch zur Erfüllung sonstiger gesellschaftsvertraglicher Forderungen. Letztes folgt zwar nicht unmittelbar aus den gesetzlichen Vorschriften (vgl. § 733 Abs. 1 BGB), wohl aber aus dem gläubigerschützenden Grundsatz der Liquidationsbefangenheit, der für die Liquidatoren ebenfalls bindend ist. In dem Fall, dass die BGB-Gesellschaft überschuldet ist, müssen die Liquidatoren den zur Befrie-

---

[114] Motive, S. 627 = *Mugdan*, Band II, S. 350; Soergel-*Hadding*, § 730 BGB, Rn. 10; Staudinger-*Keßler*, § 730 BGB, Rn. 2.

[115] RGZ 123, 151, 155 f.; *Hintzen*, S. 49 f.; MüKo-*Ulmer*, Vor § 723 BGB, Rn. 23, § 730 BGB, Rn. 28; *Müller/Hoffmann*,, § 11, Rn. 61; für OHG/KG *Koller/Roth/Morck*, § 149 HGB, Rn. 2.

[116] Vgl. auch BGH WM 1964, 152 (KG); RG JW 1938, 3184 (OHG).

[117] *Hintzen*, S. 50; Soergel-*Hadding*, § 730 BGB, Rn. 9; MüKo-*Ulmer*, § 730 BGB, Rn. 35.

[118] Für OHG/KG vgl. *K. Schmidt*, ZHR 153 (1989), 270, 292 ff.; siehe auch Abschnitt IV B. III. 2. a).

digung der Gläubiger erforderlichen Fehlbetrag von den Gesellschaftern einfordern (§ 735 BGB). Die Gesellschafter können die Liquidatoren auch insoweit nicht abweichend anweisen und ihnen die Nachzahlung selbst dann nicht verweigern, wenn schon feststeht, dass sie am Schluss der Liquidation den angeforderten Betrag wieder zurückverlangen können.[119] Soweit die Liquidatoren den Verlustausgleich nicht erlangen, das heißt auch die subsidiäre Ausfallshaftung nach § 735 S. 2 BGB nicht realisieren können, sind sie verpflichtet, Insolvenzantrag zu stellen.[120] Es muss dann im insolvenzrechtlichen Abwicklungsverfahren das noch vorhandene Gesellschaftsvermögen gleichmäßig auf alle Gläubiger verteilt werden.

III. Einziehung von Forderungen

Die Liquidatoren sind freilich umgekehrt auch verpflichtet, die der BGB-Gesellschaft gegen Dritte zustehenden Forderungen geltend zu machen, das heißt regelmäßig fällig stellen und einziehen und gegebenenfalls einklagen. Zulässig und zur Abkürzung des Verfahrens sogar geboten ist aber auch die Verwertung durch Abtretung oder Aufrechung.

E. Schlussbilanz

Sind alle Schulden gegenüber Dritten getilgt, müssen die Liquidatoren Schlussbilanz ziehen, und zwar in Form einer einfachen Vermögensbilanz in der schlichten und in Form einer den §§ 239 ff. HGB entsprechenden Erfolgsbilanz in der bilanzierenden BGB-Gesellschaft (vgl. § 721 Abs. 2 BGB).[121] Durch Vergleich mit der Liquidationseröffnungsbilanz, also der Vermögensbilanz bei der einfachen und der Geschäftserfolgbilanz bei der bilanzierenden BGB-Gesellschaft, können die Liquidatoren so die anschließend auf die Gesellschafter umzulegenden Liquidationsgewinne und – verluste der BGB-Gesellschaft bestimmen.

F. Abwicklung im Innenverhältnis

I. Feststellung der Liquidationsanteile

Steht mit der Aufstellung der Schlussbilanz, also der Ermittlung der Liquidationsgewinne und –verluste im engeren Sinne (§§ 734, 735 BGB) die letzte Rechnungsziffer der Liquidationskonten der einzelnen Gesellschafter fest, haben die Liquidatoren diese schließlich zu den jeweiligen Liquidationsanteilen zu saldieren und die Anteile den Gesellschaftern zwecks Anerkennung (§ 781 BGB) mitzuteilen.

II. Ausgleich der Liquidationsanteile

Der Ausgleich der Liquidationsanteile, der so genannte Ausgleich der Gesellschafter untereinander, ist nach herrschender Meinung[122] nicht mehr Bestandteil der Liquida-

---

[119] Vgl. BGH WM 1966, 639, 640; MüKo-*Ulmer*, § 730 BGB, Rn. 23.

[120] Vgl. für OHG/KG *Butzer*, Jura 1994, 628, 633; *K. Schmidt*, § 149 HGB, Rn. 42, siehe Abschnitt IV B. III. 2. b).

[121] Vgl. für OHG/KG *Koller/Roth/Morck*, § 154 HGB, Rn. 4; für GmbH *Lutter/Hommelhoff*, § 71 GmbHG, Rn. 12; str., dazu ausführlich *Ensthaler*, S. 94 ff.

[122] MüKo-*Ulmer*, § 730 BGB, Rn. 2; Soergel-*Hadding*, Vor § 730 BGB, Rn. 3; Palandt-*Sprau*, § 730 BGB, Rn. 1; BGH ZIP 1993, 1307 ff.; RG JW 1937, 2970, 2971 (Lizenzvertrag); für

tion. Ebenso wenig wie bei der OHG und KG soll bei der BGB-Gesellschaft eine Harmonisierung der Liquidationsanteile, das heißt die Einziehung der Salden der Gesellschafter negativer Anteile und die Begleichung der Salden positiver Anteile, zum Aufgabenbereich der Liquidatoren gehören. Diese herrschende Meinung ist abzulehnen. Geht man von der Rechtsfähigkeit der Gesamthandsgesellschaft aus, handelt es sich auch bei den in den Liquidationsanteilen verschmolzenen wechselseitigen Forderungen, und zwar bei der BGB-Gesellschaft in gleicher Weise wie bei OHG und KG, nicht um Ansprüche im Verhältnis der Gesellschafter untereinander, sondern um Ansprüche im Verhältnis von Gesellschaft und Gesellschaftern. Schuldner und Gläubiger der Liquidationsanteile ist allein die Gesellschaft; ein Ausgleich der Gesellschafter „untereinander" kann, da diese nicht untereinander, sondern nur im Verhältnis zur Gesellschaft verpflichtet bzw. berechtigt sind, gar nicht stattfinden. Ist weiter davon auszugehen, dass die Liquidation auf Vollabwicklung, das heißt auf Abwicklung aller Rechtsbeziehungen und damit auch der Rechte und Pflichten im Innenverhältnis gerichtet ist, folgt daraus ohne weiteres, dass es im Rahmen der Liquidation der BGB-Gesellschaft auch zu den Aufgaben der Liquidatoren gehört, den Ausgleich der Liquidationsanteile herbeizuführen.[123]

Beispiel: Steht am Ende der Liquidation ein positiver Liquidationsanteil des Gesellschafters A in Höhe von DM 500, ein negativer Anteil des B von DM 200 und ein negativer Anteil des C in Höhe von DM 100 fest und besitzt die BGB-Gesellschaft noch ein Vermögen von DM 200, ist es Aufgabe der Liquidatoren, von A und B Zahlung von DM 300 zu verlangen und davon sowie den noch vorhandenen DM 200 A seinen positiven Anteil auszuzahlen bzw. die Ansprüche gegen A und B unter Auszahlung des Restvermögens an A abzutreten. Die Gesellschafter können zwar vereinbaren, dass sie sich direkt untereinander ausgleichen, dass also B und C direkt an A zu leisten haben. Grundsätzlich ist der interne Ausgleich aber Aufgabe der Liquidatoren und sie können hiervon ohne Ermächtigung der Gesellschafter nicht absehen.[124]

OHG/KG *Baumbach/Hopt*, § 149 HGB, Rn. 2 B, § 155 HGB, Rn. 1.C., BGH WM 1966, 706, 706 (KG).

[123] Vgl. für OHG/KG auch *K. Schmidt*, ZHR 153 (1989), 270, 294 ff.; *Butzer*, Jura 1994, 628, 634.

[124] So für OHG/KG auch *K. Schmidt*, ZHR 153 (1989), 270, 294 ff.

Zusammenfassung der Ergebnisse

1. Spricht man von der Liquidation, Abwicklung oder Auseinandersetzung der BGB-Gesellschaft, ist grundsätzlich das auf Vollbeendigung der BGB-Gesellschaft zielende, gesetzlich geregelte (§§ 730 ff. BGB) Verfahren gemeint.

2. Die BGB-Gesellschaft in Liquidation ist eine reale und mit der werbenden identische BGB-Gesellschaft. Ihre Struktur richtet sich nach der der werbenden BGB-Gesellschaft.
a) Die werbende BGB-Gesellschaft ist rechtsfähiges Subjekt. Sie ist selbst Träger des Gesellschaftsvermögens und kann selbst rechtsgeschäftlich und gesetzlich verpflichtet und berechtigt werden, das heißt Schuldner und Gläubiger von Gesellschaftsverbindlichkeiten sein. Wird die BGB-Gesellschaft verpflichtet, haften ihre Gesellschafter für die Gesellschaftsverbindlichkeiten analog § 128 HGB auch persönlich. Diese persönliche Gesellschafterhaftung ist ebenso wenig wie die Rechtssubjektivität der BGB-Gesellschaft auf den Fall unternehmerischen Tätigseins beschränkt. Neben ihrer Fähigkeit, Schuldner und Gläubiger, insbesondere Vertragspartner zu sein, ist die BGB-Gesellschaft zudem in der Lage, Partei eines Zivilprozesses, Beteiligte an einer anderen BGB-Gesellschaft, auch OHG, KG oder juristischen Person, Besitzer, Erbe oder Inhaber von Marken zu sein, kann einen eigenen Namen führen und mit diesem, soweit eine Identifizierung möglich, in das Grundbuch und andere öffentliche Register eingetragen werden.
b) Auch die BGB-Gesellschaft i.L. ist damit rechtsfähiges Subjekt, und zwar in exakt dem gleichen Umfang wie die werbende Gesellschaft. Eine Beschränkung der Rechtssubjektivität der Gesellschaft auf die Zwecke der Liquidation kommt entgegen einer insbesondere früher vertretenen Auffassung im Interesse der Sicherheit des Rechtsverkehrs nicht in Betracht. Somit ist die BGB-Gesellschaft i.L. selbst Träger des Gesellschaftsvermögens und Schuldner und Gläubiger von Gesellschaftsverbindlichkeiten, und zwar Neuer als auch auf die Liquidationsgesellschaft Übergeleiteter. Soweit die BGB-Gesellschaft i.L. verpflichtet wird, haften ihre Gesellschafter für die Gesellschaftsverbindlichkeiten analog § 128 HGB persönlich. Standen der werbenden BGB-Gesellschaft weitere Rechtspositionen zu, wie die des Besitzes, der Gesellschaftsbeteiligung, der Markeninhaberschaft, des (Mit-)Erbens oder des Namens, sind auch diese uneingeschränkt Rechtspositionen der BGB-Liquidationsgesellschaft.
c) Dabei besitzt die BGB-Gesellschaft i. L. den gleichen Gesellschaftszweck wie die werbende BGB-Gesellschaft. Der herrschenden Meinung, dass die Auflösung zu einer gesetzlichen Zweckänderung führt, der ursprüngliche Gesellschaftszweck wegfällt und durch den Zweck der Liquidation ersetzt wird, ist nicht zu folgen. Sie trennt nicht hinreichend zwischen dem Zweck der Gesellschaft und dem Zweck der Liquidation. Letzter ist bloßer Verfahrenszweck. Durch ihn wird der ursprüngliche Gesellschaftszweck zwar beeinflusst, nicht aber ersetzt. Allein so lässt sich plausibel erklären, dass eine aufgelöste BGB-Gesellschaft wieder in eine werbende BGB-Gesellschaft umgewandelt werden kann; es wird in diesem Fall lediglich der Liquidationszweck als Verfahrenszweck beseitigt und der ursprüngliche, fortbestehende Gesellschaftszweck wieder frei gelegt. Auch ist nur beim Fortbestand des Gesellschafts-

zwecks verständlich, wie ein von der werbenden BGB-Gesellschaft betriebenes Geschäft noch zeitweilig fortgeführt werden kann; die Liquidatoren werden hier nicht zwecks Vollbeendigung der Gesellschaft, sondern in Verfolgung des ursprünglich vereinbarten Gesellschaftszwecks tätig.

d) Strikt vom Zweck der BGB-Gesellschaft i.L. zu trennen ist der Zweck der Liquidation. Dieser besteht, geht man von der Rechtsfähigkeit der BGB-Gesellschaft aus, entgegen herrschender Meinung nicht in der bloßen Verwaltung und Verteilung einer Vermögensmasse, sondern in der Vollabwicklung eines Rechtsträgers. Gegenstand der Liquidation ist nicht mehr allein das den Gesellschaftern gehörende Gesellschaftsvermögen, sondern Gegenstand der Liquidation ist die BGB-Gesellschaft selbst. Es geht darum, alle der BGB-Gesellschaft im Innen- und Außenverhältnis zustehenden Rechtspositionen vollständig abzuwickeln, das heißt alle Verbindlichkeiten der BGB-Gesellschaft zu erfüllen, alle Forderungen einzuziehen und alles Vermögen zu übertragen. Soweit der BGB-Gesellschaft etwa Beteiligungsrechte an Gesellschaften zustehen, sind konsequent auch diese verfahrensmäßig abzuwickeln.

3. Ist Gegenstand der Liquidation die BGB-Gesellschaft selbst, ist oberstes Gebot der Liquidation der Schutz der Gesellschaftsgläubiger. Der Ansicht der herrschenden Meinung, dass die Gläubiger in der Liquidation keiner Rücksicht bedürfen, ist nicht zuzustimmen. Sie negiert die mit der Rechtsfähigkeit der BGB-Gesellschaft einhergehende Wirkung der Liquidation, nämlich dass mit ihr ein Schuldner endgültig und ersatzlos beseitigt wird. Zwar haften die Gesellschafter den Gläubigern grundsätzlich auch persönlich. Diese persönliche Haftung allein bietet den Gläubigern jedoch nicht den erforderlichen Schutz. Denn verhaltenssteuernd, das heißt, dass die Gesellschafter sich aus Sorge vor persönlicher Inanspruchnahme in einer ganz bestimmten Weise verhalten, namentlich von den §§ 730 ff. BGB, soweit sie Rechte der Gläubiger betreffen, nicht abweichen, kann die persönliche Haftung nur wirken, wenn der einzelne Gesellschafter Entscheidungen auch selbst treffen oder doch zumindest beeinflussen kann. Persönliche Haftung und Leitungsmacht der Gesellschaft müssen folglich im Einklang stehen. Dies aber ist gerade in der Liquidation, wo die Geschäftsführung und Vertretung zwecks Verfahrensstraffung regelmäßig auf ein zentrales Liquidationsorgan übertragen wird, grundsätzlich nicht der Fall. Selbst wenn der Gesellschafter an der Geschäftsführung beteiligt ist, ist seine Möglichkeit, die eigene Entscheidung durchzusetzen, zudem gering; ein Widerspruch nach § 711 BGB hat nach außen keine Wirkung, Klage und einstweiliger Rechtsschutz sind in Fragen der Geschäftsführung zum Schutz der Organisation und Zuständigkeitsverteilung der Gesellschaft nur in eng begrenzten Fällen zulässig und, soweit der Einzelne die Minderheit darstellt, wird sich seinem Beharren auf Einhaltung der gesetzlichen Liquidationsvorschriften regelmäßig die Gesellschaftertreuepflicht entgegenstellen. Auch leistungserzwingend, das heißt, dass die persönliche Haftung den Gläubigern eine zusätzliche Vollstreckungsmöglichkeit verschafft und sich so das Risiko ihres Ausfalls mindert, kann die Gesellschafterhaftung immer nur sehr begrenzt wirken. So führt nicht schon der bloße Haftungsanspruch oder die bloße Haftungsbereitschaft, sondern erst die Haftungsfähigkeit der Gesellschafter zur Leistungsbewirkung und damit zur Sicherheit der Gläubiger. Insoweit aber greifen die Bedenken von *K. Schmidt* durch, dass die Privatvermögen der Gesellschafter vor Vermögensabfluss

dass die Privatvermögen der Gesellschafter vor Vermögensabfluss nicht gesichert sind. Die Möglichkeit der (Insolvenz-) Anfechtung gemäß §§ 3, 4 AnfG, §§ 129 ff. InsO beschränkt sich auf zeitlich und sachlich eng begrenzte Fälle, namentlich auf Missbrauchsfälle; zudem sind es dort regelmäßig die Gläubiger, die die Darlegungs- und Beweislast zu tragen haben, und zwar für objektive und subjektive Tatbestandsmerkmale auf Seiten des Veräußerers als auch des Erwerbers. Auch ist die Sicherheitswirkung einer persönlichen Gesellschafterhaftung stets durch die Zahl der haftenden Gesellschafter sowie durch den Umfang der Geschäftstätigkeit der Gesellschaft bedingt. Sind es in der BGB-Gesellschaft getreu dem gesetzlichen Leitbild eines persönlichen Zusammenschlusses oftmals nur wenige, bei den häufigen Ehegattengesellschaften regelmäßig nur zwei Gesellschafter, ist auch dadurch die generelle Schutzkraft der
persönlichen Haftung eingeschränkt. Gleiches gilt für den Fall, dass die BGB-Gesellschaft, etwa eine große Baugesellschaft, mehrere Millionen DM Geschäftsvolumen hat; die Möglichkeit einer persönlichen Inanspruchnahme kann den Gläubigern hier nicht ernsthaft Sicherheit bieten. Berücksichtigt man schließlich, dass die Gläubiger bei einer persönlichen Inanspruchnahme der Gesellschafter ihr gesetzliches Haftungsprivileg verlieren (vgl. § 736 ZPO), das heißt mit den Privatgläubigern der Gesellschafter gleichrangig konkurrieren müssen, und die persönliche Gesellschafterhaftung bei Liquidation der BGB-Gesellschaft zeitlich beschränkt ist (§ 736 Abs. 2 BGB, § 159 HGB), ergibt sich so trotz persönlicher Haftung der Gesellschafter ein Schutzbedürfnis der Gläubiger im Fall der Liquidation. Aus diesem Schutzbedürfnis heraus ist der Schluss zu ziehen, dass die §§ 730 ff. BGB, soweit sie die Rechte von Gläubigern betreffen, in gleicher Weise wie die Liquidationsvorschriften der juristischen Personen zwingende Wirkung und diese unmittelbar auch im Verhältnis zu den Gläubigern besitzen.

4. Die zentralen Figuren der Liquidation sind die Gläubiger und Liquidatoren. Ihre Rechte und Pflichten sind auch am Prinzip des Gläubigerschutzes zu orientieren.

a) Die Gesellschafter unterliegen in der Liquidation zunächst allgemein der Gesellschaftertreuepflicht und der Pflicht zur Gleichbehandlung. Diese zentralen Pflichten bestehen in der Liquidation fort, da auch die BGB-Gesellschaft selbst, die Grundlage der Pflichten ist, in der Liquidation fortexistiert. Allerdings werden sie durch den Zweck der Liquidation modifiziert. So ist jeder Gesellschafter qua gesellschafterlicher Treuepflicht auch zur Vollabwicklung der BGB-Gesellschaft verpflichtet, das heißt positiv alles zu tun, um die vollständige Abwicklung zu fördern, und negativ alles zu unterlassen, was eine umfassende Abwicklung der BGB-Gesellschaft, insbesondere eine Befriedigung der Gläubiger hindert oder verzögert. Kennzeichnend für die Stellung der Gesellschafter ist zudem das Recht bzw. die Pflicht des Einzelnen auf Auflösung der BGB-Gesellschaft. Eine solche Pflicht der Gesellschafter auch im Verhältnis zu Dritten, das heißt den Gläubigern, ist bislang nicht diskutiert worden, im Ergebnis aber auch nicht anzuerkennen. Denn namentlich in dem Fall, in dem die Gläubiger ein Interesse an der Auflösung und Liquidation haben, nämlich wenn die BGB-Gesellschaft in wirtschaftlichen Schwierigkeiten steckt und Auflösung und Liquidation zu Erhalt und optimaler Verwertung des Restvermögens führen, steht dem die Wertung der §§ 16 ff. InsO entgegen, wonach eine Personengesellschaft mit mindestens einem persönlich haftenden Gesellschafter nicht schon bei Überschuldung aufgelöst und abgewickelt wird; akzeptabel ist dies Ergebnis insoweit, als wie die Gläubiger zumindest bei erheblichen Finanzschwierigkeiten durch eine Auflösung gemäß § 726 BGB geschützt werden können, und zwar noch viel besser als über eine Auflösungspflicht der Gesellschafter, denn diese erfolgt unmittelbar kraft Gesetz.

Kennzeichnend für die Stellung der Gesellschafter im Abwicklungsverfahren ist aber vor allem ihr Recht bzw. ihre Pflicht zur Liquidation. Diese Pflicht, die inhaltlich - ähnlich der Gesellschaftertreuepflicht in der Liquidation - generell auf die Mitwirkung an der Liquidation gerichtet ist, das heißt darauf, die Liquidation nach besten Kräften zu fördern und alles zu unterlassen, was eine reibungslose und rasche Vollabwicklung der BGB-Gesellschaft hindert, besteht entgegen herrschender Meinung nicht nur im Innenverhältnis, sondern auch im Verhältnis zu den Gläubigern. Dies ist unmittelbar aus dem Prinzip des Gläubigerschutzes herzuleiten; nur wenn auch der einzelne Gesellschaftsgläubiger die Betreibung der Liquidation beanspruchen kann, lassen sich für ihn Ausfälle und Nachteile, namentlich eine Verschleppung des Verfahrens und damit die Verschleuderung von Vermögenswerten, die für seine Befriedigung erforderlich sind, effektiv verhindern. Die Gesellschafter sind aber nicht nur zur Liquidation berechtigt und verpflichtet, sondern auch dazu, dass sich diese entsprechend der §§ 733-735 BGB vollzieht. Auch diese Pflicht besteht entgegen herrschender Meinung nicht nur im Verhältnis unter den Gesellschaftern, sondern auch im Verhältnis zu Dritten und auch dies folgt aus dem Gläubigerschutzprinzip. Nur wenn auch die Gläubiger die Einhaltung der Gesetzesvorschriften beanspruchen können, ist diese gesichert, also die Befriedigung der Gläubigerforderungen vor Auszahlung des Gesellschaftsvermögens und der Ausgleich von Fehlbeträgen (§§ 733 Abs. 1, 734, 735 S. 1 1. Alt. BGB) gewährt. Die Möglichkeiten der Gesellschafter, ihren internen Anspruch effektiv durchzusetzen, sind wegen fehlender Wirkung des Widerspruchs im Außenverhältnis (vgl. § 711 BGB) und fehlender Klagebefugnis in Geschäftsführungsangelegenheiten äußerst gering; zudem besitzen die Gesellschafter regelmäßig kein Interesse an der Verfolgung ihres Anspruchs, da es ihren wirtschaftlichen Interessen widerspricht, ihr Vermögen in einer BGB-Gesellschaft zu belassen bzw. in eine solche einzubringen, die ihre Geschäftstätigkeit eingestellt hat und keine Gewinne mehr abwirft. Abweichende Vereinbarungen sind den Gesellschaftern insoweit entgegen herrschender Meinung zum Schutz der Gläubiger zu untersagen, und zwar zum Schutz noch unbekannter Gesellschaftsgläubiger auch mit Zustimmung aller bekannten Gläubiger. Ihre gesellschaftsvertraglich begründeten Ansprüche können die Gesellschafter während der Liquidation nicht mehr isoliert geltend machen. Nach dem Grundsatz der Liquidationsbefangenheit sinken mit Auflösung alle gesellschaftsvertraglich begründeten Ansprüche zwischen BGB-Gesellschaft und Gesellschaftern zu unselbständigen Rechnungsposten herab und werden nur noch Bestandteil der Schlussbilanz. Dogmatisch lässt sich dieser Grundsatz mit dem zivilrechtlichen Kontokorrent vergleichen. Wie dieses zerfällt das Rechtsinstitut der Liquidationsbefangenheit in drei Vorgänge, dem In-Rechnung-Stellen, das heißt der Einstellung der gesellschaftsvertraglichen Ansprüche in eine einheitliche Liquidationsrechnung, der Verrechnung, also der rechtlichen Verschmelzung der Forderungen und

Verbindlichkeiten zu einer einheitlichen rechtlichen Forderung oder Verbindlichkeit, und der Saldofeststellung, das heißt der Feststellung und rechtlichen Anerkennung des abstrakten Saldos (§ 781 BGB), des positiven oder negativen Liquidationsanteils jeden Gesellschafters. Gegenständlich erfasst das Rechtsinstitut der Liquidationsbefangenheit grundsätzlich alle Forderungen im Verhältnis von BGB-Gesellschaft und Gesellschaftern. Es versteht sich so als notwendiger Bestandteil der Vollabwicklung der BGB-Gesellschaft, die eben nicht nur das Außenverhältnis der Gesellschaft, sondern auch die selbständigen Beziehungen der BGB-Gesellschaft zu ihren Gesellschaftern erfasst. Zu den einzelnen liquidationsbefangenen Ansprüche zählen sowohl Sozialansprüche und Sozialverbindlichkeiten der werbenden BGB-Gesellschaft als auch Forderungen und Verpflichtungen, die erst in der BGB-Liquidationsgesellschaft entstanden sind. Zu letzten gehört der Anspruch der Gesellschafter auf Rückerstattung seiner Einlagen (§ 733 Abs. 2 BGB) und auf Ausschüttung des Liquidationsgewinnes (§ 734 BGB); dabei gilt nach richtiger Auffassung hinsichtlich der Einlagenerstattung, dass ein Gesellschafter auch für *quoad sortem* eingebrachte Gegenstände (analog § 732 S. 1 BGB) Rückgabe verlangen kann, allerdings mit der Maßgabe, dass der Wert der Sache oder des Rechts zum Zeitpunkt der Rückgabe dem Gesellschafter als Negativposten vom Liquidationsguthaben abgezogen wird, und dass ein Gesellschafter auch für in Person erbrachte Einlagen, das heißt Dienste, gemäß § 733 Abs. 2 BGB Wertersatz beanspruchen kann, es sei denn der Dienst erschöpft sich in allgemeiner Geschäftsführungs- und Verwaltungstätigkeit der BGB-Gesellschaft oder ist bereits in anderer Form, etwa einer höheren Gewinnbeteiligung, vergütet worden. Zu den Kreis der zu verrechnenden Ansprüche zählt umgekehrt auch der Anspruch der BGB-Gesellschaft auf Verlustausgleich (§ 735 BGB). Dieser zerfällt in den Ausgleich zur Befriedigung der Gesellschaftsgläubiger (§ 735 S. 1 1. Alt. BGB), den die Gesellschafter entgegen herrschender Meinung weder im Voraus noch während der Liquidation abbedingen oder beschränken können, den Ausgleich für Einlagenverluste (§ 735 S. 1 2. Alt. BGB), der allein den Interessen der Gesellschafter dient und damit den Gesellschaftern uneingeschränkt zur Disposition steht, der aber nach richtiger Auffassung nicht schon allein durch eine unterschiedlich hohe Einlagenbeteiligung abbedungen oder beschränkt wird, und der internen Ausgleichshaftung der Gesellschafter, das heißt der Ausgleichspflicht eines jeden Gesellschafters für nicht erbrachte Leistungen von Mitgesellschaftern (§ 735 S. 2 BGB), der, da er unmittelbar der vollständigen Befriedigung der Gesellschaftsgläubiger dient, zu deren Schutz zwingende Geltung besitzt.

Überzeugend begründen lässt sich der Grundsatz der Liquidationsbefangenheit vor allem mit dem Gläubigerschutz. Wenn die Gesellschafter ihre Ansprüche gegenüber der BGB-Gesellschaft nicht mehr durchsetzen können, hat dies zur Folge, dass das Gesellschaftsvermögen erhalten und für die Befriedigung der Gläubiger reserviert wird. Mit dieser Begründung erklärt sich zum einen die wichtigste Ausnahme vom Grundsatz, nämlich dass die BGB-Gesellschaft umgekehrt ihre Ansprüche gegen die Gesellschafter auch nach Auflösung noch durchsetzen kann, wenn und soweit sie diese Leistungen zur Erfüllung der Gesellschaftsverbindlichkeiten benötigt, und zwar auch soweit schon feststeht, dass der in Anspruch genommene Gesellschafter einen positiven Liquidationsanteil in entsprechender Höhe haben wird, er also den jetzt eingeforderten Betrag am Ende der Liquidation wieder unstreitig von der BGB-Gesellschaft zurückfordern kann. Zum anderen werden die Mängel der anderen Begründungsansätze, insbesondere dem Verbot überflüssiger Hin- und Herzahlungen und der Einheitlichkeit der Liquidation überwunden. So setzt ein Verbot überflüssiger Hin- und Herzahlungen überall dort, wo es rechtlich institutionalisiert ist, §§ 273, 320 BGB, §§ 369, 370 HGB, so genannter *dolo-petit*-Einwand (§ 242 BGB), das Bestehen eines fälligen und zumindest dem Grunde und der Höhe nach feststehenden Gegenanspruchs voraus. Allein dass möglicherweise und zu einem späteren, ungewissen Zeitpunkt ein Gegenanspruch entsteht, kann in den geregelten Fällen ein Zahlungsverbot nicht begründen. Ein plausibler Grund, warum für das Gesellschaftsrecht von diesen Maßstäben abzuweichen ist, fehlt. Auch die Begründung der Einheitlichkeit der Liquidation hält genauer Überprüfung nicht stand. Weder bietet das Gesetz einen Anhalt für eine verfahrensbezogene Einheitlichkeit der Liquidation, es geht vielmehr in den §§ 733 Abs. 1-2, 734, 735 BGB deutlich von einem mehrstufigen Verfahren gerade auch im Gesellschaftsinnenverhältnis aus, noch liegen Anhaltspunkte für eine rechnerische Einheit vor. Allein die Ansprüche auf den Liquidationsgewinn und -verlust gemäß §§ 734, 735 BGB setzen zahlenmäßig eine Schlussabrechnung voraus; die anderen Ansprüche sind rechnerisch sowie rechtlich vom Ergebnis der Liquidationsschlussrechnung unabhängig.

b) Die Liquidatoren, das heißt die geschäftsführungs- und vertretungsberechtigten Organe der BGB-Liquidationsgesellschaft, können einzelne oder alle Gesellschafter oder Dritte sein. Da die Frage, wer Liquidator ist, bei zwingender Geltung der §§ 733-735 BGB für die Gläubiger keine Rolle spielt, besteht keine Notwendigkeit, die Gesellschafter an der Regelung des § 730 Abs. 2 BGB festzuhalten; vielmehr fördert die Bestellung eines neutralen Dritten gerade die Objektivität des Verfahrens und beugt einer Benachteiligung der Gläubiger durch die Gesellschafter vor. Dabei sind Fremd- und Gesellschafterliquidatoren in gleicher Weise zur persönlichen Aufgabenerfüllung und kraft organschaftlicher Bestellung bzw. qua gesellschafterlicher Treuepflicht zur Förderung der Liquidation und zur Gleichbehandlung aller Gesellschafter verpflichtet. Eine allgemeine, dem insolvenzrechtlichen Grundsatz *par conditio creditorum* entsprechende Pflicht zur Gleichbehandlung der Gesellschaftsgläubiger ist bislang nicht erörtert worden, im Ergebnis aber auch nicht anzuerkennen. Für sie besteht keine Notwendigkeit, denn das Liquidationsverfahren ist anders als das insolvenzrechtliche Abwicklungsverfahren, namentlich über § 735 BGB auf vollständige Gläubigerbefriedigung angelegt. Soweit die Liquidatoren die Fehlbeträge gemäß § 735 BGB nicht beitreiben können, sind sie (analog § 64 Abs. 1 GmbHG) zur Stellung des Insolvenzantrages verpflichtet; bei Verletzung dieser Pflicht machen sie sich gegenüber den Gläubigern schadensersatzpflichtig (§ 823 Abs. 2 i.V.m. § 64 Abs. 1 GmbHG), was gerade bei Fremdliquidatoren, die den Gesellschaftsgläubigern nicht persönlich haften, von praktischer Bedeutung sein kann.

Die Hauptpflicht der Liquidatoren ist die Pflicht zur Liquidation, das heißt zur Durchführung des Verfahrens gemäß den §§ 730 ff. BGB, und zwar entgegen herrschender Meinung unter strikter Einhaltung der §§ 733-735 BGB. Der Schutz der Gläubiger erfordert es, die Vorschriften zu Auszahlungen an die Gesellschafter erst nach Befriedigung der Gläubiger und zur Einforderung von Fehlbeträgen auch für die Liqui-

datoren, und zwar im Verhältnis zu den Gläubigern als auch zu den Gesellschaftern selbst als unmittelbar zwingendes Recht zu begreifen. An entgegenstehende Weisungen der Gesellschafter sind die Liquidatoren nicht zu binden, vielmehr ist umgekehrt bei ihrer Befolgung abweichender Anordnungen eine Schadensersatzpflicht gemäß § 823 Abs. 2 BGB i.V.m. §§ 733-735 BGB anzuerkennen. Eng mit der Pflicht zur Liquidation verknüpft ist die Pflicht zur bestmöglichen Vermögensverwertung, das heißt generell der Pflicht, das Gesellschaftsvermögen zu angemessenem Preis, angemessener Zeit und auf angemessenem Weg so günstig wie möglich umzusetzen. Welche Maßnahmen erforderlich und geeignet sind, können und müssen die Liquidatoren im und gerade für den Einzelfall entscheiden. Bei ihrer Ermessensentscheidung sind sie angehalten, neben dem Ziel der raschen Vollbeendigung und den Interessen der Gesellschafter auch die Belange der Gläubiger zu berücksichtigen.
Die Zwecke der Liquidation beschränken zwar die Geschäftsführungsbefugnis der Liquidatoren, nicht aber ihre Vertretungsmacht. Die verbreitete Auffassung, dass die Liquidatoren auch im Außenverhältnis nur Liquidationsgeschäfte betätigen können, ist abzulehnen. Sie resultiert aus der unrichtigen Vorstellung, dass die BGB-Gesellschaft nur noch zum und mit dem Zwecke der Liquidation fortbesteht. Die BGB-Gesellschaft ist unbeschränkt rechtsfähiges Subjekt und kann als solches nach außen unbeschränkt verpflichtet werden; der von ihr verfolgte, etwa erwerbswirtschaftliche Zweck verschafft den Liquidatoren eine insoweit unbeschränkte Vertretungsmacht. Soweit die Tätigkeit der Liquidatoren durch den Zweck der Liquidation begrenzt wird, ist dies eine Frage allein des Innenverhältnisses. Eine Beschränkung der Vertretungsmacht auf den Liquidationszweck wäre zudem mit der Sicherheit des Rechtsverkehrs unvereinbar. Liquidationsverfahren dauern oft Jahre und ob ein Rechtsgeschäft der Vollabwicklung der BGB-Gesellschaft dient oder nicht, ist meist, erst Recht für Dritte nicht ohne weiteres erkennbar.

5. Das Liquidationsverfahren zerfällt in verschiedene Abschnitte. Dabei werden zahlreiche Abschnitte von der Rechtssubjektivität der BGB-Gesellschaft bzw. dem damit einhergehenden Gläubigerschutzprinzip geprägt.
a) Eingeleitet wird das Verfahren mit der Auflösung. Insoweit ist zunächst in Anlehnung an eine für OHG und KG vertretene Ansicht auch die Ablehnung der Eröffnung des Insolvenzverfahrens mangels Masse (§§ 26, 11 Abs. 2 Nr. 1 InsO) als gesetzlicher Auflösungsgrund für die BGB-Gesellschaft anzuerkennen. Wenn die BGB-Gesellschaft nicht einmal genügend Vermögen besitzt, um das Insolvenzverfahren zu bestreiten, darf es ihr nicht erlaubt sein, sich weiterhin als werbende BGB-Gesellschaft am Rechtsverkehr zu beteiligen. Es besteht die Gefahr, dass Dritte über die Vermögenssituation getäuscht und so zu selbstschädigenden Verfügungen veranlasst werden. Dass eine zwar masselose, nicht aber vermögenslose Gesellschaft nicht weiter werbend fortexistieren darf, ergibt sich auch aus § 60 Abs. 1 Nr. 5 GmbHG, § 262 Abs. 1 Nr. 2 AktG, § 81 a Nr. 1 GenG, § 131 Abs. 2 Nr. 1 HGB. Dort hat der Gesetzgeber für die juristischen Personen und die Personenhandelsgesellschaften ohne natürliche Person als persönlich haftenden Gesellschafter die Ablehnung der Insolvenzverfahrenseröffnung mangels Masse ausdrücklich als Auflösungsgrund normiert.

Als weiterer Auflösungsgrund ist anzuerkennen, dass die Gesellschafterzahl der BGB-Gesellschaft auf einen Gesellschafter herabsinkt. Einer neueren Auffassung, die vom Fortbestand der BGB-Gesellschaft als Einmann-BGB-Gesellschaft ausgeht, ist trotz Rechtssubjektivität der BGB-Gesellschaft nicht zuzustimmen. Für eine Einmann-BGB-Gesellschaft besteht zwar namentlich in den Fällen ein praktisches Bedürfnis, in denen in einer zweigliedrigen BGB-Gesellschaft ein Gesellschafter den anderen beerbt und für den vererbten Gesellschaftsanteil Vor- und Nacherbschaft angeordnet oder einem Dritter daran ein dingliches Recht eingeräumt ist. Eine Einmann-BGB-Gesellschaft ist jedoch mit dem Wesen der BGB-Gesellschaft als Gesamthandsgesellschaft nicht vereinbar. Denn auch bei Anerkennung der Rechtssubjektivität der Gesamthandsgesellschaft ist diese im Gegensatz zur juristischen Person kein von den Gesellschaftern verschiedenes Subjekt. Sie stellt gerade keine dritte neben den Gesellschaftern bestehende, sondern nur eine aus diesen existierende Wesenheit dar. In der Einmann-BGB-Gesellschaft fehlt das, was die Gesamthandsgesellschaft auszeichnet, nämlich die Gruppe der Gesellschafter als Zuordnungssubjekt. Dass eine Gesamthandsgesellschaft nicht mit nur einem Gesellschafter fortbestehen kann, zeigen auch die Art. 31 ff. EWIV-VO und § 20 Abs. 2 RefE PartGG. Diesen Regelungen und auch der Rechtsfigur der Keinmann-Kapitalgesellschaft ist zugleich ein weiteres, von der herrschenden Meinung bislang nicht erkanntes Prinzip immanent, nämlich dass eine Gesellschaft, soweit sie durch Rückgang ihrer Mitgliederzahl unzulässig wird, aufgelöst und *durch Liquidation* vollbeendet wird. Wenn die herrschende Meinung die BGB-Gesellschaft im Zeitpunkt des Ausscheidens des vorletzten Gesellschafters zwar für aufgelöst, aber gleichzeitig, das heißt *ohne Liquidation*, auch für vollbeendet hält, negiert sie dieses Rechtsprinzip und wird auch den Interessen der Gesellschaftsgläubiger nicht gerecht. Denn bei Rechtssubjektivität der BGB-Gesellschaft bedeutet das Erlöschen der Gesellschaft für die Gläubiger den Verlust ihres Schuldners; eine persönliche Gesellschafterhaftung des verbleibenden oder ausscheidenden Gesellschafters kann sie nicht hinreichend schützen, da die Privatvermögen der Gesellschafter nicht gesichert und die Gesellschaftsgläubiger insoweit der gleichrangigen Konkurrenz der Privatgläubiger ausgesetzt sind. Allein bei Durchführung eines ordentlichen, gesetzlich geregelten Verfahren, der Liquidation, bei der zunächst alle Ansprüche der Gesellschaftsgläubiger befriedigt werden (§§ 733 Abs. 1, 734, 735 BGB), ist den Gläubigern der Verlust des Vertragspartner zuzumuten. Richtig ist daher die Ansicht, dass die BGB-Gesellschaft mit Ausscheiden des vorletzten Gesellschafters kraft Gesetz aufgelöst und verfahrensmäßig, also durch Liquidation vollbeendet wird.

Den Schluss der Liquidation bildet die Vollbeendigung. Sie tritt grundsätzlich erst bei Vollabwicklung aller Rechtsbeziehungen der BGB-Gesellschaft ein. Nur bei Vermögenslosigkeit der BGB-Gesellschaft kommt es ausnahmsweise früher zur Vollbeendigung (vgl. § 141 a FGG). Vermögenslosigkeit der BGB-Gesellschaft liegt erst vor, wenn diese auch gegen ihre Gesellschafter keine realisierbaren Forderungen mehr hat. Die häufige Formulierung, für die Vollbeendigung der BGB-Gesellschaft komme es auf die Tilgung der Gesellschaftsschulden und einen etwaigen Ausgleich zwischen den Gesellschaftern nicht an, ist insoweit nicht richtig. Denn in beiden Fällen stehen ihr noch Ansprüche gegen ihre Gesellschafter zu; sowohl die Verlustausgleichspflicht

(§ 735 S. 1 1. Alt., 2 BGB) als auch die Pflicht zum Ausgleich eines negativen Liquidationsanteils (§ 735 BGB im weiten Sinne) begründet bei Rechtsfähigkeit der Gesellschaft Forderungen nicht „unter den Gesellschaftern", sondern Forderungen der BGB-Gesellschaft selbst.

Das Liquidationsverfahren kann auch abgebrochen werden. In diesem Fall wird die BGB-Gesellschaft wieder als werbende Gesellschaft betrieben. Grund dafür ist, dass die BGB-Gesellschaft in der Liquidation real und mit dem ursprünglichen Gesellschaftszweck fortexistiert. Die Gesellschafter können so den Verfahrenszweck beseitigen und den ursprünglichen Gesellschaftszweck wieder aufleben lassen. Dass mit der (rechtmäßigen) Vermögensverteilung bereits begonnen wurde, hindert entgegen teilweise vertretener Auffassung die Fortsetzung der BGB-Gesellschaft nicht. Existiert die BGB-Gesellschaft real bis zur Vollabwicklung bzw. Vermögenslosigkeit fort, besteht dogmatisch kein Grund, eine Fortsetzung vor diesem Zeitpunkt auszuschließen. Auch rechtspolitisch ist es nicht richtig, die Gesellschafter zu früh an ihrer Entscheidung festzuhalten. Man denke an den Fall, dass die BGB-Gesellschaft wegen Kapitalmangels aufgelöst wird (§ 726 BGB) und sich in „letzter Minute" ein neuer Gesellschafter findet, der mit seiner Finanzkraft einspringt und die Überschuldung beseitigt. Die Gesellschafter hier an ihrem Entschluss festzuhalten, hieße, sie persönlich zur Hinnahme von Verlusten zu zwingen und zugleich, da die Gesellschaftsschulden auf eine neu gegründete, mit der aufgelösten nicht mehr identische BGB-Gesellschaft nicht übergingen, auch den Gläubigern die Möglichkeit zu nehmen, sich wegen ihrer Forderungen bei der BGB-Gesellschaft schadlos zu halten.

b) Das Verfahren selbst beginnt mit allgemeinen Verwaltungsmaßnahmen. Dabei ist zunächst eine Pflicht der Liquidatoren analog § 154 HGB zur Aufstellung einer Vermögensbilanz anzuerkennen, die sich dadurch rechtfertigt, dass nur ein genauer Überblick über das Gesellschaftsvermögen eine optimale und zur umfassenden Gläubigerbefriedigung führende Liquidationsplanung ermöglicht. Da die Liquidationsbilanz gemäß § 154 HGB eine statische Vermögensbilanz und keine dynamische Erfolgsbilanz ist, ist unerheblich, dass in der BGB-Gesellschaft nicht ohne weiteres ein den Handelsgesellschaften entsprechendes Rechnungs- und Bilanzierungssystem gilt (vgl. § 721 Abs. 1 BGB). Ist ein solches Bilanzierungssystem vereinbart, haben die Liquidatoren jedoch zwecks Ermittlung des Gewinns des letzten Rumpfgeschäftsjahres zusätzlich Erfolgsbilanz zu ziehen.

Auf der Grundlage der Vermögensbilanz haben die Liquidatoren sodann ein Liquidationskonzept mit dem Ziel zu entwickeln, die BGB-Gesellschaft bei möglichst hohen Gewinnen so rasch wie möglich zu beenden. Dabei ist in Analogie zu § 149 HGB, § 70 GmbHG, § 268 AktG von einer grundsätzlich umfassenden Umsetzung des Vermögens in Geld auszugehen. Die Regelung der §§ 733 Abs. 3, 734
BGB, wonach die Liquidatoren das Gesellschaftsvermögen nur insoweit umzusetzen haben, wie es zur Schuldenberichtigung und Einlagenrückerstattung erforderlich ist, also die Liquidationsgewinne den Gesellschaftern in Natur zu gewähren haben, ist unpraktikabel und vor allem mit dem Rechtsinstitut der Liquidationsbefangenheit nicht in Einklang zu bringen. Der Schlusssaldo, der Liquidationsanteil eines jeden Gesellschafters, stellt eine einheitliche rechtliche Forderung dar (§ 781 BGB), so dass sich die tatbestandliche Voraussetzung des § 733 Abs. 1 und 2 BGB und § 734 BGB,

also dessen, was die BGB-Gesellschaft dem Gesellschafter als Sozialverbindlichkeit, als Einlage oder als Liquidationsgewinn schuldet, überhaupt nicht mehr treffen lässt. Soweit die BGB-Gesellschaft sich in gesteigertem Umfang am Rechtsverkehr beteiligt hat, also namentlich im Falle erwerbswirtschaftlicher Tätigkeit, ist für die Liquidatoren die Pflicht anzuerkennen, die Auflösung und Liquidation der BGB-Gesellschaft öffentlich bekannt zu machen und die Gläubiger zur Anmeldung ihrer Forderungen aufzurufen. Eine solche Pflicht analog § 65 Abs. 2 GmbHG, § 267 AktG mit der Maßgabe, dass grundsätzlich die einmalige Bekanntmachung bzw. Aufrufung genügt, ist dadurch begründet, dass die Gläubiger der BGB-Gesellschaft in grundsätzlich gleicher Weise wie die von GmbH und AG mit Abschluss der Liquidation den Anspruchsgegner verlieren und damit ein ebenso berechtigtes Interesse haben, über den bevorstehenden Fortfall der Gesellschaft informiert zu werden. Zwar haften den Gläubigern in der BGB-Gesellschaft regelmäßig die Gesellschafter persönlich. Einfacher und zweckmäßiger, und auch eher dem Interesse der Gesellschafter entsprechend ist es jedoch, die Gläubiger über Auflösung und Liquidation der BGB-Gesellschaft zu informieren und so in die Lage zu versetzen, ihre Ansprüche gegen die Gesellschaft selbst durchzusetzen. Damit auch neue Gläubiger informiert bzw. gewarnt werden, ist den Liquidatoren zudem die Pflicht aufzuerlegen, beim Auftreten im Geschäftsverkehr dem Namen der BGB-Gesellschaft analog § 153 HGB (§ 68 Abs. 2 GmbHG, § 269 AktG) einen die Liquidation andeutenden Zusatz beizufügen („i.L."). Hatten die Vertragspartner der BGB-Gesellschaft so zumindest einmal die Gelegenheit, vom Liquidationsstatus der BGB-Gesellschaft Kenntnis zu erlangen, wird eine Pflicht der Liquidatoren, sie persönlich zu benachrichtigen, zugleich entbehrlich. Lediglich im Einzelfall wird man aus dem konkreten Schuldverhältnis die Pflicht der Liquidatoren abzuleiten haben, die Geschäftspartner persönlich über den Liquidationsstatus der BGB-Gesellschaft aufzuklären.

Auch wenn die einzelnen Verfahrensschritte nicht strikt voneinander zu trennen sind, besteht doch ein grundsätzlich zweiter Liquidationsschritt darin, fremdes Vermögen auszusondern (vgl. § 732 BGB) und gesellschaftseigenes Vermögen in Geld umzusetzen (§ 733 Abs. 3 BGB, § 149 HGB analog). Die Umsetzung des Gesellschaftsvermögens erfolgt dabei grundsätzlich nach den Regeln über den Pfandkauf bei beweglichen Sachen und Rechten und denen über die Zwangsversteigerung bei Grundstücken (§ 753 BGB i.V.m. §§ 1235 ff. BGB bzw. i.V.m. §§ 180 ff. ZVG). Der teilweise vertretenen Ansicht, dass § 753 BGB nicht anwendbar, die Veräußerung vielmehr nach der Verkehrssitte vorzunehmen ist, kann angesichts der klaren Verweisung in § 731 S. 2 BGB auf das Gemeinschaftsrecht nicht zugestimmt werden. Sie ist freilich insoweit zutreffend, als wie sich von der Verkehrssitte (§ 157 BGB) auf eine von § 753 BGB abweichende Vereinbarung schließen lässt.

Einen gleichfalls deutlich unterscheidbaren Verfahrensabschnitt stellt die Abwicklung des BGB-Gesellschaftsaußenverhältnisses dar. Insoweit haben die Liquidatoren zunächst die schwebenden Geschäfte zu Ende führen (§ 730 Abs. 2 S. 1 BGB), wobei ihnen ein Recht zur vorzeitigen Vertragsbeendigung grundsätzlich nicht zusteht; allein bei Dauerschuldverhältnissen kann sich ausnahmsweise ein Recht zur außerordentlichen Kündigung ergeben. Sodann haben sie die Ansprüche der BGB-Gesellschaft gegen Dritte einzuziehen und umgekehrt die fälligen Forderungen Drit-

ter zu erfüllen bzw. nicht fällige Forderungen grundsätzlich durch Hinterlegung sicher zu stellen. Reicht das Gesellschaftsvermögen zur Tilgung bzw. Sicherstellung der Ansprüche nicht aus, sind die Liquidatoren zur Einforderung von Nachschüssen verpflichtet, und zwar sowohl dem Verlustausgleich im engen (§ 735 S. 1 1. Alt., S. 2 BGB) als auch dem Verlustausgleich im weiteren Sinne, das heißt dem negativen Liquidationsanteil einzelner Gesellschafter; die Abwicklung im Innenverhältnis wird so gleichsam integraler Bestandteil der Abwicklung des Außenverhältnisses.
Nachdem die Rechtsverhältnisse im Außenverhältnis abgewickelt sind, haben die Liquidatoren Schlussbilanz zu ziehen, und zwar in Form einer einfachen Vermögensbilanz analog § 154 BGB bei der einfachen sowie einer §§ 239 ff. BGB entsprechenden Erfolgsbilanz bei der bilanzierenden BGB-Gesellschaft. Aus der Differenz mit der zu Beginn des Verfahrens aufgestellten Vermögensbilanz bzw. Erfolgsbilanz bei der bilanzierenden BGB-Gesellschaft können die Liquidatoren die Liquidationsgewinne bzw. –verluste ermitteln und durch Umlage auf die Gesellschafter entsprechend dem jeweiligen Verteilungsschlüssel, im Zweifel nach Köpfen (§ 722 BGB), und Verrechnung mit den übrigen gesellschaftsvertraglichen Forderungen im Verhältnis von BGB-Gesellschaft und Gesellschaftern für jeden Gesellschafter individuell den Liquidationsanteil bestimmen. Soweit insbesondere einzelne Gesellschafter positive, andere negative Anteile besitzen und das vorhandene Gesellschaftsvermögen zu einer den Anteilen entsprechenden Vermögensverteilung nicht ausreicht, haben die Liquidatoren entgegen herrschender Meinung auch insoweit grundsätzlich den Ausgleich herbeizuführen. Denn bei Rechtssubjektivität der BGB-Gesellschaft handelt es sich bei den im jeweiligen Liquidationsanteil verschmolzenen Forderungen und Verbindlichkeiten und damit auch bei dem Liquidationsanteil selbst immer nur um einen Anspruch bzw. eine Verbindlichkeit der BGB-Gesellschaft. Ebenso wenig wie ein Gesellschafter mit einem negativen Anteil seinen Mitgesellschaftern mit positiven Anteilen zum Ausgleich verpflichtet ist, kann der Gesellschafter, dem ein positiver Anteil zusteht, von seinen Mitgesellschaftern, denen ein negatives Liquidationsguthaben verbleibt, Ausgleich verlangen. Wenn die herrschende Meinung der Auffassung ist, der Ausgleich der Liquidationsanteile sei „Sache der Gesellschafter untereinander", trägt sie dem Umstand nicht Rechnung, dass die Anteile bei Rechtssubjektivität der Gesamthandsgesellschaft gar keine Rechtsbeziehungen „unter den Gesellschaftern" mehr sind.

Literaturverzeichnis

Literaturverzeichnis

Aderhold, Lutz: Das Schuldmodell der BGB-Gesellschaft, Bonn, 1981.

Ahrens, Hans-Jürgen: Die Warenzeicheninhaberschaft der BGB-Gesellschaft eine rechtspolitische Skizze, in Karl Bruchhausen u.a. (Hrsg.), Festschrift für Rudolf Nirk, München, 1992, S. 1 ff., zit.:Ahrens, FS Nirk.

Alberts, Martin: Die Gesellschaft bürgerlichen Rechts im Umbruch, Frankfurt/Main, New York, Paris, Wien, 1994.

Althammer, Werner/*Ströbele*, Paul: Markengesetz, Kommentar, 5. Auflage, Köln, Berlin, Bonn, München, 1997.

Altmeppen, Holger: Haftung der Gesellschafter einer Personengesellschaft für Delikte, NJW 1996, 1017 ff.

Ann, Christoph: Anmerkung zu BGH, Urt. v. 29.01.2001, II ZR 331/00, JA 2001, 441 ff.

Bälz, Ulrich: Organisationsvertrag und Gesamthand – Zur Abgrenzung von Außen- und Innengesellschaften -, in Manfred Lieb u.a. (Hrsg.), Festschrift für Wolfgang Zöllner, Köln, Berlin, Bonn München, 1998, S. 275 ff., zit.: Bälz, FS Zöllner.

Ballerstedt, Kurt: Der gemeinsame Zweck als Grundbegriff des Rechts der Personengesellschaften, JuS 1963, 253 ff.

Bauer, Hans-Joachim/*von Oefele*, Helmut: Grundbuchordnung, Kommentar, München, 1999.

Baumbach, Adolf/*Hefermehl*, Wolfgang, Wechselgesetz, Kommentar, 17. Auflage, München, 1990.

Baumbach, Adolf/*Hopt*, Klaus: Handelsgesetzbuch, 30. Auflage, München, 2000.

Baumbach, Adolf/*Lauterbach*, Wolfgang/*Albers*, Jan/*Hartmann*, Peter: Zivilprozessordnung, Kommentar, 59. Auflage, München 2000.

Baur, Fritz/*Grunsky*, Wolfgang: Eine „Einmann-oHG", ZHR 133 (1970), 209 ff.

Beck, Markus: Die Haftung der Gesellschafter bei der Erwerbsgesellschaft, Berlin, 1999.

Becksch'es Handbuch der Personengesellschaften, Welf Müller, Wolf-Dieter Hoffmann (Hrsg.), Gesellschaftsrecht - Steuerrecht, München, 1999, zitiert: Müller/Hoffmann.

Bengel, Manfred/*Bauer*, Rainer /*Weidlich*, Dietmar: Grundbuchordnung, Kommentar, 5. Auflage, Neuwied, Kriftel, Berlin, 2000.

Berndt, Joachim/*Boin*, Kai T.: Zur Rechtsnatur der Gesellschaft bürgerlichen Rechts, NJW 1998, 2854 ff.

von Beseler, Georg: Die Lehre von den Erbverträgen, 1. Teil: Die Vergabungen von Todes wegen nach dem älteren deutschen Rechte, Berlin, 1895.

Beuthien, Volker: Die Haftung von Personengesellschaftern, DB 1975, 725 ff., 773 ff.

Beuthien, Volker/*Ernst*, Astrid: Die Gesellschaft bürgerlichen Rechts als Mitglied einer eingetragenen Genossenschaft, ZHR 156 (1992), 227 ff.

Blomeyer, Jürgen: Die Rechtsnatur der Gesamthand, JR 1971, 397 ff.

Bork, Reinhard: Einführung in das neue Insolvenzrecht, 2. Auflage, Tübingen, 1998, zit.: Bork, InsR.

Brandes, Helmut: Die Rechtsprechung des BGH zur Gesellschaft bürgerlichen Rechts und zur stillen Gesellschaft, WM 1994, 569 ff.

Brehm, Wolfgang: Die Haftung des Vermögens einer Gesellschaft bürgerlichen Rechts für private Schulden der Gesellschafter, KTS 1983, 21 ff.

Breuer, Wolfgang: Das neue Insolvenzrecht, München, 1998, zit.: Breuer, InsR.

Breuninger, Gottfried: Die BGB-Gesellschaft als Rechtssubjekt im Wirtschaftsverkehr, Köln, 1991.

Brönner, Herbert/*Bareis*, Peter: Besteuerung von Gesellschaften, 17. Auflage, Stuttgart, 1999.

Buchda, Gerhardt: Geschichte und Kritik der deutschen Gesamthandslehre, Marburg, 1936.

Buchner, Herbert: Zur rechtlichen Struktur der Personengesellschaft, AcP 169 (1969), 483 ff

Bucziek, Klaus: Die Haftung der BGB-Gesellschafter für Steuerschulden der Gesellschaft, DStZ 1986, 370 ff.

Butzer, Hermann: Die Liquidation von Personenhandelsgesellschaften – ein Überblick, Jura 1994, 628 ff.

Canaris, Claus-Wilhelm: Handelsrecht, 22. Auflage, München, 1995, zit.: Canaris, HandelsR.

Carl, Dieter: Leistungsbescheid und Leistungsangebot als Voraussetzung der Zwangsvollstreckung bei nicht rechtsfähigen Personenvereinigungen, BB 1986, 1269 ff.

Cordes, Albrecht: Die Gesellschaft bürgerlichen Rechts auf dem Weg zur juristischen Person?, JZ 1998, 545 ff.

Dauner-Lieb, Barbara: Abfindungsklauseln bei Personengesellschaften, ZHR 158 (1994), 271 ff.

Unternehmen in Sondervermögen, Tübingen, 1998, zit.: Dauner-Lieb, Sondervermögen.

Die BGB-Gesellschaft mit beschränkter Haftung – Phantom oder zulässige Spielart der GbR?, DStR 1998, 2014 ff.

Die BGB-Gesellschaft im System der Personengesellschaften, in Schriftenreihe der Bayer-Stiftung für deutsches und internationales Arbeits- und Wirtschaftsrecht, Die Reform des Handelsstandes und der Personengesellschaften, München, 1999, S. 95 ff., zit.: Dauner-Lieb, BGB-Gesellschaft.

Das Ende der BGB-Gesellschaft mit beschränkter Haftung – was nun?, DStR 1999, 1992 ff.

Ein neues Fundament für die BGB-Gesellschaft, DStR 2001, 356 ff.

Demharter, Johann: Grundbuchordnung, Kommentar, 22. Auflage, München, 1997.

Anmerkung zu OLG Düsseldorf, Beschl. v. 05.03.1997, 3 Wx 461/96, DNotZ 1997, 740 ff.

Denkschrift zum Entwurf eines bürgerlichen Gesetzbuches, Berlin, 1896, zit.: Denkschrift BGB.

Dernburg, Heinrich: Lehrbuch des Preußischen Privatrechts, 2. Band: Das Obligationenrecht, 4. Auflage, Halle, 1889.

Düringer, Adalbert/*Hachenburg*: Handelsgesetzbuch, Band II/1, Allgemeine Einleitung: Gesellschaftsrecht des bürgerlichen Rechts, 3. Auflage, Mannheim, Berlin, Leipzig, 1932, zit.: Düringer/Hachenburg/Geiler, Band II/2, Das Handelsgesetzbuch, 3. Auflage, Mannheim, Berlin, Leipzig, 1932, zit.: Düringer/Hachenburg/Flechtheim.

Eickmann, Dieter: Die Gesellschaft bürgerlichen Rechts im Grundbuchverfahren, RPfleger 1985, 85 ff.

Eisenhardt, Ulrich: Gesellschaftsrecht, 8. Auflage, München, 1999, zit.: Eisenhardt, GesR.

Emmerich, Volker/*Sonnenschein*, Jürgen: Konzernrecht, 6. Auflage, München, 1997, zit.: Emmerich/Sonnenschein, KonzernR.

Enneccerus, Ludwig/*Lehmann*, Heinrich: Lehrbuch des Bürgerlichen Rechts, Zweiter Band: Recht der Schuldverhältnisse, Tübingen, 1958.

Ensthaler, Jürgen: Die Liquidation von Personengesellschaften, Köln, 1985.

Entwurf eines Handelsgesetzbuches für die Preußischen Staaten nebst Motiven, Berlin, 1857.

Erman, Walter (Hrsg.): Handkommentar zum Bürgerlichen Gesetzbuch, 1. Band, 10. Auflage, Münster, 2000, zit.: Erman-Bearbeiter.

Ernst, Lieselotte: Schuld und Haftung bei der BGB-Gesellschaft, Heidelberg, 1973.

Fabricius, Fritz: Relativität der Rechtsfähigkeit, München, Berlin, 1963.

Felix, Günther: Gesellschafterwechsel infolge der Umwandlung einer GmbH in eine Personengesellschaft oder einen Gesellschafter als Einzelnunternehmer, BB 1987, 1265 ff.

Fezer, Karl-Heinz: Die Markenrechtsfähigkeit der Gesellschaft bürgerlichen Rechts, in Carsten Thomas Ebenroth u.a. (Hrsg.), Festschrift für Karlheinz Boujong, München 1996, S. 123 ff., zit.: Fezer, FS Boujong.

Markenrecht, Kommentar zum Markengesetz, 2. Auflage, München, 1999.

Fikentscher, Wolfgang: Schuldrecht, 8. Auflage, Berlin, New York, 1992, zit.: Fikentscher SchuldR.

Fischer, Lutz: Die Gesellschaft bürgerlichen Rechts, Bielefeld, 1977.

Flume, Werner: Gesellschaft und Gesamthand, ZHR 132 (1972), 177 ff.

Schuld und Haftung bei der Gesellschaft bürgerlichen Rechts, in Wolfgang Hefermehl u.a. (Hrsg.), Festschrift für Harry Westermann, Karlsruhe, 1974, S. 119 ff., zit.: Flume, FS Westermann.

Allgemeiner Teil des Bürgerlichen Rechts, Band I, Teil 1: Die Personengesellschaft, Berlin, Heidelberg, New York, 1977, zit.: Flume, Personengesellschaft; Band I, Teil 2: Die juristische Person, Berlin, Heidelberg, New York, Tokyo, 1983, zit.: Flume, Juristische Person.

Frankfurter Kommentar zur Insolvenzordnung, Klaus Wimmer (Hrsg.), 2. Auflage, Neuwied, Kriftel, 1999, zit.: FK-Bearbeiter.

Frey, Kaspar: Anmerkung zu BGH, Urt. v. 10.02.1992, II ZR 54/91, ZIP 1992, 700 ff.

Ganske, Joachim (Hrsg.): Umwandlungsrecht, Regierungsentwürfe des Gesetzes zur Bereinigung des Umwandlungsrechts und des Gesetzes zur Änderung des Umwandlungssteuerrechts. Texte mit amtlichen Begründungen, Düsseldorf, 1995.

von Gierke, Otto: Die Genossenschaftstheorie und die deutsche Rechtsprechung, Leipzig, Berlin, 1887, zit.: v. Gierke, Genossenschaftstheorie.

Deutsches Privatrecht, Band I, Allgemeiner Teil und Personenrecht, Leipzig, 1895, Band III, Schuldrecht, München, Leipzig, 1917, zit.: v. Gierke, Privatrecht.

Handelsgesellschaftsrecht und bürgerliches Recht, ArchBürgR 19 (1901), 114 ff.

Goette, Wulf: Anmerkung zu BGH, Urt. v. 29.01.2001, II ZR 331/00, DStR 2001, 315.

Groth, Frank: Die analoge Anwendung von OHG-Recht auf BGB-Gesellschaften, Frankfurt/Main, 1994.

Grunewald, Barbara: Gesellschaftsrecht, 3. Auflage, Tübingen, 1999, zit.: Grunewald, GesR.

Gummert, Hans: Haftung und Haftungsbegrenzung bei der BGB-Außengesellschaft, Bonn, 1991.

Habersack, Matthias: Zur Rechtsnatur der BGB-Gesellschaft – BAG NJW 1989, 3084, JuS 1990, 170 ff.

Die Haftungsverfassung der Gesellschaft bürgerlichen Rechts – Doppelverpflichtung und Akzessorietät, JuS 1993, 1 ff.

Die Mitgliedschaft – subjektives und „sonstiges“ Recht, Tübingen, 1996, zit.: Habersack, Mitgliedschaft.

Haftung der Mitglieder einer GbR für Bürgschaftsverpflichtungen, BB 1999, 61 ff.

Anmerkung zu BGH, Urt. v. 18.05.1998, II ZR 380/96, JZ 1999, 46 ff.

Die Anerkennung der Rechts- und Parteifähigkeit der GbR und der akzessorischen Gesellschafterhaftung durch den BGH, BB 2001, 477 ff.

Hadding, Walther: Inhalt und Verjährung der Haftung des Gesellschafters einer OHG oder KG, ZGR 1981, 577 ff.

Haftungsbeschränkung in der unternehmerisch tätigen Gesellschaft bürgerlichen Rechts, in Manfred Löwisch u.a. (Hrsg.), Festschrift für Fritz Rittner, München 1991, S. 133 ff., zit.: Hadding, FS Rittner.

Hahn, Carl/*Mugdan*, Benno: Die gesamten Materialien zu den Reichsjustizgesetzen, Band VIII, Berlin, 1898.

Hartmann, Gunther/*Hartmann*, Andreas: Zur Frage der Beteiligungsfähigkeit einer Gesellschaft bürgerlichen Rechts an Personengesellschaften, in Walther Hadding u.a. (Hrsg.), Festschrift für Winfried Werner, Berlin, New York, 1984, S. 217 ff., zit.: Hartmann/Hartmann, FS Werner.

Häsemeyer, Ludwig: Insolvenzrecht, 1. Auflage, Köln, Berlin, Bonn, München, 1992, zit: Häsemeyer, InsR.

Hasse, Johann Christian: Beytrag zur Revision der bisherigen Theorie der ehelichen Gütergemeinschaft, Kiel, 1808.

Heckelmann, Dieter: Die GbRmbH als (neue) Rechtsform, in Harm Peter Westermann u.a. (Hrsg.), Festschrift für Karlheinz Quack, Berlin, New York, 1991, S. 243 ff., zit.: Heckelmann, FS Quack.

Heermann, Peter W.: Haftungsbeschränkung in der BGB-Außengesellschaft, BB 1994, 2421 ff.

Heil, Hans-Jürgen: Die Gesellschaft bürgerlichen Rechts mit beschränkter Haftung im Lichte der Handelsrechtsreform und des AGB-Gesetzes, MittRhNotK 1998, 348 ff.

Zur Haftungsbeschränkung in der Gesellschaft bürgerlichen Rechts: Bestätigung oder Abschied von der Gruppenlehre, MittRhNotK 1999, 337 ff.

Parteifähigkeit der GbR – der Durchbruch der Gruppenlehre, NZG, 2001, 300 ff.

Heller, Robert: Der Zivilprozess der Gesellschaft bürgerlichen Rechts, Köln, 1989.

Henckel, Wolfram: Buchbesprechung Fritz Baur, Zwangsvollstreckung-, Konkurs- und Vergleichsrecht, 8. Auflage, 1969, 1969 und Fälle und Lösungen im Zwangsvollstreckung-, Konkurs- und Vergleichsrecht, 2. Auflage, 1969, ZZP 84 (1971), S. 447 ff.

Hennecke, Bernd: Das Sondervermögen der Gesamthand, Berlin, 1976.

Hennrichs, Joachim: Formwechsel und Gesamtrechtsnachfolge bei Umwandlungen, Berlin, 1995.

Hennrichs, Joachim/*Kießling*, Erik: Die „GbR ohne persönliche Gesellschafterhaftung“, WM 1999, 877 ff.

Herzog, Roman: Allgemeine Staatslehre, Frankfurt/Main, 1971.

Heymann, Ernst: Handelsgesetzbuch, Kommentar, Band 2, Zweites Buch, §§ 105-237 HGB, 2. Auflage, Berlin, New York, 1996, zit.: Heymann-Bearbeiter.

Hillers, Klaus, Personengesellschaft und Liquidation, Köln, Berlin, Bonn, München, 1989.

Hintzen, Maria A.: Auflösung und Liquidation von Personengesellschaften, Darmstadt, 1965,

Hoffmann, Hans-Joachim: Gesamthandsverpflichtungen bei der BGB-Gesellschaft ohne gesamtschuldnerische Haftung der Gesellschafter, NJW 1969, 724 ff.

Holstein, Günter: Der Name der BGB-Gesellschaft, Münster, 1968.

Hommelhoff, Peter.: Anmerkung zu BGH, Urt. v. 30.04.1979, II ZR 137/78, NJW 1975, 505 ff.

Wider das Akzessorietätstheorie in der Gesellschaft bürgerlichen Recht, ZIP 1998, 8 ff.

Honsell, Heinrich: Römisches Recht, 4. Auflage, Berlin, Heidelberg, New York, 1997.

Hopt, Klaus J./*Hehl*, Günther: Gesellschaftsrecht, 4. Auflage, München, 1996, zit.: Hopt/Hehl, GesR.

Huber, Ulrich: Vermögensanteil, Kapitalanteil und Gesellschaftsanteil an Personengesellschaften des Handelsrechts, Heidelberg, 1970, zit.: Huber, Vermögensanteil.

Rechtsfähigkeit, juristische Person und Gesamthand, in Uwe Schneider u.a. (Hrsg.), Festschrift für Marcus Lutter, Köln, 2000, S. 107 ff., zit.: Huber, FS Lutter.

Hueck, Alfred: Der Treuegedanke im modernen Privatrecht, München, 1946, zit.: A. Hueck, Treuegedanke.

Recht der oHG, 4. Auflage, Berlin, 1971, zit.: A. Hueck, oHG.

Hueck, Alfred/*Canaris*, Claus-Wilhelm: Recht der Wertpapiere, 12. Auflage, München, 1986.

Hueck, Götz: Der Grundsatz der gleichmäßigen Behandlung im Privatrecht, München, 1958, zit.: G. Hueck, Gleichbehandlung.

Gesellschaftsrecht, 19. Auflage, München 1991, zit.: G. Hueck, GesR.

Drei Fragen zur Gesamthandsgesellschaft, in Manfred Lieb u.a. (Hrsg.), Festschrift für Wolfgang Zöllner, Band I, Köln, Berlin, Bonn München, 1998, S. 275 ff., zit.: G. Hueck, FS Zöllner.

Hüffer, Uwe: Entwicklungslinien im Gesellschafts-, Unternehmens- und Wettbewerbsrecht, ZHR 144 (1980), 518 ff.

Die Gesamthandsgesellschaft in Prozess, Zwangsvollstreckung und Konkurs, Marcus Lutter u.a. (Hrsg.), Festschrift für Walter Stimpel, Berlin, New York, 1985, S. 165 ff., zit.: Hüffer, FS Stimpel.

Gesellschaftsrecht, 5. Auflage, München 1998, zit.: Hüffer, GesR.

Aktiengesetzbuch, Kommentar, 4. Auflage, München 1999, zit.: Hüffer, AktG.

Ingerl, Reinhard /*Rohnke*, Christian: Markengesetz, Kommentar, München, 1. Auflage, 1998.

Jaschke, Martin: Gesamthand und Grundbuchrecht, Köln, 1991.

Jaunernig, Othmar: Bürgerliches Gesetzbuch, Kommentar, 9. Auflage, München, 1999, zit.: Jaunernig-Bearbeiter.

John, Uwe: Die organisierte Rechtsperson, Berlin, 1971.

Kaser, Max: Rechtsgeschichte des Altertums, Dritter Teil, Dritter Band, Zweiter Abschnitt: Das Römische Privatrecht, 2. Auflage, München, 1975, zit.: Kaser, Rechtsgeschichte.

Römisches Privatrecht, 14. Auflage, München, 1986, zit.: Kaser, Römisches PrivatR.

Kellermann, Alfred: Buchbesprechung Klaus Hillers, Personengesellschaft und Liquidation, Köln, Berlin, Bonn, München, 1989, AcP 190 (1990), 657 ff.

Klamroth, Sabine: Beteiligung einer BGB-Gesellschaft an einer Personenhandelsgesellschaft, BB 1983, 796 ff.

Klunzinger, Eugen: Grundzüge des Gesellschaftsrechts, 11. Auflage, München, 1999, zit.: Klunzinger, GesR.

Koller, Ingo/*Roth*, Wulf-Henning/*Morck*, Winfried: Handelsgesetzbuch, Kommentar, 2. Auflage, München, 1999.

Kornblum, Udo: Die Haftung der Gesellschafter für Verbindlichkeiten von Personengesellschaften, Frankfurt/Main, 1972.

Kowalski, Andre: Zur Bereicherungshaftung in Gesellschaften bürgerlichen Rechts, NJW 1991, 3183 ff.

Kraft, Alfons/*Kreutz*, Peter: Gesellschaftsrecht, 11. Auflage, Neuwied, Kriftel, Berlin, 2000

Kreutz, Peter: Von der Einmann- zur „Keinmann-" GmbH, in Marcus Lutter u.a. (Hrsg.), Festschrift für Walter Stimpel, Berlin, New York, 1985, S. 379 ff., zit.: Kreutz, FS Stimpel.

Kübler, Friedrich: Gesellschaftsrecht, 4. Auflage, Heidelberg, 1994, zit.: Kübler, GesR.

Kuhn, Georg/*Uhlenbruck*, Wilhelm: Konkursordnung, Kommentar, 11. Auflage, München, 1994.

Larenz, Karl: Lehrbuch des Schuldrechts, Erster Band, Allgemeiner Teil, 14. Auflage, München, 1987, zit.: Larenz, SchuldR AT, Zweiter Band, Halbband 2, Besonderer Teil, 12. Auflage, München, 1981, zit.: Larenz, SchuldR BT.

Lentner, Anton J.: Das Gesellschaftsrecht der Europäischen Interessenvereinigung, Baden-Baden, 1984.

Leonhard, Franz: Das Schuldrecht des BGB, Band 2, Besonderes Schuldrecht des BGB, Leipzig, Berlin, 1931.

Leuthe, Klaus: Die gewerblich geprägte Gesellschaft bürgerlichen Rechts, Augsburg, 1993.

Lindacher, Walter: Grundfälle zur Haftung bei Personengesellschaften, 1. Teil: Dogmatische Grundlegung, JuS 1981, 431 ff., 818 ff.

Die Scheinhandelsgesellschaft im Prozess und in der Zwangsvollstreckung, ZZP 96 (1983), 486 ff.

Lüke, Wolfgang: Prozessführung bei Streitigkeiten im Innenverhältnis der BGB-Gesellschaft, ZGR 1994, 266 ff.

Lüttge, Jörg W.: Das neue Umwandlungs- und Umwandlungssteuerrecht, NJW 1995, 417 ff.

Lutter, Marcus/*Hommelhoff*, Peter: GmbH-Gesetz, Kommentar, 15. Auflage, 2000.

von Mangoldt, Hermann/*Klein*, Friedrich/*Starck*, Christian: Das Bonner Grundgesetz, Kommentar, Band 1 (Präambel, Artikel 1-19 GG), 4. Auflage, München, 1999.

Martinek, Michael: Repräsentantenhaftung, Berlin, 1979.

Mayer-Maly, Theo: Römisches Recht, 2. Auflage, Wien, New York, 1999.

Medicus, Dieter: Schuldrecht, Besonderer Teil, 6. Auflage, München, 1993, zit.: Medicus, SchuldR BT.

Messer, Herbert: Gesellschaftsbezogene Forderungen als unselbständige Rechnungsposten in der Auseinandersetzungsrechnung der Gesellschaft, in Marcus Lutter u.a. (Hrsg.), Festschrift für Walter Stimpel, Berlin, New York, 1985, S. 205 ff., zit.: Messer, FS Stimpel.

Mülbert, Peter O.: Die rechtsfähige Personengesellschaft – Rechtsfähigkeit, akzessorische Mitgliederhaftung und das Umwandlungsrecht, AcP 199 (1999), 38 ff.

Müller-Gugenberger, Christian/*Schlotthöfer*, Peter: Die EWIV in Europa, München, 1995.

Müller-Laube, Hans-Martin: Der Einfluss von Personenwechsel und Gestaltwandel auf die Identität der Personengesellschaft, in Walther Hadding u.a. (Hrsg.), Festschrift für Ernst Wolf, Köln, Berlin, Bonn, München, 1985, S. 501 ff., zit.: Müller-Laube, FS Wolf.

Münchener Kommentar zum Bürgerlichen Gesetzbuch, Kurt Rebmann u.a. (Hrsg.), Band 2, Schuldrecht Allgemeiner Teil (§§ 241- 432 BGB), 3. Auflage, München, 1994, Band 5, Schuldrecht Besonderer Teil III (§§ 705-853 BGB, Partnerschaftsgesetz, Produkthaftungsgesetz), 3. Auflage, München, 1997; Band), Erbrecht, §§ 1922-2385 BGB, §§ 27-35 BeurkG, 3. Auflage, München, 1995, zit.: MüKo-Berabeiter.

Münchener Kommentar zur Zivilprozessordnung, Gerhard Lüke u.a. (Hrsg.), Band 1 (§§ 1-352 ZPO), München, 1992, zit.: MüKo/ZPO-Bearbeiter.

Müther, Peter-Hendrik: Die BGB-Gesellschaft im Zivilprozess, MDR 1998, 625 ff.

Mugdan, Benno: Die gesamten Materialien zum Bürgerlichen Gesetzbuch für das Deutsche Reich, Zweiter Band: Recht der Schuldverhältnisse, Berlin, 1899, Neudruck Aalen, 1979.

Musielak, Hans-Joachim: Zivilprozessordnung, Kommentar, München, 1999, zit.: Musielak-Bearbeiter.

Nagel, Riever: Gibt es eine OHG mbH?, NZG 2001, 202 ff.

Nicknig, Paul-Georg: Die Haftung der Mitglieder der BGB-Gesellschaft für Gesellschaftsschulden, Köln, 1972.

Oldenburg, Dirk: Die Keinmann-GmbH – Ein unmögliches Rechtsgebilde?, Frankfurt/Main, Bern, New York, 1985.

Palandt, Otto: Bürgerliches Gesetzbuch mit Einführungsgesetz und anderen Nebengesetzen, Kommentar, 60. Auflage, München, 2001, zit.: Palandt-Bearbeiter.

Pape, Gerhard: Anmerkung zu LG Osnabrück, Beschl. v. 24.9. 93, EWIR 1994, 165 f.

Paulus, Christoph: Die Gesellschaft bürgerlichen Recht als Steuerschuldner, DStR 1994, 544 ff.

Peres, Holger: Abschied von der Doppelverpflichtungslehre und persönliche Haftung der Gesellschafter freiberuflicher Sozietäten bürgerlichen Rechts, DStR 2000, 639 ff.

Peifer, Karl-Nikolaus: Der BGH und die GbRmbH – Rückschlag oder Fortschritt auf dem Weg zum Verständnis der Gesamthand, NZG 2001, 193 ff.

Rechtsfähigkeit und Rechtssubjektivität – die GbR als oHG?, NZG 2001, 296 ff.

Planck's Kommentar zum Bürgerlichen Gesetzbuch, Gottlieb Strohal (Hrsg.), II. Band, 2. Hälfte, Recht der Schuldverhältnisse, Besonderer Teil, 4. Auflage, Berlin, Leipzig, 1928.

Prütting, Hanns: Ist die Gesellschaft bürgerlichen Rechts insolvenzfähig?, ZIP 1997, 1725 ff.

Raiser, Thomas: Gesamthand und juristische Person im Licht des neuen Umwandlungsrechts, AcP 194 (1994), 495 ff.

Gesamthandsgesellschaft oder juristische Person – Eine Geschichte ohne Ende?, in Manfred Lieb u.a. (Hrsg.), Festschrift für Wolfgang Zöllner, Band I, Köln, Berlin, Bonn München, 1998, S. 469 ff., zit.: Raiser, FS Zöllner.

Der Begriff juristische Person. Eine Neubesinnung, AcP 199 (1999), 104 ff.

Rehbein, Dieter: Anmerkung zu BGH, Urt. v. 06.04.1987, II ZR 101/86, JR 1988, 152 ff.

Reichsgerichtsrätekommentar zum Bürgerlichen Gesetzbuch, hrsg. von Mitgliedern des Bundesgerichtshofs, Band II, 4. Teil (§§ 631-811 BGB), 12. Auflage, Berlin, New York, 1978, zit.: RGRK-Bearbeiter.

Reinhardt, Rudolf/*Schultz*, Dietrich: Gesellschaftsrecht, 2. Auflage, Tübingen, 1981, zit: Reinhardt/Schultz, GesR.

Reiff, Peter: Die Haftungsverfassung nichtrechtsfähiger unternehmenstragender Verbände, Tübingen, 1996.

Wider die unternehmenstragende Gesellschaft bürgerlichen Rechts ohne Gesellschafterhaftung, ZIP 1999, 517 ff.

Die Beschränkung der persönlichen Gesellschafterhaftung nach der Akzessorietätstheorie, ZIP 1999, 1329 ff.

Anmerkung zu BGH, Urt. v. 27.09.1999, II ZR 371/98, VersR 1999, 1427 ff.

Die Haftungsverfassung der GbR nach dem Urteil des BGH vom 27.09.1999 (II ZR 371/98), NZG 281 ff.

Reuter, Dieter: Neuere Rechtsprechung zum Personengesellschaftsrecht, JZ 1986, 16 ff.

Rittner, Fritz: Die werdende juristische Person, Tübingen, 1973.

Römermann, Volker: Anmerkung zu BGH, Urt. v. 29.01.2001, II ZR 331/00, DB 2001, 428 ff.

Rosenberg, Leo/*Schwab*, Karl-Heinz/*Gottwald*, Peter: Zivilprozessrecht, 15. Auflage, München, 1993.

Roth, Günther H.: Die kleine Erwerbsgesellschaft zwischen bürgerlichem Recht und Handelsrecht, ZHR 155 (1991), 24 ff.

Sammeck, Cornel: Individualansprüche und Sozialverpflichtungen bei der OHG, Köln, 1939; zit.: Sammeck, Individualansprüche.

Schemmann, Till: Anmerkung zu BGH, Urt. v. 29.01.2001, II ZR 331/00, DNotZ 2001, 244 ff.

Schlegelberger, Franz: Handelsgesetzbuch, Kommentar, Band III, 1. Halbband (§§ 105-160 HGB), 5. Auflage, München, 1992, zit.: Schlegelberger-Berabeiter.

Schön, Wolfgang: Die vermögensverwaltende Personenhandelsgesellschaft – Ein Kind der HGB-Reform, DB 1998, 1169 ff.

Scholz, Franz (Hrsg.): Kommentar zum GmbH-Gesetz, Band II (§§ 45-85), 8. Auflage, Köln, 1995, zit.: Scholz-Bearbeiter.

Schmidt, Karsten: Grundzüge der GmbH-Novelle, NJW 1980, 1769 ff.

Zur Gläubigersicherung im Liquidationsrecht der Kapitalgesellschaften, Genossenschaften und Vereine, ZIP 1981, 1 ff.

Gesellschaft bürgerlichen Rechts, in Gutachten und Vorschläge zur Überarbeitung des Schuldrechts, Band III, hrsg. vom Bundesminister der Justiz, Köln, 1983, S. 413 ff., zit.: K. Schmidt, Gutachten Schuldrechtsreform.

Ultra-vires-Doktrin: tot oder lebendig, AcP 184 (1984), 529 ff.

Zur Vermögensordnung der Gesamthands-BGB-Gesellschaft, JZ 1985, 909 ff.

Insolvenzrisiko und gesellschaftsrechtliche Haftung, JZ 1985, 301 ff.

Zur Haftung und Enthaftung der persönlich haftenden Gesellschafter bei Liquidation und Konkurs der Personengesellschaft, ZHR 152 (1988), 105 ff.

Zum Haftungsstatus unternehmenstragender BGB-Gesellschaften, in Peter Hommelhoff u.a. (Hrsg.), Festschrift für Hans-Joachim Fleck, ZGR Sonderheft Nr. 7, Berlin, New York, 1988, S. 271 ff., zit.: K. Schmidt, FS Fleck.

Die Handels-Personengesellschaft in Liquidation, ZHR 153 (1989), 270 ff.

Wege zum Insolvenzrecht, Köln, 1990, zit.: K. Schmidt, Wege zum Insolvenzrecht.

Handelsrecht, 4. Auflage, Köln, Berlin, Bonn, München, 1994, zit.: K. Schmidt, HandelsR.

Gesellschaftsrecht, 3. Auflage, Köln, Berlin, Bonn, München, 1997, zitiert: K. Schmidt, GesR.

Personengesellschaft und Grundstücksrecht, ZIP 1998, 2 ff.

Die BGB-Gesellschaft: rechts- und parteifähig, NJW 2001, 993 ff.

Schmidt, Thorsten: Einmann-Personengesellschaften, Baden-Baden, 1998.

Schneider, Uwe H.: Anmerkung zu OLG Stuttgart, Urt. v. 24.05.1982, 5 U 187/81, JZ 1982, 766 ff.

Schulz, Wolf: Anmerkung zu BVerwG, Urt. v. 20.01.1984, 4 C 37/80, NJW 1984, 2428 f.

Schulze-Osterloh, Joachim: Das Prinzip der gesamthänderischen Bindung, München, 1972.

Schwark, Eberhard: Voraussetzungen und Grenzen der persönlichen Gesellschafterhaftung in der Gesellschaft bürgerlichen Rechts, in Friedrich Kübler (Hrsg.), Festschrift für Theodor Heinsius, Berlin, New York, 1991, S. 753 ff, zit.: Schwark, FS Heinsius.

Voraussetzungen und Grenzen der persönlichen Gesellschafterhaftung in der GbR, DZWiR 1992,441 ff.

Schwichtenberg, Knut: Wucherungen der Gesamthands-BGB-Gesellschaft, BB 1985, 429 ff.

Seibert, Ulrich: Nachhaftungsbegrenzungsgesetz – Haftungsklarheit für den Mittelstand, DB 1994, 461 ff.

Die rechtsfähige Personengesellschaft, JZ 1996, 785.

Siber, Heinrich: Schuldrecht, Berlin, Leipzig, 1937.

Soergel, Hans Theodor: Bürgerliches Gesetzbuch, Kommentar, Band 1, Allgemeiner Teil (§§ 1-240 BGB), 12. Auflage, Stuttgart, Berlin, Köln, Mainz, 1987, Band 4, Schuldrecht III (§§ 705-853 BGB), 11. Auflage, 1985, zit.: Soergel-Bearbeiter.

von *Staudinger*, Julius: Bürgerliches Gesetzbuch, Kommentar, 2. Buch, Recht der Schuldverhältnisse (§§ 657-740 BGB), 12. Auflage, Berlin, 1980, 5. Buch, Erbrecht, (§§ 1975-2086 BGB), 13. Auflage, Berlin, 1996, zit.: Staudinger-Bearbeiter.

Stein, Friedrich/*Jonas*, Martin: Zivilprozessordnung, Kommentar, Band 6 (§§ 704-863 ZPO), 21. Auflage, Tübingen, 1995, zit.: Stein/Jonas-Bearbeiter.

Stimpel, Walter: Aus der jüngeren Rechtsprechung des Bundesgerichtshofes zum Gesellschaftsrecht, ZGR 1973, 73 ff.

Stirnberg, Martin: Die Inanspruchnahme der BGB-Gesellschafter für Steuerschulden der Gesellschaft – insbesondere Rechtsgrundlage der Haftung, Möglichkeit eines Haftungsausschlusses und Haftung bei Veränderung im Gesellschafterbestand, DB 1990, 1534 ff.

Stötter, Viktor: Die Abschichtungsbilanz nach dem Ausscheiden eines Gesellschafters, DB 1972, 271 ff.

Sudhoff, Heinrich: Der Gesellschaftsvertrag der Personengesellschaft, 5. Auflage, München, 1978.

Teichmann, Arndt: Die Personengesellschaft als Rechtsträger, AcP 1979 (1979), 475 ff.

Thielmann, Georg: Bereicherung des Gesellschaftsvermögens und der Eigenvermögen der Gesellschafter, ZHR 136 (1972), 397 ff.

Thomas, Heinz/*Putzo*, Hans: Zivilprozessordnung, Kommentar, 24. Auflage, München, 2001.

Timm, Wolfram: Die Rechtsfähigkeit der Gesellschaft bürgerlichen Rechts und ihre Haftungsverfassung, NJW 1995, 3209 ff.

Einige Zweifelsfragen zum neuen Umwandlungsrecht, ZGR 1996, 247 ff.

Timme, Michael/*Hülk*, Fabian: Rechts- und Parteifähigkeit der Gesellschaft bürgerlichen Rechts – NJW 2001, 1056 ff, JuS 2001, 536 ff.

Uhlenbruck, Wilhelm: Die Durchsetzung von Gläubigeransprüchen gegen eine vermögenslose GmbH und deren Organe nach geltendem und neuem Insolvenzrecht, ZIP 1996, 1641 ff.

Ulmer, Peter: Vertretung und Haftung bei der Gesellschaft bürgerlichen Rechts, in Marcus Lutter u.a. (Hrsg.), Festschrift für Robert Fischer, Berlin, New York, 1979, S. 785 ff., zit.: Ulmer, FS Fischer.

Probleme der Vererbung von Personengesellschaftsanteilen – BGH NJW 1986, 2431, JuS 1986, 856 ff.

Die Gesamthandsgesellschaft – ein noch immer unbekanntes Wesen?, AcP 198 (1998), 113 ff.

Wege zum Ausschluss der persönlichen Gesellschafterhaftung in der Gesellschaft bürgerlichen Rechts, ZIP 1999, 509 ff.

Gesellschafterhaftung in der Gesellschaft bürgerlichen Rechts: Durchbruch der Akzessorietätstheorie?, ZIP 1999, 554 ff.

Unbeschränkte Gesellschafterhaftung in der Gesellschaft bürgerlichen Rechts, ZGR 2000, 339 ff.

Die höchstrichterlich „enträtselte" Gesellschaft bürgerlichen Rechts, ZIP 2001, 585 ff.

Wackerbarth, Ulrich: Zur Rechtsscheinshaftung der Gesellschafter bürgerlichen Rechts am Beispiel einer Wechselverpflichtung, ZGR 1999, 365 ff.

Weber-Grellet, Heinrich: Die Gesamthand ein Mysterienspiel, AcP 182 (1982), 316 ff.

Weimar, Robert: Einmann-Personengesellschaften - ein neuer Typ des Gesellschaftsrechts, ZIP 1997, 1769 ff.

Welkamp, Ludger: Risikobegrenzung in der Unternehmer-BGB-Gesellschaft, NJW 1993, 2715 ff.

Wenz, Gerrit: Die Gesellschaft bürgerlichen Rechts im Grundstückverkehr, MittRhNotK 1996, 377 ff.

Wertenbruch, Johannes: Die Haftung von Gesellschaften und Gesellschaftsanteilen in der Zwangsvollstreckung, Köln, 2000.

Die Markenrechtsfähigkeit der BGB-Gesellschaft, DB 2001, 419 ff.

Westermann, Harm Peter: Erste Folgerungen aus der Anerkennung der Rechtsfähigkeit der BGB-Gesellschaft NZG 2001, 300 ff.

Westermann, Harry: Die BGB-Gesellschaft als Partei eines Schiedsgerichtsverfahrens oder eines Schiedsvertrages, in Wolfgang Grunsky u.a. (Hrsg.), Festschrift für Fritz Baur, Tübingen, 1981, S. 723 ff., zit.: Westermann, FS Baur.

Wiedemann, Herbert: Gesellschaftsrecht, Band I, Grundlagen, München, 1980, zit.: Wiedemann, GesR.

Zur Selbständigkeit der BGB-Gesellschaft, in Wolfgang Hefermehl u.a. (Hrsg.), in Festschrift für Alfred Kellermann, ZGR Sonderheft 10, Berlin, New York, 1991, S. 529 ff., zit.: Wiedemann, FS Kellermann.

Rechtsverhältnisse der BGB-Gesellschaftern zu Dritten, WM 1994, Sonderbeilage Nr. 4.

Die Personengesellschaft – Vertrag oder Organisation, ZGR 1996, 286 ff.

Anteilsumwandlung und Mehrfachbeteiligung in der Personengesellschaft, in Manfred Lieb u.a. (Hrsg.), Festschrift für Wolfgang Zöllner, Köln, Berlin, Bonn, München, 1998, S. 635 ff., zit.: Wiedemann, FS Zöllner.

Anmerkung zu BGH, Urt. v. 29.01.2001, II ZR 331/00, JZ 2001, 661 ff.

Wiesner, Georg: Die Haftungsordnung der BGB-Gesellschaft – BGHZ 74, 240, JuS 1981, 331 ff.

Wimpfheimer, Heinrich: Die Gesellschaften des Handelsrechts und des bürgerlichen Rechts im Stadium der Liquidation, Berlin, Leipzig, 1908.

Windscheid, Bernhard *Kipp*, Theodor: Lehrbuch des Pandektenrechts, Band 2, 9. Auflage, Frankfurt am Main, 1906, Neudruck: Aalen, 1963.

Wolf, Ingo: Vertragliche Haftungsbeschränkung der Gesellschafter bürgerlichen Rechts gegenüber gesellschaftsexternen Gläubigern, Baden-Baden, 1990.

Würdinger, Hans: Gesellschaften, 1. Teil: Recht der Personalgesellschaften, Hamburg, 1937.

Zöller, Richard: Zivilprozessordnung, Kommentar, 23. Auflage, Köln, 2001.

Zöllner, Wolfgang: Rechtssubjektivität von Personengesellschaften?, in Lange, Hermann u.a. (Hrsg.), in Festschrift für Joachim Gernhuber, Tübingen, 1993, S. 563 ff., zit.: Zöllner, FS Gernhuber.

Grundsatzüberlegungen zur umfassenden Umstrukturierbarkeit der Gesellschaftsformen nach dem Umwandlungsgesetz, in Martens, Klaus-Peter u.a. (Hrsg.), Festschrift für Carsten Peter Claussen, Köln, Berlin, Bonn, München, 1997, S. 423 ff.

Rechtsfähigkeit der BGB-Gesellschaft – ein Sachverstands- oder Kommunikationsproblem?, in Günther Hönn u.a. (Hrsg.), Festschrift für Alfons Kraft, Neuwied, Kriftel, 1998, S. 701 ff., zit.: Zöllner, FS Kraft.

FSC
www.fsc.org
MIX
Papier | Fördert gute Waldnutzung
FSC® C083411

Kolibri 360 GmbH
Ferdinand-Jühlke-Straße 7
99095 Erfurt, Deutschland
produktsicherheit@kolibri360.de

Druck:
CPI Druckdienstleistungen GmbH
im Auftrag der
Kolibri 360 GmbH
Ferdinand-Jühlke-Str. 7
99095 Erfurt